Hans Henning Kunze

Restitution „Entarteter Kunst“

Schriften zum Kulturgüterschutz

Cultural Property Studies

Schriften zum Kulturgüterschutz
Cultural Property Studies

Herausgegeben von
Edited by

Professor Dr. Hans W. Baade, Austin / Texas
Professor Dr. Wilfried Fiedler, Saarbrücken
Professor Dr. Dr. h.c. Erik Jayme, Heidelberg
Professor Dr. Kurt Siehr, Zürich

Hans Henning Kunze

Restitution „Entarteter Kunst"

Sachenrecht und
Internationales Privatrecht

Walter de Gruyter · Berlin · New York 2000

Dr. Hans Henning Kunze,
Rechtsanwalt in Dresden

♾ Gedruckt auf säurefreiem Papier,
das die US-ANSI-Norm über Haltbarkeit erfüllt.

Die Deutsche Bibliothek – CIP Einheitsaufnahme

Kunze, Hans Henning:
Restitution „entarteter Kunst“ : Sachenrecht und internationales Privatrecht / Hans Henning Kunze. – Berlin ; New York : de Gruyter, 2000
(Schriften zum Kulturgüterschutz)
Zugl.: Heidelberg, Univ., Diss., 1999
ISBN 3-11-016818-9

Printed in Germany
Einbandgestaltung: +malsy kommunikation und gestaltung, Bremen
Druck und Bindung: Hubert & Co, Göttingen

Vorwort

Diese Arbeit hat der Juristischen Fakultät der Universität Heidelberg im Wintersemester 1998/99 als Dissertation vorgelegen. Das Manuskript wurde im Herbst 1999 abgeschlossen.

Meinem Doktorvater Herrn Professor Dr. Dr.h.c Erik Jayme habe ich sehr herzlich zu danken. Nicht nur, weil er mir die Bearbeitung dieses Themas anvertraute, sondern auch für die vielen Jahre, die ich am Institut für Internationales und Ausländisches Privat- und Wirtschaftsrecht der Universität Heidelberg mitarbeiten konnte. Es war eine ereignis- und lehrreiche Zeit, die mir stets in guter Erinnerung bleiben wird. Für viele Anregungen und die zügige Erstellung des Zweitgutachtens danke ich Herrn Professor Dr. Heinz-Peter Mansel.

Ein besonderer Dank gebührt meiner Frau für ihre unermüdliche Mithilfe bei der Korrektur des Manuskriptes.

Dresden, im Juni 2000 *Hans Henning Kunze*

Inhaltsübersicht

Inhaltsverzeichnis

Abkürzungsverzeichnis

A.C.	Appeal Cases, The Law Reports, House of Lords
a.a.O.	an angegebenem Ort
a.F.	alte Fassung
Abs.	Absatz
AcP	Archiv für die civilistische Praxis
AG	Amtsgericht
AHKABl.	Amtsblatt der Alliierten Hohen Kommission für Deutschland
ArchVR	Archiv des Völkerrechts
Art.	Artikel
Artt.	Artikel (Mehrzahl)
AusfVKG	Österreichisches Bundesgesetz vom 5.12.1918, StGBl. 1918/90, über das Verbot der Ausfuhr von Gegenständen von geschichtlicher, künstlerischer oder sonstiger kultureller Bedeutung (Ausfuhrverbotsgesetz für Kulturgut) idF. BGBl. 1985/253, BGBl. 1986/391
AWD	Außenwirtschaftsdienst des Betriebs-Beraters (von 1958 bis 1974; vorher und danach RIW — Recht der internationalen Wirtschaft)
BB	Betriebsberater
Bek.	Bekanntmachung
BG	Schweizerisches Bundesgericht
BGB	Bürgerliches Gesetzbuch
BGBl.	Bundesgesetzblatt, römische Ziffern verweisen auf den jeweiligen Teil
BGE	Entscheidungen des Schweizerischen Bundesgerichtes
BGH	Bundesgerichtshof
BGHR	BGH-Rechtsprechung Zivilsachen
BGHSt	Entscheidungen des Bundesgerichtshofs in Strafsachen
BGHZ	Entscheidungen des Bundesgerichtshofs in Zivilsachen
BR	Bundesrat
BrREG	Gesetz No. 59 der Britischen Militärregierung über die Rückerstattung feststellbarer Vermögensgegenstände an Opfer der nationalsozialistischen Unterdrückungsmaßnahmen
BRüG	Bundesrückerstattungsgesetz vom 19.7.1957, BGBl. I, S. 734
BT	Bundestag
BVerfG	Bundesverfassungsgericht
BVerfGG	Bundesverfassungsgerichtsgesetz
BVerfGE	Entscheidungen des Bundesverfassungsgerichts
bzw.	beziehungsweise
C.C.fr	Code Civil française
C.C.it	Codice Civile italiano
d.h.	das heißt
DAZ	Deutsche Allgemeine Zeitung

DB	Der Betrieb
ders.	derselbe
DJT	Deutscher Juristentag
DogmI	Jahrbücher für die Dogmatik des heutigen römischen und deutschen Privatrechts, hrsgg. von Rudolf Ihering
DR	Deutsches Recht (von 1931 bis 1945)
DVerwBl	Deutsche Verwaltungsblätter (von 1934 bis 1937; vorher und später Bayerische Verwaltungsblätter)
EGBGB	Einführungsgesetz zum Bürgerlichen Gesetzbuch
EGV	Vertrag zur Gründung der Europäischen Gemeinschaft vom 25.3.1957 (BGBl. II 1957, S. 766; Berichtigung BGBl. II 1957, S. 1678 und BGBl. II 1958, S. 64)
EJIL	European Journal of International Law
EU	Europäische Union
EuGH	Europäischer Gerichtshof
EuGVÜ	Brüsseler EWG-Übereinkommen über die gerichtliche Zuständigkeit und die Vollstreckung gerichtlicher Entscheidungen in Zivil- und Handelssachen vom 27.9.1968, BGBl. 1994 II, S. 519
EuZW	Europäische Zeitschrift für Wirtschaftsrecht
EVO	Eisenbahn-Verkehrsordnung vom 8.8.1938, RGBl. II, S. 663; BGBl. III, Nr. 934-1
f.	folgende
F.2d	Federal Reporter 2d Series
F.Supp.	Federal Supplement
FamRZ	Zeitschrift für das gesamte Familienrecht
FAZ	Frankfurter Allgemeine Zeitung
ff.	fortfolgende
Fn.	Fußnote
FS	Festschrift
FZ	Frankfurter Zeitung
gem.	gemäß
GewO	Gewerbeordnung
GG	Grundgesetz
GRUR	Gewerblicher Rechtsschutz und Urheberrecht
HansRZ	Hanseatische Rechtszeitschrift für Handel, Schiffahrt und Versicherung, Kolonial- und Auslandsbeziehungen sowie für Hansestädtisches Recht (von 1918 bis 1927, dann Hanseatische Rechts- und Gerichtszeitschrift)
HGB	Handelsgesetzbuch
Hrsg.	Herausgeber
idF	in der Fassung
IKGS	Internationaler Kulturgüterschutz
IPR	Internationales Privatrecht
IPRax	Praxis des internationalen Privat- und Verfahrensrechts
IPRG	Schweizerisches Bundesgesetz über das Internationale Privatrecht vom 18.12.1987
IPRspr.	Die deutsche Rechtsprechung auf dem Gebiete des internationalen Privatrechts
iVm.	in Verbindung mit

IZPR	Internationales Zivilprozeßrecht
IZVR	Internationales Zivilverfahrensrecht
Jura	Juristische Ausbildung
JuS	Juristische Schulung
JW	Juristische Wochenschrift
JZ	Juristenzeitung
K.B.	Law Reports of the Kings Bench Division
KfdK	Kampfbund für deutsche Kultur
KulturgutSchG	Gesetz zum Schutz deutschen Kulturgutes gegen Abwanderung vom 6.8.1955 (BGBl. I, 501)
L.Q.R.	The Law Quarterly Review
LG	Landgericht
LM	Lindenmaier-Möhring, Nachschlagewerk des Bundesgerichtshofs
Luganer GVÜ	Luganer Übereinkommen über die gerichtliche Zuständigkeit und die Vollstreckung gerichtlicher Entscheidungen in Zivil- und Handelssachen vom 16.9.1988 (Abl. EG Nr. L 319/9)
m. w. Nachw.	mit weiteren Nachweisen
M.L.R.	Michigan Law Review
MDR	Monatsschrift für Deutsches Recht
n.F.	neue Fassung
N.Y.	New York Reports
N.Y.S.	New York Supplement
N.Y.S.2d	New York Supplement Second Series
N.Y.U.L.R.	New York University Law Report
NJ	Neue Justiz
NJW	Neue Juristische Wochenschrift
NJW-RR	Neue Juristische Wochenschrift, Rechtsprechungsreport
NSDAP	Nationalsozialistische Deutsche Arbeiterpartei
NZZ	Neue Züricher Zeitung
OGH	Oberster Gerichtshof (Österreich)
OGHSt	Entscheidungen des Obersten Gerichtshofes für die Britische Zone in Strafsachen
OLG	Oberlandesgericht
OR	Bundesgesetz betreffend die Ergänzung des Schweizerischen Zivilgesetzbuches (Fünfter Teil: Obligationenrecht) vom 30.3.1911
Q.B.	Law Reports of the Queens Bench Division
RabelsZ	Zeitschrift für ausländisches und internationales Privatrecht, begründet von Ernst Rabel
RBG	Reichsbahngesetz vom 4.7.1939, RGBl. I, S. 1205
REG (AmZ)	Rückerstattungsgesetz der amerikanischen Besatzungszone
REG (BrZ)	Rückerstattungsgesetz der britischen Besatzungszone
RG	Reichsgericht
RGBl.	Reichsgesetzblatt
RGSt	Entscheidungen des Reichsgerichts in Strafsachen
RGZ	Entscheidungen des Reichsgerichts in Zivilsachen
RIW	Recht der internationalen Wirtschaft
RKK	Reichskulturkammer

RM	Reichsmark
Rn.	Randnote
RuPrVerwBl.	Reichs- und Preußisches Verwaltungsblatt
RVI	Clemm u.a. (Hrsg.), Rechtshandbuch Vermögen und Investitionen in der ehemaligen DDR, München, Stand: August 1997
RzW	Rechtsprechung zum Wiedergutmachungsrecht
S.	Seite, in Verbindung mit Gesetzesangaben auch Satz
s.	siehe
S/S	Schönke/Schröder, Strafgesetzbuch Kommentar
SJZ	Süddeutsche Juristen-Zeitung oder Schweizerische Juristen-Zeitung
sog.	sogenannte
Sp.	Spalte
SZ	Süddeutsche Zeitung
The Times L.R.	The Times Law Reports
u.a.	unter anderem
UNESCO	United Nations Organization for Educational and Scientific Cooperation
UNIDROIT	Institute for the Unification of Private Law
UrhG	Urheberrechtsgesetz
USREG	Gesetz Nr. 59 der amerikanischen Militärregierung über die Rückerstattung feststellbarer Vermögensgegenstände
v.	versus (gegen)
VermG	Gesetz zur Regelung offener Vermögensfragen — Vermögensgesetz — vom 2.12.1994 (BGBl. I, S. 3610)
vgl.	vergleiche
Vol.	Volume (Band)
W.L.R.	Weekly Law Reports
WarnR	Warneyer Rechtsprechung des Bundesgerichtshofs in Zivilsachen
WM	Wertpapiermitteilungen, Zeitschrift für Wirtschafts- und Bankrecht
WRV	Weimarer Reichsverfassung
ZAkDR	Zeitschrift der Akademie für deutsches Recht (von 1934 bis 1941)
ZfRV	Zeitschrift für Rechtsvergleichung
ZGB	Schweizerisches Zivilgesetzbuch vom 10.12.1907
ZgS	Zeitschrift für die gesamte Staatswissenschaft (seit 1985 auch JITE — Journal of institutional and theoretical economics)
ZIV	Zeitschrift für Vermögens- und Investitionsrecht
ZoV	Zeitschrift für offene Vermögensfragen
ZPO	Zivilprozeßordnung
ZfRVgl	Zeitschrift für Rechtsvergleichung
ZVglRWiss.	Zeitschrift für vergleichende Rechtswissenschaft

Einleitung

Diese Arbeit behandelt ein Thema, dessen Wurzeln in der verhängnisvollsten Phase der deutschen Geschichte liegen, das aber bis in die heutige Zeit hinein Auswirkungen zeitigt. Dennoch sind die Rechtsverhältnisse an Werken „entarteter Kunst" bisher kaum Gegenstand juristischer Untersuchung geworden.[1] Dabei haben sich zahlreiche Autoren um die geschichtliche Aufbereitung der Beschlagnahmen und Einziehungen „entarteter Kunst" verdient gemacht, so daß sich uns heute ein umfassender Gesamteindruck bietet.[2] Betroffen waren insgesamt ca. 16.500 Kunstwerke, die systematisch aus staatlichen Sammlungen und Museen entfernt wurden, überwiegend Staatsbesitz, unter ihnen jedoch auch private Leihgaben. Mit den sich anschließenden Veräußerungen und Tauschgeschäften — nur wenige Werke wurden vernichtet — verliert sich oft ihre Spur. Doch selbst dann, wenn Museen eingezogene Werke ihres früheren Bestandes wiederentdeckten, versuchten sie meist nur zaghaft, ein Fortbestehen ihres Eigentums geltend zu machen. Möglicherweise, weil sich die staatlichen Museen und Sammlungen als Teil des Machtapparates sahen, der die Einziehungen zu verantworten hatte. Schnell verbreitete sich auch die Auffassung, daß mit dem sog. Einziehungsgesetz vom 31. Mai 1938,[3] welches die Enteignung der bereits beschlagnahmten Werke anordnete, eine hinreichende Grundlage (fort-)bestehe, die schließlich einen wirksamen und nicht angreifbaren Eigentumswechsel herbeigeführt habe.

I. Die Geschichte der „Sumpflegende" (Paul Klee)

Diese Auffassung stellte Jen Lissitzky, ein Nachkomme des russischen Konstruktivisten El Lissitzky, in Frage, als er zu Beginn der neunziger Jahre das Gemälde „Sumpflegende" von Paul Klee in Berlin wiederentdeckte. Das Bild hatte seiner Mutter, Frau Küppers-Lissitzky gehört, als es die Nationalsozialisten 1937 einzogen. Von der Ausstellungsleitung verlangte er die Herausgabe

---

1 Bisher liegen vor *Jayme*, „Entartete Kunst" und Internationales Privatrecht, Heidelberg 1994; *ders.*, „Entartete Kunst" — Rechtsfragen heute, Akademie-Journal 2/94, S. 12 ff.; *ders.*, IPRax 1995, S. 43; *Reich/Fischer*, Wem gehören die als „entartete Kunst" verfemten, von den Nationalsozialisten beschlagnahmten Werke?, NJW 1993, S. 1417 ff.

2 Als Hauptwerke sind zu nennen *Brenner*, Die Kunstpolitik des Nationalsozialismus, Hamburg 1963; *Rave*, Kunstdiktatur im Dritten Reich, Hamburg 1949; *Zuschlag*, „Entartete Kunst". Ausstellungsstrategien im Nazi-Deutschland, Worms 1995.

3 RGBl. 1938 I, S. 612. Siehe Dokument Nr. 1 im Anhang.

mit dem Argument, daß seine Mutter das Eigentum an ihm nicht verloren habe. Nach ihrem Tod stünde das Bild folglich ihm als Alleinerben zu.

Die Geschichte der im Jahre 1919 entstandenen „Sumpflegende“ soll hier kurz skizziert werden.[4] Paul Klee veräußerte das Bild selbst an Dr. Paul Erich Küppers aus Hannover, der es mit seinem frühen Tod an seine Frau vererbte. Im Jahr 1926 stellte sie es dem damaligen Provinzialmuseum Neuerer Meister in Hannover als Dauerleihgabe zur Verfügung.[5] Dort verblieb das Gemälde auch, als sich Frau Küppers mit dem Russen El Lissitzky vermählte und mit ihm nach Rußland auswanderte. 1937 wurde die „Sumpflegende“, von den Nationalsozialisten nun als „entartet“ eingestuft, aus dem Hannover Museum beschlagnahmt und eingezogen. Das Deutsche Reich sah sich aufgrund des Einziehungsgesetzes nun als Eigentümer des Bildes und veräußerte es zwei Jahre später an den Kunsthändler Dr. Hildebrand Gurlitt für 500 Schweizer Franken. Der weitere Weg des Bildes bleibt bis 1962 im Dunkeln. In diesem Jahr lieferte ein Kölner Rechtsanwalt das Bild dem Auktionshaus Lempertz in Köln ein, wo es Dr. Arntz für die Baseler Galerie Ernst Beyerle ersteigerte. Ab 1963 erfolgten mehrere heute nicht mehr rekonstruierbare Besitzerwechsel in der Schweiz. Die Luzerner Galerie Rosengart erwarb das Bild 1973 und veräußerte es 1982 an die Münchener Städtische Galerie im Lenbachhaus, wo es auch heute noch hängt.

Im März 1992 übernahm das Deutsche Historische Museum in Berlin die in Washington gezeigte Ausstellung „Entartete Kunst: Das Schicksal der Avantgarde in Nazi-Deutschland“, auf der auch die „Sumpflegende“ zu sehen war. Jen Lissitzky erschien dort kurz nach Eröffnung in Begleitung eines Rechtsanwaltes und eines Gerichtsvollziehers und verlangte, daß die „Sumpflegende“ an ihn herausgegeben werde. Er konnte eine einstweilige Verfügung des Landgerichts Berlin vorweisen,[6] die anordnete, daß das Bild bis zur endgültigen Klärung der Eigentumsverhältnisse an den zuständigen Gerichtsvollzieher als Sequester herauszugeben war. Die Herausgabe wurde jedoch mit dem Hinweis auf konservatorische Probleme beim Transport verhindert, und die einstweilige Verfügung anschließend von den Berliner Gerichten aufgehoben.[7] Im Dezember 1993 mußte Jen Lissitzky vor dem Landgericht München

---

4 Für die folgenden Informationen ist der Verfasser der Paul-Klee-Stiftung Bern zu Dank verpflichtet.

5 Vgl. *Kunstverein Hannover* (Hrsg.), Beschlagnahme-Aktion im Landesmuseum Hannover 1937, Dokument 3 A, das in einer „Liste der für die Münchener Ausstellung 'Verfallskunst' angeforderten Gemälde und Zeichnungen“ als Nr. 27 die „Sumpflegende“ unter der Rubrik „Leihgaben und fremdes Eigentum“ aufführt.

6 LG Berlin 5.3.1992, Az. 22 O 116/92 (unveröffentlicht).

7 LG Berlin 27.3.1992, Az. 22 O 116/92 (unveröffentlicht); KG 21.5.1992, abgedruckt in NJW 1993, S. 1480 f. Das Gericht befand, daß ein Anordnungsgrund im Sinne der §§ 935, 940 ZPO fehlte. Eine Vereitelung oder wesentliche Erschwerung der Verwirklichung des

eine weitere Niederlage hinnehmen, als seine Klage auf Herausgabe des Bildes rechtskräftig abgewiesen wurde.[8]

Das Schicksal der „Sumpflegende" steht stellvertretend für viele der eingezogenen Werke, von denen eine nicht geringe Zahl heute wieder in deutschen Museen zu besichtigen ist, wenn auch nicht immer in demjenigen, in dem es beschlagnahmt wurde. Die kunsthistorische Forschung hat sich vielfach bemüht, den Verbleib der auseinandergerissenen Sammlungen deutscher Museen und Galerien nachzuzeichnen.[9] Und auch die Museen selbst versuchen bis in die heutige Zeit hinein, ihre alten Bestände wiederherzustellen. Das Albertinum in Dresden erwarb 1993 in New York Lehmbrucks „Große Knieende", die aus ihren Räumen 1937 beschlagnahmt worden war, und der Staatlichen Galerie Moritzburg Halle wurden im Sommer 1996 Ludwig Kirchners Bilder „Akte im Strandwald" und „Beim Frisör" rückübereignet.[10] Im Falle der Werke Kirchners hatte die Stadt Halle zunächst in Erwägung gezogen, sich auf ihr noch fortbestehendes Eigentum zu berufen; sie entschied sich dann jedoch für eine gütliche Einigung.

II. Beutekunst

Der Ruf nach Restitution wird heute jedoch insbesondere bezüglich derjenigen Kunstwerke erhoben, die den Plünderungen der Nationalsozialisten in den Museen und Sammlungen der besetzten Gebieten West- und Osteuropas in der Zeit des zweiten Weltkrieges zum Opfer fielen.[11] Allein aus Frankreich fuhren in den Jahren 1941 bis 1944 120 Eisenbahnwaggons mit 4.170 Kisten,

---

Herausgabeanspruchs konnte nicht festgestellt werden; die vom Antragsteller behauptete Gefahr, daß man das Bild schnellstens verschwinden lassen könne, bestehe nicht.

8 LG München I 8.12.1993, teilweise veröffentlicht und zugleich besprochen bei *Jayme*, IPRax 1995, S. 43.

9 So *Roters*, Galerie Ferdinand Möller; *Hüneke*, Die faschistische Aktion „Entartete Kunst" 1937 in Halle; *Rößling* (Hrsg.), Stilstreit und Führerprinzip; *Janda* (Hrsg.), Das Schicksal einer Sammlung. Aufbau und Zerstörung der neuen Abteilung der Nationalgalerie im ehemaligen Kronprinzenpalais Unter den Linden 1918-1945; *Kunstverein Hannover* (Hrsg.), Beschlagnahme-Aktion im Landesmuseum Hannover 1937; *Städtische Kunsthalle Mannheim* (Hrsg.), Entartete Kunst — Beschlagnahmeaktionen in der Städtischen Kunsthalle Mannheim 1937; *Schuster* (Hrsg.), Dokumentation zum nationalsozialistischen Bildersturm am Bestand der Staatsgalerie moderner Kunst in München.

10 Zu Lehmbrucks Figur siehe *Schubert*, „Um die Knieende muß man sich bemühen ...", in: FAZ vom 6.12.1993; zu Kirchners Gemälde vgl. die Dokumentation der *Staatliche Galerie Moritzburg Halle* (Hrsg.), Ernst Ludwig Kirchner — Akte im Strandwald.

11 Vgl. *Feliciano*, Das verlorene Museum; *Kurz*, Kunstraub in Europa 1933-45; Berichte der FAZ vom 3.12.1996, S. 41 f., vom 25.4.1998, S. 41 f. und vom 1.7.1998, S 9; Bericht der SZ vom 21.7.1996, Feuilletonbeilage; vgl. auch *Jayme*, IPRax 1995, S. 260 f.

vollgepackt mit ca. 21.000 Kunstgegenständen verschiedenster Art und Epochen in Richtung Deutschland.[12] In diesen Zahlen sind diejenigen Werke nicht enthalten, welche die Nationalsozialisten nach Registrierung und Aussonderung sogleich auf dem Pariser Kunstmarkt feilboten. Dieser erlebte, unterstützt von einer allgemein einsetzenden Flucht in Sachwerte, seine größte Blütezeit, wie überhaupt durch die große Anzahl der Beschlagnahmen und Weiterveräußerungen eine weitreichende Umverteilung des Kunstbesitzes stattfand.

Als Beutekunst müssen schließlich auch all jene Kunstschätze angesehen werden, die den Nationalsozialisten ab 1938 im Zuge der Judenpogrome, der Reichskristallnacht und der Anwendung der Nürnberger Rassegesetze in die Hände fielen. Unzählige Kunstwerke wurden hier zerschlagen oder verbrannt, aber der wesentlich größere Teil wurde den eigenen Beständen einverleibt bzw. der Erlös nach Einschmelzung oder Weiterveräußerung der Rüstungsindustrie zur Verfügung gestellt.

Auf zahlreiche Werke, die 1937 als „entartet" eingezogen und anschließend veräußert wurden, trafen die Nationalsozialisten bei ihren Beutezügen durch Frankreich erneut. Einen solchen Weg nahm z.B. das Bild „Flora" von Lovis Corinth: Es wurde 1937 aus der Nationalgalerie Berlin beschlagnahmt und 1939 auf der Luzerner Auktion offensichtlich an einen jüdischen Privatsammler versteigert, bei dem es später ein zweites Mal beschlagnahmt wurde. Wie eine Reihe anderer Bilder, die im Schloß Rastatt den Krieg überdauerten, konnte es nach Beendigung des Krieges an den inzwischen in New York ansässigen ehemaligen Eigentümer zurückgegeben werden.[13] Die im Zuge dieser Plünderungen erneut beschlagnahmten „Entarteten", es sollen Hunderte gewesen sein,[14] wurden jedoch nicht den Privatsammlungen Hitlers, Görings und anderer Führungspersönlichkeiten zugeführt, sondern erneut weiterveräußert oder gegen Werke eingetauscht, die nicht beschlagnahmt werden konnten.

In dem hier interessierenden Kontext müssen die rechtlichen Probleme in Zusammenhang mit der sog. Beutekunst jedoch weitgehend außer Betracht bleiben, weil die Rahmenbedingungen für „entartete Kunst" völlig anders sind. Die 1937 — und damit vor dem Krieg — durchgeführten Beschlagnahmen erfolgten allein innerhalb der Grenzen des Deutschen Reiches. Ihnen unterfielen nur Werke, die in staatlichen Museen und Sammlungen ausgestellt oder aufbewahrt wurden. In Privateigentum befindliche Werke waren nur betroffen, wenn sie sich als Leihgaben in den heimgesuchten staatlichen Sammlungen

---

[12] Vgl. *Feliciano,* Das verlorene Museum, S. 119. Vgl. ebenso *Rathkolb* in: *Tabor* (Hrsg.), Kunst und Diktatur Bd. 1, S. 506 ff.

[13] Beispiele nach *Angermeyer-Deubner* in: *Rößling* (Hrsg.), Stilstreit und Führerprinzip, S. 139 ff., 156.

[14] Vgl. *Feliciano,* Das verlorene Museum, S. 116.

befanden. Den Beschlagnahmen folgte 1938 mit dem Einziehungsgesetz eine formale Rechtsgrundlage, die Enteignungen anordnete und mit den damals bestehenden Strukturen nicht angegriffen werden konnte. All dies trifft für die späteren Beutezüge während des Krieges nicht zu, die allgemein geächtet und offensichtlich mit der Haager Landkriegsordnung nicht zu vereinbaren waren.

Allerdings weist die jeweilige Motivation, welche den Wegnahmen zugrunde lag, in der Diffamierung des Judentums einen gemeinsamen Kern auf. Die Verfolgung der „entarteten Kunst" sollte das Nichtarische, das im Jargon der Zeit „Jüdisch-Bolschewistische" aus dem aktuellen Kulturleben entfernen und die Erschaffer in ihrer ganzen Persönlichkeit treffen. Auch die Aneignungen im Zuge der Pogrome und Besatzungen sollten neben der Befriedigung der Habgier einer in aberwitziger Weise kunstvernarrten Führungsriege den überwiegend jüdischen Sammlern und Mäzenen zu verstehen geben, daß diese Kunst in arische Museen und Sammlungen gehört, nur und ausschließlich deutschstämmige Hände den wahren Bestimmungsort darstellen können. Der Ausdruck chauvinistischer Überheblichkeit, mit dem der Nationalsozialismus Menschen jüdischer Abstammung zu Menschen zweiter Klasse degradierte, tritt dabei auch hier deutlich zu Tage.

III. Die besondere Bedeutung der Schweiz

In den Jahren vor und während des Krieges lag das Zentrum des internationalen Kunsthandels in Paris. Französische Kunsthändler unterhielten weltweit das qualitativ beste Angebot und versorgten eine internationale Klientel. Dennoch erlangte insbesondere in den Kriegsjahren der schweizerische Kunsthandel eine besondere Bedeutung. Dies lag neben der geographischen Nähe zum Deutschen Reich zum einen an der politischen Neutralität des Landes, zum anderen an der wirtschaftlichen Kaufkraft der hier ansässigen Museen, Händler und Privatpersonen. Die Beutezüge der nationalsozialistischen Führung in den besetzten Gebieten, insbesondere in Frankreich, führten zu einem enormen Umsatzzuwachs der schweizerischen Kunstbranche.[15] Neben der nationalen Klientel fanden Kaufinteressenten aus aller Welt in der Schweiz einen Kunstmarkt vor, der nicht wie in Frankreich den strengen Zoll- und Handelsbestimmungen der Vichy-Regierung unterworfen und darüber hinaus frei zu-

[15] Vgl. insb. *Feliciano,* Das verlorene Museum, S. 152 ff., 191 ff., sowie die Berichte der FAZ vom 3.12.1996, S. 41, sowie vom 25.4.1998, S. 41 f. Auf der Währungskonferenz von Bretton Woods im Juli 1944 wurde die bis dahin erzielte Kriegsbeute der Nationalsozialisten auf zwei Milliarden Dollar geschätzt, von denen erhebliche Teile in die neutralen Länder verschoben worden seien. Auch die Züricher Börse vermeldete einen seit zwei Jahren unverhältnismäßigen Umsatz internationaler Aktien und Wertpapiere. Vgl. hierzu *Weiß,* SJZ 42 (1946), S. 265 ff.

gänglich war. Für viele Werke war die Schweiz daher lediglich eine Durchgangsstation.[16] Neben dem Galeristen Fischer in Luzern, der von der deutschen Regierung mit der Durchführung der bereits erwähnten Auktion „entarteter Kunst“ beauftragt war und hierdurch große Bekanntheit erlangte, beteiligten sich insbesondere die Galerien Neupert, Dreyfus und Schmidtlin, sowie der in Genf lebende deutsche Kunsthändler Hans Wendland an dem Absatz der erbeuteten Kunstwerke. Sie waren auch Göring behilflich, einige wertvolle Gemälde — u.a. von Monet, Seurat und Sisley — selbst unter Umgehung der deutschen und schweizerischen Zollbestimmungen dem schweizerischen Markt zugänglich zu machen.[17]

Der schweizerische Kunstmarkt wurde überschwemmt mit erbeuteter Kunst, die sich mit unbedenklichen Angeboten des regulären Handels vermischte. War dem Käufer die zweifelhafte Herkunft eines Werkes bewußt, sorgte er oft dafür, daß sich dessen Spur im folgenden schnell verwischte. Eine große Zahl von Gemälden verschwand in privaten Tresoren oder bleibt bis heute unauffindbar.[18] Von anderen Werken ist zu berichten, daß ihnen der Eigentümer abhanden gekommen ist und sie — von Museen mehr oder weniger treuhänderisch verwahrt — bis heute darauf warten, von ihren rechtmäßigen Besitzern zurückverlangt zu werden.[19] Nach dem Krieg taten die Alliierten sich schwer, das weder den Siegermächten noch den Besiegten zuzuordnende Land dazu zu bewegen, die Geschäfte mit der Beutekunst offenzulegen. Obwohl die überwiegende Zahl der am Krieg in Europa beteiligten Nationen bereits während des Krieges Bestimmungen festsetzte, in denen die Anwendbarkeit der zivilrechtlichen Erwerbsvorschriften auf Beutegegenstände aufgehoben wurde, ergingen vergleichbare Regelungen in der Schweiz erst im Dezember 1945. Die Behörden stellten nur wenige Werke zur Klärung der Eigentumsverhältnisse unter behördliche Aufsicht, und auch dies nur zögerlich.

In jüngerer Zeit ist die Schweiz durch ihren Handel mit dem Gold, das die Nationalsozialisten ihren zumeist jüdischen Opfern gewaltsam abpreßten, in

---

[16] Der amerikanische Journalist Hector Feliciano, der in seinem Aufsehen erregenden Buch „Das verlorene Museum“ einen sorgfältig recherchierten Bericht über den sog. „Kunstraub der Nazis“ liefert, drückt dies so aus: „Wenn die französische Hauptstadt eine Art Sammelbecken für Kunst darstellte, dann war die Schweiz der Abfluß.“ A.a.O., S. 152.

[17] Vgl. *Feliciano,* Das verlorene Museum, S. 155; FAZ vom 3.12.1996, S. 41.

[18] Vgl. die eingehende Darstellung bei *Feliciano,* Das verlorene Museum, S. 152 ff., 158.; auch FAZ vom 3.12.1996, S. 41, sowie vom 25.4.1998, S. 41 f.

[19] *Feliciano,* Das verlorene Museum, S. 212 ff., schätzt, daß in französischen Museen und Regierungsgebäuden über 600 herrenlose Werke auf ihre Rückkehr warten. Ihm gestand der ehemalige Chef der französischen Museumsverwaltung ein, daß auch bisher niemand so recht die Initiative ergriffen habe, die rechtmäßigen Eigentümer zu ermitteln.

die Schußlinie internationaler Kritik geraten.[20] Auch andere Länder mit neutralem Status sollen sich an dem Handel bereichert haben. Daß all diese Tatsachen wie auch die Diskussion um eine Entschädigung der von den Nationalsozialisten eingesetzten Zwangsarbeiter erst zum Ausklang dieses Jahrhunderts einer breiten Öffentlichkeit zugänglich gemacht und nun erst Fonds zur Entschädigung der Opfer eingerichtet werden, zeigt, daß nach wie vor Aufklärungs- und Diskussionsbedarf über den Umgang mit nationalsozialistischen Unrechtsmaßnahmen besteht, wozu diese Arbeit auch einen Beitrag leisten möchte.

IV. Fragestellung der Arbeit

Um der Frage nachzugehen, ob heute noch Ansprüche auf Restitution der als „entartet" eingezogenen Kunstwerke erhoben werden können, sind zunächst die Rechtswirkungen des Einziehungsgesetzes zu untersuchen. Da dieses Gesetz erst im Zuge der Rechtsbereinigung 1968 außer Kraft getreten ist und damit bis zu diesem Zeitpunkt formelle Gültigkeit für sich in Anspruch nehmen konnte, soll untersucht werden, ob das Einziehungsgesetz tatsächlich eine wirksame Rechtsgrundlage für die Enteignungen sein konnte.

Einen Schwerpunkt widmet diese Arbeit der Frage, ob die im internationalen Sachenrecht gebräuchliche und nunmehr in Art. 43 Abs. 1 EGBGB festgeschriebene Regelanknüpfung an den Ort der Belegenheit der Sache auch dann heranzuziehen ist, wenn über die Eigentumsverhältnisse an gestohlenen oder abhanden gekommenen Kunstwerken zu entscheiden ist. Dies erscheint notwendig, da das Deutsche Reich die überwiegende Zahl der eingezogenen Werke in das Ausland veräußerte, wo sie nur selten eine dauerhafte Bleibe erhielten. Die in vielen Rechtsordnungen dominierende Anknüpfung anhand der *lex rei sitae* hat in jüngerer Zeit zahlreiche Einschränkungen erfahren. Auch das deutsche Recht räumt in Art. 46 EGBGB nun ausdrücklich einer wesentlich engeren Verbindung mit einer anderen als der nach den Artt. 43 bis 45 EGBGB ermittelten Rechtsordnung Vorrang ein. Der Vorschlag, gestohlene oder abhanden gekommene Kunstwerke an den Ort des Diebstahls bzw.

---

20 Nach den Angaben des Schweizer Historikers *Georg Kreis* hat das Deutsche Reich vier Fünftel seiner Goldlieferungen ins Ausland über die Schweiz abgewickelt, vgl. den Bericht in der FAZ vom 1.7.1998, S. 9. Insgesamt sei Gold mit einem damaligen Gegenwert von 1,2 Milliarden Franken, darunter auch 120 Kilogramm jüdischen KZ-Opfern abgepreßtes Gold, vorwiegend an die Schweizerische Nationalbank geliefert worden. Allein diese enorme Summe hätte bereits zum Nachdenken anregen müssen, da die Goldreserven der Reichsbank bei Kriegsbeginn lediglich einen Gegenwert von 257 Mio. US-Dollar ergeben hätten.

des Abhandenkommens anzuknüpfen, soll daher einer kritischen Überprüfung unterzogen werden.

Darüber hinaus will diese Arbeit eine Antwort auf die Frage geben, welche Erfordernisse an die Gutgläubigkeit eines Erwerbers von Kunstwerken zu stellen sind. Das deutsche Recht erlaubt es — wie viele andere Rechtsordnungen auch —, von einem Nichteigentümer wirksam Eigentum zu erlangen, sofern der Erwerber in gutem Glauben an das Eigentum des Veräußerers handelte. Daher soll geklärt werden, in welchem Umfang den Erwerber dabei Nachforschungsobliegenheiten treffen und ob diese für Werke „entarteter Kunst" in besonderem Maße bestehen.

Schließlich ist zu untersuchen, ob das Wiedergutmachungsrecht der Nachkriegszeit eine Grundlage für Restitutionsansprüche bot und ob das im Zuge der Wiedervereinigung der beiden deutschen Staaten erlassene Vermögensgesetz, welches diese Ansprüche neu eröffnet, eine Basis für eine erfolgreiche Wiedererlangung bietet.

V. Der Gang der Untersuchung

Zur Lösung der soeben aufgezeigten Fragestellung sollen zunächst in einem geschichtlichen Überblick über die nationalsozialistische Kulturpolitik die Umstände aufgezeigt werden, die zu dem Erlaß des Einziehungsgesetzes führten. Es schließt sich eine Untersuchung über die staatsrechtliche Legitimation und Kompetenz der Reichsführung für den Erlaß des Einziehungsgesetzes an. Seine Rechtswirksamkeit wird sodann an der „Radbruchschen Formel" des Heidelberger Rechtsphilosophen zu messen sein, dessen „Unerträglichkeitsthese" der Rechtsprechung als Grundlage zur Aufhebung zahlreicher vom Nationalsozialismus geprägter Rechtsvorschriften diente.

Das folgende Kapitel untersucht den sachenrechtlichen Herausgabeanspruch des Eigentümers mit dem Hauptaugenmerk darauf, ob inzwischen ein wirksamer Eigentumsverlust eingetreten ist, der den Herausgabeanspruch vereiteln würde. Dabei werden die Problemkreise des internationalen Privatrechts vorangestellt. Hier bilden nach den Aspekten der internationalen gerichtlichen Zuständigkeit die Probleme des internationalen Sachenrechts den Mittelpunkt der Betrachtung. Einer kritischen Würdigung der Anknüpfung an den Ort der Belegenheit folgt eine Untersuchung über die Folgen eines Statutenwechsels für Ersitzungs- und Verjährungsfristen sowie über die Besonderheiten eines doppelten Statutenwechsels

In der sich anschließenden Darstellung des materiellen Sachenrechts, bei der die Möglichkeit des gutgläubigen Eigentumserwerbs vom Nichtberechtigten im Zentrum der Betrachtung stehen wird, ist nach einer Kategorisierung der Tatbestände, die für einen Erwerb „entarteter Kunst“ in Frage kommen, auf die einzelnen Erwerbsvorgänge näher einzugehen. Die in zahlreichen Rechtsordnungen enthaltenen Möglichkeiten, auch abhanden gekommene Sachen gutgläubig ersteigern, ersitzen oder in sonstiger Weise rechtsgeschäftlich erwerben zu können, macht es notwendig, die Kriterien, die an die Gutgläubigkeit eines Erwerbers zu stellen sind, herauszufiltern und daraufhin zu untersuchen, ob für Kunstwerke allgemein und für „entartete Kunst“ im Speziellen besondere Sorgfaltsmaßstäbe bestehen. Die Nationalsozialisten setzten einen erheblichen Teil ihrer Kriegsbeute in neutrale Länder ab, unter denen die Schweiz nicht allein aufgrund ihrer geographischen Nähe zum Deutschen Reich eine herausragende Stellung einnahm. Daher soll rechtsvergleichend jeweils eine Lösung gemäß den schweizerischen Bestimmungen Gegenstand der Erörterungen sein. Eine Untersuchung zur Verjährung des Herausgabeanspruchs schließt dieses Kapitel ab.

Zum Schluß werden weitere Anspruchsgrundlagen untersucht, wobei insbesondere auf Kondiktionsansprüche sowie das Wiedergutmachungsrecht einzugehen ist. Die Frage nach Schadensersatzansprüchen, insbesondere solche gegen den unmittelbar eingreifenden Staat, sollen jedoch nur gestreift werden.

Die Rechtswirkung des Einziehungsgesetzes

§ 1 Die Entstehungsgeschichte des Einziehungsgesetzes

A. Der Begriff „entartet"

Vor 1890 tritt der Begriff der „Entartung" in Zusammenhang mit Kunst nur spärlich in Erscheinung. Friedrich Schlegel gebraucht ihn in einem 1795 erschienenen Essay „Über das Studium der griechischen Poesie"[1] und in der Zeitschrift „Antisemitische Corespondenz. Centralorgan der deutschen Antisemiten" vom September 1888 liest man den Satz: „Die Entartung der Kunst ist der sichere Vorbote der sittlichen und weiterhin der leiblichen Entartung".[2]

Populär machte den Begriff erst der jüdische Schriftsteller Max Nordau (1849-1923). Dieser war im Kunstreferat der Neuen Freien Presse tätig und prägte das Kulturbewußtsein Wiens — wohl auch Hitlers — um 1900 entscheidend. Sein Hauptwerk „Entartung", welches in zwei Teilen in den Jahren 1892 und 1893 erschien, war ein Welterfolg und wurde in mehreren Auflagen und Sprachen herausgegeben. Schon Nordau meinte, bei „entarteten" Künstlern „Erkrankungen" feststellen zu können, so z.B. bei Emile Zola. Seiner beruflichen Herkunft als Arzt gemäß gebrauchte Nordau „Entartung" als medizinischen Terminus.[3] Als dann die Nationalsozialisten begannen, die Kultur zu einem Thema ihrer Politik zu machen, verschwiegen sie aus offensichtlichen Gründen, daß der Begriff in dem von ihnen gebrauchten Sinne ursprünglich von einem Juden geprägt wurde. In ihrer Ideologie bildeten Entartung und Verfall die Gegenpole des völkischen Staates: „Wo die Rasse abstirbt oder entartet, da ist das 'Schöne Leben' in seiner Wurzel bedroht."[4]

Entgegen landläufiger Meinung war der Begriff „entartet" im Nationalsozialismus zumindest im Bereich der bildenden Kunst nicht primär mit dem Judentum verbunden. Nur wenige Künstler wie Max Liebermann waren überhaupt jüdischen Glaubens, obwohl vielen ein solches Bekenntnis als

1 Siehe *Kreis*, „Entartete" Kunst für Basel, S. 11 Fn. 4 m.w.Nachw.

2 *Tabor* (Hrsg.), Kunst und Diktatur, Band 1, S. 96.

3 *Tabor* (Hrsg.), Kunst und Diktatur, Band 1, S. 94.

4 *Larenz*, Rechts- und Staatsphilosophie der Gegenwart, S. 134.

Schimpfwort angehängt wurde.[5] Beispielhaft hierfür sei die Kommentierung der im Berliner Kronprinzen-Palais ausgestellten modernen Künstler in der nationalsozialistischen Presse angeführt:

„Was uns in diesem Kronprinzen-Palais als junge deutsche Kunst vorgeführt wird, sind Juden, nichts als Juden, deutsche Juden und ausländische Juden."[6]

Tatsächlich waren von den 173 dort vertretenen Künstlern ganze fünf Angehörige der jüdischen Glaubensgemeinschaft. Verfolgt wurden aber auch Künstler, die politische oder sozialkritische Themen in ihren Werken behandelten, auch wenn diese in der Gruppe der Verfemten nur eine Minderheit darstellen. Die Schützengrabenbilder von Otto Dix oder die Karikaturen großstädtischer Kapitalisten von George Grosz mußten dem von den Nationalsozialisten gewollten Abbild des heroischen Deutschen, eingebettet in seine heldenhafte und mythenumwobene Nation, widersprechen. Die Schmach des verlorenen Krieges war nicht zu thematisieren, vielmehr sollte auch die Kunst dazu beitragen, das Selbstbewußtsein der Nation zu heben.

Das Kunstverständnis der nationalsozialistischen Führungskräfte war geprägt von der möglichst realistischen Wiedergabe der Natur in die Seele erbauenden Themen. Es knüpfte an die hochromantischen Landschaftsbilder des Caspar David Friedrich und die Portraitschule Hans Thomas an. Legt man dies als ausschließlichen Maßstab zugrunde, konnten Franz Marcs blaue Pferde, die bewußt gezerrten Menschen in den Bildern von Erich Heckel und Oskar Kokoschka oder die schon recht abstrakten Fluchten Lyonel Feiningers kein Wohlgefallen finden. Als Präsident der Reichskammer der bildenden Künste faßte Adolf Ziegler dies in folgende Worte:

„Wer einen öden Kasten als Haus und wer die deutsche Jugend als verkümmerte Idioten malt und die deutsche Mutter als Neandertalerin formt, der hat das unwiderrufliche Dokument seiner verwahrlosten Charakterhaltung gegeben."[7]

Der Bruch mit dem Traditionellen, den Künstlervereinigungen wie die Brücke, der Blaue Reiter und die Münchner Sezession bewußt vollzogen hatten, wurde angeklagt und als Verirrung und Schund abgeurteilt. Die Künstlervereinigungen und alle, die sich ihnen angeschlossen hatten, waren die ei-

---

5 „Immer mehr vereinsamten die Künstler, die in den Bannkreis des jüdisch infizierten Zeitgeistes geraten waren." *Klein,* Das Deutsche Volksmuseum, in: Deutsches Volkstum, S. 942. „Da stand im „Angriff": 'Wie lange tanzt die Akademie noch nach der Pfeife des Juden Hofer?' Ich habe nie gepfiffen und leider die Akademie nie tanzen sehen und bin kein Jude." aus *K. Hofer,* Erinnerungen eines Malers, S. 223.

6 *Anonymus,* Deutsche Kulturwacht, Heft 6, April 1933, S. 6 f., zitiert nach *Janda/Grabowski,* Kunst in Deutschland 1905-1937, S. 30 ff., 31; siehe auch *Rave,* Kunstdiktatur im Dritten Reich, S. 50.

7 Die Rede Zieglers anläßlich der Jahrestagung der Reichskammer der bildenden Künste ist in Auszügen wiedergegeben in der FZ vom 18.7.1937, S. 1.

gentlichen Gegner. Dem allgemeinen Sprachgebrauch der Nationalsozialisten folgend wurden sie als Bolschewisten, ihre Kunst als Kulturbolschewismus bezeichnet, freilich ohne jeden Realitätsbezug. Der 1933 aus den Berliner Staatsschulen entlassene Oskar Schlemmer hatte am 27.11.1930 in sein Tagebuch notiert:

„Das Furchtbare, die Kulturreaktion, liegt darin, daß es sich hier nicht um die Verfolgung von Werken politischer Tendenz handelt, sondern um rein künstlerische, ästhetische Werke, die, lediglich weil sie neuartig, andersartig, eigenwillig sind, gleichgesetzt werden mit 'Bolschewismus'. Gerade beim Bildersturm im Weimarer Museum wurden Künstler betroffen, an deren echtesten Deutsch der Gesinnung und Empfindung kein Zweifel bestehen kann."[8]

Bei manchen deutschen Künstlern rief die Verbannung aus dem deutschen Kunstleben Entsetzen und Unverständnis hervor. Viel zitiert ist das Schicksal des besonders national fühlenden Emil Nolde, bereits ab 1920 Mitglied der NSDAP und später Träger des Goldenen Parteiabzeichens, der 1937 die Beschlagnahme von 1052 seiner Werke aus den öffentlichen Sammlungen miterleben mußte, die größte Zahl von Arbeiten eines einzelnen Künstlers. Man schloß ihn 1938 aus der Preußischen Akademie der Künste und 1941 aus der Reichskammer der bildenden Künste aus. Selbst zu einem Zeitpunkt, als bereits sämtliche seiner Kollegen zum Teil auch schon seit Jahren nicht mehr arbeiten durften, gab Nolde noch seinem Unmut Ausdruck:

„Ich empfinde es als besondere Härte und auch besonders, weil ich vor Beginn der nationalsozialistischen Bewegung als fast einzigster deutscher Künstler in offenem Kampf gegen das unsaubere Kunsthändlertum und gegen die Machenschaften der Liebermann- und Cassirer-Zeit gekämpft habe. [...] Meine Kunst ist deutsch, stark, herb und innig."[9]

Das Beispiel Emil Noldes, der als „brav antisemitisch und völkisch denkend" galt,[10] weist jedoch noch auf einen weiteren Aspekt hin. Die Undurchsichtigkeit des Begriffes „entartet" führte zuweilen auch unter den Richtenden selbst zu Unsicherheiten und Widersprüchen. Während Alfred Rosenberg, Begründer des Kampfbundes für Deutsche Kultur, einige Seelandschaften Noldes als „stark und wuchtig" bezeichnete, sonst aber den Expressionisten als „negroid,

---

8 Zitiert nach *Brenner*, Kunstpolitik, S. 34. Zum Bildersturm im Weimarer Museum siehe unten, S. 19.

9 Zitiert nach *Sotriffer*, Deutsche Gottsucher, S. 534. Paul Cassirer (1871-1926) war als angesehener Kunsthändler und Verleger ein ausgewiesener Kenner und Förderer der Impressionisten und deutschen Moderne. Charlotte Behrend-Corinth über ihren Mann Lovis Corinth: „Und welche Idioten sagen, daß seine Kunst jüdisch-französisch sei? Ich schäme mich geradezu wenn ich diesen Irrsinn höre. Kein deutscheres Herz hat geschlagen, als das von Corinth." Siehe *Janda/Grabowski*, Kunst in Deutschland 1905-1937, S. 34.

10 Vgl. *Fischer*, in *Tabor* (Hrsg.), Kunst und Diktatur, Band 1, S. 409.

pietätlos, roh und bar jeder echten inneren Formkraft" abtat,[11] erfreute sich Goebbels noch an dessen farbenreicher Ausdruckskraft und ließ sich sogar von Albert Speer einige Nolde-Bilder aus dem Bestand des Kronprinzen-Palais in seine Privatwohnung hängen; Hitler jedoch forderte anläßlich eines Besuchs die Entfernung dieser „unmöglichen Bilder".[12]

„Entartet" war demnach vielmehr bei aller Griffigkeit und Schlagkraft auch ein unscharfes und höchst subjektiv geprägtes Schlagwort, um ganz allgemein unbequeme, nicht in die nationalsozialistische Landschaft passende Kunst und mißliebige Personen zu brandmarken. Die Intention des Künstlers selbst war ohne Bedeutung, „deutsch" war die Kunst erst dann, wenn sie sich in die politische Konzeption der nationalsozialistischen Führung einfügte. Der erste Präsident der Reichskammer der bildenden Künste, Ernst Hönig, drückte dies 1933 in seiner Rede zur Eröffnung dieser nationalsozialistischen Zwangsvereinigung so aus:

„Daß überzeugte Nationalsozialisten zugleich artfremde Kunst schaffen, ist nicht zu glauben, dort wo dieser Vorwurf erhoben wird, ist eher der Begriff 'deutsche Kunst' einseitig gezogen oder verzerrt. Die vielen Betrachtungen über diesen Begriff des Deutschen in der Kunst erscheinen mir eigentlich müßig. 'Wenn Ihr's nicht fühlt, Ihr werdet's nicht erjagen'."[13]

B. Aspekte der Kulturpolitik vor 1933

Während andere Nationen wie England oder Frankreich bereits im 17. Jahrhundert eine zunehmende Politisierung ihrer Bevölkerung erlebten und die Menschen nach und nach mehr Verantwortung für übergreifende Zusammenhänge forderten und erhielten, ist dieser Prozeß in Deutschland erst nach dem ersten Weltkrieg so recht in Gang gekommen. Erst die Verfassung von Weimar hatte das deutsche Volk als Träger der politischen Verantwortung benannt und gefordert.[14] Und dennoch war die Entwicklungsgeschichte dieser Demokratie nicht geeignet, die Bürger zu aufmerksamer und aktiver Beteiligung anzuregen. Zu undurchsichtig waren die Machtverhältnisse innerhalb der zahlreichen Koalitionen, zu groß die Kompromisse, in denen sich die Führungskräfte der Politik immer wieder verstrickten. Die mit dem Ausklang der

---

[11] *Rosenberg*, Revolution in der bildenden Kunst, in: Völkischer Beobachter vom 7.7.1933; auch wiedergegeben bei *Wulf*, Die bildenden Künste im Dritten Reich, S. 46 ff., 48.

[12] Nach *Sotriffer*, Deutsche Gottsucher, S. 534; *Rave*, Kunstdiktatur im Dritten Reich, S. 76 f.

[13] *Hönig* in: *E. A. Dreyer* (Hrsg.), Deutsche Kultur im Neuen Reich, S. 61 f. Der markante Schlußsatz ist ein Zitat Goebbels in dessen typischer Manier.

[14] Vgl. *Grimme* in: *J. Strunz* (Hrsg.), Kultur und Politik, S. 5 ff., 6.

„Goldenen Zwanziger Jahre“ einsetzende weltweite Wirtschaftskrise leistete ihren Beitrag zur Verunsicherung des Wahlvolkes im breiten Spektrum zwischen Kommunisten, Sozialdemokraten einerseits und Konservativen, Monarchisten und radikal Nationalen andererseits.

Dies änderte sich jedoch zu Beginn der Dreißiger Jahre. Zu laut wurde das Auftreten der immer selbstbewußter agierenden Nationalsozialisten, um ihre Rufe nach einer Konzentration auf das, was sie als wahre deutsche Identität ansahen, im Chor der anderen zu überhören. Dies galt auch und gerade für die Kulturpolitik, auf welche die auf ihren Führer eingeschworenen Gefolgsleute in steigender Weise die Aufmerksamkeit lenkten. Bereits zu Beginn der Zwanziger Jahre konnte die NSDAP die Entfernung einer Plastik aus einer öffentlichen Ausstellung veranlassen, da sie angeblich dem Volksgeschmack nicht entsprach. Ihr Führer Adolf Hitler drängte die nationalsozialistische Bewegung dazu, Veranstaltungen und Vorträge zu verhindern, „die geeignet sind, zersetzend auf unsere ohnehin schon kranken Volksgenossen einzuwirken.“[15]

Das Empfinden, an einem Wendepunkt der kulturgeschichtlichen Entwicklung in Deutschland zu stehen, war im Jahr 1932 vielen in diesem Bereich tätigen Menschen augenfällig. Der Historiker Alfred Klemmt beschreibt die Jahre seit dem Ausbruch des ersten Weltkriegs als eine Zeit, „die von der schicksalhaften Durchwachsenheit von Kultur und Politik auf das tiefste durchdrungen ist“.[16] Die von den Nationalsozialisten geforderten drastischen Beschneidungen des vielschichtigen und lebendigen kulturellen Lebens mußten in einem Land, das ein breites Spannungsfeld zwischen Marx und Nietzsche, zwischen Caspar David Friedrichs und Ludwig Kirchner entwickelt hatte, als ernsthafte Bedrohung empfunden werden.

Um so erstaunlicher erscheint es aus heutiger Sicht, daß die vielen freiheitlich denkenden Kulturschaffenden innerhalb weniger Jahre so sehr in das gesellschaftliche Abseits befördert werden konnten. Eine Erklärung hierfür bietet vielleicht das nationale Trauma des verlorenen ersten Weltkrieges, das den Menschen eine „Zusammenfassung aller Volkskräfte zur Erhaltung und Erneuerung der Nation“[17] erforderlich erscheinen ließ. Hinzukommen mag auch, daß, anders als zu Zeiten des Barock und der Klassik, die meisten Menschen begannen, die Musik und Künste der Vergangenheit den zeitgenössischen vorzuziehen. Man begann allgemein eine Entfremdung des Volkes vom aktuellen kulturellen Geschehen zu beklagen. Die Ursachen hierfür können in der Radikalität der Eroberung neuen Terrains gesehen werden, das Künstler-

---

15 Zitat bei *Heiden*, Geschichte des Nationalsozialismus, S. 42.

16 *Klemm* in: *Strunz* (Hrsg.), Kultur und Politik, S. 30 ff., 31, 41.

17 *Bäumer* in: *Strunz* (Hrsg.), Kultur und Politik, S. 43 ff.

gruppen wie die Brücke, der Blaue Reiter oder die Dadaisten nun der Kunst eröffneten. Sie forderten von dem Betrachter eine aktive Beteiligung, erinnerten ihn an die Schrecken des Krieges, spiegelten in pointierter Weise die gesellschaftlichen Entwicklungen und zeigten noch nicht gesehene Betrachtungsweisen, denen die Mehrzahl der Bevölkerung nicht oder nur unwillig folgen mochte. Das bot Angriffsfläche, welche die Demagogen des völkischen Denkens zu ihrem Schlachtfeld erklärten.

C. Grundzüge der nationalsozialistischen Kulturpolitik

Das Hervorbringen eines neuen Staates, ja eines neuen hochgezüchteten Volkes machte es für die Verfechter des „totalen Staates" erforderlich, das gesamte geistige Leben der Nation von Staats wegen zu kontrollieren. Der mit der Partei gleichgesetzte Staat und sein Volk sollten eine Symbiose eingehen, zu einer Einheit verschmelzen. Aus dieser Sichtweise war es für den Staat existentiell, eine Auslese derjenigen Kräfte vorzunehmen, die seiner Vorstellung des neuen Staates entsprachen. Auch in den Bereichen Kunst und Kultur sollte die Symbiose von Nationalismus und Sozialismus entsprechend der Definition Hitlers erfüllt werden. Ihm folgend war unter Nationalismus die Hingabe des Einzelnen für das Ganze und unter Sozialismus die Verantwortung des Ganzen für den Einzelnen zu sehen.[18]

> „Der Führer will die Kunst aus ihrer Volksfremdheit erlösen, er will sie zurückführen in die Gemeinschaft, er will, daß sie ihre unbewußt erziehende, läuternde Wirkung weitreichend und nachdrücklich auszuüben vermöge. [...] Vom deutschen Künstler aber verlangt der Führer, daß er aufgeschlossen zum Volke sprechen wolle; dies müsse sich schon in der Wahl des zu gestaltenden Themas äußern, das volkstümlich und verständlich und im Rahmen des heldischen und heroischen Ideals des Nationalsozialismus bedeutend sei."[19]

Dieses Zitat belegt plakativ, daß die Kunstpolitik des Dritten Reiches auf zwei Postulaten basierte: Idealisierung und Allgemeinverständlichkeit. Hitler hatte erkannt, daß die Literatur, der Film und die bildenden Künste herausragende Medien für die Erziehung des Volkes zu seinem nationalsozialistischen Staat verkörperten. Ästhetische Gesichtspunkte und das Ansehen im Ausland spielten hierbei lediglich eine Nebenrolle. Die offizielle Kunst des Staates war im Grunde nur Transportmittel für die verquere Lehre vom rassisch-überhöhten arischen Menschen, der die Herrschaft über die restlichen Völker als natürliche Bestimmung in sich trägt. Alles dieses Bild in Frage Stellende wurde

---

[18] Vgl. *Fest*, Hitler, S. 392.

[19] *Kiener* in: Die Kunst im Dritten Reich, Juli/August 1937, wiedergegeben bei *Wulf*, Die bildenden Künste im Dritten Reich, S. 223.

bekämpft, diffamiert, der Lächerlichkeit preisgegeben oder öffentlich verbrannt.

In der nationalsozialistischen Betrachtungsweise war der Künstler niemals frei in seinem Schaffen, sondern eingebunden in eine vom Staat vorgegebene soziale und politische Aufgabe. Kunst mußte erbauen, den Geist erhellen und durfte nicht verschrecken, beargwöhnen oder gar anklagen. Sozialkritische oder die Natur in subjektiver Weise reflektierende Werke galt es zu bekämpfen, deren Schöpfer aus verantwortlichen Lehrpositionen zu entfernen. Die Propagandamaschinerie mußte verschleiern, daß die Kunst der vergangenen vierzig Jahre Ausdruck eines inneren, eigenartig deutschen Verarbeitungsprozesses der aufkommenden Industrialisierung und der damit verbundenen sozialen Umwälzungen war. Ihr Ursprung wurde einer vom In- und Ausland her betriebenen „jüdischen Hetzpropaganda" zugeschrieben, und im politischen Gegenpol des Kommunismus war alsbald der Hauptschuldige ausgemacht. Den hohen Anteil „germanischer Vertreter" unter den „Bolschewisten" stellten die Herrscher der Propagandamaschinerie als Beweis dafür hin, „wie tief die Wurzel dieser Gefahren schon in den deutschen Volksboden hineingedrungen" sei.[20] Wo eine bolschewistisch-marxistische Verbindung nicht plausibel war, schreckte man auch nicht davor zurück, Künstler einer seelischen Abartigkeit zu bezichtigen:

„Aber das eine wissen wir, daß unter keinen Umständen die Repräsentanten des Verfalls, der hinter uns liegt, plötzlich die Fahnenträger der Zukunft sein dürften. Entweder waren die Ausgeburten ihrer damaligen Produktion ein wirklich inneres Erleben, dann gehören sie als Gefahr für den gesunden Sinn unseres Volkes in ärztliche Verwahrung, oder es war dies nur eine Spekulation, dann gehören sie wegen Betruges in eine dafür geeignete Anstalt."[21]

Die Kulturpolitik spielte für den Nationalsozialismus keinesfalls eine unter- oder nachgeordnete Rolle. Nationalsozialistische Führungskräfte proklamierten immer wieder, daß parallel zum Aufbau einer neuen Nation, eines neuen Volkes eine Säuberung der geistigen Tätigkeitsbereiche erfolgen müsse. Hitler selbst bezeichnete sie als „heilige Pflicht einer politischen Leistung".[22] Erstes, auffällig inszeniertes Spektakel war die Bücherverbrennung am 10. Mai 1933

---

20 So die Formulierung Goebbels in einem Brief an Wilhelm Furtwängler, abgedruckt bei *Brenner,* Kunstpolitik, S. 178 ff., 179. Furtwängler hatte zuvor in einem Brief an Goebbels beklagt, daß von dem „Kampf gegen das Judentum" in der Kunst auch „wirkliche" Künstler betroffen seien. Goebbels nutzt die Gelegenheit, um dem großen Kapellmeister zu erklären, wer zukünftig als „wirklicher" Künstler anzusehen sei in einer beklemmenden Mischung aus anerkennender Bewunderung und drohender Warnung.

21 *Hitler* in: *E. A. Dreyer* (Hrsg.), Deutsche Kultur im Neuen Reich, S. 9 ff., 18.

22 Parteitag der Arbeit 1937. Offizieller Bericht über den Verlauf des Reichstages mit sämtlichen Kongreßreden. München 1938, S. 35. Siehe auch *Backes,* Hitlers Einfluß auf die Kulturpolitik, S. 71.

auf dem Opernplatz in Berlin.[23] Ein überaus wirksames und einschneidendes Instrument schuf man mit dem schon im April 1933 verkündeten Gesetz zur Wiederherstellung des Berufsbeamtentums,[24] das seinem Wortlaut gemäß zunächst auf Beamte, Angestellte und Arbeiter im öffentlichen Dienst anzuwenden war. Jedoch bezogen sich alsbald viele berufsständische Kammern in ihren Satzungen auf die hier verankerten Maßstäbe.[25] Das Gesetz hatte zur Folge, daß ca. 35 Direktoren und Abteilungsleiter deutscher Museen noch im ersten Jahr der Diktatur ihren Arbeitsplatz verloren, wie auch viele Hochschullehrer an Akademien und Universitäten, unter ihnen Paul Klee in Düsseldorf und Gustav Radbruch in Heidelberg.[26]

In späteren Jahren, nach Einsetzen des Krieges, zeigte der Nationalsozialismus auch in den ausländischen Eroberungsgebieten seine Kompromißlosigkeit in kulturellen Angelegenheiten. Eine erst im Jahre 1957 entdeckte Denkschrift des Reichsführers SS Heinrich Himmler aus dem Jahr 1940 behandelt die Frage des Umgangs mit den in den „eroberten östlichen Gebieten ansässigen Volksstämmen“:

„Für die nichtdeutsche Bevölkerung des Ostens darf es keine höhere Schule geben als die vierklassige Volksschule. Das Ziel dieser Volksschule hat lediglich zu sein: Einfaches Rechnen bis höchstens 500, Schreiben des Namens, eine Lehre, daß es ein göttliches Gebot ist, den Deutschen gehorsam zu sein und ehrlich, fleißig und brav zu sein. Lesen halte ich nicht für erforderlich.“ [27]

I. Erste nationalsozialistische Regierungsbeteiligung in Thüringen

Als erster Nationalsozialist wird Wilhelm Frick im Frühjahr 1930 in Thüringen Minister einer vom Volk gewählten Regierung, nachdem die NSDAP dort in den vorangegangenen Landtagswahlen bereits starke Gewinne verbuchen konnte. Als thüringischer Minister des Innern und für Volksbildung verfertigte er den berüchtigten Erlaß „Wider die Negerkultur und für deutsches Volks-

---

[23] Einen Stimmungsbericht hierzu liefert *Klein* in: *Berlinische Galerie* (Hrsg.), Aus Berlin emigriert, S. 11 ff., 19. Siehe auch *Merker,* Die bildenden Künste im Nationalsozialismus, S. 119 ff.

[24] Gesetz vom 7.4.1933 (RGBl. I, S. 141). Siehe Dokument-Nr. 6 im Anhang.

[25] In den Wochen nach Verkündung des Gesetzes berichten die Tageszeitungen täglich von der Entlassungswelle, die neben den Beamten vorwiegend Ärzte und Rechtsanwälte traf, siehe z.B. Meldungen in der FZ vom 9.5.1933, S. 1, und vom 10.5.1933, S. 3.

[26] Zu Radbruch vgl. Meldung „Prof. Radbruch entlassen“ in der FZ vom 29.4.1933, S. 1. Weitere Namen nennt *Rave,* Kunstdiktatur im Dritten Reich, S. 92; ferner *Zuschlag,* „Entartete Kunst“, S. 39, Fn. 9 und 10.

[27] *Himmler,* Vierteljahrsheft für Zeitgeschichte, Heft 2 / 1957.

tum".[28] Darin wendet er sich gegen „fremdrassige Einflüsse", die „eine Verherrlichung des Negertums darstellen und dem deutschen Kulturempfinden ins Gesicht schlagen". Schauspielunternehmen konnte aufgrund verschärfter Anwendung der Gewerbeordnung die Erlaubnis versagt oder entzogen werden, wenn Aufführungen und Darbietungen „den guten Sitten zuwiderliefen". Als sittlich anstößig anzusehen waren „Jazzband- und Schlagzeug-Musik, Negertänze, Negergesänge, Negerstücke", überhaupt Erzeugnisse, die eine „Verherrlichung des Negertums darstellen und dem deutschen Kulturempfinden ins Gesicht schlagen". Doch beschränkte sich diese Ausfüllung des unbestimmten Rechtsbegriffes nicht auf nordamerikanische oder afrikanische Einflüsse, vielmehr wurde sie ausgedehnt auf alle Darbietungen, „die das deutsche Volkstum und Volksempfinden zu verletzen geeignet sind." Die Ämter wurden zu schärfstem Durchgreifen und die Polizeibehörden zu unnachgiebigem Einschreiten angehalten. Eine Zensur für Spielpläne wurde verordnet. Richtungsweisend für wahre deutsche Kunst sollten die neue Staatliche Hochschule für Baukunst, Bildende Kunst und Handwerk in Weimar unter der Leitung von Professor Schultze-Naumburg und das Thüringische Staatstheater sein. Die Weimarer Hochschule war das frühere von Walter Gropius geleitete Bauhaus, das dieser bereits 1925 infolge diffamierender Angriffe völkisch-nationaler Bewegungen aufgeben und nach Dessau verlegen mußte.

Frick setzte Schultze-Naumburg als seinen Kulturberater ein, auf dessen Initiative hin es schließlich in Weimar zu dem ersten Bildersturm gegen Werke der Klassischen Moderne kam.[29] Das Innenministerium erteilte dem Weimarer Landesmuseum den mündlichen Befehl, innerhalb weniger Stunden die gesamte Avantgarde aus den Ausstellungsräumen zu entfernen, die in diesem Museum ca. siebzig Werke praktisch aller namhafter Vertreter umfaßte.[30] In dem ehemaligen Bauhausgebäude wurden die Wandgemälde Oskar Schlemmers „kasernenmäßig überweißt".[31] Die zu diesem Zeitpunkt in Deutschland unerhörten Aktionen sollten später gängige Praxis werden. Während in der allgemeinen öffentlichen Reaktion Unglauben und Spott vorherrschten, nahm

---

[28] Siehe *Brenner,* Kunstpolitik, S. 23, 169; auch *Zuschlag,* „Entartete Kunst", S. 35.

[29] Paul Schultze (1869-1949) stammte aus Naumburg und baute u.a. während des ersten Weltkrieges Schloß Cecilienhof in Potsdam. Er begann schon in den frühen zwanziger Jahren, seine rassistische Ideologie in Schriften und Vorträgen zu verbreiten. Für ihn war selbst die Frage, ob mit Flach- oder Giebeldach zu bauen sei, nach rassischen Gesichtspunkten zu beantworten. Zu ihm näheres bei *Rave,* Kunstdiktatur im Dritten Reich, S. 22-25, 36.

[30] Diese Zahl wird angegeben von *Brenner,* Kunstpolitik, S. 33; Siehe auch *Zuschlag,* „Entartete Kunst", S. 35 m.w.Nachw. in Fn. 29.

[31] *Rave,* Kunstdiktatur im Dritten Reich, S. 36. Eine Photographie des Freskos ist wiedergegeben bei *Brenner,* Kunstpolitik, Abb. 3.

ein Teil der Presse begeisterten Anteil: „Es wird ein großer Bildersturm durch Deutsches Land gehen müssen! In Weimar hat er begonnen. Heil Frick!“.[32]

II. Kulturpolitische Organisationen

1. Rosenbergs Kampfbund für Deutsche Kultur

Bereits seit 1927 trat eine Gruppe von Personen aus der NSDAP und ihrem Umfeld unter der Führung von Alfred Rosenberg zu einer „Nationalsozialistischen Gesellschaft für deutsche Kultur und Wissenschaft“ zusammen. Sie machte es sich zur Aufgabe, den noch in einzelnen Gruppierungen ringenden Kräften „Form und Stoßkraft“ zu geben, „zur Rettung unserer seelisch-geistigen Zukunft“.[33] Die Erziehung in Schule und Hochschule solle das Volkstum als ersten Wert anerkennen und entsprechend fördern, sowie „das deutsche Volk über die Zusammenhänge zwischen Rasse, Kunst und Wissenschaft, sittlichen und willenhaften Werten“ aufklären.[34] Rosenberg war schon zu Gründungszeiten der NSDAP Wegbegleiter Adolf Hitlers und führte die Partei, als Hitler nach dem mißlungenen Putsch im November 1923 die gegen ihn verhängte Festungshaft auf der Feste Landsberg verbüßte. Hitler ernannte Rosenberg zum Chefideologen der NSDAP und gab ihm den ausdrucksstarken, aber inhaltsschwachen Titel „Beauftragter des Führers zur Überwachung der gesamten geistigen und weltanschaulichen Schulung und Erziehung der Partei“. Darüber hinaus war Rosenberg seit 1923 Hauptschriftleiter des „Völkischen Beobachters“ und machte sich als Verfasser des Buches „Mythus des 20. Jahrhunderts“ einen Namen. Hitler hatte eine schlechte Meinung von ihm und dem Buch: Es sei zu kompliziert, „abgeschriebenes, zusammengekleistertes, ungereimtes Zeug! Schlechter Chamberlain mit einigen Zutaten!“[35]

Der Bund wurde 1929 als „Kampfbund für Deutsche Kultur“ weitergeführt. Erweitertes Ziel war es nun, das deutsche Volk angesichts der kulturell ver-

---

[32] Siehe *Deutscher Künstlerbund* (Hrsg.), 1936 — Verbotene Bilder, S. 10; *Brenner*, Kunstpolitik, S. 19.

[33] Mitteilungen des KfdK, 1. Jahrg. 1929, S. 2. Zur Person Rosenbergs vgl. *Merker*, Die bildenden Künste im Nationalsozialismus, S. 100 ff.

[34] So § 1 des Gründungsprotokolls, zitiert bei *Zuschlag*, „Entartete Kunst“, S. 34 und bei *Brenner*, Kunstpolitik, S. 8 f. Die Mitgliedsliste führte u.a. Houston Stewart Chamberlain, einen nach Bayreuth emigrierten Engländer, der rassistische Pamphlete verfaßte, dessen Ehefrau Eva, Tochter Richard Wagners, Winifred Wagner, Paul Schultze-Naumburg sowie namhafte Professoren aus Deutschland und Österreich, siehe Mitteilungen des KfdK, S. 6.

[35] *Albert Krebs*, Tendenzen und Gestalten der NSDAP. Quellen und Darstellungen zur Zeitgeschichte. Bd. 6, S. 179. Zu Chamberlain siehe vorige Note.

zweifelten Lage in Deutschland im Sinne eines „überall erwachenden nationalen Mythos" zu einem Bund für wahre deutsche Kultur zusammenzuschließen. Er sollte, nach eigenem öffentlichen Bekunden, unabhängig von jeder Partei oder politischen Bindung die kulturpolitischen nationalen Belange wirksam vertreten, „allen Nachdruck auf die positive Betonung einer blutgebundenen Kultur legen und alles fördern und anerkennen, was diesem Gedanken dient".[36] Tatsächlich wurde der Kampfbund jedoch schon als eingegliederte Organisation innerhalb der NSDAP geführt.[37]

Orts- und Fachgruppen sollten durch lokale Veranstaltungen für die Umsetzung des Programmes Sorge tragen. National bedeutsame Persönlichkeiten wurden als Redner verpflichtet. Der Bund erhielt Unterstützung von namhaften Künstlern, Schriftstellern und Wissenschaftlern, unter denen eine Vielzahl Professoren und Lehrer an Hochschulen waren. So sorgte man einerseits für die Seriosität der Unternehmung und verschleierte andererseits das parteipolitische Fundament der Nationalsozialisten.

Die vom Bund organisierten Beschimpfungskampagnen zielten vorrangig auf die Diffamierung moderner Stilrichtungen sowohl der bildenden Kunst als auch der Architektur und Musik. Man ließ keine Gelegenheit aus, Künstlern eine offene oder stille Zuneigung zu Rußland anzudichten, um sie anschließend als „antinationale Kulturbolschewisten" beschimpfen zu können. Besonders das Schreckgespenst der marxistischen Machtgier, die eine Versklavung des Mittelstandes bezwecke und eine Entseelung von Blut, Boden und Nation nach sich ziehe, wurde immer wieder auf die Bühne der eigenen Meinungsmache zitiert. Der Kampfbund bemühte sich nach Kräften, die Vertreter der künstlerischen Moderne als Verbreiter der Weltrevolution des Proletariats darzustellen, die es mit allen Mitteln zu bekämpfen gelte. In dieser Zeit der Weltwirtschaftskrise von 1929, in der auch die „Dolchstoßlegende" noch sehr lebendig ihr Unwesen trieb, waren diese Klänge durchaus geeignet, eine tatsächlich nicht vorhandene Bedrohung scheinbar spür- und erfahrbar werden zu lassen. Einer der führenden Köpfe des Kampfbundes war der bereits erwähnte Professor Schultze-Naumburg. Im Jahr 1931 zieht der Genremaler und Architekt durch deutsche Städte und hielt viel Jubel und Beifall findende

[36] So die „Arbeitsgrundsätze", wiedergegeben in den Mitteilungen des KfdK, 1. Jahrg. 1929, S. 14.

[37] Vgl. *Brenner*, Kunstpolitik, S. 8, 10. Die in der ersten Ausgabe der Mitteilungen des Kampfbundes für deutsche Kultur abgedruckten „Arbeitsgrundsätze" (siehe vorige Note) enthalten keinen Hinweis auf eine Beziehung zur NSDAP und stellen den Kampfbund als völlig unabhängige Vereinigung dar.

Vorträge, auf denen er expressionistische Werke mit Photographien klinischer Krankheitsbilder verglich.[38]

Aber der Kampfbund beschränkte seine Aktivitäten nicht nur auf Redeveranstaltungen und die Herausgabe von Periodika. In Dresden erreichte man im Frühjahr 1930 mittels einer als „Aufklärungskampagne" betitelten Diffamierungsaktion die Entlassung des dortigen Museumsdirektors Dr. Hildebrand Gurlitt, eines ausgewiesenen Kenners und Förderers der künstlerischen Avantgarde.[39] Bereits drei Jahre vor der sog. Machtergreifung durch die Nationalsozialisten weist dies den Weg für die Gangart der folgenden Jahre.

In den Jahren 1930 und 1931 breitete sich der Kampfbund in Deutschland aus und etablierte sich, indem er den national-völkischen Weg für die deutsche Kultur propagierte und sich weiterhin offiziell der Teilnahme an parteipolitischen Kämpfen enthielt. Die Zahl der Mitglieder stieg, die Organisation wurde weiter aufgegliedert, das Mitteilungsblatt um weitere Nachrichtenblätter für unterschiedliche Kunstsparten ergänzt. So hieß es in einer Besprechung der Oper 'Die Bürgschaft' von Kurt Weill in der „Deutschen Bühnenkorrespondenz":

„ 'Oper' nennt der (durch die Zusammenarbeit mit Bert Brecht (!) berüchtigte) Jude Kurt Weill dieses widerwärtige Machwerk. [...] Gemeine Jazz- und Negerrhythmen, scheußliche, gänzlich unmotivierte Dissonanzen, dann wieder mal zwischendurch abgedroschenste Banalitäten, ordinärste Gassenhauermelodien, alles ohne jede künstlerische Durcharbeitung in ertötender Primitivität aneinandergekleistert, mit einem Wort, die vollkommene, absolute Impotenz."[40]

Der Name der Vereinigung hatte von jeher auch ihr Programm bestimmt. Ihre Daseinsberechtigung bezog sie aus dem Kampf gegen offizielle und private Kulturorganisationen, welche die künstlerische Avantgarde unterstützten. Je mehr die Diskriminierungskampagnen jedoch offizielle Politik des „neuen Staates" wurde, um so kleiner wurde das Betätigungsfeld des Kampfbundes. Er war ein Kind der Kampfzeit, die Hitler schon wenige Monate nach der sog. Machtergreifung als beendet betrachtete. Ausgangs des Jahres 1932 wurde der Kampfbund dann auch offiziell in die schon sehr mächtig ausgebaute NSDAP eingegliedert.[41]

---

38 *Rave,* Kunstdiktatur im Dritten Reich, S. 36 f.; *Wulf,* Die bildenden Künste im Dritten Reich, S. 163 ff., 387 f.

39 Siehe auch *Rave,* Kunstdiktatur im Dritten Reich, S. 35 f.; Mitteilungen des KfdK, 3. Jahrg. 1931, S. 15. Gurlitt wurde ab 1938 mit der Verwertung der eingezogenen Werke betraut.

40 Zitiert nach *Brenner,* Kunstpolitik, S. 167.

41 Siehe das Interview mit Reichskommissar *Hans Hinkel* „Die NSDAP und die Kunst" in der FZ vom 6.4.1933, S. 3. *Hinkel* erklärt sich dazu, daß im Umfeld der ersten Boykott-Aktion gegen jüdische Geschäfte ein Bruno Walter-Konzert abgesetzt, ein Inszenierungs-

Bis zur Einrichtung der Reichskulturkammer mit ihren jeweiligen Abteilungen blieb der Kampfbund die führende kulturpolitische Organisation der Nationalsozialisten. Noch im November 1933 umfaßte allein die Fachgruppe Bildende Kunst innerhalb des Kampfbundes über 600 Mitglieder.[42] Dennoch war sich Rosenberg seines schwindenden Einflußbereiches bewußt und mußte sich der zunehmend hartnäckigen Konkurrenz des Propagandaministers Joseph Goebbels erwehren, der für die Errichtung der Reichskulturkammer bereits die entscheidenden Maßnahmen ergriffen hatte, die in den Aktionen Hitlers immer stark berücksichtigte Kulturpolitik an seine Person zu binden. Ein Prinzip Hitlers bei der Verteilung von Führungsaufgaben war es jedoch, Kompetenzbereiche überschneidend zu verteilen und bewußt unscharf zu formulieren, um die Konkurrenzkämpfe von sich selbst fernzuhalten. Aus dieser Überlegung heraus und zur Kompensation für verlorenen Einfluß erhielt Rosenberg im Frühjahr 1934 das „Amt für die Überwachung der gesamten geistigen und weltanschaulichen Schulung und Erziehung der NSDAP“, das er allerdings nicht zu einer echten Opposition gegen das Goebbelsche Ministerium nutzen konnte. Die organisatorischen Strukturen der Reichskulturkammer stellten sich im Laufe der Zeit als dem Überwachungsamt und dem Kampfbund überlegen dar. Die in ihr wirkenden weitverzweigten Kräfte verdrängten immer mehr die unerwünschten kulturellen Bestrebungen und gaben den verbliebenen neue Ordnung, so daß für die ohnehin wenig gestalterisch ausgerichteten Vereinigungen Rosenbergs immer geringerer Raum verblieb.

Im Jahr 1937 erhielt Rosenberg zwar auf Anweisung Hitlers zusammen mit Furtwängler und Sauerbruch den Nationalpreis, doch war dies, wie der Führer der Nationalsozialisten ausdrücklich betonte, ein „Trostpreis für unerfüllte Karrierewünsche“.[43] Der Kampfbund für Deutsche Kultur wurde dann im Juni 1934 zusammen mit dem Reichsverband Deutsche Bühne zur NS-Kulturgemeinde vereinigt und im Jahr 1936 per Verordnung in die Reichskulturkammer eingeordnet.

2. Die Reichskulturkammer

Der Nationalsozialismus proklamierte die ständische Gliederung des Berufslebens, mit dem Ziel, jede wirtschaftliche Betätigung, die einen Zusammenhang mit einem bestimmten Berufsbild aufwies, in einem einheitlich organi-

---

auftrag an Max Reinhart zurückgezogen und Konzerte von Otto Klemperer bis auf weiteres verschoben wurden.

42 So die Angabe des Fachleiters der Fachgruppe Bildende Kunst im KfdK und Malers Otto v. Kursell in einem Brief an Goebbels vom 7.11.1933, abgedruckt bei *Wulf*, Die bildenden Künste im Dritten Reich, S. 25 f.

43 Goebbels selbst nennt dies zutreffend eine „merkwürdige Konstellation“, siehe *Backes*, Der Einfluß Hitlers, S. 144.

sierten Berufsstand zusammenzufassen. Als erste Organisation dieser Art wurde mit Modellcharakter für andere Berufszweige die Reichskulturkammer mit ihren Untergliederungen geschaffen. Diesen von vielen Seiten umworbenen und hochbegehrten politischen Bereich konnte sich Goebbels schließlich sichern, als das Kabinett der Reichsregierung am 22. September 1933 das „Gesetz zur Errichtung der Reichskulturkammer" verabschiedete, das die Kompetenzen in seiner Hand bündelte und ihm umfassende Befugnis zum Erlaß von Rechtsverordnungen zusicherte.[44] Das Gesetz ordnete in Verbindung mit der ersten Durchführungsverordnung[45] an, daß jeder, der mit dem künstlerischen Schaffensprozeß, dem Handel oder der Vermittlung von Werken bildender Kunst in beruflicher Verbindung stand, Mitglied der Reichskammer der bildenden Künste sein mußte. Weiter noch: Alle Bühnenautoren, Schriftsteller, Musiker und Komponisten ebenso wie Veranstalter, Buchhändler, ja selbst Zeitungsverkäufer konnten ohne die entsprechende Mitgliedschaft ihren Beruf nicht mehr ausüben. Andererseits bedeutete die Ablehnung der Aufnahme oder ein späterer Ausschluß praktisch ein Berufsverbot und verursachte den finanziellen Ruin mancher Existenz.[46]

Einmütig proklamierten Hitler und Goebbels immer wieder, daß die Kunst an sich nur gedeihen könne, wenn man ihr die größtmögliche Entwicklungsfreiheit gibt. Sie versäumten aber nie, gleich anzufügen, in welchen Grenzen diese Freiheit zu genießen sei: „So frei die Kunst in ihren eigenen Entwicklungsgesetzen sein muß und sein kann, so eng muß sie sich gebunden fühlen an die nationalen Lebensgesetze eines Volkes. [...] Sie werden deshalb auch immer an die sittlichen, sozialen, nationalen und an die moralischen Grundsätze des Staates gebunden sein."[47] Auffällig an diesen Worten ist neben der eigenwilligen Definition der künstlerischen Freiheit das Gleichsetzen der Lebensgesetze des Volkes mit den Grundsätzen des nationalsozialistischen Staates. Kunst ohne politische Zielsetzung, ohne expressive oder edukative Darstellung des völkischen Staates sollte von nun an nicht mehr möglich sein.

Der Reichskulturkammer kam aber neben dieser Bündelungsfunktion auch die Aufgabe zu, die Zusammenarbeit zwischen den verschiedenen Künstlervereinigungen zu verbessern und die Rechte der Künstler gegenüber ihren Arbeit- oder Auftraggebern zu stärken. Auch soziale Gesichtspunkte wie Stellen-

---

[44] Reichskulturkammergesetz (RKG), (RGBl. 1933 I, S. 659). siehe Dokument Nr. 5 im Anhang.

[45] Sie erging aufgrund der Ermächtigungsvorschrift des § 7 RKG am 1.11.1933 (RGBl. I, S. 797).

[46] Schon ganz allgemeine Gründe konnten zum Ausschluß führen, vgl. *Wulf*, Die Bildenden Künste im Dritten Reich, S. 97.

[47] Rede Goebbels auf der Sitzung der Reichskulturkammer am 7.2.1934, zitiert von Richard Strauß in seiner Ansprache zur Eröffnung der ersten Arbeitstagung der Reichsmusikkammer, in: *Presseamt der Reichsmusikkammer* (Hrsg.), Kultur, Wirtschaft, Recht, S. 9 ff., 11.

vermittlung, Altersversorgung und die Betreuung des Nachwuchses konnten nun durch Rechtsverordnungen einer einheitlichen bzw. überhaupt einer Regelung zugeführt werden.

Die Bereitwilligkeit, mit der angesehene und namhafte Künstlerpersönlichkeiten wie Richard Strauß,[48] Otto Laubinger oder Wilhelm Furtwängler ihre Dienste für die Präsidien der Kammern bereitstellten, wird vielfach mit der wirtschaftlichen und sozialen Krise erklärt, die auch die Künstlerschaft erfaßt hatte.[49] Hinzu trat der allgemein verbreitete Glaube, man könne die positiven Kräfte, die der ausufernde Nationalsozialismus freisetze, für ein gewinnbringendes nationales Bewußtsein einspannen, sobald die Sturm- und Drangperiode der Anfangszeit vorüber sei. Zwar bedauerten manche die Lautstärke und Aufgeregtheit, mit der die Nationalsozialisten bei der Stärkung des Selbstbewußtseins des deutschen Volkes vorangingen, doch begrüßten viele die Befreiung von der Drangsal der vergangenen Weimarer Jahre. Der Beschwichtigungs- und Eingliederungsgedanke spukte in vielen Köpfen und ließ manchen, seltsam genug, auch über die Verfolgung und Beschimpfung einst hochverehrter Kollegen hinwegsehen. Ein markantes Beispiel für die Verblendung und völlige Fehleinschätzung der Situation bildet ein offener Brief Gottfried Benns, in dem er als Antwort auf eine Bitte um Klarstellung von Seiten bereits emigrierter Schriftsteller auf die sich nun ergebenden Möglichkeiten zur Erneuerung und Schaffung urdeutscher Kunst verweist.[50]

---

48 *R. Strauß* in: *E. A. Dreyer* (Hrsg.), Deutsche Kultur im Neuen Reich, S. 45 f.

49 *Brenner*, Kunstpolitik, S. 59. In einem Brief an Stefan Zweig rechtfertigt Richard Strauß sein Einspringen für den verfolgten Bruno Walter („den Lauselumpen") mit seiner Liebe zu dem Orchester. Das „ärgerreiche Ehrenamt" als Präsident der Reichsmusikkammer habe er nur aus „künstlerischem Pflichtbewußtsein" angetreten. Vgl. auch das Interview mit Reichskommissar *Hinkel* „Die NSDAP und die Kunst" in der FZ vom 6.4.1933, S. 3, der die Absage des Walter-Konzertes mit der fadenscheinigen Ausrede begründet, es habe nicht genügend Saalschutz der SA und SS zur Verfügung gestanden.

Als weitere Ursache für die kaum nennenswerte Opposition wird die verbreitete Hoffnung vieler Kunstschaffenden genannt, die Zeit der Verfolgung werde bald vorübergehen. *Franz Roh* erinnert sich: „Die dritte Zahl [schärfster innerer Opponenten] wollen wir nicht unterschätzen, sie hielt, allerdings nur mit armseligen und verscheuchten Pianissimogesprächen, wie eine Geheimsekte zusammen." *Roh*, „Entartete" Kunst, S. 90.

50 Benn verlas den Brief selbst am 24. Mai 1933 im Rundfunk und richtete ihn u.a. an den bereits in Südfrankreich lebenden Thomas Mann. Der Brief ist vollständig abgedruckt bei *Dieter Wellershoff* (Hrsg.), Gottfried Benn. Gesammelte Werke in vier Bänden, Wiesbaden 1961, Band 4, S. 239 ff.

Zwar legt Benn in der Wochenzeitung „Deutsche Zukunft" ein umfassendes „Bekenntnis zum Expressionismus" ab, beruft sich jedoch auch hier auf die form- und sinngebende Funktion des Nationalsozialismus, siehe Deutsche Zukunft v. 5.11.1933. Für ihn ist der Nationalsozialismus „eine der großartigsten Realisationen des Weltgeistes überhaupt". Vgl. auch *Roh*, „Entartete" Kunst, S. 109 f. und *Zuschlag*, „Entartete Kunst", S. 48.

3. Das Propagandaministerium

Hitler wandte sich einmal an seinen designierten Propagandaminister mit den Worten:

„Goebbels, überlegen Sie sich, wenn Sie einmal in der Reichsregierung die gesamte Propaganda zu bearbeiten haben werden, wie wir diesem Unwesen ein Ende machen. Zwar hat Kunst nichts mit Propaganda zu tun, sondern es ist der tiefste Ausdruck der wahrsten Seele eines Volkes. Diese Seele ist aber durch jüdische und sezessionistische Propaganda beschmutzt, irre gemacht und haltlos geworden. [...] Insofern ist es eine Aufgabe der Propaganda, dem gesunden Volksempfinden wieder zu Freiheit und Recht zu verhelfen, der wahren Kunst wieder zur Entwicklungsmöglichkeit.“[51]

Goebbels griff diese Aufgabenstellung seines Führers auf und erkannte darüber hinaus die Möglichkeit, in einer Zeit, in der ein eigenes Radio ein Gefühl von Luxus verbreitete, Kunst als Medium zur politischen Erziehung einzusetzen. Insoweit unterschied sich seine Aufgabe von der Rosenbergs, der mit seinen Hetzkampagnen wenig gestaltend, sondern vielmehr zerstörerisch vorging. Dennoch richtete Goebbels die Abteilung „Bildende Kunst“ in seinem Ministerium für Volksaufklärung und Propaganda erst im Oktober 1934 ein.[52] Diese Verspätung mochte ihre Ursache auch in der Tatsache haben, daß Reichspräsident Hindenburg starke Vorbehalte gegen den aufstrebenden Agitator hegte und Goebbels dies, nachdem er bereits die Reichskulturkammer errichtet hatte, in seiner Lauerstellung berücksichtigte. Nach und nach gliederte er Bereiche anderer Ministerien in sein Propagandaministerium ein, wie das Presseamt, das er von der Reichskanzlei übernahm, oder die Zensurgewalt vom Reichsministerium des Innern.[53]

Dennoch sah Goebbels zunächst noch keine durchgreifende Reaktion auf den „volksfremden Kulturbetrieb“ vor; die Arbeit der Reichskulturkammer sollte

„ebenso abhold sein dem modern scheinenden Großmannstum, hinter dem sich künstlerisches Nichtskönnen verbirgt, wie sie abhold ist dem reaktionären Rückschritt, der der Jugend und ihren gesunden Kräften den Weg versperren will. [...] Auch der Künstler, der dieser Zeit Ausdruck geben will, muß jung empfinden und neu gestalten. Nichts wäre irrtümlicher, als wenn die Gründung der Reichskulturkammer so verstanden würde, als wäre damit dem Banausentum die Bahn frei gemacht und der Jugend der Weg nach oben versperrt.“[54]

---

[51] *Turner* (Hrsg.), Hitler aus nächster Nähe. Aufzeichnungen eines Vertrauten, Frankfurt 1978, S. 462. Zur Person Goebbels und seiner Funktion im Bereich der bildenden Künste vgl. die Darstellung bei *Merker,* Die bildenden Künste im Nationalsozialismus, S. 94 ff., 125 ff.

[52] *Petropoulos,* Art as Politics, S. 19.

[53] *Petropoulos,* Art as Politics, S. 21.

[54] *Heiber* (Hrsg.), Goebbels-Reden, Band I, S. 139. Vgl. hierzu auch *Backes,* Hitlers Einfluß auf die Kulturpolitik, S. 108.

Diese Zurückhaltung fand ihre Ursache wohl in zwei verschiedenen Motivationen; zum einen entsprachen viele Künstler der Avantgarde durchaus seinem persönlichen Geschmack, zum anderen erkannte er die geringe Substanz der nun staatlich geförderten Kunst und wollte die verbliebenen modernen deutschen Künstler nicht vergraulen. Vielleicht wartete er gar auf eine Beruhigung der weit verbreiteten Femestimmung. Anders ist schwerlich zu erklären, daß auf seine Veranlassung hin zur Eröffnung der Reichskulturkammer auch Einladungen an „den Juden Peter Behrens, an die Maler Nolde, Schmidt-Rottluff, Heckel und den Bildhauer Barlach„ verschickt wurden.[55] Auch wird berichtet, daß er 1933 an Edvard Munch ein Geburtstagstelegramm richtet und ihn als „kraftvollen eigenwilligen Geist-Erbe nordischer Natur" lobt, der sich von jedem Naturalismus frei mache und zurückgreife auf „die ewigen Grundlagen völkischen Kunstschaffens".[56] Noch 1935 deckte Goebbels eine Ausstellung Berliner Künstler in München, bei der auch einige moderne Kunst vertreten sein sollte, geriet jedoch in Konflikt mit dem Münchener Gauleiter Wagner und Adolf Ziegler, auf deren Weisung hin die Werke aus der Ausstellung entfernt wurden.[57]

Goebbels bewegte sich hier auf einem schmalen Grat, da Hitler diesen moderaten Kurs nicht deckte. Als bis Ende 1936 viele moderne Künstler emigriert waren und der Aufschwung der „Bewegung" weiter ausblieb, drohte dies zu einer Gefahr für den Propagandaminister selbst zu werden. Trotz von der Reichskulturkammer veranlaßter einschneidender Veränderungen, die eine weitgehende Säuberung des Kunstbetriebes erreicht hatten, wurde ihm, der selbst innerhalb der Partei wenig Freunde und viele Neider hatte, eine zu liberale und nicht genügend konsequente Haltung in Bezug auf die „Entarteten" nachgesagt.[58] Die immer sichtbarer werdende Leere, die deren Vertreibung hinterließ, sorgte für zusätzliche Unruhe. Daher trat Goebbels schließlich im Sommer 1937 die Flucht nach vorne an und startete die Initiative zur Ausstellung „Entartete Kunst", „um der Bevölkerung einen revolutionären Umbruch auf dem kulturellen Sektor vorzugaukeln, seine Stellung in Hitlers Gunst zu sichern und gleichzeitig die Differenzen mit seinen Kontrahenten zu vermindern".[59] Entsprechend heftig begründete und verteidigte er dann diese Aktion.

Ab diesem Zeitpunkt war Goebbels der konsequente und rücksichtslose Verfolger der deutschen Avantgarde, als der er in die Geschichte eingegangen ist. Durch geschickt inszenierte Intrigen und sein skrupelloses Durchsetzungs-

---

[55] Bundesarchiv Koblenz, BA R 18 / 5008 Bl. 41.

[56] Vgl. *Backes,* Hitlers Einfluß auf die Kulturpolitik, S. 110.

[57] *Backes,* Hitlers Einfluß auf die Kulturpolitik, S. 113.

[58] Zu Goebbels Verhältnis zur Avantgarde siehe ausführlich *Backes,* Hitler und die bildenden Künste, S. 67.

[59] *Backes,* Hitlers Einfluß auf die Kulturpolitik, S. 118.

vermögen sicherte er seine Position gegen jegliche Anfeindungen und war gleichzeitig bereit, alle Projekte und Ziele dem Willen des Führers bedingungslos unterzuordnen. Während des Krieges übertrug ihm Hitler zunehmend die alleinige Verantwortung für die Kulturpolitik, jedoch waren zu diesem Zeitpunkt die gravierendsten Unternehmungen zur Säuberung des deutschen Kulturlebens bereits abgeschlossen.

III. Die Auflösung der Akademien

Die meisten Künstler der ersten Hälfte unseres Jahrhunderts waren Mitglieder in Vereinigungen wie der Preußischen Akademie der Künste oder dem Deutschen Künstlerbund. Die sog. Machtergreifung Hitlers war für viele Anlaß genug, nun aus eigenen Stücken ihren Austritt zu erklären, da die Vereinigungen sich entweder nicht von den neuen Machthabern distanzierten oder in den entscheidenden Positionen von ihnen beherrscht wurden. Heinrich Mann, Käthe Kollwitz und Max Liebermann z.B. gingen diesen Schritt.[60] Im August 1931 hatte der sozialdemokratische Kultusminister Adolf Grimme eine Reihe berühmter Künstlerpersönlichkeiten zu Mitgliedern der Preußischen Akademie der Künste berufen, was im Frühjahr 1933 zu einem Eklat führte. Der langjährige Präsident Max von Schillings legte daraufhin in einem Rundschreiben allen von Grimme Ernannten den Verzicht auf die Ernennung nahe, um somit „zur Lösung des unerfreulichen Konfliktes beizutragen". Die Reaktionen auf dieses Schreiben sind unterschiedlich; Mies van der Rohe und Erich Mendelsohn z.B. ignorierten die Nötigung und überließen der Akademie die Maßnahmen, die diese für notwendig erachtete. Andere, wie Karl Schmidt-Rottluff oder Otto Dix, folgten dem „Vorschlag" von Schillings mehr oder weniger kommentarlos.[61]

Nachdem dann im April 1933 das Gesetz zur Wiederherstellung des Berufsbeamtentums in Kraft trat, besaß man auch eine offizielle Grundlage für die vorher lediglich auf weltanschauliche Basis gestützten Ausschließungen und wendete dessen Vorschriften „sinngemäß" auf die Mitglieder der Akademien an. Im November 1933 war dieser Prozeß an der Preußischen Akademie soweit abgeschlossen, daß das Präsidium dem „hochverehrten Herrn Reichs-

---

[60] Liebermann, bekannt für seinen urwüchsigen Humor, wird kurz nach der Ernennung Hitlers zum Reichskanzler mit der Bemerkung zitiert, „ich kann gar nicht so viel essen, wie ich jetzt kotzen möchte." Er stirbt siebenundachtzigjährig im Februar 1935 beschimpft und vereinsamt. Seine Frau wird im März 1943 im Alter von 85 Jahren zum Transport nach Polen abgeholt, nimmt in dem Moment, als die Häscher ihre Wohnung betreten, Veronal und verstirbt am folgenden Tag, ohne das Bewußtsein wiedererlangt zu haben.

[61] Dokumente wiedergegeben bei *Wulf*, Die bildenden Künste im Dritten Reich, S. 36 ff.

kanzler" die treue Ergebenheit und Gefolgschaft der Akademie für die von Hitler jüngst verkündeten Thesen zur zukünftigen Kulturpolitik zusicherte.[62]

Sozusagen im Windschatten der Olympischen Spiele des Jahres 1936 präsentierte der Deutsche Künstlerbund im Hamburger Kunstverein eine Ausstellung moderner Kunst seiner Mitglieder, die nach 10 Tagen von den Nationalsozialisten geschlossen wurde. Die Mitglieder wurden angehalten, auf Postkarten Angaben über Parteizugehörigkeit und Ausstellungsorte ihrer Bilder zu machen und leisteten so selbst einen ungewollten Beitrag zu den Beschlagnahmeaktionen des folgenden Jahres, da diese Karten an das Propagandaministerium gelangten.[63] Wenig später wurde der Deutsche Künstlerbund aufgelöst.

Die Preußische Akademie der Künste bestand zwar fort, sie wurde aber weitgehend in das Abseits gedrängt, indem die Reichskulturkammer ihre Funktion an sich zog. Nachdem man schon frühzeitig die von vielerlei Seiten verfolgten Avantgarde-Künstler ausgeschlossen oder zum Austritt veranlaßt hatte, wird 1938 als einer der letzten Emil Nolde hinausgedrängt, der verbittert resigniert.

IV. Die Bedeutung der Kunst für Hitler

„Mein malerisches Talent schien übertroffen zu werden von meinem zeichnerischen, besonders auf fast allen Gebieten der Architektur."[64]

Ein Charakteristikum des Nationalsozialismus in Deutschland war, daß Hitler selbst alle Fäden der Macht in den Händen hielt und immer für die letztgültige Entscheidung zuständig blieb, so daß sein Geschmack auch darüber entschied, welche Kunstwerke auszusondern und welche zu fördern waren. Auf dem großen Reichsparteitag des Jahres 1934 in Nürnberg erklärt er sich über sein Schönheitsideal:

„Das Bild des Mannes ist genauso Ausdruck höchster männlicher Kraft und damit seinem Wesen und einer von der Natur gewollten Bestimmung nach richtig, als das Bild der Frau die Lebensreife und ihrem höchsten Zweck geweihte Mutter verherrlicht. In dieser richtig gesehenen und wiedergegebenen Zweckmäßigkeit liegt ein letzter Maßstab für die Schönheit."[65]

Hitler teilte die Rassen in zwei Arten auf: Kulturschöpfer (Arier) und Kulturzerstörer (Juden). Arier hätten bei allen großen Kulturen der Welt, auch der chinesischen und ägyptischen, die entscheidenden Köpfe gestellt und Impulse

---

[62] Brief der Präsidiumsmitglieder Schumann und Kraus an Hitler vom 3.9.1933, abgedruckt bei *Wulf*, Die bildenden Künste im Dritten Reich, S. 43 f.

[63] *Deutscher Künstlerbund* (Hrsg.), 1936 — Verbotene Bilder, S. 5, 18.

[64] *Hitler*, Mein Kampf, S. 18.

[65] *Julius Streicher* (Hrsg.), Reichsparteitagung in Nürnberg 1934, Berlin 1934, S. 158.

geliefert. Immer wieder sei dann der Jude eingefallen und habe die blühende Kultur zerstört, indem er von der Politik Besitz ergriff und planmäßig Wirtschaft und Kunst eines Landes zerstörte. Den Bekanntheitsgrad der Werke jüdischer Künstler (damit meinte er die gesamte deutsche und französische Moderne) würden diese allein der gleichfalls jüdischen Presse verdanken, die durch Schlagworte und Phrasen Verwirrung stifte.[66]

Vielfach wird vermutet, daß Hitlers starkes Engagement im Bereich der Kunstpolitik aus seiner gescheiterten oder verhinderten Künstlerschaft herrühre. Dies ist sicherlich ein Antriebsmoment. Zusätzlich ist aber zu beachten, daß Hitler in besonderem Maße die Bedeutung der Kunst für seine propagandistischen Umerziehungsmaßnahmen erkannte, und dies wohl als die wichtigere Motivation für die Herausstellung der Kunst anzusehen ist.[67]

In gestalterischer Hinsicht sah Hitler in der Architektur das primäre Medium zur Herstellung der Identität seiner Nation.[68] Schwerpunkte setzte er in den „Führerstädten" Berlin, Hamburg, Linz, München und Nürnberg, in denen mächtige Monumentalbauten entstehen sollten und teilweise auch Wirklichkeit wurden. Alle wichtigen Planungen gingen direkt auf ihn zurück. Seine wichtigsten Bauherren Albert Speer und Paul Ludwig Troost hatten auf seine Anregungen sofort und möglichst genau einzugehen. Hitlers architektonische Konzepte verfolgten vornehmlich zwei Ziele. Einerseits galt es, andere Nationen zu übertreffen, z.B. New York mit Hilfe der für Hamburg geplanten Elbbrücke samt Gauhochhaus, und ausländische Besucher zu beeindrucken, politische Macht in Stein und Erz zu fixieren. Andererseits sollte wie mit Hilfe der Malerei das Selbstvertrauen des vom Ausgang des ersten Weltkrieges ernüchterten Volkes durch prachtvolle Monumentalbauten wiederhergestellt werden. Daher kümmerte er sich auch fast ausschließlich um Zweck- und Repräsentationsbauten und legte keinen Wert auf sozialen Wohnungsbau. Die Monumentalarchitektur sollte der Stärkung der eigenen Autorität nach innen dienen und zur Festigung des Glaubens der eigenen Anhänger an den nationalsozialistischen Staat beitragen. Die Bauten waren gedacht als Identifikationsobjekte für alle Schichten des Volkes zur Förderung des Gemeinschaftsdenkens.

---

66 Zu den kulturhistorischen Einsichten Hitlers vgl. eingehend *Backes,* Hitlers Einfluß auf die Kulturpolitik, S. 42 ff., 50.

67 Im Völkischen Beobachter vom 4.12.1929, S. 2, wird Hitler mit folgenden Worten zitiert: „Unserer Überzeugung nach gehören Kunst und Politik zusammen, wie nichts auf Erden zusammengehört. Alles was an großen Kulturstätten gebaut worden ist, entstand unter einem bestimmten politischen Willen."

68 Zu Hitlers Bestrebungen in Sachen Architektur vgl. *Backes,* Hitlers Einfluß auf die Kulturpolitik, S. 327 ff.

In Linz plante Hitler ein europäisches Kunstmekka entstehen zu lassen, in dem die Spitzenwerke des Mittelalters und der Romantik an einem Ort versammelt zu besichtigen waren. Nachdem in den Kriegsjahren die Kunstbeute aus dem besetzten Frankreich so überaus üppig ausfiel, änderte Hitler auch seine Meinung über den französischen Impressionismus, der von nun ab nicht mehr als „entartet" angesehen wurde und ebenfalls seinen Platz in Linz erhalten sollte. Das Linzer Projekt war auch aus architektonischer Sicht Hitlers liebstes Kind, selbst in den späten Kriegsjahren ließ er sich das Modell der Anlagen entlang der Donau in den Führerbunker stellen, um hier mit Albert Speer am Objekt zu fachsimpeln.[69]

Im Mai 1937 richtet Hitler einen Kulturfonds ein, aus dem er Kunst ankauft. Dieser bezieht seine finanziellen Mittel aus den Zuschlägen aus dem Verkauf von Sondermarken der deutschen Reichspost, der in den Jahren bis 1943 über 40 Millionen Reichsmark einbringt. Auch die Universum Film AG unter Goebbels steuert diesem Etat mehrere Millionen Reichsmark zu. Die Gelder verwendet Hitler u.a. für Stiftungen in Galerien und Museen und vor allem für das Projekt Linz.[70] In der Art eines gönnerhaften Mäzens stiftet er größere Summen für von ihm berufene Künstler, die leben sollen „wie die Fürsten". Ihnen billigt er große Narrenfreiheit zu, da er sie für politisch unzurechnungsfähig hält. Wenn sie jedoch zu weit gingen, verhängte Hitler Presse- und Ausstellungsverbote oder gar, wie im Falle Gerhardinger, den Ausschluß aus der Reichskulturkammer.[71]

V. Das Verbot der Kunstkritik

Als der kulturelle Aufschwung im Dritten Reich ausblieb und dieser Zustand in den Kulturspalten der Presse mehr oder weniger deutlich aufgezeigt wurde, entschlossen sich Hitler und Goebbels in einem Gespräch am 22.10.1936, die Kunstkritik gänzlich zu untersagen. „Sie muß auf Dauer ganz abgeschafft werden. Es darf da nur Berichterstattung geben."[72] Schon in den folgenden Tagen bereitete der Propagandaminister jenen Erlaß vom 27.11.1936 vor, der die gesamte „Zeitungskritik" vollkommen verbot und nurmehr den Kunstbe-

---

69 Siehe *Backes*, Hitler und die bildenden Künste, S. 37, 41.

70 *Backes*, Hitlers Einfluß auf die Kulturpolitik, S. 145 ff.

71 *Backes*, Hitlers Einfluß auf die Kulturpolitik, S. 154 f.

72 Bundesarchiv Koblenz, BA NL 118/63. Siehe auch *Backes*, Hitlers Einfluß auf die Kulturpolitik, S. 376 f.

richt zuließ.[73] Es war im Grunde nur die konsequente Umsetzung der Erkenntnis Hitlers, daß ursprünglich die „jüdische Presse" verantwortlich war für die „Vergiftung unseres gesunden Kultur- und Kunstempfindens".

„[...] dieser ganze Kunstkitsch in den Auslagen würde gar nicht da sein können, wenn wir nicht diese vollkommen korrupte Presse hätten, die es in unverschämter Weise wagt, einem Volk, das an sich ganz gesund wäre, diesen Mist als Kunst vorzusetzen [...]"[74]

Die Bedeutung dieses vielbeachteten Erlasses lag jedoch eher in seiner unverblümten Eindeutigkeit, da bereits die „Notverordnung zum Schutz von Volk und Staat"[75] vom 28. Februar 1933 Beschränkungen der Presse- und Versammlungsfreiheit von größter Tragweite ermöglichte.[76] Hinzu kommt, daß die liberalen Blätter, die das theoretisch noch bestehende Recht der Pressefreiheit tatsächlich in Anspruch nahmen, mit der Einstellung ihres Betriebes rechnen mußten.[77]

VI. Die neue deutsche Kunst

Die Konstrukteure der nationalsozialistischen Kulturpolitik waren sich einig, daß die Politik außerhalb des Organisatorischen wenig gestalterische Einflußnahme ausüben konnte, sollte die neue Kunst nicht zur inhalts- und geistesleeren Farce verkommen. Der gesellschaftliche Rahmen zwar, den die Kunst von

---

73 Anordnung des Reichsministers für Volksaufklärung und Propaganda über Kunstkritik vom 27.11.1936, abgedruckt bei *Wulf,* Die bildenden Künste im Dritten Reich, S. 127 f. Siehe auch *O. Thomae,* Die Propagandamaschinerie, S. 133 ff.

74 Bundesarchiv Koblenz, BA NS 26/60 Bl. 111. *Backes,* Hitlers Einfluß auf die Kulturpolitik, S. 373 f.

75 Eigentlich „Verordnung des Reichspräsidenten zur Abwehr kommunistischer staatsgefährdender Gewaltakte" vom 28.2.1933 (RGBl. I, S. 83), auch Reichstagsbrandverordnung genannt.

76 Schon einen Monat früher bildet sich als Reaktion auf die „Notverordnung zum Schutz des deutschen Volkes" vom 4.2.1933 (RGBl. I, S. 35) ein Initiativkommitee bestehend aus Albert Einstein, Heinrich Mann und Rudolf Olden mit dem Aufruf, die uralten demokratischen Grundrechte der Freiheit des Geistes zu wahren, dem Zustimmungserklärungen von Thomas Mann, Gustav Radbruch und Hugo Enzheimer folgen mit der Ankündigung, am 18./19.2.1933 in Berlin einen „Kongreß für das freie Wort" abzuhalten. Siehe Meldung in der FZ vom 7.2.1933, S. 3.

77 In den Wochen nach dem Reichstagsbrand mußten nach und nach sämtliche kommunistischen und später auch sozialdemokratischen Blätter ihr Erscheinen einstellen. Verfolgt man die Meldungen der Frankfurter Zeitung ab Januar 1933 über Verbote der Breslauer Volksfront (8.2.1933), des Simplizissimus (23.3.1933) oder der Deutschen Allgemeinen Zeitung (30.5.1933), ist die zunehmende Vorsicht des Blattes, seinen liberalen Ansichten in Kunstfragen Ausdruck zu verleihen, nur allzu verständlich.

nun an einhalten mußte, war abgesteckt, den Künstlern die politische Funktion eindrücklich zur Aufgabe erklärt worden. Die Kunst erschaffen mußten jedoch die Künstler selbst.

Allein, es gab wenig zu bejubeln, was den neuen Gestaltern durchaus nicht entging. An Quantität mangelte es nicht, die Umsetzung der Vorgaben bezeichnete Hitler jedoch oft selbst als „schauderhaften nationalen Kitsch“. Die Literaten versuchten sich vornehmlich in nationalen Theaterstücken, die das bäuerliche Leben zum Ideal stilisierten oder das Hohelied des Unbekannten Soldaten verklärten.[78] Gottfried Benn und Ernst Jünger, die zunächst voller Elan und Illusion in der Bewegung ihren Platz suchten, wendeten sich alsbald ab. Bäuerliche Themen und Heldenmythen waren nun auch in der Malerei das vorherrschende Thema. Besonders hervor taten sich Adolf Ziegler, dessen leblos statuettenhafte Allegorien immer wieder im Mittelpunkt der Großen Deutschen Kunstausstellungen standen, und Hans Adolf Bühler, der mit neuromantischen Mythenbildern Erfolge feierte.[79] Die Bildhauer Josef Thorak und Arno Breker versuchten sich gegenseitig zu übertreffen mit teilweise ins Gigantische gesteigerten markigen Darstellungen von Themen wie „Kameraden“ oder „Bereitschaft“ als muskulösen Mannsbildern mit „übertriebenem Ausdruck militanter Gewohnheitsbrutalität“.[80]

Eine seltsame Blüte, die jene Suche nach repräsentativer deutscher Kunst hervorbrachte, waren die Thingstätten, in denen den Besuchern religiös-kultische Aufführungen unter freiem Himmel dargeboten werden sollten. Von den ursprünglich vierhundert geplanten Amphitheatern sind nur wenige jemals fertiggestellt worden. Die Waldbühne in Berlin, die Loreley-Bühne am Rhein und die Thingstätte auf dem Heiligenberg bei Heidelberg geben den Kommunen noch heute Kopfzerbrechen über eine zeitgemäße Verwendungsmöglichkeit auf. Die veranstalteten Spektakel mit einer Neigung zum Religiösen brachten schon bald nach den begeistert aufgenommenen Premieren nicht mehr den erhofften Erfolg, so daß die Thingspiele ab 1937 vollständig abgesetzt wurden.

In der Architektur schließlich ist der künstlerische Ehrgeiz wohl gänzlich dem politischen Kalkül gewichen. Berlin, die designierte Hauptstadt Germania des zukünftigen Reiches, und Linz als Kulturmetropole sollten Gebäude erhalten, deren Stil mit neoklassizistischem Elephantismus eher wohlwollend umschrieben ist. In Berlin sollte ein als „Volkshalle“ betitelter Kuppelbau mit einer Höhe von über 300 Metern entstehen, um 200.000 Menschen einen

---

78 Beispiele für neue Stücke in Berliner Theatern bei *Brenner*, Kunstpolitik, S. 90 f.

79 Zum Karlsruher Maler Hans Bühler und seinem Wirken in Baden vgl. *Rößling* (Hrsg.), Stilstreit und Führerprinzip, S. 119 ff.

80 *Wulf*, Die bildenden Künste im Dritten Reich, Abb. 38-45.

Sitzplatz zu bieten;[81] ebenso riesig fiel der Entwurf für ein Siegestor aus, das in seiner kolossalen Trägheit den Arc de Triomphe mehrfach in sich aufnehmen konnte. Offizialgebäude hatten den Zweck, „Selbstdarstellung der ureigensten Kulturkräfte eines erwachten, rassebewußten Volkes“ zu sein,[82] denn „je größer die Anforderungen des heutigen Staates an seine Bürger sind, um so gewaltiger muß der Staat auch seinen Bürgern erscheinen“.[83] Nur wenige dieser Projekte wurden realisiert, wie das Parteitagsgelände in Nürnberg, das die Kulisse für Aufmärsche nie gekannten Ausmaßes bot.

VII. Die „Großen Deutschen Kunstausstellungen“ 1937-1942

Ein weiteres Mittel der Selbstdarstellung des Staates gegenüber seinen Bürgern und dem Ausland sollten die Großen Deutschen Kunstausstellungen der Jahre 1937 bis 1942 werden. Sie wurden einmal jährlich im sommerlichen München veranstaltet mit dem Ziel einer repräsentativen Wiedergabe der offiziell vom Staat gebilligten und geförderten Kunst. Für sie hatte Ludwig Troost eigens das Haus der Deutschen Kunst gebaut, das anläßlich der ersten Ausstellung im Jahr 1937 eingeweiht wurde.[84] Die immer mit großem Aufwand unter der persönlichen Aufsicht des Reichskanzlers ausgerichteten Ausstellungen sollten nach Meinung der Veranstalter „ein möglichst umfassendes und hochwertiges Bild der zeitgenössischen Kunst“ bieten.[85] Hitler selbst sagte über ihren Zweck:

> „Der Wert der Ausstellung [...] beruhe aber nicht nur darin, daß jeder, der aus ihr ein Bild erwerbe, es mit gutem Gewissen in seiner Wohnung aufhängen könne, sondern darüber hinaus darauf, daß sie beitrage, die Künstler zu erziehen. Dadurch, daß er rücksichtslos den Standpunkt vertrete, daß ein angeblicher Künstler, der irgendwelchen Mist einschicke, entweder Schwindler sei und deshalb ins Gefängnis gehöre oder ein Narr sei und daher ins Irrenhaus müsse oder aber — wenn sich das nicht einwandfrei klären lasse — im Konzentrationslager „umgeschult“ und erst einmal wieder an richtige Arbeit gewöhnt werden müsse, sei die Ausstellung für Nichtskönner ein wahres Schreckgespenst.“[86]

---

[81] Vgl. *R. Merker*, Die bildenden Künste im Nationalsozialismus, S. 229.

[82] *Speer/Troost* (Hrsg.), Das Bauen im neuen Reich, Band I, S. 10

[83] *Hitler*, Reden des Führers am Parteitag der Arbeit 1937, S. 18.

[84] Das Gebäude überdauerte den Krieg und heißt nach der sanierungsbedingten Wiedereröffnung 1993 heute nur noch „Haus der Kunst“; zu den Ausstellungen im einzelnen vgl. *Hecker* in: *Schuster* (Hrsg.), Die „Kunststadt“ München, S. 56 ff.

[85] Siehe den Text der Einladungen, wiedergegeben bei *Schuster* (Hrsg.), Die „Kunststadt“ München, S. 258.

[86] *Picker*, Hitlers Tischgespräche im Führerhauptquartier, S. 479 f. Siehe auch *Backes*, Hitlers Einfluß auf die Kulturpolitik, S. 395 f.

Auf die erste Ausstellung im Sommer 1937 behält Hitler stets ein wachsames Auge. Auf seine Weisung hin muß das fast pornographische Bild „Leda mit dem Schwan" von Paul Mathias Padua in die Ausstellung aufgenommen werden, während das Propagandaministerium gleichzeitig die Diskussion des Bildes in den Zeitungen verbot.[87] Am 6. Juni besichtigt er mit Goebbels die Vorbereitungen und erbost sich so sehr über die Auswahl der Exponate, daß er die Jury kurzerhand entläßt.[88] Im Anschluß daran soll Hitler die Anzahl der auszustellenden Werke von 1.700 auf 500 reduziert haben.[89]

Die Ausstellung selbst war eingebettet in pompöse Feierlichkeiten, die München von nun an zu dem Ehrentitel „Stadt der deutschen Kunst" verhelfen sollten. Am Freitag, den 16. Juli wurden die Honoratioren — an der Spitze der französische Botschafter François-Poncet — durch das Spalier einer SS-Standarte begrüßt, während Soldaten der Wehrmacht in altrömische Togen gekleidet die eigens komponierte Fanfare bliesen. Staatsminister Adolf Wagner klärte in seiner Ansprache zunächst auf, daß es zu allen Zeiten keine Menschheitskultur geben könne ohne die Deutschen und wie „herrlich schön" es sei, einem Volk anzugehören, „von dem man mit Recht und ohne Überhebung solches sagen kann".[90] Beethovens Leonoren-Ouvertüre und der Chor „Wachet auf!" aus Wagners Meistersingern rundeten den festlichen Auftakt der dreitägigen Feierlichkeiten ab. Das große Ausrufezeichen dieser Festtage aber setzte der Führer und Reichskanzler selbst in seiner Rede zur Eröffnung des Hauses der deutschen Kunst.[91] Nachdem er zum wiederholten Male die „jüdische Presse" zum Verursacher aller Verwirrung des Kunstverstandes erklärt hatte und seine Parole „deutsch sein heißt klar sein!" zum programmatischen Grundsatz der neu zu schaffenden deutschen Kunst erhoben hatte, erging er sich in erschreckender Brutalität über den nun zu besorgenden „Säuberungskrieg [...] gegen die letzten Elemente unserer Kulturzersetzung":

„Und wenn auch diese Säuberung nicht an einem Tag erfolgen kann, so soll sich doch keine Erscheinung, die an dieser Verderbung teilnimmt, darüber täuschen, daß auch für sie früher oder später die Stunde der Beseitigung schlägt. Mit der Eröffnung dieser Ausstellung aber hat das Ende der deutschen Kunstvernarrung und damit der Kulturvernichtung unseres Volkes begonnen. [...] Sollte sich aber unter ihnen einer

---

87 *Thomae,* Die Propaganda-Maschinerie — Bildende Kunst und Öffentlichkeitsarbeit im Dritten Reich, S. 45. Zu diesem Thema der bildenden Kunst fühlte sich Hitler offenbar besonders hingezogen, vgl. *Feliciano,* Das verlorene Museum, S. 22 f.

88 *Backes,* Hitlers Einfluß auf die Kulturpolitik, S. 396; siehe auch *Rave,* Kunstdiktatur im Dritten Reich, S. 99 f.

89 *Heinrich Hoffmann,* Hitler wie ich ihn sah, S. 144; Bundesarchiv Koblenz, BA NL 118/8 (19.6.1937).

90 Siehe den Bericht in der FZ vom 17.7.1937, S. 1.

91 Die Rede ist vollständig abgedruckt in der FZ vom 19.7.1937, S. 1-3 und bei *Schuster,* Nationalsozialismus und „Entartete Kunst", S. 242 ff.

befinden, der doch noch glaubt, zu Höherem bestimmt zu sein, dann hatte er nun ja vier Jahre Zeit, diese Bewährung zu beweisen. Diese vier Jahre genügen aber auch uns, um zu einem endgültigen Urteil zu kommen. Nun aber werden — das will ich Ihnen hier versichern — alle die sich gegenseitig unterstützenden und damit haltenden Cliquen von Schwätzern, Dilettanten und Kunstbetrügern ausgehoben und beseitigt. Diese vorgeschichtlichen, prähistorischen Kultursteinzeitler und Kunststotterer mögen unseretwegen in die Höhlen ihrer Ahnen zurückkehren, um dort ihre primitiven internationalen Kritzeleien anzubringen. Allein das „Haus der Deutschen Kunst" in München ist gebaut vom deutschen Volke für seine deutsche Kunst."[92]

Hitler wollte hier selbst seine in dem Buch „Mein Kampf" geäußerte Forderung einlösen, daß es Sache der Staatsleitung sei, „zu verhindern, daß ein Volk diesem geistigen Wahnsinn in die Arme getrieben wird."[93] Zu sehen gab es „namenlose Banalität" oder „Niveau 1900, noch braver, noch langweiliger, noch trostloser", wie Zeitzeugen berichten. Zieglers vielbeachtetes Triptychon „Die vier Elemente" kann als zentrales Werk der Ausstellung beispielhaft für die Art des Dargebotenen dienen. Schon die Kunstkritik der Zeit sah in ihnen „vier Nackedeis", die in den „opalisierenden Fleischtönen mancherlei Reize" preisgaben.[94] Insgesamt versandete die Ausstellung in Belanglosem bis Mittelmäßigem, von der Möglichkeit des direkten Erwerbs wurde nur spärlich und vorwiegend durch Parteifunktionäre Gebrauch gemacht. Die Besucherzahl blieb weit unter dem Erwarteten.

D. Die Ausstellung „Entartete Kunst"

I. Die Vorläufer

Die Münchner Ausstellung im Spätsommer 1937 markiert sicherlich den Kulminationspunkt der nationalsozialistischen Kulturpolitik, sie war jedoch kein Einzelfall. Ihr gingen diverse „Schandausstellungen" und in „Schreckenskammern" zusammengestellte Präsentationen in namhaften Galerien und Museen im gesamten Gebiet des Deutschen Reiches voraus.[95]

---

[92] FZ, vom 19.7.1937, S. 3; *Schuster*, a.a.O., S. 252.

[93] *Hitler*, Mein Kampf, S. 283. Geradezu grotesk mutet daher an, daß in dem Bericht des Kunsthistorikers Otto Kümmel, in dem 1941 sämtliche Werke aufgelistet wurden, die aus den besetzten Gebieten in das Reich heimgeholt werden sollten, auch Werke „entarteter Kunst" aufgeführt waren. Schließlich habe es sich bei ihnen um deutsches Kulturgut gehandelt, vgl. hierzu *Feliciano*, Das verlorene Museum, S. 31.

[94] So das Urteil Theunissens, wiedergegeben bei *Backes*, Hitler und die bildenden Künste, S. 72 f.

[95] Vgl. hierzu die umfassende und mit vielen Quellen versehene Darstellung bei *Zuschlag*, „Entartete Kunst".

Den unrühmlichen Anfang machte der Maler Hans Adolf Bühler, der im März 1933 die Leitung der Karlsruher Kunsthalle übernahm.[96] Bei einem Rundgang durch die Bestände des Museums mit dem kommissarischen Kultusminister Dr. Otto Wacker bestimmte er, die unter den Direktoren Storck und Fischer erweiterte moderne Abteilung in einer Sonderausstellung zusammenzufassen und unter Hervorhebung des bolschewistischen und krankhaften Charakters der Werke der Bevölkerung vorzuführen. Diese Ausstellung unter dem Titel „Regierungskunst 1919-1933" prangerte auf Tafeln auch die „Mißwirtschaft der Weimarer Republik" an, die das Volk durch den Ankauf „wertloser Bilder zu weit überhöhten Preisen" geschädigt habe. Der diffamierende Charakter wurde dadurch gesteigert, daß in einem als „erotisches Kabinett" bezeichneten besonderen Raum einige als obszön eingestufte Werke nur auf Besucherwunsch und unter Begleitung eines Aufsehers vorgeführt wurden. Jugendlichen unter achtzehn Jahren war hier der Zutritt verboten.

Zu sehen waren in Karlsruhe u.a. Gemälde von Lovis Corinth, Max Slevogt, Max Liebermann, Karl Hofer und Edvard Munch, des weiteren Zeichnungen, Aquarelle und Graphiken von Max Beckmann, Erich Heckel, Lyonel Feininger und Emil Nolde. Dennoch wurden nicht alle Werke dieser Künstler im Besitz des Museums kategorisch als „entartet" ausgestellt, die Auswahl richtete sich offensichtlich vielmehr nach dem persönlichen Geschmack Bühlers selbst. Das entsprach der Praxis, herrschte doch später oft Verwirrung über die recht willkürliche Auswahl der gebrandmarkten Bilder. Auch waren schon einen Monat nach Schließung der Ausstellung einige Bilder im Zuge einer Neuhängung wieder in die Sammlung integriert.[97]

Zur selben Zeit eröffnete die Städtische Kunsthalle Mannheim eine Ausstellung mit dem Titel „Kulturbolschewistische Bilder", in der über 80 Werke von 55 Künstlern aller Stilrichtungen der deutschen Moderne zu sehen waren.[98] Auch hier wurden Bilder und Plastiken aus dem Bestand des Museums zur Schau gestellt und mit diffamierenden Begleitworten versehen. Die Ausstellung fand in den entsprechenden Kreisen ein derart positives Echo, daß sie anschließend noch in München und Erlangen zu sehen war.

Von Dresden aus startete im September 1933 die Wanderausstellung „Entartete Kunst", die in zwölf weiteren deutschen Städten gezeigt wurde. Nach bewährtem Muster konzipiert, zog die Femeschau überall einen großen Besucherkreis an und wurde in der Presse mit entsprechend brutalen Kom-

---

[96] Zur Karlsruher Ausstellung siehe die Darstellungen bei *Rößling* (Hrsg.), Stilstreit und Führerprinzip, S. 141 ff.; *Zuschlag*, „Entartete Kunst", S. 78 ff.; *Rave*, Kunstdiktatur im Dritten Reich, S. 44 f.

[97] Karlsruher Zeitung vom 10.4.1933.

[98] Die Mannheimer Ausstellung ist dokumentiert bei *Zuschlag*, „Entartete Kunst", S. 58-77; siehe auch *Rave*, Kunstdiktatur im Dritten Reich, S. 45 f.

mentaren begleitet.[99] Sie wird allgemein als der Vorläufer zur berüchtigten Ausstellung des Jahres 1937 in München gewertet. Zum ersten Mal stellte man die in ihr vertretenen Künstler zu einer Liste zusammen, deren Namen fortan aus dem öffentlichen Leben getilgt werden sollten.[100]

II. Die Münchner Ausstellung vom Juli 1937

Die Intention zur Münchner Ausstellung „Entartete Kunst" ging von Goebbels aus.[101] Aus seinen Tagebuchnotizen läßt sich entnehmen, wie er seinen Vorschlag Hitler unterbreitet und die notwendigen Schritte zur Organisation und Durchführung der Ausstellung einleitet. Die Münchener Femeschau übernahm eindeutig das Konzept der bereits erwähnten Vorläuferausstellungen, unterschied sich aber von ihnen schon maßgeblich dadurch, daß sämtliche Exponate mittels einer landesweit durchgeführten Beschlagnahmeaktion zusammengetragen wurden. Sie sollte sein und wurde in der Tat der entscheidende Schlag gegen die „Entarteten" von oberster Stelle. Schon die Einbettung in die landesweit große Beachtung findenden Feierlichkeiten für die Kunststadt München und die unmittelbare räumliche Nähe zur einen Tag früher eröffneten ersten Großen Deutschen Kunstausstellung belegen ihre Bedeutung. Die Zielsetzung dieser Konstellation liegt auf der Hand: Während dem deutschen Volk auf der einen Straßenseite vorgeführt wurde, wie unmöglich und „krank" die Entwicklungen der Kunst vor der politischen Wende waren, gab es auf der gegenüberliegenden das dem „gesunden Volksempfinden" Entsprechende zu sehen. Die Konzeption ging auf. Zwar zählte die Ausstellungsleitung der Femeschau 2.009.899 Besucher, was die Zahl derjeniger, die sich im benachbarten Gebäude für die offizielle Kunst interessierten, um mehr als das Dreifache übertraf. Jedoch berichten Zeitgenossen, daß die weit überwiegende Zahl der Besucher der „Entarteten Kunst" nicht die letzte Gelegenheit nutzen wollten, sich von den hoch geschätzten Werken zu verabschieden, sondern dem Ruf der Propaganda folgten und sich mit beleidigenden Kommentaren über die „Unkunst" mokierten.[102]

---

99 „Sinnlosester Aberwitz [...] gemalter Mist [...] offener Kunstbolschewismus [...] dieses Zeug, das systematisch die Seele des deutschen Volkes vergiftete [...] kulturelle Verwahrlosung", so die gängigen Schlagworte, beispielhaft entnommen dem Artikel „Aus der Schreckenskammer einer 'Kunst'„ Nationalblatt vom 30.8.1936, abgelichtet bei *Zuschlag,* „Entartete Kunst", S. 152.

100 *Zuschlag,* „Entartete Kunst", S. 155 f.

101 *Hüneke* in: *Barron,* „Entartete Kunst", S. 122.

102 Vgl. *Rave,* Kunstdiktatur im Dritten Reich, S. 105.

Betrachtet man den Zeitplan für die Ausstellung „Entartete Kunst“, so erstaunt, daß sie sehr kurzfristig zustande kam. Am 5. Juni 1937 faßt Goebbels seinen ersten Entschluß, in Berlin eine Ausstellung über Kunst der Verfallszeit einzurichten. Mitte des Monats muß er Widerstand gegen sein Vorhaben sogar bei Albert Speer und Hans Schweitzer feststellen, setzt sich aber schließlich durch und verlegt den Ausstellungsort nach München.[103] Goebbels entschied sich, die Beschlagnahmen im Vorfeld der Ausstellung durch einen Führerbefehl in Form eines Erlasses anzuordnen und die Auswahl der Bilder einer Kommission unter der Führung von Adolf Ziegler zu übertragen. Der Erlaß wird am 30. Juni 1937 ausgestellt und anschließend Ziegler nach erfolgter Genehmigung Hitlers übergeben. Er lautet:

„Auf Grund einer ausdrücklichen Vollmacht des Führers ermächtige ich hiermit den Präsidenten der Reichskammer der Bildenden Künste, Herrn Professor Ziegler, München, die im deutschen Reichs-, Länder- und Kommunalbesitz befindlichen Werke deutscher Verfallskunst seit 1910 auf dem Gebiete der Malerei und der Bildhauerei zum Zwecke einer Ausstellung auszuwählen und sicherzustellen. Ich bitte Herrn Professor Ziegler bei der Besichtigung und Auswahl der Werke die weitestgehende Unterstützung zuteil werden zu lassen. Siegel. Gez.: Dr. Goebbels.“[104]

Bemerkenswert an dem Erlaß ist sicherlich, daß man Kompetenzschwierigkeiten des Reiches, über den Besitz der Länder und Kommunen zu verfügen, zunächst nicht sah und Widerstand auch nicht erwartete.[105] Auch wird deutlich, daß eine endgültige Entscheidung über das weitere Verfahren in Bezug auf die beschlagnahmten Werke noch ausstand. Verfügt wurde zu diesem Zeitpunkt lediglich eine Beschlagnahme, also nur der Besitzentzug zugunsten des Reiches. Es fällt weiterhin auf, daß pauschal alle gebrandmarkten Werke im Besitz der Museen beschlagnahmt werden konnten und eine Unterscheidung zwischen Werken, die sich im Eigentum der Museen befanden, und privaten Leihgaben nicht getroffen wurde.

Um Ziegler bildete sich eine sechsköpfige Kommission, der außerdem Walter Hansen, Walter Hoffmann, Hellmut Sachs, der Reichsbeauftragte für künstlerische Formgebung Hans Schweitzer[106] und der Maler Wolfgang Willrich[107] angehörten. Die Kommission konnte weitgehend autark vorgehen und legte selbst die Kriterien fest, was als „entartet“ von nun an aus den Museen zu

---

[103] *Fröhlich,* Die Tagebücher von Joseph Goebbels, Teil I, Band 3, S. 166 ff.

[104] *Rave,* Kunstdiktatur im Dritten Reich, S. 96. Zu Führerbefehlen als Rechtsquelle siehe unten, S. 61.

[105] Zu diesem kompetenzrechtlichen Problemkreis siehe unten, S. 56 ff.

[106] Hans Schweitzer legte sich das altnordische Pseudonym „Mjölnir“ (der Hammer) zu und zeichnete vorwiegend Karikaturen in völkischen Blättern.

[107] Verfasser des Buches „Säuberung des Kunsttempels. Eine kunstpolitische Kampfschrift zur Gesundung deutscher Kunst im Geiste nordischer Art“, München-Berlin 1937.

entfernen war. Es bleibt zu vermelden, daß einige Museumsdirektoren zumindest den Versuch einer Gegenwehr unternahmen.[108] Der für die Nationalgalerie zuständige Kultusminister Rust verfügte am 5. Juli die endgültige Schließung des Berliner Kronprinzen-Palais, während einige Mitarbeiter versuchten, in aller Eile die noch im Hause befindlichen Leihgaben moderner Kunst an die Privatsammler oder Künstler zurückzugeben, um sie dem erwarteten Zugriff zu entziehen.[109] Als wenige Tage später die Kommission Ziegler erschien, weigerte sich der Direktor des Kronprinzenpalais Hanfstaengl zunächst, sie zu empfangen und erklärte, nachdem die Kommission dennoch zu ihm durchdrang, zu einer „Scharfrichter"-Tätigkeit seine Hand nicht reichen zu können.[110] Hanfstaengl wird später von Graf Baudissin ersetzt. Auch in Halle sträubte man sich, so gut es eben ging, gegen die Übergriffe des Reiches.[111] Die Rechtsabteilung der Gemeinde wurde, freilich erfolglos, bemüht und der Kommission schließlich mitgeteilt, daß man die Werke nur als Leihgaben „für die Dauer der Ausstellung" herausgebe; der aufgesetzte Leihvertrag wurde allerdings nie unterzeichnet, so daß der Oberbürgermeister am 25 August 1937 die Angelegenheit für hinfällig erklärte.[112] Die Zieglersche Kommission reist weiter durch ganz Deutschland und sucht innerhalb von nur zehn Tagen alle bedeutenden Museen der Gegenwartskunst heim, um die Werke nach München transportieren zu lassen.[113]

Die Aktivitäten Zieglers wurden in der Öffentlichkeit bekannt und gaben den Galeristen Anlaß zur Besorgnis. In der Befürchtung, daß sich die Beschlagnahmeaktionen auch auf seinen Bestand ausdehnen könnten, verschickt Ferdinand Möller im Oktober 1937 und März 1938 zwei Transporte mit insgesamt 20 Bildern u.a. von Dix, Feininger, Kandinsky, Otto Mueller und Schmidt-Rottluff an das Institute of Art in Detroit, Michigan, wobei nur eines, das Selbstporträt von Otto Dix, von dem Museum angekauft wird, während die

---

[108] Vgl. hierzu *Roh*, „Entartete" Kunst, S. 90 ff.

[109] *Alfred Hentzen*, Die Nationalgalerie im Bildersturm, 1972, S. 27.

[110] *Rave*, Kunstdiktatur im Dritten Reich, S.97; *Roh*, „Entartete" Kunst, S. 91 f. Einen guten Einblick in die Stimmung am Kronprinzen-Palais während der Beschlagnahmen geben die Dokumente bei *Janda/Grabowski*, Kunst in Deutschland 1905-1937, S. 59 ff.

[111] Vgl. hierzu die anschauliche und mit vielen Dokumenten ausgestattete Schrift von *Hüneke*, Die faschistische Aktion „Entartete Kunst" 1937 in Halle. Ab S. 11 findet sich gut dokumentiertes Aktenmaterial aus dem Archiv der Staatlichen Galerie Moritzburg Halle und anderer Museen, u.a. zu dem Versuch des ehemaligen Direktors Gosebruch, das Gemälde „Abendmahl" von Emil Nolde anzukaufen, um es als „Hochzeitsgeschenk für einen verdienten Freund" dem Zugriff der Nationalsozialisten zu entziehen.

[112] *Hüneke*, Die faschistische Aktion „Entartete Kunst" 1937 in Halle, S. 12, Dokumente 9 und 10.

[113] Zuschlag rekonstruiert die Route und nennt 32 Sammlungen in 23 Städten, die zwischen dem 4. und dem 14. Juli 1937 Besuche der Kommission zu überstehen hatten, *Zuschlag*, „Entartete Kunst", S. 178 f.

anderen dort als Leihgaben verbleiben.[114] Auch er versucht zu retten, was ihm möglich ist, und erwirbt vom Direktor des Museum Folkwang in Essen, Graf Baudissin, das Bild „Improvisation“ von Kandinsky für 9.000,- RM. Anschließend verkauft er es an das Guggenheim Museum in New York, wo es noch heute als Bestandteil einer der bedeutendsten Kandinsky-Sammlungen überhaupt hängt.[115]

Goebbels besucht erstmals am 16. Juli die in hektischen Vorbereitungen befindlichen Ausstellungsräume des Archäologischen Instituts in München. Einen Tag später erscheint Hitler in Begleitung der Zieglerschen Kommission und ist offensichtlich mit dem Ergebnis sehr zufrieden.[116] Am 19. Juli, also nur zweieinhalb Wochen nach der Ermächtigung der Kommission, wird dann die Ausstellung in München eröffnet.

Die Art und Weise der Präsentation der Bilder hatte nur den einen Zweck, die künstlerische Avantgarde zu diffamieren und lächerlich zu machen. In neun Gruppen wurden die Werke nach „Themenbereichen“ sortiert, sonst wahllos, zum Teil ohne Rahmen und schief gehängt präsentiert. Als Zeitgenosse, der seine Erinnerung an die Ausstellung eindrücklich nachzeichnete, schreibt Paul Ortwin Rave:

> „Die Gemälde waren wie von Narren- oder Kinderhänden ohne Sinn und Verstand ringsum verteilt, möglichst dicht in einem wüsten Über- und Nebeneinander, hoch und tief, wie es gerade traf, gemischt mit auf Sockeln oder auf dem Boden stehenden Bildwerken, versehen mit aufhetzenden Unterschriften, Erläuterungen oder unflätigen Späßen.“[117]

Der Eintritt war frei, jedoch für Jugendliche verboten. Große Spruchbänder waren über den Bildern an die Wand gepinselt, die den Eindruck einer schauerlichen Kuriositätensammlung verstärkten. Sie waren Willrichs Pamphlet „Säuberung des Kunsttempels“[118] entnommen und ein Novum für diese Art von Ausstellungen. „So schauten kranke Geister die Natur“ oder „... aber auch Museumsbonzen nannten das ‘Kunst des deutschen Volkes’“ war dort zu lesen. Als ob man die Hallen des Gebäudes nicht beschmutzen wollte, waren alle Bilder an eigens eingezogenen Wänden angebracht. Wie schon bei den Vorläuferausstellungen waren auch hier vielfach neben den Bildern und Statuen Ankaufspreise angegeben, zum Teil in nicht umgerechneten Inflationssummen, die dem Volk eine verantwortungslose Kulturpolitik der Muse-

---

114 *Roters*, Galerie Ferdinand Möller, S. 156.

115 *Roters*, Galerie Ferdinand Möller, S. 161.

116 *Zuschlag*, „Entartete Kunst“, S. 186.

117 *Rave*, Kunstdiktatur im Dritten Reich, S.103. Einen umfassenden Eindruck mit umfangreichem Bild- und Dokumentationsmaterial bietet *Schuster*, Nationalsozialismus und „Entartete Kunst“.

118 Siehe oben, Fn. 109.

umsdirektoren sowie verschwörerische, sich gegenseitig protegierende Verbindungen aufzeigen sollten. Ebenso wiesen Tafeln und Presseberichte auf einzelnen Künstlern böswillig unterstellte (Geistes-) Krankheiten hin. Die Rekonstruktionen anläßlich des fünfzigsten Jahrestages dieses Vorgangs in Berlin und anderen Städten und die zahlreichen kunsthistorischen Aufbereitungen haben die Erbarmungslosigkeit dieser Diffamierungskampagne aufgezeigt.[119]

Der große Erfolg der Ausstellung „Entartete Kunst" in München veranlaßte die Initiatoren, auch diese Schau auf die Wanderschaft durch das sich ab 1938 stetig vergrößernde Reichsgebiet zu schicken; sie sollte vier Jahre andauern. Das Unrecht, das den Künstlerpersönlichkeiten hier angetan wurde, traf sie in ihrem Kern und hinterließ eine Brandspur in der kulturellen Landschaft Deutschlands. Die Stigmatisierung von höchster offizieller Stelle führte nun auch dazu, daß selbst in liberalen lokalen Kunstvereinen Werke der in München Gezeigten nicht mehr ausgestellt werden konnten.

III. Die zweite Beschlagnahmeaktion im Sommer 1937

Die „Machwerke der Verfallszeit" sollten nun endgültig aus dem Blickfeld der „ernst zu nehmenden" Kunst verschwinden. In den vierzehn Tagen, die der ersten Beschlagnahmeaktion zur Verfügung standen, konnten selbstverständlich nicht alle in Frage kommenden Werke erfaßt werden, zumal ja auch nur eine Auswahl für die Münchener Schau getroffen werden sollte. Erst in einem Gespräch zwischen Hitler und Goebbels am 24. Juli 1937 fällt die Entscheidung, daß die Kommission Ziegler nun alle „entarteten" Werke in den Museen und öffentlichen Sammlungen beschlagnahmen soll.[120] Der preußische Ministerpräsident Göring hatte bereits seinen Wissenschaftsminister Rust, der zugleich Wissenschafts- und Erziehungsminister des Reiches war, mit der vollständigen Säuberung der Museen „ohne Rücksicht auf Rechtsform und Eigentumsverhältnisse" beauftragt.[121] Zwar mußte Göring diesen Auftrag

---

[119] Bezüglich der vielen erwähnenswerten Details wird verwiesen auf *Zuschlag*, „Entartete Kunst"; *Rave*, Kunstdiktatur im Dritten Reich; *Brenner*, Kunstpolitik; *Strauß*, Dokumente zur „entarteten Kunst"; *Wulf*, Die bildenden Künste im Dritten Reich.

[120] Bundesarchiv Koblenz, BA NL 118/9. Das Tagebuch Goebbels enthält am 24.7.1937 folgenden Eintrag: „Die Ausstellung „Entartete Kunst" ist ein Riesenerfolg und ein schwerer Schlag. [...] So muß man es machen. [...] Die alte Kommission soll nun alle entarteten Bilder in den Museen beschlagnahmen. Führer gibt mir Vollmacht dazu." Zitiert nach *Zuschlag*, „Entartete Kunst", S. 205. Über das Vorgehen der Kommission siehe den Bericht von *Rave*, abgedruckt bei *Janda/Grabowski*, Kunst in Deutschland 1905-1937, S. 52.

[121] Siehe Dokument Nr. 2 im Anhang. Der Erlaß ist auch wiedergegeben bei *Zuschlag*, „Entartete Kunst", S. 206.

auf Eingreifen Hitlers wieder zurücknehmen;[122] der Regelungsgehalt blieb jedoch in Hitlers nicht überliefertem Erlaß für Ziegler bestehen und führte zu einer systematischen und flächendeckenden Entfernung der Moderne aus 101 Museen in 74 Städten.[123] Waren in der Münchener Ausstellung noch 120 Künstler betroffen, umfaßte die Bestandsliste gegen Ende der zweiten Beschlagnahmewelle nun 1.400 Namen und insgesamt ca. 16.500 Arbeiten, unter ihnen 1.052 von Nolde, daneben 729 Werke von Heckel, 639 von Kirchner, 608 von Schmidt-Rottluff, 508 von Beckmann, 417 von Kokoschka, 381 von Barlach, 378 von Feininger, 311 von Hofer und 295 von Corinth.[124] Sie wurden in einem großen Berliner Depot in der Köpenicker Straße zusammengetragen und in Bestandslisten inventarisiert, von denen heute nur noch ein Band erhalten ist.

E. Das Einziehungsgesetz

In dem Berliner Depot besichtigte der Führer und Reichskanzler die zusammengetragenen Kunstwerke und schloß kategorisch aus, daß sich unter ihnen Arbeiten befänden, die außerhalb der Abgrenzung des Auftrages lägen. Dennoch war man sich durchaus bewußt, daß die bisher einzige rechtliche Grundlage der Aktionen die Führerbefehle zur Beschlagnahme waren. Die Rechtslehre hielt auch in der Zeit des Dritten Reiches an dem Grundsatz fest, daß bestimmte Eingriffe in die Eigentumssphäre auf gesetzlicher Grundlage basieren müssen.[125] Auf Initiative Goebbels wurde daraufhin das „Gesetz über die Einziehung von Erzeugnissen entarteter Kunst" ausgearbeitet und am 31. Mai 1938 verkündet.[126]

Das Gesetz bestimmt in seinem ersten Paragraphen, daß die bereits beschlagnahmten Werke nun entschädigungslos zugunsten des Reiches eingezogen werden können, sofern sie Eigentum von Reichsangehörigen oder inländischen juristischen Personen waren. Der Begriff „Einziehung" ist einer Enteignung gleichzusetzen.[127] Die Einziehung selbst, die der Führer und Reichs-

---

[122] Hitler wollte offensichtlich das Zepter keinesfalls aus der Hand geben. Das Vorprechen Görings macht aber auch deutlich, wieviel Aufmerksamkeit die Führungskräfte der Nationalsozialisten diesem Thema widmeten.

[123] *Rave*, Kunstdiktatur im Dritten Reich (1949), S. 91.

[124] Zahlen nach Angaben von *Strauß*, Dokumente zur „entarteten Kunst", S. 56.

[125] Vgl. *Koellreutter*, Deutsches Verwaltungsrecht, S. 144. Hierzu näher unten, S. 60.

[126] Siehe Dokument Nr. 1 im Anhang.

[127] Der Begriff wurde dem öffentlich-rechtlichen Wegerecht entnommen und bezeichnete hier den gegenteiligen Akt der Entwidmung eines Weges, *W. Jellinek*, Verwaltungsrecht, S. 489 f.; auch *v. Köhler*, Grundlehren des Deutschen Verwaltungsrechts, S. 305. Die Na-

kanzler nach § 2 Abs. 1 S. 1 erst noch anzuordnen hatte, bezeichnet der Kommentator als „internen Verwaltungsakt„.[128] Ausdrücklich sollten die Eigentumsrechte von Ausländern beachtet und gewahrt bleiben, was freilich — wie im Falle der „Sumpflegende" — in der Praxis nicht befolgt wurde. Die Härtefallklausel des § 2 Abs. 2 war nach den Erläuterungen zu dem Gesetz privaten Leihgebern in besonderen Fällen vorbehalten; auch konnten entgegen dem Wortlaut von § 1 besonders schwer betroffene Museen eine Entschädigung erhalten.[129] Von der Verordnungsermächtigung des § 3 sowie von der Übertragungsbefugnis des § 2 Abs. 1 S. 2 ist kein Gebrauch gemacht worden.

F. Die Verwertung

Nachdem in der zweiten Hälfte des Jahres 1937 die Säuberung der deutschen Museen und öffentlichen Sammlungen abgeschlossen und im folgenden Jahr eine Enteignungsregelung gefunden war, stellte sich die Frage, wie weiter mit der erzielten Beute zu verfahren sei, nicht nur, weil die Lagerräume für anstehende Getreidelieferungen geräumt werden mußten.[130] Zu diesem Zweck setzte Goebbels im Mai 1938 zum zweiten Mal eine Kommission unter der Führung des Ministerialrats Dr. Franz Hofmann ein, der daneben u.a. auch noch Adolf Ziegler, Hans Schweitzer und Robert Scholz angehörten. Mit den Werken wurde wie folgt verfahren:

I. Verkauf oder Tausch

Die „international verwertbaren" Stücke sollten vorwiegend gegen Devisen in das Ausland verkauft oder gegen „alte Meister" eingetauscht werden. Ab Ende 1937 gehen im Berliner Kronprinzen-Palais Anfragen von Kunsthändlern ein,

---

tionalsozialisten verwendeten den Begriff speziell bei entschädigungsloser Enteignung jüdischen, „bolschewistischen" oder „sonst staatsfeindlichen" Vermögens, vgl. das Gesetz über die Einziehung kommunistischen Vermögens vom 26.5.1933 (RGBl. I, S. 293) oder das Gesetz über die Einziehung volks- und staatsfeindlichen Vermögens vom 14.7.1933 (RGBl. I, S. 479).

[128] *Hilleke* in: *Pfundtner/Neubert*, Das neue Deutsche Reichsrecht, Bd. I d 17. Die Erläuterungen zum Einziehungsgesetz sind auch wiedergegeben bei *Janda/Grabowski*, Kunst in Deutschland 1905-1937, S. 64 f.

[129] Zwar wurden nach Abschluß der „Verwertung" im Sommer 1941 tatsächlich Gelder an einige Museen ausbezahlt, jedoch blieben sie weit hinter der Summe der tatsächlich erlittenen Verlusten zurück, *Hüneke* in *Barron*, Entartete Kunst, S. 131.

[130] So ein Bericht von Franz Hofmann an Goebbels vom 28. November 1938, abgedruckt bei *Zuschlag*, „Entartete Kunst", S. 214.

ob die ausgesonderten Kunstwerke erworben werden könnten. Dr. Hildebrand Gurlitt meldet sich am 8. November 1937 und bittet um die Übersendung eines Verzeichnisses. Karl Buchholz hatte das Verzeichnis bereits Anfang August desselben Jahres angefordert. Der kommissarische Direktor des Kronprinzen-Palais Paul Ortwin Rave ließ die Anfragen zunächst sammeln und ablegen.[131] Die Londoner Galerie Colnaghi bot sich sogar an, den Gesamtbestand zu übernehmen und ließ verlauten, „daß wir wohl die einzige größere englische Firma sind, die nie entartete Kunst irgendeines Landes ihren Kunden gezeigt oder empfohlen hat, da die ganze Richtung in ihrer gemeinen Unehrlichkeit uns von Herzen zuwider war. [...] Erst nach unserer Rückkehr hörten wir aus Paris, daß jemand in Berlin [...] zwei jüdische Firmen aus Paris, Wildenstein und Co. und Seligmann und Co., eingeladen hätte, [...] das ist doch wahrhaftig nicht in ihrem Sinne gehandelt."[132] Auch die Züricher Treuhandgesellschaft „Fides" hat ein entsprechendes Angebot abgegeben, das ebenfalls ablehnend beschieden wurde.

Schließlich beauftragte die mit der Verwertung befaßte Kommission die vier größten Kunsthändler des Landes, nämlich Karl Buchholz, Ferdinand Möller, Dr. Hildebrand Gurlitt und Bernhard A. Boehmer, die über die notwendigen Kontakte ins Ausland verfügten, vorwiegend zu Privatleuten und Museen in Europa und den Vereinigten Staaten.[133] Über das Prozedere der Verkäufe gibt folgende Anweisung von Dr. Hetsch, dem für die Verwertung zuständigen Ministerialreferenten im Propagandaministerium, an die beteiligten Kunsthändler Aufschluß:

„Die weißen Zettel mit den Inventarisationsnummern sowie etwaige Stempel und Beschriftungen, aus denen der Name des Museums ersichtlich ist, in dem sich die Werke früher befanden, sind bei Auslieferung an den Bewerber zu entfernen bzw.

---

[131] *Janda/Grabowski*, Kunst in Deutschland 1905-1937, S. 63.

[132] *Strauss*, Dokumente zur „Entarteten Kunst", S. 54; siehe auch *Hüneke* in: *Barron*, Entartete Kunst, S. 125.

[133] *Roh*, „Entartete" Kunst, S. 95. Der Berliner Kunsthändler Wolfgang Gurlitt sowie der aus Stuttgart stammende Fritz Carl Valentien waren zwar ebenfalls mit Verkäufen betraut, jedoch in kaum beachtlicher Anzahl, vgl. *Hüneke* in *Barron*, Entartete Kunst, S. 128.

Erst mit Ausbruch des zweiten Weltkrieges erließen viele Staaten Regelungen, die deren Angehörigen jeglichen rechtsgeschäftlichen Verkehr und jegliche Transaktion mit deutschen natürlichen oder juristischen Personen untersagten. Diese Regelungen wirkten jedoch nicht auf die Zeit vor Kriegsausbruch zurück, so daß sie auf die Erwerbungen „entarteter Kunst" im Rahmen der Verwertung keinen Einfluß haben. Ein Beispiel bildet der englische Trading with the Enemy Act vom 5.9.1939, wiedergegeben in *Bundesministerium der Justiz* (Hrsg.), Deutsches Vermögen im Ausland, Band I, S. 191 ff.; noch weitergehend die Regelung der niederländischen Exilregierung im Königlichen Beschluß vom 6.6.1940 (Stadsblad [London] No. A 6), die jedes Geschäft, das während der Besatzungszeit zwischen einem Niederländer und einem Deutschen oder einer in Deutschland ansässigen Firma getätigt wurde, für nichtig erklärte, vgl. hierzu *Czapski*, MDR 1954, S. 462 ff., 463.

unkenntlich zu machen. Bei den Verkäufen ins Ausland ist lediglich das kommerzielle Interesse ohne Rücksicht auf die anders geartete Einstellung auf deutscher Seite maßgebend."[134]

Die Kunsthändler übernahmen die Werke zunächst als Kommissionsware, kauften aber die einen oder anderen Gegenstände auch selbst an, wurden dann aber angehalten, die Werke entweder weiterzuverkaufen oder „aus dem Reichsgebiet zu verbringen".[135] Auch war der Eindruck der Rehabilitierung zu vermeiden:

„Bei den zwecks Verkauf auf Grund von Angeboten oder als Kommissionsware Ihnen überlassenen Gemälde, Plastiken und Graphiken handelt es sich um Produkte der „Verfallskunst", die vom Deutschen Reich eindeutig als „entartet" abgelehnt und ausgeschieden sind. Es ist also jeder Anschein ihrer positiven Wertung im Inlande durch Ausstellung etc. streng zu vermeiden."[136]

Für Ferdinand Möller ist dokumentiert, daß er entgegen der ausdrücklichen Anweisung des Ministeriums einige Werke an inländische Interessenten veräußerte und manches selbst und im Reichsgebiet behielt.[137] Es ist zu vermuten, daß auch die anderen eingeschalteten Kunsthändler ähnlich verfuhren.[138] Tauschwerte und Verkaufspreise schrieb das Propagandaministerium den Kommissionären vor. Dieses befand sich in einer Zwickmühle, war es doch einerseits durchaus an den einzunehmenden Beträgen interessiert, während andererseits die Ausscheidungen nun durch Jahrmarktpreise international gerechtfertigt werden sollten. Man entschied sich, eine große Zahl der „Entarteten" zu Spottpreisen zu verramschen. Ein Großteil der so beschafften Devisen ging zunächst in die Kriegskasse und sollte danach wohl wieder für Kunstankäufe eingesetzt werden.[139] Zu einem sehr geringen Teil wurden die eingenommenen Gelder und getauschten Objekte jedoch auch zur Entschädigung der Museen verwendet, um deren Verluste zu kompensieren.

---

[134] Schreiben des Propagandaministeriums, gezeichnet von Dr. Hofmann, wiedergegeben bei *Strauß*, Dokumente zur „entarteten Kunst", S. 58 und bei *Roters*, Galerie Ferdinand Möller, S. 174. Siehe hierzu auch einen Vermerk Moellers, ebenda S. 168: „E K Bedingungen = Nur an das Ausland verkaufen! Alle Beschriftungen a. d. Museen entfernen! Verkauf nur in freien $! Reise i. d. Ausland gemacht, weil Verkäufe abgeschlossen werden sollten! Jetzt mußten doch meine Erfahrungen in den Dienst d. Sache gestellt werden. Was geschieht? Keine Briefe an Goebbels!"

[135] Schreiben des Propagandaministeriums an die Kunsthändler, wiedergegeben bei *Roters*, Galerie Ferdinand Möller, S. 175.

[136] Schreiben des Propagandaministeriums, gezeichnet von Dr. Hofmann, wiedergegeben bei *Roters*, Galerie Ferdinand Möller, S. 174.

[137] So die Analyse von *Roters*, Galerie Ferdinand Möller, S. 175 f.

[138] So auch *Hüneke* in *Barron*, Entartete Kunst, S. 128.

[139] So eine Notiz von Goebbels Ende 1939, Bundesarchiv Koblenz, BA NL 118/10. Ausführlich zu den Vermutungen um den Bestimmungszweck der Gelder *Kreis*, „Entartete" Kunst für Basel, S. 35 ff.

Die Möglichkeit des Tausches ergab sich erst, als nach Entfachen des Krieges durch die nationalsozialistische Führung die Devisenbeschaffung immer schwieriger wurde. Als sicherlich extremes Beispiel nennt Andreas Hüneke den Tausch eines qualitativ mäßigen Gemäldes von Carl Gustav Carus „Heimkehr der Mönche ins Kloster" gegen ein ganzes Paket von Kunstwerken, geschnürt aus Gemälden u.a. von Hofer (6), Heckel (5), Feininger und Mueller (je 4), Dix, Groß und Nolde (je 2), Kokoschka und Schlemmer (je 1) und zehn Plastiken von Barlach, zusammen 47 teilweise bedeutende Werke.[140]

Aufsehen erregte die einzigartige Kunstauktion bei Fischer in Luzern am 30. Juni 1939, auf der 125 bedeutende Werke verkauft wurden. Die ausländischen Museen zogen zwar einen Boykott der Veranstaltung in Betracht, doch gab man pragmatischen Erwägungen den Vorzug. Die Versteigerung geriet zu einer Beurteilungsschau des Auslandes über die deutsche Moderne, trug jedoch, trotz durchaus vorhandener Zurückhaltung in der Bewertung, zu einer gewissen Rehabilitierung der Künstler bei.

II. Entnahme durch Hitler und Göring

Viele der in der Köpenicker Straße untergebrachten Werke genossen internationalen Ruf, was sich einige Führungspersönlichkeiten ganz privat zu Nutze machten. Durch Vermittlung der Galerie Haberstock in Berlin tauschte Hitler einige Werke gegen 5 italienische Meisterbilder ein.[141] Auch der preußische Ministerpräsident Göring begann 1938, Bilder in das Ausland zu verkaufen, um sie gegen Meister einzutauschen, die der Vervollständigung seiner Privatsammlung in Karinhall dienen sollten. Aus dem ehemaligen Bestand des Kronprinzen-Palais nahm er einen van Gogh, drei Bilder von Munch sowie ein Gemälde von Signac an sich und entschädigte das Museum mit der Summe von 165.000,- Reichsmark, einem Bruchteil der Ankaufspreise.[142] Noch kurz vor der Luzerner Versteigerung bei Fischer sicherte er sich 14 Spitzenwerke u.a. von Cézanne, van Gogh, Marc und Munch, die er verkaufte oder behielt.[143]

[140] *Barron*, Entartete Kunst, S. 128. Für weitere Beispiele an Tauschverträgen siehe *ebenda*, Fn. 37.

[141] *Backes*, Hitlers Einfluß auf die Kulturpolitik, S. 390.

[142] Vgl. die Dokumente bei *Janda/Grabowski*, Kunst in Deutschland 1905-1937, S. 66 f.

[143] *Strauß*, Dokumente zur „entarteten Kunst", S. 55.

III. Vernichtung

Am 20. März 1939 sind in Berlin wohl rund 5.000 der eingezogenen Werke öffentlich verbrannt worden: Paul Ortwin Rave nennt 1.004 Ölgemälde und Bilder, 3.825 Aquarelle, Zeichnungen und graphische Blätter.[144] Es handelte sich hierbei um einen angeblich unverwertbaren Restbestand. Die Idee zur Vernichtung kam von Franz Hofmann, der in einem Brief an Goebbels die Initiative ergreift:

„Es wäre möglich, daß sich aus dem Rest [...] im Lauf von Jahren noch einiges herausquetschen ließe. Ich glaube nicht, daß dies die Unkosten lohnt und bin der Auffassung, daß deshalb für diesen Teil ein Schlußstrich unter die kommerziellen Erwägungen gezogen werden soll und die kulturpolitischen in Wirksamkeit treten müßten. [...] Ich schlage deshalb vor, diesen Rest in einer symbolischen propagandistischen Handlung auf dem Scheiterhaufen zu verbrennen und erbiete mich, eine entsprechend gepfefferte Leichenrede dazu zu halten."[145]

Zum Teil wird jedoch angezweifelt, daß eine Vernichtung überhaupt stattgefunden habe, daß dies vielmehr nur behauptet wurde, um Schiebungen und nicht registrierte Entnahmen innerhalb der zuständigen und befaßten Kreise zu vertuschen.[146]

IV. Wanderschau zur Abschreckung

Geplant war weiter, einen Teil der eingezogenen Bilder zu „Lehrzwecken" aufzubewahren. Diese Werke wurden weitgehend als homogene Gruppe auf die bereits oben erwähnte bis zum 20. April 1941 dauernde Tournee durch ganz Deutschland verschickt. Und obwohl sie aufgrund ihrer Wanderschaft die nie vollständig aufgeklärte Verbrennungsaktion in der Berliner Hauptfeuerwache im März 1939 überdauerten, bleiben viele Werke, wie die „Kriegskrüppel" von Dix, bis zum heutigen Tage verschollen.

---

[144] *Rave,* Kunstdiktatur im Dritten Reich, S. 124 ist die vielzitierte und wohl auch kompetenteste Quelle. Bereits im Mai 1936 wurden auf Anordnung der Gestapo im Heizungsofen des Berliner Kronprinzen-Palais Gemälde, Aquarelle und Handzeichnungen verbrannt, *Janda/Grabowski,* Kunst in Deutschland 1905-1937, S. 48.

[145] Brief von Dr. Hofmann an Goebbels vom 28.11.1938, zitiert nach *Strauß,* Dokumente zur „entarteten Kunst", S. 56; *Zuschlag,* „Entartete Kunst", S. 214.

[146] *Strauß,* Dokumente zur „entarteten Kunst", S. 59 nennt eine Notiz des Referates „entartete Kunst" innerhalb des Propagandaministeriums, nach der nur „rund 70 bis 80 Gemälde, etwa 10 Plastiken und eine Anzahl qualitätsloser Druckgraphiken" unverkauft geblieben sind. Vgl. weiter *Zuschlag,* „Entartete Kunst", S. 214 Fn. 40 m.w.Nachw.

V. Der Abschlußbericht

Offiziell abgeschlossen wurde die Verwertungsaktion am 30. Juni 1941.[147] Ein Auszug aus dem Abschlußbericht des Propagandaministers an Hitler vom 4. Juli 1941 mag als Abschluß dieses dokumentarischen Teils dienen:

„Nach fast dreijährigem Bemühen, die im August 1937 sichergestellten und durch Reichsgesetz vom 31. Mai 1938 eingezogenen Produkte Entarteter Kunst gegen Devisen zu veräußern, haben die Abwicklungsmaßnahmen ihren endgültigen Abschluß gefunden. Der größere Teil der rund 16.000 beschlagnahmten Werke mußte von vornherein als völlig unverwertbar ausgeschieden werden. Sie wurden sämtlich vernichtet, bzw. magaziniert. Rund 300 Gemälde und Plastiken sowie 3.000 Graphiken wurden an das Ausland verkauft. [...] Es ist gelungen, ein Gesamtergebnis, das sich auf über 10.000 Pfund, annähernd 45.000 Dollar und rund 80.000 Schweizer Franken beziffert, zu erreichen. Außer diesen Deviseneinnahmen sind durch Tauschgeschäfte Werte im Gesamtbetrag von 131.630 RM erzielt worden. Es handelt sich um erstklassige Gemälde [...] Diese Ziffern erhöhen sich noch ganz bedeutend durch die Verwertung der materiell wertvollsten Gemälde, die von einem Beauftragten des Reichsmarschalls vor Beginn der Abwicklungsmaßnahmen aus dem Bestand ausgewählt und veräußert wurden. [...] Die erzielten Deviseneinnahmen sind gemäß der Weisung des Führers der Reichsbank und damit der deutschen Kriegswirtschaft zugeflossen."[148]

[147] Es folgten jedoch weitere Veräußerungen des Deutschen Reichs auch nach diesem Datum, wie ein Kaufvertrag Ferdinand Möllers vom 9. Dezember 1941 zeigt, mit dem er Beckmanns „Blick aus dem Fenster" sowie 47 graphische Blätter von Lehmbruck erwarb, vgl. *Roters*, Galerie Ferdinand Möller, S. 288, Dokument Nr. 114.

[148] *Backes*, Hitlers Einfluß auf die Kulturpolitik, S. 391 f. Zur Beruhigung des Auslands sowie der Kulturschaffenden im eigenen Land wurde jedoch jahrelang und beharrlich behauptet, die Einnahmen aus der „Verwertung" sollten für Wiederankäufe und zur Entschädigung der Museen dienen; vgl. hierzu *Kreis*, „Entartete" Kunst für Basel, S. 35 m.w.Nachw.; *Wulf*, Die bildenden Künste im Dritten Reich, S. 340; *Barron*, Entartete Kunst, S. 138 f.

§ 2 Staatsrechtliche Legitimation und Kompetenz für den Erlaß des Einziehungsgesetzes

Das Einziehungsgesetz ist ein Produkt nationalsozialistischer Gesetzgebung. Der nationalsozialistische Staat wird allgemein als Unrechtsstaat bezeichnet, dessen geplante und durchgeführte Verbrechen gegen die Menschlichkeit das bis dahin gekannte Vorstellungsvermögen bei weitem übertrafen. Doch schuf dieser Staat Rechtsnormen, die während der Zeit seiner Machtentfaltung tatsächliche Veränderungen der Wirklichkeit mit sich brachten. In der unmittelbaren Nachkriegszeit hat sich schnell die Auffassung durchgesetzt, daß der Untergang des Dritten Reiches am 8. Mai 1945 nicht die automatische Aufhebung aller erlassenen Rechtsnormen bewirkte,[1] eine Auffassung, die von der Gesetzgebung des Alliierten Kontrollrats bestätigt wurde. Unter den in der Folge einzeln aufgehobenen Gesetzen befanden sich u.a. das sog. Ermächtigungsgesetz, das Gesetz zur Wiederherstellung des Berufsbeamtentums sowie die Nürnberger Rassegesetze.[2] Neben kodifizierten Unrechtstatbeständen mußte jedoch auch die Auslegung nicht ausdrücklich ideologischer Normen im nationalsozialistischen Sinn untersagt werden.[3] Die Gerichte der Bundesrepublik übernahmen diesen Grundsatz der Fortgeltung unter expliziter Aufhebung einzelner Normen und versagten darüber hinaus all denjenigen Rechtsvorschriften die Anerkennung, die vom nationalsozialistischen Geist geprägt und daher mit dem Grundgesetz unvereinbar waren.[4]

Daraus ergibt sich, daß nationalsozialistisches Verfassungs- sowie nachgeordnetes materielles Recht grundsätzlich weiterhin maßgeblich bleibt, soweit die Gültigkeit der auf ihnen basierenden Vorschriften und aus ihnen hervorgegangenen Rechtsakte zu prüfen ist. Denn hierzu ist ausschließlich dasjenige Recht heranzuziehen, das zur Zeit des Erlasses der Vorschrift bzw. des Rechtsaktes Gültigkeit besessen hat.[5] Die im folgenden zu klärende Frage, ob die Macht-

---

1 *Kimminich,* Deutsche Verfassungsgeschichte, S. 604.

2 Siehe das Militärregierungsgesetz Nr. 1 vom 20.9.1945, Amtsblatt der Militärregierung Deutschland Nr. 1, S. 11, abgedruckt bei *Brandl,* Das Recht der Besatzungsmacht, S. 70 ff.; Kontrollratsgesetz Nr. 1 vom 20.9.1945, Amtsblatt des Kontrollrats Nr. 1, S. 6, *Brandl,* a.a.O. S. 486 ff., sowie das Kontrollratsgesetz Nr. 11, *Brandl,* a.a.O., S. 536.

3 Dies bestimmten z.B. die Allgemeinen Anweisungen der Militärregierung an Richter, SchlHA 1946, S. 4. Zu den Auslegungsmethoden während der Zeit des Nationalsozialismus siehe grundlegend *Rüthers,* Die unbegrenzte Auslegung.

4 *Kimminich,* Deutsche Verfassungsgeschichte, S. 604. Zur Rechtsprechung des Bundesverfassungsgerichts siehe unten, S. 70.

5 BGH 8.2.1952, BGHZ 5, 76 [94].

haber des Dritten Reiches das Einziehungsgesetz unter Beachtung der staatsrechtlichen Voraussetzungen erlassen haben, insbesondere, ob sie dazu überhaupt die staatsrechtliche Legitimation besaßen, ist demnach anhand der staats- und verfassungsrechtlichen Gegebenheiten des Jahres 1938 zu überprüfen.

A. Die Problematik der „Machtergreifung"

Das Problem der historischen und rechtlichen Einordnung der sog. Machtergreifung in die staatsrechtliche Wirklichkeit des Dritten Reiches wartet bis heute auf eine eindeutige Klärung. Die Haltung der Staatsrechtslehre damals und heute zu diesem Themenkomplex war zwar bereits Gegenstand umfangreicher Erörterungen.[6] Jedoch bleibt die Frage, inwieweit insbesondere die Verordnungen und Gesetze der Monate Februar und März 1933 tatsächlich die Grundlage des Staates und seiner Gesetzgebung gewesen sind und sein konnten, weiter umstritten. Auf eine ausdrückliche Regelung des Umgangs mit nationalsozialistischen Gesetzen nach 1945 hat das Grundgesetz verzichtet; letztlich entscheidet sich allerdings an dieser Frage die Legitimität des gesamten Dritten Reiches und der Umgang mit den von ihm hervorgebrachten Rechtsakten in der heutigen Zeit. Für eine umfassende Stellungnahme ist dies nicht der Ort, jedoch ist auf die das Einziehungsgesetz betreffenden Aspekte näher einzugehen.

I. Die Aushebelung der Weimarer Reichsverfassung durch das Ermächtigungsgesetz

Das Amt des Reichskanzlers war zum Zeitpunkt der Ernennung Hitlers am 30. Januar 1933 noch eine demokratisch eingebundene, verfassungsrechtliche Institution der Weimarer Republik. Wie andere Reichskanzler vor ihm schien Hitler rechtsstaatlich vertäut und von den Verfassungsorganen kontrollierbar, seine Regierung eine, wenn auch riskante, durchaus konsequente Fortführung der national-konservativen Kabinette unter der präsidialen Führung Hindenburgs. Der rechtsstaatliche Charakter seiner Regierung änderte sich erst grundlegend mit der die Grundrechte pauschal außer Kraft setzenden sog. Reichstagsbrandverordnung vom 28. Februar 1933,[7] die wegen ihrer unbe-

---

6 Siehe nur *Stolleis*, Recht im Unrecht; *Meinck*, Weimarer Staatslehre und Nationalsozialismus; *Rüthers*, Entartetes Recht, sowie *ders.*, Die unbegrenzte Auslegung.

7 Verordnung des Reichspräsidenten zur Abwehr kommunistischer staatsgefährdender Gewaltakte, auch „Notverordnung zum Schutz von Volk und Staat" (RGBl. 1933 I, S. 83).

stimmten Geltungsdauer wohl schwerlich mit Art. 48 Abs. 2 WRV in Einklang zu bringen war.[8] Die Verordnung setzte auch Art. 153 WRV außer Kraft, der das Grundrecht auf Eigentum beinhaltete. Das Reichsgericht zog zunächst in Erwägung, daß die Außerkraftsetzung nur insoweit erfolgt sei, als es „zur Abwehr kommunistischer, staatsgefährdender Gewaltakte erforderlich" gewesen sei;[9] nachfolgende Entscheidungen gingen jedoch von einer gänzlichen Beseitigung aus.[10]

Obwohl die Reichstagsbrandverordnung Hitlers Macht schon in entscheidendem Maße stärkte, suchte er die parlamentarische Legitimation seiner Herrschaft und drängte auf die Verabschiedung des sog. Ermächtigungsgesetzes vom 24. März 1933.[11] Es verschaffte der Regierung die Möglichkeit, Gesetze ohne Beteiligung des Parlamentes zu verabschieden, die von der weiterhin geltenden Reichsverfassung divergieren durften. Die Bedeutung dieser Ermächtigung wurde bereits von den führenden Staatsrechtslehrern ihrer Zeit richtig erkannt, die sie als „vorläufiges Verfassungsgesetz des neuen Deutschland"[12] bezeichneten, mit der die Phase der Machtergreifung abgeschlossen sei. Das Ermächtigungsgesetz erlaubte nicht nur, formelles Recht nun allein auf Regierungsebene zu verabschieden, es legitimierte darüber hinaus zur Schaffung von abweichendem, materiellem Verfassungsrecht. Innerhalb von nur sieben Wochen war somit der demokratische Rechtsstaat von Weimar in eine Diktatur verwandelt worden, in der wesentliche Grundrechte außer Kraft gesetzt und die Verfassung zu einem in jeder Weise formbaren und ausgehöhlten Gerüst umgestaltet waren. Das Ermächtigungsgesetz wurde durch das Gesetz über den Neuaufbau des Reiches[13] ergänzt und zweimal verlängert.[14]

---

8 Art. 48 Abs. 2 WRV erlaubte nur eine vorübergehende Außerkraftsetzung der Grundrechte durch den Reichspräsidenten. Die Verordnung jedoch behielt ihre Gültigkeit während der gesamten Zeitdauer des Dritten Reiches. Vgl. *Biesemann*, Ermächtigungsgesetz, S. 253 ff., 255.

9 RuPrVerwBl. 1934, S. 169.

10 RG 22.10.1934, RGZ 145, 369 [373]; offenlassend RG 16.11.1937, RGZ 156, 305 [309]. Siehe auch BVerfG 22.4.1953, BVerfGE 2, 225 [248].

11 Gesetz zur Behebung der Not von Volk und Reich (RGBl. 1933 I, S. 141).

12 *C. Schmitt*, Staat, Bewegung, Volk — Die Dreigliederung der politischen Einheit, S. 7. Zur Bedeutung des Ermächtigungsgesetzes vgl. *Rüthers*, Entartetes Recht, S. 21 f. Bezeichnenderweise enthält die umfassende kommentierte Gesetzessammlung von *Pfundtner/Neubert*, Das neue Deutsche Reichsrecht, die noch in Kraft befindliche Weimarer Reichsverfassung nicht mehr.

13 Zu diesem auch sog. „Neuaufbaugesetz" vom 30 Januar 1934 (RGBl. I, S. 75), das neben der Gleichschaltung der Länder auch die Regierung umfassend ermächtigte, neues Verfassungsrecht zu setzen, im folgenden, S. 58.

14 Erstmalige Verlängerung durch Gesetz vom 30. Januar 1937 (RGBl. I, S. 105) und zweite Verlängerung durch Gesetz vom 30. Januar 1939 (RGBl. I, S. 95).

II. Die Rechtswirksamkeit des Ermächtigungsgesetzes

Die nationalsozialistischen Machthaber betrachteten das Ermächtigungsgesetz als Grundlage und Legitimation ihrer Gesetzgebung. Auf ihm basierten letztlich alle Gesetze, zu deren Erlaß sie nicht schon aufgrund der weiterhin gültigen Reichsverfassung befugt waren. In der Zeit der Aufarbeitung der nationalsozialistischen Gesetzgebung nach dem Ende des Krieges wurde immer wieder die Frage aufgeworfen, ob nicht schon dieses Ermächtigungsgesetz in derart krasser Weise den Minimalanforderungen an den Begriff des Rechts widerspreche, daß zu keiner Zeit rechtliche Wirkung und Verbindlichkeit von ihm ausgehen konnte. Legt man diese These zu Grunde, wäre sämtliche auf diesem Gesetz basierende Rechtsetzung nichtig und aus heutiger Sicht unbeachtlich.

Nach der heute als herrschend zu bezeichnenden Auffassung ist jedoch dem Ermächtigungsgesetz bis zu seiner offiziellen Aufhebung durch das Kontrollratsgesetz am 20. September 1945 die rechtliche Wirkung nicht zu versagen.[15] Maßgebliches Argument der Vertreter dieser Ansicht ist der Hinweis auf die Rechtssicherheit:

„Die hiermit geschaffenen rechtserheblichen Tatsachen und namentlich auch Rechtszerstörungen lassen sich nicht als nur tatsächliche Behinderungen der Geltung des „wirklichen Rechts“ beiseite schieben und nachträglich wieder ungeschehen machen. Aus Gründen der Rechtssicherheit können sie nur durch neue gesetzgeberische Maßnahmen beseitigt werden.“[16]

Das Bundesverfassungsgericht legte Wert auf die Feststellung, daß die nationalsozialistischen Rechtsvorschriften immerhin formell ordnungsgemäß erlassen, von den Mitgliedern der Rechtsgemeinschaft hingenommen worden seien und jahrelang unangefochten bestanden hätten.[17] Entscheidend ist nach seiner

---

[15] BVerfG 24.4.1953, BVerfGE 2, 237 [249]; 10.6.1953, BVerfGE 2, 307 [327]; 17.12.1953, BVerfGE 3, 58 [119]; 1.12.1954, BVerfGE 4, 115 [125]; 10.5.1957, BVerfGE 6, 389 [414]; BGH 8.2.1952, BGHZ 5, 76 [96]; *Kimminich*, Deutsche Verfassungsgeschichte, S. 604 f.; mit jedoch wenig stichhaltigen Argumenten *Schmidt-Jortzig* in: *Säcker* (Hrsg.), Recht und Rechtslehre im Nationalsozialismus, S. 71 ff., 76.

[16] BVerfG 17.12.1953, BVerfGE 3, 58 [119]; 10.5.1957, BVerfGE 6, 389 [414].

[17] So BVerfG 10.5.1957, BVerfGE 6, 389 [414]. Diese Sichtweise ist nicht unproblematisch. Schon gegen die formelle Ordnungsgemäßheit des Zustandekommens bestehen ernste Bedenken. In der Sitzung des Reichstages fehlten von 647 Abgeordneten 109, die als Kommunisten entweder verhaftet oder außer Landes geflohen waren. Zwar war die Immunität zwischen den Wahlperioden aufgehoben, die Verhaftungen aber dennoch nicht legal, da sie nur der Verhinderung der Mandatsausübung dienten, vgl. Artt. 23 II, 36, 37 WRV. Noch kurz vor der Sitzung wurde eine höchst bedenkliche Änderung der Geschäftsordnung des Reichstags beschlossen, die einen Boykottversuch von Seiten der zögernden oder ablehnenden Parteien von vornherein aussichtslos werden ließ. Im Saal anwesende und um den Reichstag postierte Mitglieder der SA und SS erzeugten eine Stimmung körperlicher

Auffassung, daß es den nationalsozialistischen Machthabern gelungen war, die Verfassungswirklichkeit, wenn auch nicht „legal“ im Sinne der Weimarer Verfassung, so doch jedenfalls „effektiv“ im Sinne der rechtsgestaltenden Kraft des Faktischen umzugestalten. Es wurde auch argumentiert, das Ermächtigungsgesetz habe die „Anerkennung der Rechtsgemeinschaft“ gefunden, wodurch ein Zustand eingetreten sei, der zwölf Jahre lang innerhalb des Reiches hingenommen und damit anerkannt worden sei.[18] Dieser könne nicht nachträglich „mit rückwirkender Kraft in seiner rechtlichen Erheblichkeit und rechtsgestaltenden Wirkung in Frage gestellt werden. Die Folgen wären unabsehbar.“[19] Das Bundesverfassungsgericht entschied sich also für eine pragmatische Lösung, die das Ermächtigungsgesetz als Grundlage der Gesetzgebungskompetenz anerkennt. Auf ihm beruhende Gesetze sind nur in einzelnen Fällen aufzuheben, in denen ein Verstoß gegen das Gerechtigkeitsempfinden als nicht mehr hinnehmbar anzusehen ist.

Gefahr für einzelne unwillige Abgeordnete. Darüber hinaus entsprach das Verfahren vor dem zustimmungspflichtigen Reichsrat am selben Abend nicht dem in der Verfassung vorgeschriebenen Verfahren. Einige Ländervertretungen waren nämlich nicht selbst, sondern durch sog. Reichskommissare vertreten, was schon der Staatsgerichtshof in seinem Urteil vom 25. Oktober 1932 als verfassungswidrig eingestuft hatte. Siehe hierzu *Biesemann,* Ermächtigungsgesetz, S. 275 ff. m.w.Nachw.

18 Siehe aber BVerfG 14.2.1968, BVerfGE 23, 98 [99], Leitsatz 3: „Einmal gesetztes Unrecht wird nicht dadurch zu Recht, daß es angewendet und befolgt wird.“

19 So die Stellungnahme der Bundesregierung in *Giese/Heydte* (Hrsg.), Der Konkordatsprozeß, Band I, S. 252. Auch gegen diese Begründung lassen sich erhebliche Bedenken vorbringen. Denn im Grunde kann man das „Recht“ der nationalsozialistischen Machthaber nur dann als solches respektieren, wenn man den Begriff rein positivistisch getrennt von jeder Moral, von jedem Werturteil betrachtet. Mit Fug und Recht läßt sich das Ermächtigungsgesetz mit *F. v. Hippel* als „denkwürdige Perversion des Rechts“ bezeichnen (Die Perversion von Rechtsordnungen, S. 28). Es bestimmte nichts weniger als die Aufhebung eines, wenn nicht sogar des entscheidenden Grundsatzes abendländischer Kultur, nämlich der Selbstbestimmung eines Volkes (vgl. *Arndt* in: *Giese/Heydte* (Hrsg.), Der Konkordatsprozeß, Band III, S. 1298). Dieses war von nun ab an der Gesetzgebung in keiner Weise mehr beteiligt, denn auch die Reichstagswahlen der Jahre 1936 und 1938 können nicht mehr als freie Wahlen bezeichnet werden. Insofern ließe sich das Ermächtigungsgesetz nur dann als Recht bezeichnen, wenn die Grundwerte der Grundrechte und der Selbstbestimmung eines Volkes nicht als notwendige Voraussetzung der Rechtsetzung angesehen würden. Eine derart weite Entfernung von den Errungenschaften unseres Rechtskreises erscheint mehr als problematisch. Vgl. hierzu die umfangreiche Dokumentation und Argumentation bei *Giese/Heydte* (Hrsg.), Der Konkordatsprozeß, Band III, S. 1285 ff.; auch *Gosewinkel,* Adolf Arndt, S. 480 ff.

Das LG Tübingen hat zusammen mit dem Tribunal Général in Rastatt einen weiteren Weg aufgezeigt, indem es nur Recht aus den Jahren 1933-1945 als gültig anerkannte, das Gewohnheitsrecht geworden sei. Das Urteil wird erwähnt von *Arndt,* Der Konkordatsprozeß, Band III, S. 1291. Vgl. ferner *Pendaries,* Les Procès de Rastatt (1946-1954), Bern u.a. 1995.

Ein weiteres Argument, das vorwiegend vom Bundesgerichtshof als Begründung angeführt wurde, ist das der „gelungenen Revolution“:

„Es ist anerkannten Rechts, daß eine gelungene Revolution neues Verfassungsrecht und neue Gesetzgeber schafft, die neues, formalrechtlich gültiges Recht setzen können. [...] Der Staat kann ohne Staatsgewalt nicht bestehen; mit der Beseitigung der alten Gewalt tritt die sich durchsetzende neue Gewalt an ihre Stelle. Voraussetzung ist lediglich, daß die neue Gewalt sich bis zur verfassungsmäßigen Macht und Anerkennung durchgesetzt hat.“[20]

Diese Begründung erscheint sieben Jahre nach Beendigung des Zweiten Weltkrieges wie ein achselzuckendes Akzeptieren der nationalsozialistischen Gewaltherrschaft.[21]

Erklärt man das Ermächtigungsgesetz als rechtlich wirkungslos, sieht man sich in der Tat der Schwierigkeit gegenüber, daß zwölf Jahre nationalsozialistischer Gesetzgebung und behördlicher Maßnahmen, sofern sie nicht mit der bestehenden Weimarer Reichsverfassung in Einklang zu bringen waren, gänzlich ohne verfassungsrechtliche Grundlage, damit als rechtsfreier Raum zu behandeln wären. Es erschien auch rechtspolitisch nicht sinnvoll, der Bevölkerung für die nächsten Jahrzehnte die Aufarbeitung der Jahre des Dritten Reichs in der Weise aufzuerlegen, daß sie nun die Folgen der Unwirksamkeit jeder einzelnen rechtlichen Veränderung gerichtlich auszufechten hätten, ganz abgesehen von der praktischen Undurchführbarkeit eines solchen Ansatzes. Sinnvoll war und ist es daher, dem Einziehungsgesetz grundsätzlich die rechtliche Wirkung zuzuerkennen und im Wege der Einzelfallprüfung abweichende Entscheidungen zu fällen. Dies dient einerseits der Rechtssicherheit, andererseits schafft es eine Basis für sozialen Frieden mit der Möglichkeit der individuellen Prüfung und Ausscheidung gänzlich ungerechter und nicht hinnehmbarer Folgen.[22]

Mit der Aufhebung durch den Alliierten Kontrollrat ist demnach das Ermächtigungsgesetz zwar für die Zukunft aufgehoben, nicht jedoch seiner rechtlichen Wirkung vor diesem Zeitpunkt beraubt. Somit ist die auf ihm beruhende Gesetzgebung, also auch das Einziehungsgesetz, zunächst als staatlich gesetztes Recht anzusehen.

---

20 BGH 8.2.1952, BGHZ 5, 76 [96].

21 So auch *Laage*, Kritische Justiz 1989, S. 409 ff., 418: „Diese Ausführungen begründen den lautlosen Wiedereinstieg in das NS-Recht. Nur vom 1952 herrschenden Standpunkt einer angestrebten (Rechts-) Kontinuität stellt sich die Rechtsunwirksamkeit nahezu der ganzen nationalsozialistischen Gesetzgebung als „unmögliches Ergebnis“ dar.“ Immerhin hielt das Bundesverfassungsgericht später fest, daß „einmal gesetztes Unrecht, das offenbar gegen konstituierende Grundsätze des Rechtes verstößt, [...] nicht dadurch zu Recht [wird], daß es angewendet und befolgt wird.“ BVerfG 14.2.1968, BVerfGE 23, 98.

22 So auch die Praxis der Rechtsprechung: BVerfG 18.12.1953, BVerfGE 3, 225 [233]; BGH 11.2.1953, BGHZ 9, 34 [44]; BGH 29.1.1952, BGHSt 2, 234 [237].

B. Die Gesetzgebungskompetenz des Reichs

Das Einziehungsgesetz ist ein Reichsgesetz, das — selbstverständlich in seinem eigenen Sinne — dem Bereich der Kulturpflege zuzurechnen ist. Die Weimarer Reichsverfassung wies, wie auch das Grundgesetz heute, die Kompetenz zur Gesetzgebung in diesem Bereich den Ländern zu.[23] Dabei verblieb dem Reich ein Spielraum, in eigenverantwortlicher Weise länderübergreifende Aufgaben wahrzunehmen, vornehmlich in den Bereichen Pflege der deutschen Kultur und Vertretung gegenüber dem Ausland. Insbesondere galt es, das infolge des ersten Weltkrieges in Mitleidenschaft gezogene Ansehen der deutschen Kunst, Wissenschaft und Technik wiederherzustellen. Die mit der wirtschaftlichen Krise der späten zwanziger Jahre verbundene angespannte Finanzlage machte es darüber hinaus erforderlich, einzelne Museen, Kulturdenkmäler und Forschungsinstitute in den Finanzetat des Reiches einzugliedern, um sie erhalten zu können.[24] Dennoch blieb es aus verfassungsrechtlicher Sicht Angelegenheit der Länder und Kommunen, die Aufgaben der sich in ihrem Besitz befindlichen Galerien und Museen zu bestimmen.

Der Nationalsozialismus höhlte diese Trennung zwischen dem Reich und den Ländern und Kommunen weitgehend aus, zum einen mittels des Ermächtigungsgesetzes und der Reichstagsbrandverordnung, zum anderen durch die Gesetzgebung zur Gleichschaltung der Länder mit dem Reich.[25] Diese Gesetzgebung betraf allein die später sog. „alten Länder", in denen auch die Beschlagnahmen vorgenommen wurden, nicht also die ab 1938 gewaltsam eingegliederten Reichsgaue[26], Protektorate[27] und Generalgouvernements[28].

---

[23] Vgl. Art. 12 WRV iVm. Artt. 6 bis 10 WRV.

[24] Vgl. *Bäumer*, Grundlagen, Inhalt und Ziele der Reichskulturpolitik, in: *Strunz* (Hrsg.), Kultur und Politik, S. 45 f.

[25] Vorläufiges Gesetz zur Gleichschaltung der Länder mit dem Reich vom 31.3.1933 (RGBl. I, S. 153), sog. Erstes Gleichschaltungsgesetz; zweites Gesetz zur Gleichschaltung der Länder mit dem Reich vom 7.4.1933 (RGBl I, S. 173); beide Gesetze wurden ganz bzw. weitgehend aufgehoben durch das Reichsstatthaltergesetz vom 30.1.1935 (RGBl. I, S. 65).

[26] Die Saarpfalz, das Sudetenland, die Gebiete Eupen, Malmedy und Moresnet sowie die sog. Ostmark hatten keine eigene Landesgesetzgebung und -verwaltung mehr.

[27] Die böhmisch-mährischen Länder, die aus Sicht der Nationalsozialisten friedlich eingegliedert werden konnten, standen dem Reich in einem „staatsrechtlichen Schutzverhältnis" gegenüber, „durch das das protegierte Gebiet völlig in das Staatsgebiet des beherrschenden Staates einbezogen ist", *Huber* in *Huber* (Hrsg.), Idee und Ordnung des Reiches Band I, S. 5 ff., 46.

[28] Dem Generalgouvernement Polen gestattete die Reichsführung lediglich örtliche Selbstverwaltung unter deutscher Leitung und Aufsicht.

Das sog. Reichsstatthaltergesetz[29] setzte Reichsstatthalter mit der Aufgabe ein, für die Einhaltung der vom Reichskanzler aufgestellten Richtlinien der Politik in den Ländern zu sorgen. Die Länder wurden auch durch diese Maßnahme nicht aufgelöst, die Regierungen blieben für die politische und administrative Leitung ihres Hoheitsgebietes zuständig, waren jedoch faktisch ihrer Selbständigkeit beraubt. Ihr vorläufiges Ende fand die Gleichschaltung der Länder mit dem Reich in dem Gesetz über den Neuaufbau des Reiches vom 30. Januar 1934,[30] das die Volksvertretungen der Länder aufhob,[31] die Landesregierungen direkt der Reichsregierung unterstellte und die Hoheitsrechte der Länder auf das Reich übergehen ließ. Betroffene Hoheitsrechte waren die Gesetzgebungskompetenz, die Verwaltungshoheit sowie die Rechtspflege.[32] Durch das „Gesetz über den Eid der Reichsminister und der Mitglieder der Landesregierungen" vom 16. Oktober 1934[33] schließlich vereinigte Hitler die Gesetzgebungskompetenzen des Reiches und der Länder ganz in seiner Per-

---

29 Siehe Fn. 25.

30 (RGBl. 1934 I, S. 75), auch wiedergegeben in *Dürig/Rudolf,* Texte zur deutschen Verfassungsgeschichte, S. 217. Vgl. *Koellreutter,* Deutsches Verfassungsrecht, S. 113 ff.; *Riedl,* DVerwBl. 1935, S. 449.

Es sollte das letzte Gesetz sein, das nach den Bestimmungen der Weimarer Reichsverfassung erlassen wurde. In einer Rundfunkrede am 31. Januar 1934 pries Innenminister Frick das Gesetz als „neues Blatt der deutschen Geschichte" und als „Beginn einer neuen geschichtlichen Epoche des deutschen Volkes". Der Neuaufbau des Reiches sollte „die Schaffung des kraftvollen nationalen Einheitsstaates an Stelle des bisherigen Bundesstaates" erreichen.

Wie die knappen Regelungen vermuten lassen, schuf das Gesetz in krassem Gegensatz zu seiner Intention zunächst eine immense Vielfalt an Administrationsmodellen. In fast jedem Land hatten Reichsstatthalter unterschiedliche verfassungsrechtliche Positionen und Kompetenzen. Zum Teil wurden sie zum Führer der Landesregierung bestellt und die Ministerien zu Abteilungen zurückgestuft, zum Teil kamen ihnen lediglich Aufsichts- und Unterrichtungsrechte zu. Preußen, das traditionell eine besondere Position gegenüber dem Reich einnahm, erhielt Sonderkonditionen. Bestimmte das Gesetz in Art. 3, daß die Reichsstatthalter der Dienstaufsicht des Innenministeriums unterstanden, hätte sich Hitler in seiner Funktion als Reichsstatthalter für das Land Preußen der Dienstaufsicht des Reichsinnenministers Frick unterordnen müssen. In Thüringen bekleidete der Reichsstatthalter zugleich das Amt des Innenministers, das jedoch dem Ministerpräsidenten weisungsuntergeben war, der wiederum den Weisungen des Reichsstatthalters zu folgen hatte. Diese Beispiele zeigen sehr anschaulich, wie wenig durchdacht und in sich geschlossen die rechtliche Konstruktion des nationalsozialistischen Staates beschaffen war. Vgl. hierzu auch *Baum,* Vierteljahrshefte für Zeitgeschichte 1955, S. 36 ff., 45.

Das Reichsgesetz vom 5.7.1939 (RGBl. I, S. 1197) über die Umgestaltung der Länder- zu Reichsbehörden entfaltete keine Wirkung mehr, da infolge sich ausweitender Kriegsaktivitäten der gesamte Neuaufbau des Reiches „bis nach dem Endsieg auf Eis gelegt" wurde; vgl. die Nachweise bei *Baum,* a.a.O. S. 53 f.

31 Die Auflösung des Reichsrats erfolgte wenig später am 14.2.1934 (RGBl. I, S. 89).

32 Vgl. *Koellreutter,* Deutsches Verfassungsrecht, S. 115.

33 RGBl. 1934 I, S. 973.

son, nachdem er bereits zwei Monate zuvor das Amt des Reichspräsidenten nach dem Tod Hindenburgs mit dem des Reichskanzlers verschmolzen hatte.[34]

Zu diesen einfachgesetzlichen, durchgreifenden Verfassungsänderungen war die nationalsozialistische Reichsregierung formal betrachtet aufgrund des Ermächtigungsgesetzes befugt. Damit war den Ländern die Befugnis zu einer eigenständigen Gesetzgebung genommen, die Kompetenz für alle Bereiche der Rechtssetzung einschließlich der Kulturpflege auf das Reich, faktisch auf die Reichsregierung übergegangen.

Das diesem Bereich zuzuordnende Einziehungsgesetz des Jahres 1938 lag also in der Gesetzgebungskompetenz des Reiches.

C. Eingriff in die Eigentumssphäre der Länder und der Kommunen

I. Die Länder und Kommunen im Dritten Reich als Rechtssubjekte mit eigenem Vermögen

Mit der Übertragung der Hoheitsrechte und der damit partiell abgeschlossenen Entwicklung hin zum zentralistischen Einheitsstaat sollten jedoch offensichtlich nicht die Eigentumsrechte der Länder und Kommunen auf das Reich übergehen.[35] Für diese Einschätzung spricht schon der politische Regelungswille: Die Länder sollten mittels detaillierter Bestimmungen über die neuen Zuständigkeiten lediglich in den Staat eingegliedert werden; das Reich als Inbegriff des völkischen Prinzips und der staatlichen Autorität war nunmehr alleiniger Träger der gesamten Staatsgewalt.[36] Die Länder und auch die

---

[34] Gesetz über das Staatsoberhaupt des Deutschen Reiches vom 1. August 1934 (RGBl. I, S. 747).

[35] Vgl. auch die Argumente in dem vor amerikanischen Gerichten zu entscheidenden Fall *Kunstsammlungen zu Weimar v. Elicofon,* 536 F.Supp 829 [852-857] (US District Court Eastern Division of New York 1972); *Junker,* Jura 1985, S. 415 ff., 420 f.

[36] Vgl. hierzu den grundlegenden Aufsatz von *Huber* in: *Huber* (Hrsg.), Idee und Ordnung des Reiches I, S. 5 ff., 12. *Huber* entwickelt seine „Idee des Reiches" als sich stetig fortentwickelndes Streben des deutschen Volkes, in einem Reich vereint zu leben, die europäische Einheit unter deutscher Führung zu erreichen, a.a.O., S. 7. Im Gegensatz hierzu sieht er die französische Staatsidee, die „diese Einheit in ein pluralistisches Nebeneinander unabhängiger, selbstherrlicher, souveräner Nationen" auflöse.

Kommunen blieben jedoch Gebietskörperschaften und Verwaltungseinheiten mit eigener Rechtspersönlichkeit.[37]

Der ersten Verordnung über den Neuaufbau des Reichs vom 2. Februar 1934[38] ist zu entnehmen, daß die übergeleiteten Hoheitsrechte nunmehr wiederum den Landesbehörden „zur Ausübung im Auftrage und im Namen des Reichs" rückübertragen wurden (§ 1), sowie daß die von den Ländern untereinander oder mit dem Reich geschlossenen Verträge und Verwaltungsabkommen durch den Übergang der Hoheitsrechte „nicht berührt" werden sollten (§ 2).[39] Nach der allgemeinen Ansicht in der Rechtslehre war die Neugestaltung des Reiches noch nicht in allen Bereichen einer abschließenden Regelung zugeführt worden. Otto Koellreutter stellte fest, daß die Rechtsnatur der Länder einen Übergangscharakter angenommen habe, in dem „die Länder *noch* eigene Vermögensträger und eigene Verwaltungseinheiten" seien.[40] Erich Becker konstatierte, daß die Länder *noch* Eigentümer des gesamten Verwaltungsvermögens seien und im bürgerlichen Rechtsverkehr ihre Verkehrsfähigkeit behalten hätten.[41] Auch Ernst Rudolf Huber bestätigte, daß die Länder Träger eigener Rechte und Pflichten seien und eigenes Vermögen besäßen.[42] Die Landesregierungen wurden also ihrer Kompetenzen zwar völlig entkleidet, die Länder selbst blieben jedoch als Rechtssubjekte unter Erhaltung ihrer Eigentumspositionen bestehen.[43] Bestätigt wird diese Auffassung von den Kommentatoren der unmittelbaren Nachkriegszeit, die den Ländern nach Erlaß des

---

[37] *Koellreutter,* Deutsches Verfassungsrecht, S. 115. Noch im Jahr 1936 bestimmten „Rechtsgrundsätze", daß „mit Rücksicht auf den Neuaufbau des Reichs und die damit *zu erwartende* Verschmelzung der Landesministerialaufgaben mit dem Aufgabenkreis der Reichsministerien" eine Wiederbesetzung eigentlicher Ministerialstellen in den Ländern unzulässig sei, RGBl. 1936 I, S. 893 (§ 13, a.a.O. S. 895, Hervorhebungen vom Verfasser). Ferner *Riedl,* DVerwBl. 1935, S. 449 ff., 460 f., 466 f.

[38] RGBl. 1934 I, S. 81.

[39] Diese Rückübertragung war notwendig, da einerseits die bestehenden Verwaltungsstrukturen der Länder nicht von heute auf morgen zum Stillstand gebracht werden konnten, und andererseits das Reich noch gar nicht über einen geeigneten Verwaltungsapparat verfügte. Das Reich mußte sich also der Landesbehörden bedienen, um seine staatlichen Aufgaben erfüllen zu können. Vgl. hierzu *Riedl,* DVerwBl. 1935, S. 449 ff.; *Baum,* Vierteljahrshefte für Zeitgeschichte 1955, S. 36 ff., 43.

[40] *Koellreutter,* Deutsches Verfassungsrecht, S. 123 f.

[41] *Becker,* ZgS 97 (1937), S. 462 ff., 482.

[42] *Huber* in *Huber* (Hrsg.), Idee und Ordnung des Reiches I, S. 5 ff., 36, mit Hinweis auf das Urteil des Reichsgerichts vom 18.10.1940, abgedruckt in ZAkDR 1941, S. 132 f., das diese Auffassung bestätigte.

[43] *Rehberger,* Die Gleichschaltung des Landes Baden 1932/33, S. 153 ff., 157, stellt dies am Beispiel Badens fest. Die vollständige Aufhebung der Länder, die im Neuaufbaugesetz ihren Anfang nehmen sollte, wurde nie fortgesetzt. Manche Länder hielten nun gerade an dem ihnen noch verbleibenden Torso fest, vgl. *Baum,* Vierteljahreshefte für Zeitgeschichte 1955, S. 36 ff.

Neuaufbaugesetzes vom Januar 1934 lediglich den Status als völkerrechtliche Subjekte absprachen, nicht jedoch ihre Eigenschaft als juristische Personen des Privatrechts.[44] In gleicher Weise zielten Sinn und Zweck der Gesetze eindeutig darauf, die Länder allein in politischer Hinsicht zu entmachten.

Die Länder blieben folglich Rechtssubjekte des Privatrechts mit eigenem Vermögen.

II. Instrumente für einen Eingriff in die Eigentumssphäre der Länder und Kommunen

Aufgrund der Rückführung aller Staatsgewalten auf das Reich sah man dieses zwar als befähigt an, den Ländern und Kommunen öffentlich-rechtliche Vermögenspositionen zu entziehen und auch in Bezug auf deren privatrechtliche Betätigung ein Weisungsrecht auszuüben. Dennoch sollte eine Enteignung der Länder und Kommunen eines förmlichen Gesetzes bedürfen.[45]

Diese Erkenntnis überrascht, wenn man sich die mit Euphorie verbreitete Gedankenwelt der neuen nationalsozialistischen Rechtsidee vor Augen führt. Sogleich im Anschluß an die sog. Machtergreifung im Januar 1933 wurde in juristischen Abhandlungen die Bedeutung des Nationalsozialismus für das Rechtssystem der Gegenwart untersucht und das Entstehen einer neuen, spezifisch deutschen Rechtsidee proklamiert, die neue Rechtsquellen erschließe und Rechtsideale erschaffe. „Die Bewegung", also das nationalsozialistische Gedankengut, hatte innerhalb kürzester Zeit den gesamten Juristenstand erfaßt, da sich eine große Zahl der Rechtsanwender und Rechtsgelehrten umgehend den neuen Machthabern anschloß und die einsetzende Säuberungswelle die Juristen als eine der ersten Berufsgruppen erreichte. Carl Schmitt forderte früh, daß das gesamte deutsche Recht vom Geist des Nationalsozialismus beherrscht sein müsse[46] und nach Hans Stoll blieben die Vorschriften des BGB zwar bestehen, aber sie erhielten „durch die 'zentrale Rechtsidee' der siegreichen Bewegung eine neue Zielsetzung".[47] Das Recht war von nun an der Idee

---

[44] Vgl. *Soergel-Siebert,* 9. Aufl., Art. 56 EGBGB, Rn. 1; *Palandt-Danckelmann,* 9. Aufl., Art. 56 EGBGB, Anm. 1, jew. mit Hinweis auf RG 13.8.1936, JW 1936, S. 3198 ff.

[45] RG 18.10.1940, ZAkDR 1941, S. 132 f.; *Riedl,* DVerwBl. 1935, S. 449 ff., 463; *Nicolai,* Der Neuaufbau des Reichs nach dem Reichsreformgesetz vom 30. Januar 1934, S. 57; etwas enger, jedoch mit demselben Ergebnis *Becker,* ZgS 97 (1937), S. 462 ff., 483; *Huber* in *Huber* (Hrsg.), Idee und Ordnung des Reiches, S. 5 ff., 36.

[46] *C. Schmitt* in: JW 1934, 713 ff., 717.

[47] Vgl. *Stoll,* DJZ 1933, 1229 ff., 1231.

der rassischen Arterhaltung unterworfen und an dem Wohl des deutschen Volkes als oberstem Gesetz ausgerichtet.[48]

Das Gesetz als solches reichte in der Sichtweise nationalsozialistischen Denkens nicht mehr aus, um alleine die rechtlichen Grundlagen eines Staates zu definieren. Zwar hatte Hitler noch angestrebt, mit legalen Mitteln, also unter Beachtung des Rechtssystems der Weimarer Republik die Macht zu gewinnen, dennoch verachtete er deren demokratische Grundprinzipien, insbesondere den Parlamentarismus und das als Normativismus verworfene Prinzip vom Vorrang des Gesetzes. In der nationalsozialistischen Ideologie herrschte in Anlehnung an naturrechtliche Ideen die Vorstellung von übergesetzlichen Normen, die gesetztes Recht einschränken und ersetzen können. Demnach war Recht, was die Gesamtheit des Volkes als artgemäße und verbindliche Regel, als sog. völkische Rechtsidee anerkannt hatte, ohne daß es in die Form eines Gesetzes gegossen werden mußte.[49]

Als weitere Rechtsquelle sollte der Führerwille stets zu beachten sein, ein Prinzip, das aus den programmatischen Postulaten, die der Führer und Reichskanzler in Reden und öffentlichen Verlautbarungen geäußert hatte, allgemeinverbindliche Rechtssätze ableitete. Diese Form der Schaffung neuen Rechts kannte zwei Ausprägungen: Zum einen in seiner äußersten Form den Führerbefehl, der ohne weitere formale Bedingungen unmittelbare Wirkungen hervorbrachte, zum anderen das sog. Tatrecht der politischen Führung, für das man sich aber im Gegensatz zum Führerbefehl noch an gewisse formaljuristische Gegebenheiten gebunden sah.[50] Ergänzend sollten das Parteiprogramm

---

48 „Das nationalsozialistische Recht hat der Verwirklichung der nationalsozialistischen Weltanschauung zu dienen. Ziel dieser Weltanschauung und damit Zweck des Rechts ist Reinerhaltung, Erhaltung, Schutz und Förderung des deutschen Volkes." *Schmidt-Klevenow,* DR 1937, 227.

49 Vgl. *Kisch,* ZAkDR 1934, S. 9 ff.; *Becker,* ZgS 97 (1937), S. 462 ff., 467. Das Volk als solches führe in seinem Geist und Blute die entscheidenden Grundlagen seiner rechtlichen Konstitution mit sich in der Art etwa, wie Kunst oder Sprache der Seele des Volkes entspringe. Andere Strömungen formulierten, daß der Gesetzgeber an die „Gegebenheiten des Volkslebens, an dieses 'Wesen der Dinge', an solche 'Natur der Sache'„ gebunden sein solle, vgl. *Stoll,* Das bürgerliche Recht in der zweiten Wende, S. 20. Für eine positivrechtliche Umsetzung dieser Rechtsidee trat *Karl Larenz* ein, der eine Neuformulierung des § 1 BGB vorschlug: „Rechtsgenosse ist nur, wer Volksgenosse ist; Volksgenosse ist, wer deutschen Blutes ist." *Larenz* in: *Dahm u.a.* (Hrsg.), Grundfragen der neuen Rechtswissenschaft, S. 225 ff., 241.

50 Für die Judikative faßte Reichsjustizminister Frank die Berücksichtigung des Führerwillens in der Formulierung zusammen, daß der deutsche Richter sich bei jeder Entscheidung zu fragen habe, wie der Führer an seiner Stelle entscheiden würde. Siehe *H. Frank* in: DJT 1936, 498. Vgl. ferner *Füßer,* ZRP 1993, S. 180 ff.

Der Oberste Gerichtshof für die Britische Zone resümierte später in einer grundlegenden Entscheidung: „Die Meinung gewisser nationalsozialistischer Rechtslehrer, jede rechtserhebliche Willensäußerung Hitlers, die ihrer Art nach als Norm überhaupt in Betracht der NSDAP und die in ihm verkörperte nationalsozialistische Weltanschauung heranzuziehen sein.[51] So unscharf die Abgrenzung der Wirkungsbereiche der einzelnen Rechtsquellen auch blieb, so eindeutig sollte in Zweifelsfällen vorrangig auf den Führerwillen als die allen übergeordnete Instanz zurückzugreifen sein.

III. Eingriff durch das Einziehungsgesetz

Wendet man diese Grundgedanken nun auf die Ereignisse an, die zur Entstehung des Einziehungsgesetzes führten, läßt sich folgendes festhalten:

Die zunächst vorgenommenen Beschlagnahmen hatten zwar keine positivrechtliche Grundlage in der Form eines geschriebenen Gesetzes, fußten jedoch in beiden Fällen auf ausdrücklichen Anordnungen des Führers, als Erlasse ausformuliert durch den Minister für Volksaufklärung und Propaganda Joseph Goebbels. Diese Erlasse könnten insoweit als in eine Form gefaßte Führerbefehle angesehen werden. Auffällig ist jedoch, daß man auf Seiten der betroffenen Museumsdirektoren ebenso wie auf Regierungsebene selbst weder diese Erlasse noch die sonstigen im Rahmen der neuen Rechtsidee entwickelten Grundsätze als für eine Enteignung der Länder ausreichendes Instrumentarium ansah. Deshalb verabschiedete das Regierungskabinett ein förmliches Gesetz. Man war sich offensichtlich bewußt, ganz direkt in Eigentumsrechte der Länder sowie der Kommunen einzugreifen, so daß diesen durch Einhaltung traditioneller Förmlichkeiten eine gewisse Basis vorgewiesen werden sollte. Das offenbart eine Unsicherheit im Umgang mit den neuen Rechtsquellen.

Die Länder waren nun zwar weitgehend ihrer Hoheitsrechte und verwaltungspolitischen Selbständigkeit beraubt. Als Träger von Vermögensrechten und Vermögenspflichten konnten sie jedoch weiterhin eigene Einnahmen aus Bergwerken, Fabriken und anderen Quellen verbuchen, denen Ausgaben, z.B. die Besoldung ihrer Beamten, gegenüber standen. Sie waren Eigentümer des

---

kommen könnte, sei unbeschadet ihrer Form gesetzesgleich und rechtsverbindlich, ist eine entwürdigende Selbstentäußerung der Angehörigen der Rechtsgemeinschaft zu Gunsten eines Alleinherrschers, die bei rechtsstaatlicher Betrachtungsweise als Quellenlehre keine Beachtung verdient." OGHSt 1, 321 [324]; siehe auch OLG Frankfurt 12.8.1947, SJZ 1947, S. 621 ff., 624.

[51] „Da im Parteiprogramm die letzten Ziele der NSDAP erkennbar sind, hat es ein stetes Hilfsmittel des deutschen Rechtswahrers in Rechtswissenschaft, Rechtslehre und Rechtspraxis zu sein. Das Parteiprogramm ist die Entwicklungslinie des deutschen Lebens. Jeder Rechtswahrer muß sich in seinem Denken und Wirken, in seinem Arbeiten und Streben an diese Linie halten." *H. Frank* in: DJT 1936, 498. Dazu auch *Rüthers,* NJW 1988, S. 2825 ff., 2831 f.

Verwaltungsvermögens, soweit durch Reichsgesetz nichts anderes bestimmt war. Zwar sollten nach der Ansicht Karl Riedls die Ländervermögen nicht mehr einer eigenen politischen Entscheidungsgewalt, sondern der Durchführung der vom Reich ausgehenden politischen Entscheidung dienen.[52] Dieser Auffassung steht jedoch die überwiegende Ansicht entgegen, die für einen Eingriff des Reichs in die Eigentumssphäre der Länder ein förmliches Gesetz forderte und damit sehr wohl von einer eigenen politischen Entscheidungsgewalt der Länder ausging. Auch die betroffenen Museumsleiter und führenden Landesbeamten betrachteten die Einziehungen als massiven Eingriff in die Rechte der Länder, selbst bei dieser, bereits mehrere Jahre bestehenden Verteilung der Machtverhältnisse.[53] Allseits war man sich also der Tatsache bewußt, mit den Einziehungen in Vermögensrechte der Länder einzugreifen, so daß das Einziehungsgesetz dem Eingriff die als notwendig empfundene Grundlage verschaffen sollte.

D. Das Problem der Rückwirkung

Aus heutiger verfassungsrechtlicher Sichtweise erscheint es mehr als bedenklich, einem enteignenden Rechtsakt nachträgliche Legitimation durch ein Gesetz zu verleihen. Unser Verständnis vom Rechtsstaat und die sich aus Art. 20 GG ableitende Bindung der staatlichen Gewalten an das gesetzte Recht gewährt dem staatlichen Handeln diese Freiheit nicht.[54]

Eine ausdrückliche Regelung des Rückwirkungsverbotes ist dem Grundgesetz auch heute nicht zu entnehmen. Das Bundesverfassungsgericht hat allerdings wiederholt ausgesprochen, daß Gesetze, die dem Bürger eine rückwirkende Leistungspflicht auferlegen, gegen das Rechtsstaatsprinzip verstoßen und grundsätzlich unzulässig sind.[55] Maßgeblich ist der Vertrauensschutz. Der Bürger muß mögliche staatliche Eingriffe voraussehen und sich darauf einrichten können. Eine weitere Ausprägung findet diese Überzeugung im Grundsatz vom Vorbehalt des Gesetzes als Prinzip der Gesetzmäßigkeit und demokratischer Legitimität staatlichen Handelns. Insbesondere dort, wo der

---

52 *Riedl*, DVerwBl. 1935, S. 449 ff., 461.

53 Der damalige Direktor der Berliner Nationalgalerie Hentzen erinnert sich: „Das war ein Eingriff des Reichs in die Rechte der Länder und Gemeinden, denen die Museen damals wie heute unterstanden, aber der Preußische Ministerpräsident Göring und der für die Nationalgalerie zuständige Kultusminister Rust wagten natürlich keinen Einspruch gegen einen Führerbefehl." *Alfred Hentzen*, Die Nationalgalerie im Bildersturm, 1972, S. 27.

54 Vgl. nur *Zippelius*, Allgemeine Staatslehre, S. 288 ff., 290.

55 BVerfG 15.11.1967, BVerfGE 22, 330 [347] m.w.Nachw.; BVerfG 15.2.1978, BVerfGE 48, 1 [20].

Staat in Rechte des Einzelnen eingreift, muß das Gebot der Rechtssicherheit die Vorhersehbarkeit und Überprüfbarkeit eines Eingriffs gewähren.[56]

Wie der Name des Prinzips verrät, setzt es das Vorhandensein eines Rechtsstaates voraus, ein Attribut, das dem nationalsozialistischen Staat nicht zukam. Rückwirkende Gesetze waren für diesen ein durchaus probates und vielgenutztes Mittel. Selbst in Strafverfahren wurde des öfteren ein neu eingeführter Straftatbestand oder die Verschärfung des Strafmaßes auf Taten angewandt, die vor der Verkündung des Gesetzes begangen worden waren.[57] Auch das Gegenteil, das rückwirkende Sanktionieren begangener Straftaten, war möglich. Berüchtigtes Beispiel hierzu ist das lediglich aus einem Artikel bestehende Gesetz, das die Morde an Führungskräften der Reichswehr infolge der als „Röhm-Putsch" in die Geschichte eingegangenen Ereignisse im Juli 1934 durch die SS nachträglich legitimieren sollte.[58]

Wie bereits oben erörtert,[59] ist grundsätzlich von den staatsrechtlichen Gegebenheiten zur Zeit des Eingriffs auszugehen, so daß die heute gültigen Maßstäbe des Grundgesetzes nicht auf das Einziehungsgesetz anzuwenden sind. Waren infolge der Reichstagsbrandverordnung die Grundrechte der Weimarer Verfassung außer Kraft gesetzt und ein Rechtsstaatsprinzip nicht verankert, existierte auch kein Rückwirkungsverbot, das eine nachträgliche Enteignung hätte verbieten können. Ein Verstoß gegen das heute verfassungsimmanente Rückwirkungsverbot ist daher nicht anzunehmen.

E. Fortwirken des Gesetzes

Das Einziehungsgesetz wurde nach Beendigung des Krieges nicht ausdrücklich außer Kraft gesetzt. Es ist nicht in die Liste der von den Alliierten aufgehobenen nationalsozialistischen Gesetze aufgenommen und auch später nicht explizit für ungültig erklärt worden.[60] Mit einem Beschluß sprach der Denk-

---

56 Für die allgemeine Bindung der Eingriffsverwaltung vgl. *Maurer*, Allgemeines Verwaltungsrecht, § 6 Rn. 12.

57 Z.B. Gesetz über Verhängung und Vollzug der Todesstrafe v. 29.3.1933, das die durch die Notverordnung zum Schutz von Volk und Staat vom 28.2.1933 angedrohte Todesstrafe für bestimmte Delikte auch auf Taten ausdehnt, die zwischen dem 31.1. und dem 28.2.1933 begangen wurden.

58 RGBl. I, S. 529. Wortlaut: „Die zur Niederschlagung hoch- und landesverräterischer Angriffe am 30. Juni, 1. und 2. Juli 1934 vollzogenen Maßnahmen sind als Staatsnotwehr rechtens." Zu dem historischen Komplex der sog. Röhm-Affäre vgl. *Fest*, Hitler, S. 619 ff.

59 Siehe oben, S. 50.

60 Zur Liste der ausdrücklich für nicht mehr gültig erklärten Gesetze vgl. das Militärregierungsgesetz Nr. 1, Amtsblatt der Militärregierung Deutschland Nr. 1, S. 11; Kontrollrats-

mal- und Museumsrat Nordwestdeutschland im September 1948 die Empfehlung aus, den als „entartet“ beschlagnahmten Museumsbesitz sinnvoll zu ersetzen, nicht aber die veräußerten Werke durch gesetzliche Zwangsmaßnahmen zurückzufordern.[61] Er setzte damit den Schlußpunkt zu einer insbesondere von Museumsdirektoren geführten Diskussion um die Rückgewinnung der verlorenen Werke. Der Gesetzgeber folgte dieser Empfehlung.

Möglicherweise hat man von einer Aufhebung des Gesetzes abgesehen, um inländische Erwerber, die diese Werke dann zurückgeben müßten, nicht ungebührlich gegenüber ausländischen, von denen eine Rückgabe aus praktischen Gründen schwer zu erreichen gewesen wäre, zu benachteiligen. Immerhin hätten die deutschen Sammler entscheidend dazu beigetragen, eine Zerstörung oder Abwanderung der Werke ins Ausland zu verhindern;[62] gerade sie sollten geschont werden. Wie viele andere ging auch der ehemalige Direktor der Nationalgalerie in Berlin Paul Ortwin Rave 1949 schließlich von der Gültigkeit des Einziehungsgesetzes und der Endgültigkeit der mit ihm geschaffenen Fakten aus, als er annahm, daß der damals den deutschen Museen genommene Besitz inzwischen den Erwerbern gehöre.[63]

In der sowjetischen Besatzungszone beschritt man bis zum Frühjahr 1948 zunächst einen anderen Weg. Die Sowjetische Militäradministration ermächtigte mit Datum vom 8. Oktober 1946 die Deutsche Zentralverwaltung für Volksbildung, zur Rückführung des durch die Faschisten entwendeten Kunstgutes alle notwendigen Maßnahmen zu treffen.[64] In der Folge wurden Werke aus ehemaligem Museumsbestand, die in einer der nunmehr wieder veranstalteten Ausstellungen zu sehen waren, konfisziert und der Einlieferer über die Beschlagnahme informiert, unter Hinweis auf die Verpflichtung zur Erhaltung

---

gesetz Nr. 1, Amtsblatt des Kontrollrats Nr. 1, S. 6; auch *Laage*, Kritische Justiz 1989, S. 409 ff., 413.

61 Siehe Dokument Nr. 4 im Anhang. Vgl. hierzu *Rave*, Kunstdiktatur im Dritten Reich, S. 95; *Roters*, Galerie Ferdinand Möller, S. 199 ff.

62 So wörtlich Punkt 2 der „Überlegungen“ des Beschlusses; dabei diente die Einschaltung der Kunsthändler ja gerade der Vermittlung der Werke in das Ausland. Gemeint waren vielleicht diejenigen Werke, die die Händler entgegen der Abrede an inländische Interessenten verkauften oder selbst behielten.

63 *Rave*, Kunstdiktatur im Dritten Reich, S. 65; *ders.* in einem Brief an das Magistrat Groß-Berlin vom 11.11.1946, wiedergegeben bei *Janda/Grabowski*, Kunst in Deutschland 1905-1937, S. 68 f.

64 Siehe hierzu *Roters*, Galerie Ferdinand Möller, S. 194; *Kulturstiftung der Länder u.a.* (Hrsg.), Ernst Ludwig Kirchner — Akte im Strandwald, S. 8 f. Entgegen *Janda/Grabowski*, Kunst in Deutschland 1905-1937, S. 68, bewirkte die Anordnung der sowjetischen Militäradministration jedoch nicht die „einseitige Aufhebung des Gesetzes“. Vgl. Dokument 3 im Anhang.

dieser Kunst dem deutschen Volke gegenüber.[65] Die Behörden gingen sogar so weit, sämtliche Werke moderner Kunst in Privatbesitz unabhängig von ihrer Herkunft mit Beschlag belegen zu wollen. Von dieser Vorgehensweise nahm man durch Beschluß vom September 1948 Abstand. Weitere Versuche, unter Ausübung von staatlichem Druck in den Besitz der Bilder zu gelangen, wurden nicht unternommen.[66]

In formeller Hinsicht ist das Einziehungsgesetz schließlich am 31. Dezember 1968 im Rahmen der Rechtsbereinigung in der Bundesrepublik Deutschland außer Kraft getreten. Dem in der Nachkriegszeit eingetretenen Zustand der Unsicherheit über das sich tatsächlich noch in Kraft befindliche Recht sollte durch eine Sammlung des Bundesrechts abgeholfen werden. Dabei war bezweckt, die nicht mehr mit der Verfassung zu vereinbarenden Vorschriften auszuscheiden.[67] Alle Gesetze, die nicht in die als Bundesgesetzblatt Teil III veröffentlichte Sammlung aufgenommenen wurden, traten am Tag der Ausschlußwirkung automatisch außer Kraft.[68] Das Einziehungsgesetz hat in diese Sammlung keinen Eingang gefunden und in formeller Hinsicht seine Gültigkeit durch diesen Gesetzesakt verloren.

---

65 In einem entsprechenden Brief an Ferdinand Möller vom 7. November 1946 heißt es z.B.: „Daß Ihnen eine Trennung von diesem Kunstgut schwerfallen wird, ist durchaus verständlich, da sie es jedoch seiner Zeit gerettet haben, um es dem deutschen Volke zu erhalten, dürfte eine Rückgabe an das deutsche Volk auf keinen unüberwindlichen Widerstand stoßen, zumal Sie ja in Ihrem Schreiben selbst betonen, daß Ihnen die Erhaltung dieser Dinge in Deutschland, >gleichviel wo<, am Herzen liege. Wir haben vor, Museen, die Kunstwerke wieder zurückerhalten, zu veranlassen, am Kunstwerk und auch im Katalog zu vermerken, auf wessen Verdienst die Wiedererlangung dieses Kunstgegenstandes zurückzuführen ist, wodurch auch Ihr Name in Verbindung mit dem geretteten Bild der Nachwelt überliefert würde. Wir bitten Sie, unter diesem Gesichtspunkt die an Sie gestellte Forderung nochmals zu erwägen und würden uns freuen, wenn eine auch Sie befriedigende Lösung das Ergebnis unserer Verhandlungen wäre.“ Siehe *Roters,* Galerie Ferdinand Möller, S. 195.

66 Zu diesem Beschluß siehe die Quellenangabe in Fn. 61.

67 Vgl. das Gesetz über die Sammlung des Bundesrechts vom 10. Juli 1958 (BGBl. I, S. 437).

68 Vgl. § 3 Abs. 1 S. 2 des Gesetzes über die Sammlung des Bundesrechts vom 10. Juli 1958 in Verbindung mit § 3 des Gesetzes über den Abschluß der Sammlung des Bundesrechts vom 28. Dezember 1968 (BGBl. I, S. 1451).

§ 3 Die Nichtigkeit unerträglicher Rechtssätze nach dem rechtsphilosophischen Ansatz Radbruchs

Die Aufhebung einiger weniger Gesetze durch den Kontrollrat der Alliierten nach dem Krieg konnte selbstverständlich nicht ausreichen, das durch die gesetzgeberischen Aktivitäten der Nationalsozialisten hervorgerufene legale Unrecht zu beseitigen. Viele Maßnahmen nationalsozialistischer Legislative und Rechtsprechung stellen auch heute noch, mehr als fünfzig Jahre nach Kriegsende, ein schweres Erbe für die deutsche Nation dar. Das zeigt die vom Deutschen Bundestag am 28.5.1998 beschlossene Aufhebung der nationalsozialistischen Unrechtsurteile in Strafsachen, für die der bundesdeutsche Gesetzgeber immerhin mehr als ein halbes Jahrhundert benötigte,[1] und das ebenso späte Bekenntnis des Bundesgerichtshofs zu Versäumnissen bei der Verfolgung der Scharfrichter des Hitlerregimes.[2]

A. Die „Unerträglichkeitsthese"

Schon kurze Zeit nach Beendigung des Krieges mußten sich deutsche, von den Alliierten eingesetzte Gerichte mit den von den Nationalsozialisten geschaffenen Fakten befassen. Vor allem das Recht der Wiedergutmachung erlangte zentrale Bedeutung.[3] So war auch Auslöser der Überlegungen Gustav Radbruchs eine Entscheidung des Amtsgerichts Wiesbaden vom 13.11.1945, die feststellte, daß „die Gesetze, die das Eigentum der Juden für dem Staat verfallen erklärten, mit dem Naturrecht in Widerspruch stünden und schon zur Zeit ihres Erlasses nichtig gewesen seien".[4]

---

1 Das Gesetz war bei Beendigung dieser Arbeit noch nicht verkündet; im Wortlaut weitestgehend identisch die Gesetzesvorlage des Bundesrats, BT-Drucksache 13/10484; Die Plenarreden zur Beschlußfassung des Gesetzes sind im Internet erhältlich auf der Homepage des Deutschen Bundestages, DIP, Plenarprotokoll 13/238 vom 28.5.1998, S. 21947 ff. Vorläufer des Gesetzes auf Landesebene gab es bereits in den vierziger Jahren, vgl. unten, S. 73 f.

2 BGH 16.11.1995, NJW 1996, S. 857; hierzu unten, S. 73.

3 In diesen Themenkomplex einführend *Schwarz*, JuS 1986, S. 433 ff. Siehe unten, S. 245 ff.

4 Abgedruckt in SJZ 1946, S. 36, mit Anmerkung von *Kleine*. Dem Fall liegt ein nicht untypischer Sachverhalt zugrunde: Die jüdischen Eltern der Klägerin wurden enteignet und sind anschließend im Konzentrationslager umgekommen. Das eingezogene Mobiliar ver-

In einer Anmerkung zu dieser Entscheidung begründete Radbruch erstmals die nach ihm benannte „Radbruchsche Formel". Ihren Kern bilden folgende, inzwischen berühmt gewordenen Sätze:

„Der Konflikt zwischen der Gerechtigkeit und der Rechtssicherheit dürfte dahin zu lösen sein, daß das positive, durch Satzung und Macht gesicherte Recht auch dann den Vorrang hat, wenn es inhaltlich ungerecht und unzweckmäßig ist, es sei denn, daß der Widerspruch des positiven Gesetzes zur Gerechtigkeit ein so unerträgliches Maß erreicht, daß das Gesetz als 'unrichtiges Recht' der Gerechtigkeit zu weichen hat. […] Wo Gerechtigkeit nicht einmal erstrebt wird, wo die Gleichheit, die den Kern der Gerechtigkeit ausmacht, bei der Setzung positiven Rechts bewußt verleugnet wurde, da ist das Gesetz nicht etwa nur 'unrichtiges Recht', vielmehr entbehrt es überhaupt der Rechtsnatur."[5]

In dieser rechtsphilosophischen Konstruktion Radbruchs stehen sich Gerechtigkeit einerseits und Rechtssicherheit andererseits als Pole gegenüber. Sie bilden den Beurteilungsmaßstab für die Geltung nationalsozialistischen Rechts. Ohne Rücksicht auf seinen Inhalt fülle auch ein solches Gesetz zunächst den rechtsfreien Raum und sei insoweit immer noch besser als kein Gesetz, denn es schaffe zumindest Rechtssicherheit. Diese Einschätzung finde jedoch dort ihre Grenze, wo der innerste Kern der Gerechtigkeit, die Gleichbehandlung von Gleichem, nicht einmal erstrebt, sondern bewußt verleugnet wird.[6]

Radbruch knüpft mit seiner These an die Traditionen des Naturrechts an.[7] Allen gesetzten Normen sei kraft natürlicher Geltung eine Ordnung vorangestellt, an der alles Recht sich messen lassen muß.[8] Beschwörend seine Auffor-

---

langte die Klägerin als Erbin von den beklagten Käufern heraus, in deren Besitz die Sachen mittlerweile gelangt waren.

5 *Radbruch*, Gesetzliches Unrecht und übergesetzliches Recht, SJZ 1946, S 105 ff, 107. Nochmals abgedruckt in: *ders.*, Rechtsphilosophie, 4. Aufl. 1950, herausgegeben von *E. Wolf*, S. 347 ff.

6 Die zweite in dieser Schrift aufgestellte These besagt, der Positivismus habe die Juristen des Dritten Reiches wehrlos gemacht gegen Gesetze willkürlichen und verbrecherischen Inhalts. Gerade weil der Juristenstand dieser Zeit dem Positivismus folgte, der eine Verbindung von Recht und Moral negiert, sei es ihm nicht möglich gewesen, positiv gesetztes Unrecht zu erkennen und ihm die Gefolgschaft zu verweigern. Für diesen zweiten feststellenden Teil der These, mit der Radbruch die Juristen des nationalsozialistischen Systems in juristischer und moralischer Hinsicht aus der Verantwortung entließ, erntete er lebhafte Kritik. Vgl. *W. Ott*, Zeitschrift für Schweizerisches Recht 107 I (1988), S. 335 ff.; *Walther*, Kritische Justiz 1988, S. 263 ff.; *N. Hoerster*, Zur Verteidigung der rechtspositivistischen Trennungsthese, in: *R. Dreier* (Hrsg.), Rechtspositivismus und Wertebezug des Rechts, S. 24 ff.; *Alexy*, Zur Kritik des Rechtspositivismus, in: *R. Dreier*, a.a.O., S. 9 ff. Eine umfassende Auseinandersetzung mit diesem Thema bietet *Rüthers*, Die unbegrenzte Auslegung, S. 97 ff. m.w.Nachw.

7 *Walther*, Kritische Justiz 1988, S. 263 ff., 275.

8 „Hier jedenfalls ist nicht von jener Gerechtigkeit die Rede, die am positiven Recht, sondern an der das positive Recht gemessen wird." *Radbruch*, Rechtsphilosophie, S. 125.

derung an die Juristen der Nachkriegszeit, sich wieder der Jahrhunderte alten Weisheit des christlichen Mittelalters und der Aufklärung zu besinnen, daß es „ein höheres Recht gebe als das Gesetz".[9] Es kommt ihm dabei nicht darauf an, sich ganz und mit allen Konsequenzen in die Hände der Naturrechtsphilosophen zu begeben. Er begründet seinen Verweis auf die Gerechtigkeit als Maßstab jeder Norm mit dem Vernunftrecht, aber auch mit der Bibel:

> „Geschrieben steht aber andererseits auch: Ihr sollt Gott mehr gehorchen als den Menschen — und das ist nicht etwa nur ein frommer Wunsch, sondern ein geltender Rechtssatz."[10]

Er sieht seine rechtsphilosophische Konstruktion in der kulturellen Tradition Europas, in der sie sich natürlich, d.h. für ihn vorgegeben und empirisch evaluiert, entwickelt hat. Recht ist für Radbruch ein Kulturbegriff, der Begriff einer Wirklichkeit, die den Sinn hat, der Gerechtigkeit zu dienen.[11] Die Gerechtigkeit als oberster Maßstab erfährt jedoch Einschränkungen. Auch ein ungerechtes und unzweckmäßiges Gesetz ist als Recht anzusehen, sofern es zumindest Gerechtigkeit erstrebt. Es dient dann der Rechtssicherheit, welche die Gerechtigkeit einzuschränken befugt ist, bis die Schwelle zur Unerträglichkeit überschritten ist.

B. Die Umsetzung der Radbruchschen Formel

I. Der Alliierte Kontrollrat

Teile der Kontrollratsgesetze können als „Positivierung der Radbruchschen Formel" verstanden werden.[12] So bestimmt Art. 2 Kontrollratsgesetz Nr. 1, daß kein deutsches Gesetz gerichtlich oder durch die Verwaltung angewendet werden darf, das auf irgendeine Art Ungerechtigkeit oder ungleiche Behandlung verursachen würde. Radbruch selbst bestätigte, daß das „übergesetzliche Recht Gesetzesform annehmen kann" und sah dies besonders im Kontrollratsgesetz Nr. 10 verwirklicht, das als Grundlage zur Bestrafung der Kriegsver-

9 *Radbruch,* Die Erneuerung des Rechts, in: *Maihofer* (Hrsg.), Naturrecht oder Rechtspositivismus?, S. 1 ff.

10 *Radbruch,* Fünf Minuten Rechtsphilosophie, abgedruckt in: *Radbruch,* Rechtsphilosophie, S. 335 ff., 337.

11 *Radbruch,* Rechtsphilosophie, S. 123 ff.

12 So *Laage,* Kritische Justiz 1989, S. 409 ff., 414 f.

brechen geschaffen wurde.[13] Dessen Art. 2 nannte vier Verbrechenstatbestände:

a) Verbrechen gegen den Frieden
b) Kriegsverbrechen
c) Verbrechen gegen die Menschlichkeit
d) die Zugehörigkeit zu Verbrechervereinigungen.

Als Verbrechen gegen die Menschlichkeit führte Punkt c) einen nicht abschließenden Beispielskatalog auf, der auch die Verfolgung aus politischen, rassischen oder religiösen Gründen ahndete, ohne Rücksicht auf das jeweilige nationale Recht.

Das Bedürfnis zur Wiederherstellung der Gerechtigkeit findet so in Gestalt von Rechtsbegriffen Eingang in Tatbestandsmerkmale. Die Menschenrechte sind als geschütztes Rechtsgut positiv verankert, die Menschheit als Trägerin dieser Rechte anerkannt. Die aufgrund des Gesetzes Angeklagten können sich nicht mit dem Hinweis verteidigen, ihre Handlungen seien in der damals gültigen Rechtsordnung gesetzlich erlaubt, vielleicht sogar geboten gewesen. Dieser Rückgriff geht fehl, da die Normen der damals gültigen Rechtsordnung als Unrecht anzusehen sind, das dem übergesetzlichen Recht entgegensteht. Hervorzuheben ist, daß die zur Verteidigung herangezogenen Gesetze nicht lediglich für die Zukunft als nicht mehr anwendbar betrachtet werden, sondern rückwirkend ihre Gültigkeit verlieren. Radbruchs Ansatz, daß es sich bei unerträglich ungerechten Gesetzen nicht nur um unrichtiges Recht, sondern um gar kein Recht handelt, fand insoweit eine konsequente Umsetzung. Die in Kontrollratsgesetz Nr. 10 ausgesprochene offene Rückwirkung seiner Strafbestimmungen kann sich nur daraus rechtfertigen, daß die zugrundegelegten Werte als über den Rechtsordnungen stehend allgemein anerkannt und auch dann gültig sind, wenn eine staatlich gesetzte Rechtsordnung sie negiert. Eine positivistische Auffassung, die die Einhaltung moralischer und sittlicher Ansprüche in einer Norm nicht voraussetzt, kann zu diesem Ergebnis nicht gelangen.

II. Das Bundesverfassungsgericht

Das Bundesverfassungsgericht hat sich schon in seinen ersten Entscheidungen immer wieder mit der Frage der Fortgeltung einzelner Rechtsvorschriften aus der Zeit des Nationalsozialismus auseinandergesetzt und entwickelte eine ei-

---

13 *Radbruch,* Gesetz und Recht, Stuttgarter Rundschau H 1 / 1947, S. 5. Das Gesetz ist aufzufinden im Amtsblatt des Kontrollrats Nr. 1, S. 50 ff. und bei *F. Brandl,* Das Recht der Besatzungsmacht, S. 524 ff.

gene These, die sich deutlich an die Formulierungen Radbruchs anlehnt, sich aber stärker an den Bedürfnissen der Rechtsprechungspraxis orientiert.[14]

„Recht und Gerechtigkeit stehen nicht zur Disposition des Gesetzgebers. Die Vorstellung, daß ein Verfassungsgeber alles nach seinem Willen ordnen kann, würde einen Rückfall in die Geisteshaltung eines wertungsfreien Gesetzespositivismus bedeuten, wie sie in der juristischen Wissenschaft und Praxis seit längerem überwunden ist. Gerade die Zeit des nationalsozialistischen Regimes in Deutschland hat gelehrt, daß auch der Gesetzgeber Unrecht setzen kann. [...] Daher hat das Bundesverfassungsgericht die Möglichkeit bejaht, nationalsozialistischen „Rechts"-Vorschriften die Geltung als Recht abzuerkennen, weil sie fundamentalen Prinzipien der Gerechtigkeit so evident widersprechen, daß der Richter, der sie anwenden oder ihre Rechtsfolgen anerkennen wollte, Unrecht statt Recht sprechen würde."[15]

Nach dieser Formulierung ist das entscheidende Kriterium, daß der in der Praxis des Rechtsstaats geforderte Richter eine Norm dann nicht anwenden darf, wenn er infolge ihrer Anwendung „Unrecht statt Recht" sprechen würde. Besonders wichtig erscheint das eindeutige Bekenntnis gegen einen als überwunden angesehenen „Gesetzespositivismus" und für einen übergeordneten Maßstab der Gerechtigkeit, was in besonderem Maße die Auseinandersetzung mit den Radbruchschen Gedanken erkennen läßt. Aufgehoben wurde auf diese Weise z.B. die 11. Verordnung zum Reichsbürgergesetz.[16]

Das Gericht hat auch festgehalten, daß es sich bei der Möglichkeit, das Postulat der Rechtssicherheit zugunsten der Gerechtigkeit aufzugeben, um eine Ausnahmeerscheinung handele, die dann nicht greife, wenn „jene letzten Grenzen der Gerechtigkeit selbst nicht überschritten werden".[17] Sobald eine

---

[14] Vgl. BVerfG 17.12.1953, BVerfGE 3, 58 [119]; 18.12.1953, BVerfGE 3, 225 [232]; 16.3.1955, BVerfGE 4, 144 [155]; 19.2.1957, BVerfGE 6, 132 [198]; 27.5.1964, BVerfGE 18, 38 [46]; 19.7.1967, BVerfGE 22, 254 [263]; 14.2.1968, BVerfGE 23, 98 [106].

[15] BVerfG 14.2.1968, BVerfGE 23, 98 [106].

[16] Zu dem gleichen, jedoch dogmatisch anders begründeten Ergebnis gelangte das höchste englische Gericht in der sehr lesenswerten Entscheidung *Oppenheimer v. Chattermole*, (1976), A. C. 249, 278. Das Gericht begründete die Nichtigkeit der 11. Verordnung zum Reichsbürgergesetz damit, daß diese im Widerspruch stehe zu bereits früh entwickeltem internationalem Recht, das im Rahmen der „public policy" des Landes stets zu beachten sei. Richter *Lord Cross of Chelsea* hielt fest: „To my mind a law of this sort constitutes so great an infringement of human rights that the courts of this country ought to refuse to recognise it as a law at all." Richter *Lord Salmon* wies in seinem Urteil darauf hin, daß die Verordnung offensichtlich die Kosten der Deportationen, Konzentrationslager und Gaskammern finanzieren sollte, a.a.O. S. 281.

Weitere Beispiele: Die Verordnung über den Einsatz jüdischen Vermögens vom 3.12.1938 (RGBl. I, S. 1709), vgl. BGH 8.10.1953, BGHZ 10, 340 [343]; die Liquidierungen, die auf der Verordnung zur Ausschaltung der Juden aus dem deutschen Wirtschaftsleben vom 12.11.1938 (RGBl. I, S. 1580) basierten, vgl. BGH 18.3.1953, Az.: VI ZR 15/52.

[17] BVerfG 18.12.1953, BVerfGE 3, 225 [233].

Norm jedoch die dem Recht immanente Funktion der Friedensbewahrung verleugne, verfälsche oder in unerträglichem Maße mißachte, könne sie selbst in der Gestalt einer ursprünglichen Verfassungsnorm nichtig sein.[18]

III. Der Bundesgerichtshof

1. Entscheidungen der Zivilsenate

Die Zivilsenate des Bundesgerichtshofs schlossen sich den Thesen des Bundesverfassungsgerichtes an.[19] Insbesondere machten sie es sich zur Aufgabe, die auf nationalsozialistischer Gesetzgebung beruhenden Enteignungen, die rassische und politische Ursachen hatten, außer Kraft zu setzen und erklärten die relevanten Bestimmungen aus eigener Kompetenz für nichtig:[20]

> „Denn der zwar formal in das Gewand eines Gesetzes gekleideten Verfallerklärung muß jedenfalls ihrem sachlichen Gehalt nach der Charakter einer Rechtsnorm abgesprochen werden. Diese Bestimmung, die letztlich darauf abzielte, solche Verfolgten, die unter dem Druck rechtswidriger Verfolgungsmaßnahmen ihre Heimat verlassen hatten, auch noch ihres Vermögens zu berauben, verstieß in gröbster Weise gegen den Gleichheitssatz wie auch gegen den durch Art. 153 WeimRVerf gewährleisteten Eigentumsschutz und gegen die übergesetzliche Eigentumsgarantie."[21]

Ausdrücklich bestimmte der BGH, daß solche Enteignungen auf der Basis von Vorschriften, die das Gericht jetzt für nichtig erachtete, „niemals Recht [waren], sondern schon zur Zeit ihrer formalen Geltung Unrecht".[22] In markanten Worten hielt der 2. Zivilsenat in einer Entscheidung über § 3 der 11. Durchführungsverordnung zum Reichsbürgergesetz fest:

---

[18] BVerfG 18.12.1953, BVerfGE 3, 225 [237].

[19] Vgl. hierzu BGH 11.7.1962, RzW 1962, 563; 12.7.1951, BGHZ 3, 94 [107]; 11.2.1953, BGHZ 9, 34 [44]; 8.10.1953, BGHZ 10, 340 [342]; 28.2.1955, BGHZ 16, 350 [354]; 25.11.1957, BGHZ 26, 91 [93].

[20] So die Nichtigerklärung von § 2 des Gesetzes über den Widerruf von Einbürgerungen und die Aberkennung der deutschen Staatsangehörigkeit vom 14. Juli 1933 (RGBl. I, S. 480), in BGH 25.11.1957, BGHZ 26, 91 [93]; § 3 der 11. VO zum Reichsbürgergesetz vom 25. November 1941, in BGH 28.2.1955, BGHZ 16, 350 [354].

[21] Beschluß vom 28.2.1955, BGHZ 16, 350 [353]. Das Gericht übersah hier allerdings, daß Art. 153 WRV bereits durch § 1 der sog. „Reichstagsbrandverordnung„ vom 28. Februar 1933 außer Kraft gesetzt worden war. Hierzu bereits oben S. 51.

[22] Leitsatz 2 des Urteils vom 11.2.1953, BGHZ 9, 34.

„Solche politischen Ausnahmegesetze gegen bestimmte Personengruppen widersprechen so sehr dem allgemeinen Rechtsempfinden, daß es alle Kulturnationen seit Jahrhunderten ablehnen, sie als Recht anzuerkennen."[23]

Das Gericht stellte weiter klar, daß es in der Zeit des Nationalsozialismus die Erschaffung einer Lage erblickt, die das Unrecht auf Dauer verwirklichen sollte. Daher sah es diejenigen Regelungen, welche die Verfolgung einzelner Personengruppen aufgrund ihrer Rasse, politischen oder religiösen Weltanschauung unterstützten und förderten, als von Anfang an nichtig an. In der Begründung der jeweils ausgesprochenen Nichtigkeitsfolge liegt jedoch die Schwäche der genannten Entscheidungen, die sich im wesentlichen darauf beschränken, das für den Einzelfall erzielte Ergebnis festzuhalten. Ein allgemeingültiger Maßstab, wann eine Norm dem allgemeinen Rechtsempfinden widerspricht, läßt sich aus ihnen letztlich nicht gewinnen und man bleibt auf eine Abwägung im Einzelfall verwiesen.

2. Entscheidungen der Strafsenate

Entschiedener formulierte zunächst der erste Strafsenat in dem Maßstäbe setzenden Huppenkothen-Prozeß. Der Genannte hatte sich dafür zu verantworten, in den „Standgerichtsverfahren" gegen die Widerstandskämpfer des 20. Juli 1944, die sämtlich mit Todesurteilen endeten, die Anklage vertreten zu haben. Das Schwurgericht in München hatte ihn von dem Vorwurf der Beihilfe zum Mord freigesprochen, weil bei den „Standgerichtsverfahren" gegen Bonhoeffer, Canaris und andere zumindest das „gerichtliche Gesicht" gewahrt worden sei. In vernichtenden Worten hielt der Senat hierzu fest:[24]

„Das Schwurgericht hat das Wesen des Rechts, das der Willkür entgegengesetzt ist, und das Wesen des Richterspruchs völlig verkannt."

Der Senat berief sich in seiner Begründung auf seine Entscheidung vom 29. Januar 1952, die die sog. Reichstagsbrandverordnung berücksichtigt und sich insgesamt treffend in Bezug auf die Unbeachtlichkeit gesetzgeberischer Maßnahmen ausdrückt:[25]

„Im Bewußtsein aller zivilisierter Völker besteht [...] ein gewisser Kernbereich des Rechts, der nach allgemeiner Rechtsüberzeugung von keinem Gesetz und keiner anderen obrigkeitlichen Maßnahme verletzt werden darf. Er umfaßt bestimmte, als unantastbar angesehene Grundsätze des menschlichen Verhaltens, die sich bei allen

---

[23] BGH 11.2.1953, BGHZ 9, 34 [44]. Der Senat beruft sich dabei auf einen Aufsatz von *Arndt* in: SJZ 1948, S. 144 ff.

[24] BGH 12.2.1952, BGHSt 2, 173 [179]. Die Urteile sprach ein SS-Standgericht mit dem jeweiligen KZ-Leiter als Beisitzer, obwohl keiner der Angeklagten der SS angehörte; man gewährte ihnen zudem keinen Verteidiger und sie wurden noch vor der Verhandlung massiv körperlich mißhandelt.

[25] BGH 29.1.1952, BGHSt 2, 234 [237]

Kulturvölkern auf dem Boden übereinstimmender sittlicher Grundanschauungen im Laufe der Zeit herausgebildet haben und die als rechtlich verbindlich gelten, gleichgültig, ob einzelne Vorschriften nationaler Rechtsordnungen es zu gestatten scheinen, sie zu mißachten."

Als solcher Kernbereich müßten insbesondere die Grundgedanken der Gleichheit, Gerechtigkeit und Menschlichkeit angesehen werden:[26]

„Anordnungen, die die Gerechtigkeit nicht einmal anstreben, den Gedanken der Gleichheit bewußt verleugnen und die allen Kulturvölkern gemeinsame Rechtsüberzeugungen, die sich auf den Wert und die Würde der menschlichen Persönlichkeit beziehen, deutlich mißachten, schaffen kein Recht, und ein ihnen entsprechendes Verhalten bleibt Unrecht."

Das Verfahren nahm jedoch keinen guten Ausgang. Nach Zurückverweisung an das Instanzgericht sprach das LG München den Ankläger und den nun mit ihm auf der Anklagebank sitzenden Vorsitzenden des Standgerichts Dr. Otto Thorbeck erneut frei. Noch zwei weitere Male hatte der Bundesgerichtshof in der Folge Gelegenheit, zu den Hinrichtungen der Widerstandskämpfer Stellung zu beziehen. Am Ende sprach der 1. Strafsenat des BGH den Richter Thorbeck frei und verurteilte Walter Huppenkothen zu sechs Jahren Zuchthaus. In den im Juni 1956 verkündeten Urteilsgründen liest man nun:[27]

„Für die Frage ob sich Dr. Thorbeck durch die Teilnahme als Vorsitzender an den Standgerichtsverhandlungen in Flossenbürg der Beihilfe zum Mord — oder sonstiger strafbarer Handlungen — schuldig gemacht hat, ist nicht entscheidend, wie sich die Ereignisse vom April 1945 nach heutiger Kenntnis darstellen. [...] In einem Kampf um Sein oder Nichtsein sind, worauf der erkennende Senat bereits in seinem ersten Urteil vom 12.2.1952 hingewiesen hatte, bei allen Völkern von jeher strenge Gesetze zum Staatsschutze erlassen worden. Auch dem nationalsozialistischen Staate kann man nicht ohne weiteres das Recht absprechen, daß er solche Gesetze erlassen hat."

Unter völliger Mißachtung der Tatsachen, sollte das Standgericht nun im Wege eines „einwandfreien Verfahrens" sein Urteil über die Widerstandskämpfer gefällt haben. Der Senat ignorierte darüber hinaus das bayerische Gesetz Nr. 21 zur Wiedergutmachung nationalsozialistischen Unrechts auf dem Gebiet des Strafrechts vom 28.5.1946,[28] welches das Urteil des SS-

---

26 BGH 29.1.1952, BGHSt 2, 234 [238 f.]

27 BGH 19.6.1956, NStZ 1996, S. 485 ff. Es spricht für sich, daß diese wegweisende Entscheidung erst vierzig (!) Jahre später veröffentlicht und der NStZ von einem Richter am LG Bayreuth mitgeteilt wurde. Vgl. zur Entscheidung die Anmerkung des Vorsitzenden Richters am BGH a.D. *Gribbohm*, a.a.O., S. 489 ff.; ebenso *Perels*, Kritische Justiz 1996, S. 504 ff.; *ders*, in *Nahamowitz* (Hrsg.), FS Massing, S. 51 ff.; *Friedrich*, Die kalte Amnestie, S. 294 ff.

28 GVBl. 1946, S. 180. Hierzu *Fikentscher/Koch*, NJW 1983, S. 12 ff., 13.

Standgerichts bereits per legem aufgehoben hatte.[29] Die höchstrichterliche Entscheidung des Jahres 1956 trug maßgeblich dazu bei, daß die Aufarbeitung nationalsozialistischer Unrechtssprechung weitgehend ausblieb. „Keiner der am Volksgerichtshof tätigen Berufsrichter und Staatsanwälte wurde wegen Rechtsbeugung verurteilt, ebensowenig Richter der Sondergerichte und der Kriegsgerichte."[30]

In neuerer Zeit erlebte die Radbruchsche These eine Renaissance in den Entscheidungen der Strafkammern und -senate zu der Frage der Todesschüsse an der Berliner Mauer.[31] Hier galt es, den Rechtfertigungsgrund des § 27 Grenzgesetz der DDR, der selbst den finalen Todesschuß zur Verhinderung der Flucht gestattete, auf seinen Rechtsgehalt hin zu überprüfen. Auch wenn es in vorgreifend defensiver Weise eine Vergleichbarkeit der Verbrechen der nationalsozialistischen und der realsozialistischen Ära ablehnte, hat das Landgericht Berlin sich für eine Fortgeltung der Rechtsprechung des Bundesverfassungsgerichtes aus der Nachkriegszeit ausgesprochen, weil

„[...] der Anlaß für das Erschießen, nämlich der bloße Grenzübertritt ohne behördliche Erlaubnis, in einem solch unerträglichen Mißverhältnis zur möglicherweise eintretenden Folge, nämlich dem Tod eines Menschen, steht, daß eine solche Regelung keinen Respekt verdient und ihr der Gehorsam zu verweigern war."[32]

Der BGH schloß sich diesen Argumenten an und stützte seine Ablehnung des § 27 GrenzG zusätzlich auf völkerrechtliche Bestimmungen, die der Radbruchschen These als „konkrete Prüfungsmaßstäbe" dienen könnten.[33] Insbe-

---

29 Vgl. hierzu LG Berlin 1.8.1996, NJW 1196, S. 2742 ff.: Das Gericht lehnte den Antrag der Staatsanwaltschaft auf Aufhebung der Todesurteile des SS-Standgerichts in Flossenbürg mit der zutreffenden Begründung ab, diese Urteile seien bereits seit 1946 durch das genannte Gesetz aufgehoben. Die bayerische Regelung sei übernommenes Besatzungsrecht und für alle Gerichte der Bundesrepublik länderübergreifend verbindlich. Vgl. ferner LG Berlin 17.6.1996, NJW 1996, S. 2740 ff. zur Aufhebung des Sondergerichtsurteils gegen Bernhard Lichtenberg, sowie den Beitrag von *Fikentscher/Koch,* NJW 1983, S. 12 ff.

30 BGH 16.11.1995, NJW 1996, S. 857. Hierzu Besprechung von *Ostendorf* in ZRP 1994, S. 169 ff.; ferner *Gritschneder,* NJW 1996, S. 1239 ff.; *Perels,* Kritische Justiz 1996, S. 504 ff.; Bericht der Frankfurter Allgemeine Sonntagszeitung vom 21.7.1996, S. 2; *Frankenberg,* Kritische Justiz 1987, S. 88 ff.; *Rüthers,* Kritische Justiz 1987, S. 88 ff.

31 LG Berlin 20.1.1992, NJ 1992, S. 269 ff.; LG Berlin 5.2.1992, NJ 1992, S. 418 ff.; BGH 25.3.1993, BGHSt 39, 168 [193]; BGH 7.2.1995, NJW 1995, S. 1437 ff.; BGH 3.11.1992, NJW 1993, S. 141 ff. mit kritischer Anm. von *K. Amelung,* NJW 1993, S. 637 ff. Ablehnend auch *Arnold/Kühl,* JuS 1992, S. 991 ff., 995. Den naturrechtlichen Ansatz bejahend *Herzog,* JZ 1993, S. 1 ff.

32 LG Berlin 20.1.1992, NJ 1992, S. 269 ff., 270. So auch KG 8.5.1992, NJW 1991, S. 2652 ff., 2653. Anders das LG Berlin in einem Urteil vom 5.2.1992, NJ 1992, S. 418 ff., 420, das dem § 27 GrenzG unter Berufung auf die Rechtssicherheit innerstaatliche Wirkung zuerkannte. Am 24.10.1996 erkannte das BVerfG, daß die Urteile gegen die Staatsführung der ehemaligen DDR verfassungskonform seien, BVerfGE 95, 96.

33 BGH 3.11.1992, NJW 1993, S. 141 ff., 145.

sondere dem Internationalen Pakt über bürgerliche und politische Rechte vom 19.12.1966 komme eine besondere Bedeutung bei.[34]

C. Anwendung dieser Thesen auf das Einziehungsgesetz

Das Einziehungsgesetz ist ohne den mit nationalsozialistischem Gedankengut durchtränkten Begriff der „entarteten Kunst“ nicht denkbar. Daß es sich hierbei also schon dem Wortlaut nach um ein typisch nationalsozialistisches Regelungsinstrument handelt, kann nicht in Frage gestellt werden. Zur Nichtigkeit müssen jedoch weitere Kriterien hinzukommen, die Regelungsinhalt als unerträglich und gegen jede Gerechtigkeit verstoßend erscheinen lassen.

I. Unerträglich, weil rassistisch?

Das Gesetz erfaßt nach dem Wortlaut als Personenkreis zunächst einmal die Träger der öffentlichen Museen und Sammlungen als Eigentümer und Verwalter der eingezogenen Bilder. Darüber hinaus betrifft es jedoch auch die Künstler selbst als Produzenten und Urheber der Werke. In dieser Hinsicht ist das Gesetz wohl als konsequentester Stoß in Richtung auf jene Katastrophe anzusehen, die als Säuberung und Bereinigung der deutschen Kulturlandschaft in die Geschichte einging. Zwar ist der Kreis derjenigen als „entartet“ eingestuften Künstler, die jüdischen Glaubens waren, der geringere Teil, obschon viele sich gegen eine solche als Beleidigung geltende Unterstellung zu wehren hatten. Dennoch unterstützten das Gesetz und die damit verbundenen Verfolgungen das Gesamtziel der Beseitigung jüdischer Kultur sowie der Juden selbst aus dem Alltagsleben, in concreto aus dem Bereich der bildenden Künste. In aller Deutlichkeit wurde einer großen Öffentlichkeit vor Augen geführt, wie sehr man auch hier gewillt war, keine Konsequenz vermissen zu lassen; die üblen Schmähungen und Beschmierungen der Ausstellungswände bezeugen dies. Die Klassifizierung der Kunst als „bolschewistisch“ oder in Kombination als „jüdisch-bolschewistisch“ bezeugt ebenfalls den zutiefst rassistischen Grundgedanken des Gesetzes.

Es kommt hinzu, daß die nationalsozialistische Propaganda von Beginn an die Künstler und Urheber der Werke als geistig behindert beschimpfte oder die Darstellungen mit klinischen Krankheitsbildern verglich. Auch die Diskrimi-

---

[34] BGBl. II 1973, S. 1534, in Kraft getreten für die Bundesrepublik Deutschland am 23.3.1976, BGBl. II, S. 1068.

nierung und Diffamierung Behinderter zählte zu den bestimmenden Wesensmerkmalen des Hitlerregimes. Das Einziehungsgesetz bekräftigt diese Diskriminierung, indem es die Entfernung dieser Werke aus den öffentlichen Beständen mit der entschädigungslosen Enteignung endgültig festschreibt.

Im Ergebnis ist daher das Gesetz bereits aufgrund der in ihm zum Ausdruck gebrachten rassistischen Ideologie als unerträglich und gegen jede Gerechtigkeit verstoßend anzusehen.

II. Unerträglich, weil zutiefst ungerecht?

Rave bezeichnete die Ausstellung als eine Schau, „die mehrere hundert Kunstwerke zeigte von 112 Künstlern, die man hier hat treffen, entehren, ächten und schädigen wollen, vernichten in ihrem Schaffen, ihrem Ruf, ihrer Existenz."[35] Aus juristischer Sicht ist entscheidend, ob das Gesetz einen für die Lösung konkreter Rechtsstreitigkeiten verwendbaren Rechtssatz bietet, oder einen typisch nationalsozialistischen Programmsatz ohne achtbaren rechtlichen Gehalt. Das Gesetz ist ein Maßnahmegesetz, geschaffen nur zum Zweck der juristischen Absicherung der Reichsregierung für ihre bis dahin unerhörte Beschlagnahme- und Diffamierungskampagne. Den Anspruch, dem Rechtsfrieden dienen zu wollen, oder die Regelung eines ohnedies streitigen und damit unsicheren rechtlichen Bereichs zu begehren, kann man diesem Gesetz nicht zusprechen, dessen Existenzberechtigung sich alleine aus der Unsicherheit über die rechtliche Grundlage für die schmählichen Beschlagnahmen erklärt. Die politisch-weltanschaulich bestimmte Willensrichtung des Gesetzgebers ist augenfällig. Zu Recht spricht Jayme davon, daß mit dem Gesetz „das Innerste der Person getroffen, zwar nicht die physische, aber doch die seelische Vernichtung zum Programm erhoben wurde."[36] Letztlich spielte es auch keine Rolle mehr, daß die Regelungen des Gesetzes die gleichwohl vorgenommenen Einziehungen der Leihgaben Privater, ja sogar ausdrücklich ausgenommener ausländischer Personen gar nicht deckten, so sehr war die hinter dem Gesetz stehende geistige Haltung wesentlich, auch im Gegensatz zu dessen Wortlaut.

Das Gesetz erstrebte nicht Gerechtigkeit, es sollte einzig und allein den Herrschaftsanspruch der nationalsozialistischen Regierung auch in kulturpolitischer Hinsicht durchsetzen, die bereits geschaffenen Tatsachen im Nachhinein

---

[35] *Rave*, Kunstdiktatur im Dritten Reich, S. 104. Das Elend der äußeren und inneren Emigration beschreibt am Beispiel Beckmanns und Schlemmers *Roh*, „Entartete" Kunst, S. 115 ff.

[36] *Jayme*, „Entartete Kunst" und IPR, S. 20.

legitimieren und sanktionieren. Daß es sich dabei auch gegen die Länder als Eigentümer der Sammlungen wendete, spricht nicht gegen eine solche Einschätzung. Es ist als ein Ausnahmegesetz gegen eine bestimmte Personengruppe anzusehen, das die vom BGH anerkannte übergesetzliche Eigentumsgarantie in grober Form mißachtet. Argumente für eine als vorrangig einzustufende Rechtssicherheit können hier kaum verfangen. Der Verstoß gegen die Eigentumsordnung und das Persönlichkeitsrecht der Künstler ist zu evident.[37] Die Entrüstung der Fachkreise, die die gesamte Aktion „entartete Kunst" unter Einschluß des Gesetzes schon in der Zeit der Veröffentlichung hervorrief, und das Wort vom „staatlichen Diebstahl", das damit einher ging, spiegeln diese Einschätzung wider. Es bedarf schon der Aberkennung inhaltlicher Werte einer Norm im Sinne eines wertfreien Gesetzespositivismus, um dem Einziehungsgesetz im Namen der Rechtssicherheit zur Geltung zu verhelfen.

Aus diesen Gründen schon ist der Widerspruch des Einziehungsgesetzes zur Gerechtigkeit als in einem Maße unerträglich anzusehen, daß dem Gesetz die Geltung als „Recht" abzusprechen ist. Auch der vom BGH als Prüfungsmaßstab herangezogene Internationale Pakt über bürgerliche und politische Rechte vom 19.12.1966[38] unterstützt dieses Ergebnis. Zwar konnte er für die Regierung des Dritten Reichs keine Wirkung und Verpflichtung entfalten. Der heutige deutsche Staat muß sich jedoch bei seinen Bestimmungen zur Fortgeltung nationalsozialistischer Unrechtsnormen an den besonders in Art. 2 Abs. 2 des Paktes festgehaltenen Grundsätzen messen lassen. Danach hat Deutschland sich verpflichtet, alle gesetzgeberischen oder sonstigen Vorkehrungen zu treffen, die notwendig sind, um den in diesem Pakt anerkannten Rechten Wirksamkeit zu verleihen.[39] Eine Anerkennung der mit dem Einziehungsgesetz geschaffenen Fakten würde dieser Verpflichtung zuwiderlaufen.

Dem Einziehungsgesetz ist folglich die Anerkennung als Recht zu versagen, rechtliche Wirkung konnte von ihm nicht ausgehen.

---

37 So auch *Jayme,* „Entartete Kunst" und IPR, S. 11; *Reich/Fischer,* NJW 1993, S. 1417 ff.

38 Siehe Fn. 34.

39 Zu nennen sind das Recht auf Gleichbehandlung in Art. 2 Abs. 1 und Art. 14 Abs. 1, das Recht auf Wahrung der Ehre und des Rufes in Art. 17, das Recht auf freie Meinungsäußerung in Art. 19 und das Recht auf Gedankens-, Gewissens- und Religionsfreiheit in Art. 18 des Paktes.

§ 4 Weitere Nichtigkeitsgründe

Die Nichtigkeit des Einziehungsgesetzes könnte sich im weiteren zum einen aus dessen Unvereinbarkeit mit konstitutionellen Rechtssätzen und Prinzipien, die zur Zeit des Gesetzerlasses galten, ergeben, insbesondere aus einem Verstoß gegen die Weimarer Reichsverfassung, soweit diese noch fortgalt.

Zum anderen ist eine Vereinbarkeit mit den Maßstäben des Grundgesetzes zu überprüfen. Jedoch scheiden die Verfahren der abstrakten und konkreten Normenkontrolle gemäß Art. 93 Abs. 1 Nr. 2 iVm. Art. 100 GG aus, wenn über die Vereinbarkeit einer vorkonstitutionellen Norm mit dem Grundgesetz zu befinden ist. Denn Wortlaut sowie Sinn und Zweck des Art. 100 GG gebieten es, daß die zu überprüfende Norm unter der Herrschaft des Grundgesetzes erlassen sein muß.[1] Daraus folgt ebenso, daß zur Überprüfung einer vorkonstitutionellen Norm jeder bundesdeutsche Richter berufen ist,[2] wovon jedoch für das Einziehungsgesetz bis zu seiner Außerkraftsetzung kein Gebrauch gemacht wurde.

Selbst wenn jedoch ein nachkonstitutionelles Gericht festgestellt hätte, daß das Einziehungsgesetz nicht mit dem Grundgesetz zu vereinbaren ist, hätte die Feststellung der Nichtigkeit erst ab dem Zeitpunkt des Inkrafttretens des Grundgesetzes am 23.5.1949 Wirkung entfaltet. Für die Zeit davor hätte das Gesetz seine Gültigkeit behalten.[3] Diese Wertung findet seine materielle Entsprechung in Art. 123 GG, der lediglich die Fortgeltung vorkonstitutioneller Rechtsnormen, die dem Grundgesetz widersprechen, untersagt, nicht jedoch über deren Rechtswirkung in der Zeit vor dem Zusammentreten des Bundestags entscheidet. Eine Erstreckungswirkung des Grundgesetzes auf die Zeit vor seiner Implementierung ist folglich nicht anzunehmen.

Der Widerspruch zum Grundgesetz kann demnach für sich genommen nicht ausreichen, um die Nichtigkeit des Einziehungsgesetzes bereits zur Zeit der nationalsozialistischen Herrschaft zu begründen. Da sich das Grundgesetz jedoch dem Grundsatz der Gleichheit und der Gerechtigkeit verschrieben hat,

---

1 Seit BVerfG 24.2.1953, BVerfGE 2, 124, ständige Rechtsprechung; ebenso die wohl einhellige Literatur, vgl. *Bonner Kommentar-Stern,* Art. 100 Rn. 85 ff.; *Maunz* in *Maunz/Dürig,* Komm. z. GG, Art. 100 Rn. 12. Erfaßt werden jedoch auch alle Normen, die „in den Willen des nachkonstitutionellen Gesetzgebers aufgenommen" und so von diesem bestätigt wurden, BVerfG 17.5.1960, BVerfGE 11, 126 [129]; 22.2.1983, BVerfGE 63, 181 [187]; so auch *Maunz/Zippelius,* Deutsches Staatsrecht, § 41 IV 1. Das ist für das Einziehungsgesetz nicht anzunehmen, siehe oben S. 64.

2 BVerfG 24.2.1953, BVerfGE 2, 124 [129]; *v. Münch,* Staatsrecht Band 1, Rn. 413. *Bonner Kommentar-Stern,* Art. 100 Rn. 88; *Maunz* in *Maunz/Dürig,* Komm. z. GG, Art. 100 Rn. 12.

3 *Maunz* in *Maunz/Dürig,* Komm. z. GG, Art. 93 Rn. 38.

könnten sich aus ihm zumindest weitere Argumente zur Unterstützung des oben erreichten Ergebnisses ableiten lassen.

Das Einziehungsgesetz ordnete die Enteignung von Reichsangehörigen, aber auch von inländischen juristischen Personen an. Damit traf es in erster Linie die öffentlichen Museen und Sammlungen, die sich im Eigentum der Länder und Kommunen befanden, und in zweiter Linie private Leihgeber, die wiederum juristische oder natürliche Personen sein konnten. Für die Weimarer Reichsverfassung wurde mehrheitlich die Ansicht vertreten, daß juristische Personen grundsätzlich nicht Inhaber von Grundrechten sein konnten.[4] Das Grundgesetz bestimmt demgegenüber in Art. 19 Abs. 3, daß die Grundrechte auch für inländische juristische Personen gelten, „sofern sie ihrem Wesen nach auf diese anwendbar sind."[5] Auf die Frage, inwieweit die Grundrechte auch juristische Personen berechtigen können, kann hier nicht näher eingegangen werden. Jedenfalls erlaubte das Einziehungsgesetz auch die Enteignung von Reichsangehörigen, so daß ein Verstoß gegen Grundrechte schon aus diesem Aspekt beachtlich ist.

A. Verstoß gegen Normen der Weimarer Reichsverfassung

Die Freiheit der Kunst, der Wissenschaft und der Lehre sollte in der Weimarer Reichsverfassung durch Art. 142 gewährleistet werden. Über die Formulierung des heutigen Art. 5 Abs. 3 GG hinaus war der Staat verpflichtet, diesen Gütern Schutz zu gewähren und an ihrer Pflege teilzunehmen, und enthielt somit ein ausformuliertes Bekenntnis zum Kulturstaat.[6] Nach dem Wortlaut der Verfassung hatte der Staat in Fragen der Kunst Neutralität zu wahren; insbesondere galt dies für die inhaltliche Ausgestaltung des Kunstbegriffs und das Favorisieren einzelner Kunstrichtungen. Art. 142 WRV ist auch nicht in dem Katalog der aufgehobenen Grundrechte der Reichstagsbrandverordnung enthalten, was für dessen zumindest formale Fortgeltung während des Dritten Reiches spricht, wenn auch ein Berufen auf die Garantie der Kunstfreiheit infolge der oben dargestellten Grundsätze nationalsozialistischer Kulturpolitik aussichtslos bleiben mußte. Das Einziehungsgesetz, das mit aller Macht und

---

4 Vgl. *Maunz/Zippelius*, Deutsches Staatsrecht, § 19 II 2.

5 Bei der Anwendung der Grundrechte auf staatliche Organe wird dabei größte Zurückhaltung zu bewahren sein, weil das Grundgesetz Positionen des einzelnen gegen den Staat bietet und daher schon im Grundsatz keine Positionen des Staates gegen sich selbst gewähren kann. Vgl. hierzu *Dürig* in *Maunz/Dürig*, Komm. z. GG, Art. 19 Rn. 7, 33 ff. m.w.Nachw.

6 *Scholz* in *Maunz/Dürig*, Komm. z. GG, Art. 5 Abs. 3, Rn. 9.

Entschiedenheit die Beseitigung der gesamten Moderne aus dem kulturellen Leben des nationalsozialistischen Staates besiegelte, ist mit dieser Garantie der Kunstfreiheit nicht in Einklang zu bringen. Da das Ermächtigungsgesetz und das Gesetz über den Neuaufbau des Reiches der Reichsregierung jedoch ausdrücklich erlaubten, Gesetze auch gegen die Bestimmungen der Weimarer Reichsverfassung zu erlassen, bleibt der Widerspruch zu Art. 142 WRV bedeutungslos.

Die Enteignungen stellten ebenso einen Eingriff in die Selbstautonomie der Städte und Kommunen dar, der — zumindest gemäß Art. 127 WRV — nur mittels eines förmlichen Gesetzes zulässig war.[7] Die Fortgeltung dieses Artikels ist allerdings im Hinblick auf die Gesetzgebung zur Neugliederung des Reiches[8] mehr als fraglich. Auch ist zu berücksichtigen, daß das Einziehungsgesetz immerhin den Anforderungen entsprach, welche die Verfassungswirklichkeit des „Dritten Reichs" an ein förmliches Gesetz stellte. Die vorangehenden Beschlagnahmen allerdings entbehrten einer entsprechenden gesetzlichen Grundlage, und auch die nationalsozialistischen Machthaber sahen es als erforderlich an, ihnen das Einziehungsgesetz nachfolgen zu lassen. Ihre Vereinbarkeit mit Art. 127 WRV ist daher zumindest fraglich.

Die Eigentumsgarantie des Art. 153 WRV wurde, wie bereits oben geschildert, durch die Reichstagsbrandverordnung außer Kraft gesetzt und muß schon deshalb außer Betracht bleiben. Gemessen jedoch an den Maßstäben, welche die Weimarer Reichsverfassung vor dem Eingriff der Nationalsozialisten setzte, wäre ein Verstoß gegen Art. 153 Abs. 2 WRV zu bejahen, da die Einziehungen nicht zum Wohle der Allgemeinheit oder zum Erreichen überragender Vorteile des Gemeinwesens erfolgten.[9]

Nur dann also, wenn man die Verfassungsrealität, welche die Nationalsozialisten mit Gesetzen und Verordnungen im Frühjahr 1933 schufen, im Sinne der Rechtssicherheit als verbindliche Grundlage ihres Staates anerkennt, wäre ein Widerspruch zur Verfassung des „Dritten Reiches" zu verneinen. Ohne die Korrekturen des Ermächtigungsgesetzes und der Gesetze zur Neugliederung des Reiches hätte das Einziehungsgesetz gegen die Eigentums- und Kunstfreiheit verstoßen und sich damit in Widerspruch zur Weimarer Reichsverfassung gesetzt.

---

7 Mangels allgemeiner Zuständigkeit der Reichsgesetzgebung kamen hier vorwiegend Landesgesetze in Betracht. Diese durften aber nicht die Selbstverwaltung der Gemeinden als solche beseitigen, siehe *Anschütz,* Die Verfassung des Deutschen Reichs, Art. 127 Anm. 1.

8 Siehe oben, S. 58 ff.

9 Vgl. nur *Anschütz,* Die Verfassung des Deutschen Reichs, Art. 153 WRV Anm. 11; ferner RG 18.11.1921, RGZ 103, 200 [202]; 10.2.1932, RGZ 136, 113 [123].

B. Verstoß gegen Normen des Grundgesetzes

Neben der Pflicht des Staates zu kultureller Förderung und positiver Pflege der Kunst wird aus Art. 5 Abs. 3 GG auch die Pflicht des Staates zu kulturpolitischer Neutralität und Toleranz abgeleitet, obwohl dies im Gegensatz zu Art. 142 WRV nicht in den Wortlaut aufgenommen wurde.[10] Jedes staatliche „Kunstrichtertum" ist unzulässig.[11] Damit wäre dem Einziehungsgesetz die Fortgeltung im Rahmen der Rechtsordnung des Grundgesetzes schon nach dem Zeitpunkt des ersten Zusammentritts des Bundestags gemäß Art. 123 Abs. 1 GG zu versagen.[12]

Wie schon Art. 153 Abs. 2 WRV läßt Art. 14 Abs. 3 GG eine Enteignung nur zu, wenn sie dem Wohle der Allgemeinheit dient. Rein fiskalische Interessen oder das Erachten eines Vorhabens als politisch oder wirtschaftlich sinnvoll reichen zur Bejahung des Gemeinwohls nicht aus, vielmehr muß ein Zurückweichen der Eigentümerbelange zwingend geboten sein.[13] Jenseits der verqueren Volksideologie des Nationalsozialismus ist jedoch kein Aspekt denkbar, der die Einziehungen in diesem Sinne zwingend geboten hätte.

Die sich aus Art. 14 GG ergebende Eigentumsgarantie ist auch verletzt, wenn das enteignende Gesetz keine Entschädigung vorsieht, Art. 14 Abs. 3 S. 2 GG. Das Einziehungsgesetz schließt eine Entschädigung in seinem § 1 ausdrücklich aus;[14] die Härteklausel des § 2 Abs. 2 kann insoweit keine Berücksichtigung finden, da sie eine Ausnahmeregelung darstellt und für die Beurteilung der sog. Junktimklausel des Art. 14 Abs. 3 S. 1 GG generell vom Grundfall auszugehen ist. Das Bundesverfassungsgericht hat jedoch entschieden, daß die Junktimklausel nicht auf bereits vor Inkrafttreten des Grundgesetzes verkündete Gesetze anzuwenden ist.[15] Daher läßt sich aus dem Fehlen der Junktimklausel in dem vorkonstitutionellen Einziehungsgesetz nicht dessen Unvereinbarkeit mit Art. 14 Abs. 3 GG herleiten. Das Bundesverfassungsgericht hält es in der genannten Entscheidung zwar für möglich, daß vorkonstitutio-

---

[10] *Scholz* in *Maunz/Dürig*, Komm. z. GG, Art. 5 Abs. 3, Rn. 8 und Rn. 37 m.w.Nachw.

[11] *Scholz* in *Maunz/Dürig*, Komm. z. GG, Art. 5 Abs. 3, Rn. 38.

[12] So auch *Jayme*, „Entartete Kunst" und IPR, S. 11.

[13] BGH 7.7.1988, BGHZ 105, 94 [97]; *Papier* in *Maunz/Dürig*, Komm. z. GG, Art. 14 Rn. 582.

[14] Auch nach der allgemeinen Rechtsauffassung des Weimarer Staates konnten Enteignungen nur gegen Entschädigung vorgenommen werden, vgl. *W. Jellinek*, Verwaltungsrecht, 1. Aufl. 1928, S. 391 f., m.w.Nachw. Nach nationalsozialistischer Rechtsauffassung stand die Entschädigungsfrage nicht mehr im Mittelpunkt. Ob sie gewährt wurde, sollte sich allein nach den Grundsätzen richten, „die für die Aufrechterhaltung und Stärkung der völkischen Lebensordnung bestimmend sind", *Koellreutter*, Deutsches Verwaltungsrecht, S. 143.

[15] Urteil vom 21.7.1955, BVerfGE 4, 219 [236].

nelle Gesetze ohne Junktimklausel durch Art. 153 Abs. 2 S. 2 WRV ergänzt werden und somit eine Entschädigungsregelung erhalten, falls sie diese nicht ausdrücklich ausschließen. Das gilt jedoch nur für Gesetze, die in der Zeit der „unbestrittenen Geltung des Art. 153 WRV" verkündet wurden, also vor dessen Aufhebung durch die Reichstagsbrandverordnung am 28. Februar 1933 und in der Zeit zwischen dem 8. Mai 1945 und dem Inkrafttreten des Grundgesetzes am 23. Mai 1949.[16] Eine Ergänzung des Einziehungsgesetzes in diesem Sinne ist daher nicht möglich.

Zu denken ist schließlich auch an eine Unvereinbarkeit des Einziehungsgesetzes mit dem allgemeinen Persönlichkeitsrecht aus Art. 2 Abs. 1 iVm. Art. 1 GG, insbesondere im Hinblick auf die zweite Stoßrichtung des Gesetzes, die sich gegen die Künstlerpersönlichkeiten selbst richtete. Bereits die zuvor ausgesprochenen Berufsverbote beeinträchtigten die Künstler maßgeblich in der freien Entfaltung ihrer Persönlichkeit; das Einziehungsgesetz und die mit ihm in unmittelbarem Zusammenhang stehenden Beschlagnahmen beschieden ihnen darüber hinaus von höchster staatlicher Seite, daß manche — wenn nicht alle — ihrer Werke als Ausgeburten eines kranken Geistes anzusehen und ihre Schöpfungen mit den Wertvorstellungen der Gesellschaft nicht vereinbar waren. Mithin griff das Gesetz auch unmittelbar in die Persönlichkeitssphäre der Künstler selbst ein. In Übereinstimmung mit dem BGH hat das Bundesverfassungsgericht zwar eine Einschränkung dieses Grundrechts durch Gesetz für möglich gehalten, jedoch davon abhängig gemacht, daß vorrangige Interessen gewahrt und der unantastbare Bereich der Menschenwürde nicht verletzt würden.[17] Vorrangige Interessen, die im Rahmen des Grundgesetzes als beachtlich anzusehen wären, sind hier nicht ersichtlich. Das Einziehungsgesetz ist daher mit dem sich aus Art. 2 Abs. 1 iVm. Art. 1 Abs. 1 GG ableitenden allgemeinen Persönlichkeitsrecht nicht vereinbar.

C. Zwischenergebnis

Das Einziehungsgesetz widersprach damit im Ergebnis der ebenso in der Weimarer Verfassung wie im Grundgesetz enthaltenen Garantie der Kunst-

---

[16] Zur Geltung des Art. 153 WRV infolge der Reichstagsbrandverordnung siehe oben S. 51. Art. 153 verlor durch die Reichstagsbrandverordnung seinen Verfassungsrang und bestand nach der Kapitulation als einfachgesetzliche Norm fort, so BVerfG 24.4.1953, BVerfGE 2, 237 [248].

[17] BVerfG, 31.1.1973, BVerfGE 34, 238 [245 f.]; 14.9.1989, BVerfGE 80, 367 [373]. Der Schutz der Persönlichkeit besteht auch nach dem Tod des Künstlers fort, sog. *postmortales Persönlichkeitsrecht,* vgl. BGH 8.6.1989, MDR 1989, S. 1076 f. — Emil Nolde; 20.3.1968, BGHZ 50, 133 [140] — Mephisto; BVerfG 24.2.1971, BVerfGE 30, 173 [196] — Mephisto.

freiheit. Auch eine Unvereinbarkeit mit der Eigentumsgarantie der Art. 153 WRV und Art. 14 GG, die Enteignungen jeweils nur zum Wohle der Allgemeinheit zulassen, ist festzustellen. Während der Zeit des Dritten Reiches war diese Unvereinbarkeit jedoch wirkungs- und bedeutungslos, weil das Ermächtigungsgesetz und die Reichstagsbrandverordnung sie ausdrücklich erlaubte. Ein Widerspruch zu Art. 127 WRV ist zumindest in Bezug auf die Beschlagnahmen denkbar. Mit dem allgemeinen Persönlichkeitsrecht des Art. 2 Abs. 1 iVm. Art. 1 Abs. 1 GG ist das Einziehungsgesetz in jedem Fall unvereinbar.

§ 5 Folge der Nichtigkeit für die einzelne Enteignung

A. Die Enteignung als „interner Verwaltungsakt"

Vom Regelungsgehalt des Einziehungsgesetzes waren nur diejenigen Werke erfaßt, die bereits im Zuge der beiden Beschlagnahmeaktionen des Jahres 1937 in die Hände des Reiches gelangt waren. Nach dem Wortlaut des § 1 Einziehungsgesetz *konnten* die beschlagnahmten Werke nun zugunsten des Reiches eingezogen werden. Nach heutigem Verständnis deutet diese Formulierung auf einen Ermessensspielraum hin, von dem jedoch kein Gebrauch gemacht wurde, da alle beschlagnahmten Werke als eingezogen angesehen wurden. Fraglich ist allerdings, ob das Gesetz selbst bereits die Enteignung bewirkte (sog. Legalenteignung), oder ob hierfür weitere administrative Akte notwendig waren (sog. Administrativenteignung).[1]

Der Wortlaut des Gesetzes gibt an mehreren Stellen zu erkennen, daß es die Enteignungen nicht unmittelbar herbeiführen, sondern einem gesonderten zukünftigen Akt überlassen wollte. Hierfür spricht die Formulierung in § 1, daß die beschlagnahmten Werke *eingezogen werden können*, sowie die Bestimmung in § 2 Abs. 1 S. 1, daß der Führer und Reichskanzler die Einziehung *anordnet*. Hinweise auf eine direkte Enteignungswirkung sind dem Wortlaut hingegen nicht zu entnehmen. Andererseits ist von dieser Anordnung der Einziehung nie Gebrauch gemacht worden. Es ist nicht bekannt, daß auch nur in einem einzigen Fall eine Einziehungsanordnung ausgesprochen wurde. Der Wortlaut des Einziehungsgesetzes steht damit in krassem Widerspruch zu seiner Wirkung, denn selbst diejenigen Kommentatoren, die sich kritisch mit dem Einziehungsgesetz auseinandergesetzt haben, gehen davon aus, daß das Einziehungsgesetz selbst die Enteignung der vormaligen Eigentümer bewirkt habe. Auch die Tatsache, daß Goebbels keine Veranlassung sah, von der Ermächtigung des § 3 Einziehungsgesetz zum Erlaß von Rechts- und Verwaltungsvorschriften zur Durchführung des Gesetzes Gebrauch zu machen, zeigt, daß die nationalsozialistische Regierung davon ausging, mit dem Erlaß des Einziehungsgesetzes bereits alle erforderlichen Maßnahmen für eine rechtliche Klärung der Eigentumsverhältnisse an den beschlagnahmten Werken ge-

---

1 Nach heutigem Verständnis unterscheiden sich beide Enteignungsverfahren nur dadurch, daß die Legalenteignung im Gegensatz zur sog. Administrativenteignung die Einzelentscheidung gegen die von der Enteignung Betroffenen in einer Regelung zusammenfaßt und selbst bestimmt, in welchem Umfang die Eigentümer betroffen sein sollen und welche Wirkung dem Zugriff zukommt, vgl. BVerfG 10.5.1977, BVerfGE 45, 297 [326].

troffen zu haben. Das läßt den Schluß zu, daß die enteignende Wirkung von dem Gesetz selbst ausging.

Dennoch bezeichnete Hilleke in seiner Kommentierung des Gesetzes die Anordnung als „internen Verwaltungsakt".[2] Nun stimmte der Begriff des Verwaltungsaktes während der Zeit des Nationalsozialismus weder mit dem heutigen noch mit dem zur Zeit der Weimarer Republik gültigen überein.[3] Die von Otto Mayer begründete Definition wurde von den Nationalsozialisten nicht übernommen:

> „In diesem Sinne kann es heute Verwaltungsakte nicht mehr geben. Auch der Ausdruck „Verwaltungsakt" ist ein Begriff, den das neue Denken erobert und damit zugleich gewandelt hat. [...] Der Verwaltungsakt ist somit eine auf unmittelbare Gemeinschaftsgestaltung in einem Einzelfall gerichtete Verwaltungshandlung."[4]

Der Begriff des „internen Verwaltungsaktes" findet in der Kommentierung Hillekes seine einmalige Verwendung, ohne daß der Kommentator näher bestimmt, was man hierunter zu verstehen habe. Als führender Dogmatiker nationalsozialistischer Verwaltungslehre spricht Koellreutter immerhin von „inneren Verwaltungsakten" und meint damit solche, die nur den jeweiligen Verwaltungsträger verpflichten sollten.[5] Die Bezeichnung „interner Verwaltungsakt" birgt nach heutigem Verständnis, das einem Verwaltungsakt notwendigerweise Außenwirkung abverlangt, einen Widerspruch in sich. Schon Otto Mayer hatte die Bekanntgabe des Verwaltungsakts an den Adressaten verlangt,[6] und auch nationalsozialistische Rechtsdenker setzten bei Eingriffsakten in die Rechtsstellung des einzelnen eine Bekanntgabe zwingend voraus.[7] Man wird also davon auszugehen haben, daß Hilleke nicht von einem

---

2 Der Verwaltungsakt sollte weder der Veröffentlichung noch einer bestimmten Form bedürfen, *Hilleke*, Einziehungsgesetz, Anm. 6.

3 Zum Begriff des Verwaltungsaktes in der Weimarer Zeit vgl. *Jellinek*, Verwaltungsrecht, S. 239; *O. Mayer*, Deutsches Verwaltungsrecht, S. 94; *Fleiner*, Institutionen des Deutschen Verwaltungsrechts, S. 183 f. Zur heutigen Auffassung siehe § 35 S. 1 BVerwVfG; *Maurer*, Allgemeines Verwaltungsrecht S. 166 ff.

4 *Maunz*, Verwaltung, S. 184. Mit gleicher Tendenz *Koellreutter*, Deutsches Verwaltungsrecht, S. 73 ff.; *v. Köhler*, Grundlehren des Deutschen Verwaltungsrechts, S. 151 ff., 202 f.

5 *Koellreutter*, Deutsches Verwaltungsrecht, S. 73. Nach seiner Definition sollte der innere Verwaltungsakt „die Voraussetzungen der Verwaltungsführung nach einheitlichen Gesichtspunkten" und damit eine „übereinstimmende geistige Haltung innerhalb der Verwaltungsträger" wohl im Sinne einer Verwaltungsvorschrift schaffen.

6 „Die obrigkeitliche Willensäußerung bedarf, um wirksam zu werden, der gehörigen Kundmachung. Beim Einzelakt besteht sie darin, daß dem Manne, über den er ergeht, besondere Mitteilung davon gemacht wird. Das ist, im Gegensatz zu der dem Rechtssatz eigentümlichen Veröffentlichung, die Eröffnung." *O. Mayer*, Deutsches Verwaltungsrecht, S. 94.

7 Vgl. *Koellreutter*, Deutsches Verwaltungsrecht, S. 78; *v. Köhler*, Grundlehren des Deutschen Verwaltungsrechts, S. 155.

Verwaltungsakt nach heutigem Verständnis sprach, sondern eher von einer verwaltungsinternen Anweisung Hitlers an diejenigen Stellen, die mit der Verwahrung und Verwaltung des beschlagnahmten Gutes betraut waren.

Es erscheint jedoch auch eine dritte Deutung denkbar. Die Anordnung der Einziehung wurde Hitler selbst überlassen, der zu diesem Zeitpunkt bereits mit schlichten Äußerungen Regelungen von Gesetzeskraft — sog. Führerbefehle — hervorbringen konnte. Möglicherweise sah man den allein maßgeblichen Willen des Führers, die endgültige Enteignung der früheren Eigentümer zu bewirken, bereits in dem Einziehungsgesetz und in den zahlreichen, mehr als deutlichen Reden Hitlers zu diesem Thema geäußert, so daß zumindest von einer konkludenten Anordnung ausgegangen werden konnte. Diese Möglichkeit erscheint jedoch am wenigsten wahrscheinlich. Daß ein — wenn auch mündlicher — Führerbefehl später, also nach Erlaß des Einziehungsgesetzes erteilt worden wäre, ist nicht dokumentiert und daher reine Spekulation.

Im Ergebnis ist es meines Erachtens am überzeugendsten, davon auszugehen, daß bereits das Einziehungsgesetz entgegen seinem Wortlaut die Enteignung der beschlagnahmten Werke bewirkte, ohne daß weitere Zwischenschritte in der Form von Verwaltungsakten notwendig gewesen wären. Damit sind alle als „entartete Kunst“ beschlagnahmten Werke mit dem Zeitpunkt des Inkrafttretens des Einziehungsgesetzes am 31. Mai 1938 als zugunsten des Reichs eingezogen anzusehen.[8]

B. Bedeutung der Nichtigkeit des Gesetzes für die Wirksamkeit der Enteignung

Nach Radbruchs Ausführungen sollten „unerträgliche“ Gesetze von Anfang an nichtig sein, womit auch aus ihnen hervorgegangene Akte keine rechtliche Gültigkeit erlangten. Dieses Ziel verfolgte auch die alliierte Gesetzgebung, wurde aber in dieser Form nicht von den deutschen Gerichten der frühen Nachkriegszeit übernommen.[9] Diese beschränkten den Gehalt der Radbruchschen These zunächst darauf, daß „unerträgliche“ Gesetze zwar *ex tunc* nichtig seien, bereits abgeschlossene Rechtsakte aber bestandskräftig blieben.[10] Auf diese Weise sollte die Rechtsgrundlage zwar gebrandmarkt, ein

---

[8] So im Ergebnis auch OLG München 30.10.1967, RzW 1968, S. 58 ff., 59.

[9] Vgl. die ausführliche Darstellung bei *Laage*, Kritische Justiz 1989, S. 409 ff., 416 m.w.Nachw.

[10] So das Bundesverfassungsgericht in mehreren Entscheidungen: BVerfG 17.12.1953, BVerfGE 3, 58 [118]; 19.2.1957, BVerfGE 6, 132 [137 ff.]. Das OLG Freiburg bezeichnete in seinem Urteil vom 12.9.1946, DRZ 1947, S. 65 ff., unerträglich ungerechte Ge-

„Rechtschaos" jedoch vermieden werden.[11] Ausdrücklich bekräftigt wurde diese Ansicht in den Entscheidungen zum Wiedergutmachungsrecht.[12]

Diese Erkenntnisse setzen allerdings voraus, daß dem nichtigen Gesetz weitere Vollzugsakte folgen, die unmittelbare Wirkung also nicht durch das Gesetz selbst angeordnet wird. Schließt man sich dagegen der hier vertretenen Auffassung an, daß das Einziehungsgesetz die Enteignungen selbst aussprach, ohne daß weitere Ausführungsakte notwendig waren, so ergibt sich bereits aus der Nichtigkeit des Gesetzes die Nichtigkeit der einzelnen Enteignung. Mißt man dem Einziehungsgesetz diese Wirkung nicht zu, so sind bei einer Feststellung der Nichtigkeit aus heutiger Sicht folgende Gesichtspunkte zu bedenken:

Das Bundesverfassungsgerichtsgesetz erklärt in § 79 Abs. 2, daß nicht mehr anfechtbare Entscheidungen, die auf einer im Normenkontrollverfahren für nichtig erklärten Norm beruhen, unberührt bleiben. Diese Bestimmung ist jedoch zum einen auf das Normenkontrollverfahren beschränkt und nur begrenzt analogiefähig.[13] Zum anderen greifen die Argumente, die für eine grundsätzliche Bestandskraft sprechen, für die hier zu behandelnden Fälle schon vom Ansatz her nicht: Es sei insbesondere bei Verwaltungsakten, die auf einem verfassungswidrigen Gesetz beruhen, zumutbar, den Betroffenen im Interesse des Rechtsfriedens und der Rechtssicherheit auf die gesetzlich vorgesehenen Rechtsmittel zu verweisen.[14] Diese Interessenabwägung setzt einen Rechtsstaat voraus, der es dem Bürger jederzeit ermöglicht, gegen belastende Maßnahmen des Staates behördliche und gerichtliche Überprüfungen anzustrengen. Den von den Einziehungen Betroffenen stand diese Möglichkeit tatsächlich nicht offen.

---

setze als heute „nicht mehr anwendbar". Für die Wertung bei Feststellung der Nichtigkeit gemäß Art. 100 GG vgl. *Schneider*, FS Jahrreiss, S. 385 ff., 392 f.

11 „Wie jedem Einsichtigen von vornherein klar war, konnte aber das Trümmerfeld, das die nationalsozialistischen Gewaltmaßnahmen auch auf dem Gebiet des Rechts hinterlassen haben, nicht einfach dadurch aufgeräumt werden, daß den Tatbeständen, die durch jene Maßnahmen hervorgerufen worden waren, ohne weiteres die rechtliche Beachtung wurde und sie als nicht geschehen behandelt wurden." Vgl. BGH 11.2.1953, BGHZ 9, 34 [45].

12 BVerfG 17.12.1953, BVerfGE 3, 58 [118]. Das Gericht betont die „soziologische Geltung" von Rechtsvorschriften, die aus Gründen der Rechtssicherheit nur durch neue gesetzgeberische Maßnahmen beseitigt werden könnten. Problematisch erscheint jedoch die dort vertretene Auffassung, daß nationalsozialistische Rechtsvorschriften auf formell ordnungsmäßiger, verfassungsrechtlicher Grundlage gefußt hätten. Zum Wiedergutmachungsrecht siehe unten, S. 246 ff.

13 Vgl. im einzelnen *Pestalozza*, Verfassungsprozeßrecht, § 20 Rn. 77 m.w.Nachw.; *Lechner/Zuck*, BVerfGG § 79 Rn. 9.

14 BVerfG 11.10.1966, BVerfGE 20, 230 [235]; *Lechner/Zuck*, BVerfGG § 79 Rn. 8; *Arndt*, NJW 1959, S. 2145 ff., 2146, beruft sich dabei auf den Grundsatz der Verwirkung.

Daß der Grundsatz des Fortbestehens von Verwaltungsakten, die auf einem nichtigen Gesetz beruhen, zudem nicht unumstößlich ist, zeigt eine Entscheidung des Bundesverfassungsgerichts zur Ausbürgerung eines Juden aufgrund der 11. Verordnung zum Reichsbürgergesetz:

> „Der Verfassungsgeber ging bei der Formulierung dieses Artikels [Art. 116 Abs. 2 GG] davon aus, daß die 11. Verordnung von Anfang an nichtig war. Die Verfolgten haben also aufgrund der Ausbürgerung niemals ihre deutsche Staatsangehörigkeit verloren.“ [15]

Bei der Feststellung der Nichtigkeit der 11. Verordnung berief sich das Bundesverfassungsgericht ausdrücklich auf die Radbruchschen Grundsätze.[16] Die Schlußfolgerung, daß die Verfolgten ihre deutsche Staatsangehörigkeit niemals verloren hatten, ist nur möglich, wenn die Nichtigkeit der Verordnung auf den Bestand der einzelnen Ausbürgerung durchgreift und diese ebenfalls nichtig ist. Und das erscheint auch sinnvoll: Die Berufung auf übergeordnetes Recht, auf eine immer gültige und zu bewahrende Gerechtigkeit muß Leerformel bleiben, solange sich daraus keine Konsequenzen ergeben. Mit der Nichtigkeit des Gesetzes allein ist der Gerechtigkeit nicht zum Durchbruch verholfen. An dieser Stelle entscheidet sich letztlich, wie ernst die Aufarbeitung nationalsozialistischen Unrechts gewollt ist. Die Bescheidung der Nichtigkeit des Einziehungsgesetzes kann demnach Gerechtigkeit nur dann wiederherstellen, wenn die Nichtigkeit des Gesetzes auf die Enteignung durchgreift. Damit sind auch die mit dem Einziehungsgesetz bewirkten Enteignungen in konsequenter Anwendung dieser Entscheidung des Bundesverfassungsgerichts als nichtig anzusehen.

Der Bundesgerichtshof verweist in Beurteilungen der Rechtswirksamkeit nationalsozialistisch motivierter Enteignungen auf den Gesetzgeber, der mit dem Recht zur Wiedergutmachung eine Regelung dieser Fälle vorgenommen habe,[17] die auch als abschließend anzusehen sei, soweit die Fälle unter das Wiedergutmachungsrecht fielen.[18] Die zuständigen Gerichte jedoch entschieden, daß Enteignungen im Rahmen der Aktion „entartete Kunst“ nicht unter die Tatbestände des Wiedergutmachungsgesetzes einzuordnen seien, weil die-

---

[15] BVerfG 14.2.1968, BVerfGE 23, 98 [108]. Dennoch wurden sie salomonisch auch nicht als Deutsche betrachtet, solange sie nicht die Voraussetzungen des Art 116 Abs. 2 GG erfüllten.

[16] BVerfG 14.2.1968, BVerfGE 23, 98 [106]: „Die 11. Verordnung verstieß gegen diese fundamentalen Prinzipien. In ihr hat der Widerspruch zur Gerechtigkeit ein so unerträgliches Maß erreicht, daß sie von Anfang an als nichtig erachtet werden muß.“

[17] BGH 11.2.1953, BGHZ 9, 34 [45] und 17.11.1955, BGHZ 19, 51 [61] mit der Befürchtung neuen „Rechtswirrwarrs“, sofern die „entstandenen Tatsachen“ einfach ignoriert würden.

[18] BGH 8.10.1953, BGHZ 10, 340 [344].

ses nur Unrecht gegen Menschen und nicht gegen Sachen erfassen sollte.[19] Sind diese Entscheidungen auch höchst zweifelhaft, so bleibt für diesen Themenbereich festzuhalten, daß nach Auffassung des Bundesgerichtshofs eine abschließende gesetzliche Regelung für den Umgang mit enteigneter „entarteter Kunst" nicht besteht, so daß diese Rechtsprechung der Nichtigkeit der Einziehungen nicht entgegensteht.

C. Rechtswidrigkeit der Einziehung von Werken ausländischer Eigentümer

Eine Einziehung konnte nach § 1 des Gesetzes nur dann erfolgen, wenn sich das Werk zum Zeitpunkt der Sicherstellung im Eigentum von Reichsangehörigen oder inländischen juristischen Personen befand. Diese vom Gesetz getroffene Exklusion ausländischer Eigentümer wurde allerdings in der Praxis nicht beachtet, wie das Beispiel der „Sumpflegende" zeigt. Sophie Küppers hatte sich 1926 mit dem russischen Staatsbürger El Lissitzky vermählt und übersiedelte im gleichen Winter in dessen Heimat, womit sie nach dem damaligen Reichs- und Staatsangehörigkeitsgesetz die deutsche Staatsangehörigkeit verlor. Der Regelungsbereich des Einziehungsgesetzes konnte sie also nicht erfassen.[20] Damit wäre die Einziehung der „Sumpflegende" schon aus diesem Grund als gesetzeswidrig zu betrachten.[21] Dieses Ergebnis trifft auf alle ausländischen Eigentümer „entarteter Kunst" zu. Ob Sophie Küppers den Versuch unternahm, Rechtsmittel gegen die Einziehung einzulegen, ist nicht bekannt und auch unwahrscheinlich, denn die Erfolgsaussichten wären ohnehin mehr als fraglich gewesen.[22] Von förmlichen Gesichtspunkten abgesehen waren nach nationalsozialistischer Verwaltungsrechtslehre „unzeitgemäße Paragraphenfesseln" als gesprengt anzusehen: über dem Grundsatz der *Gesetz*mäßigkeit stand der Grundsatz der *Recht*mäßigkeit der Verwaltung, der allein dem „gesunden Volksempfinden" verpflichtet war, das wiederum in

---

[19] KG 8.1.1965, RzW 1965, S. 161 f. Zu dieser Rechtsprechung ausführlicher unten, S. 251 ff.

[20] Sie war damit keine Reichsangehörige im Sinne von § 1 Abs. 1 Einziehungsgesetz mehr, vgl. § 17 Nr. 6 RuStAG v. 22.7.1913.

[21] So im Ergebnis auch *Jayme,* „Entartete Kunst" und IPR, S. 17.

[22] Als Rechtsmittel wäre nach der herrschenden Verwaltungsrechtslehre wohl nur die Gegenvorstellung bei der erlassenden Behörde möglich gewesen. Der Einspruch bzw. die (förmliche) Beschwerde setzten die Existenz eines bestimmten Verwaltungsaktes voraus. Vgl. hierzu *v. Köhler,* Grundlehren des Deutschen Verwaltungsrechts, S. 246 ff.; *Koellreutter,* Deutsches Verwaltungsrecht, S. 163 ff. So auch schon *O. Mayer,* Deutsches Verwaltungsrecht, S. 124 ff.

Arterhaltungstrieb und Sittlichkeitsbewußtsein wurzelte.[23] Diesen Prinzipien widersprach die Einziehung der „Sumpflegende“ aus nationalsozialistischer Sichtweise wohl nicht.

Immerhin berief sich Sophie Küppers offensichtlich, wie auch einige andere private Eigentümer, auf die Härtefallregelung des § 2 Abs. 2 Einziehungsgesetz. Einige wenige erreichten auf diesem Wege die Rückgabe ihrer Leihgaben noch während der Herrschaft der Nationalsozialisten.[24] Rave erwähnt in diesem Zusammenhang auch Sophie Küppers, der zehn ihrer Gemälde in Moskau — allerdings „ohne ersichtlichen Grund“ — nicht zurückgegeben wurden.[25] Auch einige Museumsdirektoren versuchten auf dem Beschwerdeweg, beschlagnahmte Werke zurückzuerhalten. Diese Bemühungen waren jedoch nur in seltenen Ausnahmefällen erfolgreich.[26]

D. Zwischenergebnis

Entgegen dem Wortlaut des Einziehungsgesetzes bewirkte es schon mit seinem Inkrafttreten eine Einziehung der beschlagnahmten Werke zugunsten des Reiches. Weitere Zwischenschritte in der Form von Verwaltungsakten wurden nicht ausgesprochen, so daß im Ergebnis von einer Legalenteignung auszugehen ist. Die Nichtigkeit des Einziehungsgesetzes zieht die Nichtigkeit der

---

[23] *Pfeifer,* Rechtsvereinheitlichung und Verwaltungsvereinfachung im Großdeutschen Reich, S. 5: „Was dem Volk, in unserem Falle dem deutschen — unter dem Gesichtspunkte der Ewigkeit und nicht bloß dem eines kurzsichtigen Augenblickserfolges gesehen — nützt, d.h. seinen bleibenden Bestand inmitten anderer Völker, die auch ihr Lebensrecht haben, stärkt, was sein biologisches und geistiges Leben, was Fortbestand und Kultur fördert, das ist das ursprüngliche und ewige Recht: die arterhaltenden und artgemäßen Lebensregeln eines Volks.“

[24] Begleitet von einem Schreiben Goebbels vom 6. Februar 1939 erhielt die Witwe Wilhelm Lehmbrucks achtzehn Plastiken und acht Ölbilder ihres bereits 1919 verstorbenen Mannes zurück. Der Brief enthielt den Hinweis, daß sie auf eine Rückgabe keinen Rechtsanspruch habe und dieser „lediglich auf Grund der Härteklausel“ erfolge mit der Auflage, „die fraglichen Objekte als Produkte der Verfallskunst künftig nicht mehr in staatlichen oder städtischen Galerien zur Ausstellung [zu] bringen und mit ihnen keinerlei politische Agitation [zu] betreiben“, zitiert nach dem Urteil des OLG München v. 30.10.1967, RzW 1968, S. 58. Härtefälle konnten nicht nur in Form von Geldzahlungen ausgeglichen werden, *Hilleke,* Einziehungsgesetz, Anm. 7. 136 Kunstwerke gelangten so wieder in den Besitz ihrer Eigentümer, vgl. *Rave,* Kunstdiktatur im Dritten Reich, S. 68 f.

[25] *Rave,* Kunstdiktatur im Dritten Reich, S. 69.

[26] So erhielt z.B. die Städtische Kunsthalle Mannheim bis Januar 1940 fünf Werke zurück, unter ihnen Franz Marcs „Hund, Katze, Fuchs“, *Städtische Kunsthalle Mannheim,* Entartete Kunst, S. 39. Andere Museen müssen ebenfalls versucht haben, diesen Weg zu begehen, was zu einigem Kompetenzgerangel innerhalb der Führung auf Landes- und Reichsebene führte, *ebenda,* S. 40.

Enteignungen als Konsequenz nach sich. Eine folgenlose Verurteilung der ungerechten und rassistischen Gesetze der Nationalsozialisten böte letztlich nur eine scheinbare Auseinandersetzung mit den rechtlichen Folgen dieses Unrechtsregimes. Zusätzlich als rechtswidrig sind die Einziehungen von Werken anzusehen, die im Eigentum ausländischer Personen standen.

§ 6 Die Einziehungen im Lichte des internationalen Enteignungsrechts

Die Möglichkeit eines Staates, sich mittels seiner Gesetzgebung und/oder Administration Rechtspositionen anzueignen, ist zunächst Ausdruck seiner Macht. Sie kann daher in räumlicher Hinsicht nur so weit bestehen, als der Staat auf Sachen und Rechte einwirkt, die in seinem Hoheitsbereich belegen sind. Diesen Grundsatz bezeichnet man als Territorialitätsprinzip.[1] Enteignungen, die sich auf Sachen und Rechte außerhalb des Staatsgebietes beziehen, sind im Ausland nicht anzuerkennen. Ausländische Gerichte haben darüber hinaus die Möglichkeit, die Wirksamkeit fremdstaatlicher Enteignungen zu überprüfen, die sich unter Wahrung des Territorialitätsprinzips auf Gegenstände im Hoheitsgebiet dieses Staates beziehen. Als Maßstab hierzu dienen das Völkerrecht, das Landesrecht des enteignenden Staates in Form des Verfassungsrechts und einfachgesetzlicher Normen, sowie der ordre public.[2]

Betrachtet man zunächst das Völkerrecht, so sind Bestimmungen, die Enteignungen generell oder dem Territorialitätsprinzip im speziellen entgegenstünden, nicht feststellbar.[3] Jedoch verbietet das Völkergewohnheitsrecht Enteignungen von Ausländern, sofern sie staatsvertraglichen Verpflichtungen des enteignenden Staates widersprechen oder willkürlich, diskriminierend oder

---

[1] BVerfG 23.4.1991, NJW 1991, S. 1597 ff., 1599 f.; BGH 30.1.1956, BGHZ 20, 4 [12]; 25.2.1960, BGHZ 32, 97 [99]; *v. Bar*, IPR Bd. 1, Rn. 270 ff.; *Soergel-v. Hoffmann*, Art. 38 EGBGB Anh III, Rn. 1; a.A. *MünchKomm-Kreuzer*, Nach Art. 38 Anh. III, Rn. 16 ff., der das (neben der Vereinbarkeit mit dem ordre public) alleinige Kriterium der Inlandsbezogenheit der Enteignung als nicht ausreichend ansieht.

Zum Teil wird jedoch vorgeschlagen, von dem strengen Territorialitätsprinzip in Einzelfällen abzuweichen, vgl. *Soergel-v. Hoffmann*, Art. 38 EGBGB Anh III, Rn. 10. Mit Rücksicht auf staatspolitische Interessen sei zum Wohle der Beziehungen zwischen zwei Staaten auch die Anerkennung „extraterritorialer" Enteignungen möglich.

Die Frage, ob sich die Enteignung von Kulturgut als völkerrechtliches Mittel zur Rückführung von Kulturgut eignet, behandelt *Dolzer* in: *Dolzer/Jayme/Mußgnug* (Hrsg.), Rechtsfragen des IKGS, S. 149 ff., 155 f.

[2] *Soergel-v. Hoffmann*, Art. 38 EGBGB Anh III, Rn. 10.

[3] BVerfG 23.4.1991, NJW 1991, S. 1597 ff., 1600; *MünchKomm-Kreuzer*, Nach Art. 38 Anh. III, Rn. 4. Auch dem in Art. 17 Abs. 2 der UNO-Erklärung der Menschenrechte vom 10.12.1948 ausformulierten Schutz des Privateigentums wird ein solch allgemeines Verbot nicht entnommen, vgl. hierzu *Soergel-v. Hoffmann*, Art. 38 EGBGB Anh III, Rn. 21.

entschädigungslos erfolgen.[4] Dieser Grundsatz beansprucht universelle Gültigkeit[5] und ist über Art. 25 GG stets und unmittelbar zu beachten.[6]

Die Arisierungsmaßnahmen der Nationalsozialisten sowie später die Nationalisierungen und Sozialisierungen kommunistischer Staaten gaben den Gerichten vieler Länder Gelegenheit, diese Regel anzuwenden. In der überwiegenden Zahl der Fälle folgerten sie jedoch aus dem Widerspruch zum Völkerrecht nicht die Nichtigkeit der Enteignungen. Eine dem Völkergewohnheitsrecht in diesem Sinne widersprechende Enteignung könne lediglich dem Staat, dem der Betroffene angehört, einen Anspruch auf Entschädigung geben. Weder wird ein Anspruch auf Herausgabe angenommen, noch spricht das Völkerrecht dem Betroffenen selbst Ansprüche zu.[7]. Auch eine Verpflichtung deutscher Gerichte, eine erfolgte völkerrechtswidrige Enteignung als nichtig zu behandeln, wird von der überwiegenden Ansicht abgelehnt.[8] Begründet wird diese Haltung damit, daß im Interesse der internationalen Ordnung die Macht des enteignenden Staates als Recht anzusehen sei.[9] Die anglo-amerikanische *act-of-state-doctrine*, die es generell untersagt, über Hoheitsakte eines fremden Staates zu befinden, verfolgt diese Position am konsequentesten.[10]

So erachtete das Berliner Amtsgericht die Enteignung zahlreicher Kunstgegenstände durch die russische Sowjetregierung für rechtmäßig, als sie im Jahr

---

4 *Ipsen,* Völkerrecht, § 43 Rn. 17; *Staudinger-Stoll,* IntSachenR, Rn. 148; *Mann,* NJW 1961, S. 705 ff.

5 *Mann,* NJW 1961, S. 705 m.w.Nachw. vermerkte hierzu: „Das Prinzip steht fest. Kein Gelehrter von Gewicht hat es angezweifelt. Es wird belegt durch unzählige Äußerungen von Vertretern der Wissenschaft, durch viele Entscheidungen internationaler Gerichte, die diplomatische und staatsvertragliche Praxis der führenden Staaten und ist auch von nationalen Gerichten anerkannt worden."

6 Zum Verhältnis zwischen Art. 25 GG und dem ordre public (Art. 6 EGBGB) siehe *Mann,* FS Duden, S. 287 ff., 288 ff.

7 BVerfG 23.4.1991, NJW 1991, S. 1597 ff., 1600; OLG Bremen 21.8.1959, IPRspr 1958-59, Nr. 7 A (S. 746 ff.); *Staudinger-Stoll,* IntSachenR, Rn. 148; *Soergel-v. Hoffmann,* Art. 38 EGBGB Anh III, Rn. 21 m.w.Nachw. Anderer Auffassung *Mann,* NJW 1961, S. 705 ff., 707.

8 OLG Bremen 21.8.1959, ArchVR 9 (1961/62), S. 318 ff.; BVerfG 23.4.1991, NJW 1991, S. 1597 ff., 1599; *Soergel-v. Hoffmann,* Art. 38 EGBGB Anh III, Rn. 22; *Staudinger-Stoll,* IntSachenR, Rn. 148 m.w.Nachw.

9 Insb. *Kegel,* IPR, § 23 II 4.

10 *Menzel v. List,* 267 N.Y.S.2d 804, 813, 816 (US Supreme Court, Special and Trial Term, N.Y. County 1966). Ihre Anwendung wurde jedoch bei nationalsozialistischen (Un-)Rechtsakten wiederholt abgelehnt, vgl. *Bernstein v. N. V. Nederlandsche-Amerikaansche, etc.,* 210 F.2d 375 (US Ct. App. 2nd Cir. 1954) (sog. *„Bernstein-exception"*) und Department of State Bulletin, Vol. XX, vom 8. Mai 1949, S. 592 f.

1928 von der russischen Handelsvertretung in Berlin versteigert wurden.[11] Auch englische Gerichte wiesen die Herausgabeklage einer russischen Emigrantin ab, deren Kunstschätze ebenfalls von der Sowjetregierung eingezogen worden waren.[12] Ähnlich entschied das Schweizerische Bundesgericht für die tschechoslowakischen Nationalisierungsgesetze.[13] Lediglich der französische Kassationshof bestätigte das Verdikt des Instanzgerichtes, das der entschädigungslosen Enteignung der russischen Handelsflotte die Wirkung in Frankreich mit Hinweis auf den ordre public versagte.[14] Die überwiegende Rechtsprechung gibt also im Ergebnis der Hoheitsgewalt und Souveränität eines Staates die Macht, innerhalb seines Herrschaftsgebietes auch diskriminierende oder entschädigungslose Enteignungen anzuordnen. Diese sind — soweit sie Inländer betreffen — auch im Ausland anzuerkennen.[15]

Die mangelhafte Konsequenz dieser Rechtsauffassung steht jedoch in einem Widerspruch zu der besonders von deutschen Gerichten wiederholt hervorgehobenen Erkenntnis, daß das Völkerrecht als ein Recht höherer Rangordnung, als unantastbarer Kernbereich über jedem innerstaatlichen Recht stehe und gerade die Regeln aufzustellen berufen sei, nach denen sich die internationale Ordnung zu richten habe.[16] Es sei daher notwendig, völkerrechtswidrigen Enteignungen die Anerkennung zu versagen und dies positiv im Völkerrecht

---

11 AG Berlin-Schöneberg 5.11.1928, IPRspr. 1928, Nr. 16; Anmerkung hierzu von *Timaschew,* AcP 129, S. 16 ff. Die Anwendbarkeit des ordre public schloß das AG u.a. mit dem Hinweis auf Art. 2 des Vertrages von Rapallo (RGBl. 1922 II, 677) sowie Art. 5 des Ergänzungsabkommens vom 6.5.1921 (RGBl. I, 1161) aus. In diesen Verträgen hatte Deutschland auf Ansprüche verzichtet, die sich aus Enteignungsmaßnahmen der Russischen Sozialistischen Föderativen Sowjetrepublik gegenüber deutschen Reichsangehörigen ergeben könnten. Wenn Deutschland schon russische Enteignungen von Ausländern sanktioniere, könne die deutsche Rechtsordnung nicht diejenigen, die die russische Sowjetregierung gegenüber ihren eigenen Staatsangehörigen unternehme, als dem ordre public widersprechend bezeichnen.

Vgl. ferner LG Hamburg, HansRZ 1924, S. 749; LG Berlin 1.11.1928, Clunet 1929, S. 184.

12 Urteil der Kings Bench aus dem Jahr 1929, RabelsZ 4 (1930), S. 821. Vgl. ferner Urteil des Court of Appeal vom 12.5.1921, 37 The Times L.R. 777.

13 BGE 82 I, S. 196 ff., 199.

14 Urteil vom 5.3.1928, RabelsZ 4 (1930), S. 144 f. Bei diesen Entscheidungen werden jedoch die Besonderheiten im französisch-russischen Verhältnis in bezug auf kriegsbedingte Entschädigungsforderungen in Rechnung zu stellen sein.

15 *Beitzke,* FS Raape, S. 93 ff., 95; *Raape,* IPR, S. 660 f. *Staudinger-Stoll,* IntSachenR, Rn. 148 m.w.Nachw.

16 BVerfG 14.5.1968, BVerfGE 23, 288 [316]; RG 28.11.1933, RGZ 145, 14 [19]; BGH 12.7.1951, BGHZ 3, 94 [107]; BGH 29.1.1952, BGHSt 2, 234 [237, 239]; *Ipsen,* Völkerrecht, § 74 II.

zu verankern.[17] Auch die völkerrechtsfreundliche Ausrichtung des Grundgesetzes läßt Zweifel an der insoweit zurückhaltenden Rechtsprechung aufkommen. Zwar existieren keine verbindlichen Regeln, wie sich eine völkerrechtswidrige Enteignung auszuwirken habe. Es besteht jedoch Einigkeit insoweit, daß dem Staat, dem die betroffene Person angehört, ein Anspruch auf Naturalrestitution oder Schadensersatz gegenüber dem enteignenden Staat gebührt,[18] wobei eine restitutio in natura auf die Feststellung der Nichtigkeit sowie in der Konsequenz auf eine Rückgabe der Sache oder der Rechtsposition selbst hinausliefe.[19] Völkerrechtswidrige Enteignungen sollten daher als nichtig angesehen werden.

Zu recht wird weiter festgestellt, daß es keinen Unterschied macht, ob die Versagung der Anerkennung auf Art. 25 GG oder auf den in Art. 6 EGBGB festgeschriebenen ordre public gestützt wird.[20] Vorzugswürdig erscheint es jedoch, der übergeordneten Stellung der grundgesetzlichen Regelung Beachtung zu schenken. Im Rahmen des ordre public werden oft übersteigerte Anforderungen an den notwendigen Inlandsbezug gestellt.[21] Er sollte gemäß dem Grundsatz der *lex rei sitae* schon dann als erfüllt angesehen werden, wenn sich die Sache im Inland befindet.[22]

Damit ist für den hier interessierenden Zusammenhang zunächst festzuhalten, daß eine mögliche Völkerrechtswidrigkeit allein Konsequenzen für die einzelne, dem Einziehungsgesetz entspringende Enteignung haben könnte, nicht jedoch für das Gesetz als solches, da es keine entschädigungslose Enteignung von Ausländern anordnete. Eingezogen wurden tatsächlich nur Werke, die sich im Inland befanden, ein Zugriff auf im Ausland befindliche Museen und Sammlungen fand nicht statt. Das Territorialitätsprinzip ist damit nicht verletzt. Das Gesetz schloß auch — zumindest seinem Wortlaut nach — eine Einziehung von Werken aus, die sich bei der Sicherstellung im Eigentum ausländischer (privater oder juristischer) Personen befanden. Die Praxis hielt sich jedoch nicht an diese Bestimmung und zog ebenso private Leihgaben ausländischer Staatsangehöriger ein. Auch wurde Sophie Küppers für den Verlust

---

17 *Dahm,* FS Kraus, S. 67 ff., 77; *Erman-Arndt,* 7. Aufl., Art. 30 EGBGB, Rn. 9; *Mann,* FS Duden, S. 287 ff.; zugeneigt auch *Staudinger-Stoll,* IntSachenR, Rn. 148 a.E., m.w.Nachw.

18 *Seidl-Hohenveldern,* Völkerrecht, Rn. 1685; *Mann,* FS Duden, S. 287 ff., 299 mit Hinweis auf ein Urteil des Internationalen Gerichtshofs aus dem Jahr 1928.

19 *Wengler,* Völkerrecht, S. 571; *Mann,* FS Duden, S. 287 ff., 299.

20 Vgl. hierzu insb. *Mann,* FS Duden, S. 287 ff., 288; *ders.,* NJW 1961, S. 705 ff.

21 So hat das LG Hamburg in einer vielzitierten Entscheidung befunden, daß der Besitz völkerrechtswidrig enteigneter Sachen allein keine hinreichende Binnenbeziehung schaffe, Urteil vom 22.1.1973, AWD 1973, S. 163 f.

22 *Staudinger-Stoll,* IntSachenR, Rn. 151; *Mann,* FS Duden, S. 287 ff., 291; *Erman-Arndt,* 7. Aufl., Art. 30 EGBGB, Rn. 9.

sowohl der „Sumpflegende“ als auch der übrigen Werke nie entschädigt. Die Einziehung dieser Kunstwerke widersprach damit nicht nur dem Wortlaut des Gesetzes, sondern ist darüber hinaus als entschädigungslose Enteignung einer Ausländerin völkerrechtswidrig. Gleiches gilt für die Einziehung anderer Werke ausländischer Staatsangehöriger. Nach der hier vertretenen Auffassung ist aus der Völkerrechtswidrigkeit dieser Enteignungen deren Nichtigkeit herzuleiten.

Die Veräußerungen

§ 7 Ein Sonderrecht für Kunstwerke?

Kunstwerke sind bereits ihrer Natur nach Gegenstand besonderer Rechte, die sie aus der Masse anderer Sachen im Rechtssinne herausheben. Ein Werk ist nach deutschem Recht schon mit seiner Entstehung dem Schutz des Urheberrechts unterstellt, das dem Schöpfer neben dem Recht zur umfassenden Verwertung des Werkes auch besondere Persönlichkeitsrechte eröffnet und dem Erwerber eines Werkes in seiner allgemeinen Freiheit im Umgang mit seinem Eigentum Schranken auferlegt.[1] Er darf nun beispielsweise dem Urheber den Zugang zu seinem Werk nicht verweigern und ist zur Erhaltung der Unversehrtheit des Originals verpflichtet.[2]

Besonders hervorzuheben ist auch die Garantie der Freiheit der Kunst in Art. 5 Abs. 3 GG. Als „unmittelbarster Ausdruck der individuellen Persönlichkeit des Menschen"[3] sind staatlich garantiert der Werkbereich, also das Erschaffen von Kunst, und der Wirkbereich, nämlich das Darbieten und Verbreiten von Kunst. Darüber hinaus enthält dieses Grundrecht die Verpflichtung der staatlichen Verwaltung zur Förderung und Erhaltung des Kulturstaates. Verwirklicht wird diese Verpflichtung durch den Aufbau und die Unterhaltung staatlicher Museen und Sammlungen, die Ausschreibung staatlicher Förderung und Preise sowie durch Denkmalpflege und Kulturgüterschutz.

Kunst ist andererseits auch Wirtschaftsgut und nimmt als solches teil am nationalen und internationalen Austausch von Waren und Gütern.[4] Der Kunstmarkt ist Teil des allgemeinen wirtschaftlichen Marktes, der Handel mit Kunst vollzieht sich nach den allgemeinen und für jedes andere wirtschaftliche Gut

---

1 Siehe die Darstellung bei *E. Deutsch* in: *Deutsche Richterakademie* (Hrsg.), Kunst und Recht, S. 1 ff., 4.

2 Das Recht auf Zugang ist verankert in § 25 UrhG. Die Verpflichtung zur Erhaltung des Werkes ist heute in § 14 UrhG verankert und wurde erstmals zugesprochen in RG 8.6.1912, RGZ 79, 397 [399]. Weiterhin wichtig sind das Recht des Urhebers auf Anerkennung seiner Urheberschaft gem. § 13 UrhG und das nur in wenigen Ländern anerkannte Folgerecht (droit de suite) gem. § 26 UrhG.

3 BVerfG 24.2.1971, BVerfGE 30, 173 [189]. Vgl. zu alledem *Häberle* in: *Berka/Häberle/Heuer/Lerche,* Kunst und Recht im In- und Ausland, S. 37 ff., 76 ff.

4 Vgl. hierzu *Picker* in: *Deutsche Richterakademie* (Hrsg.), Kunst und Recht, S. 43 ff.; *Thomsen,* Käuferschutz bei Kunstauktionen, S. 3 ff.

geltenden Regeln.[5] Diese Feststellung ist auch vereinbar mit dem zuvor Gesagten: Der Künstler selbst benötigt in einer Zeit schwindenden Mäzenatentums einen möglichst behinderungsfreien Zugang zum Markt, um sein wirtschaftliches Überleben zu sichern.[6] Und dennoch erscheint die gänzliche Gleichbehandlung einmaliger und nicht zu ersetzender Kunstwerke mit industriellen Massenprodukten besonders in Fällen von Diebstahl und sonstigem Abhandenkommen befremdlich. Es ist ja gerade die Einmaligkeit eines Aquarells, einer Holzfigur oder einer Tuschzeichnung, die diese auch bei hochtaxierter Versicherungsprämie unersetzlich macht.

Aus diesem Spannungsverhältnis ergeben sich nun Überlegungen, Kunstwerke als Sondermaterie aus den allgemeinen Regeln herauszulösen. Anstöße geben immer wieder öffentliches Aufsehen erregende Fälle von Diebstahl oder Handel mit gestohlenem Kunst- und Kulturgut.[7] Letzterer hat sich mit den steigenden Preisen stetig ausgeweitet und bildet längst eine lukrative Einnahmequelle. Allein im Jahr 1990 wurden in den EG-Ländern 60.000 Kunstwerke mit einem Wert von jeweils über 10.000,00 US-Dollar entwendet.[8]

---

5 Interessant ist in diesem Zusammenhang die Differenzierung im skandinavischen Sachenrecht, die bei Herausgabeansprüchen eine Sonderbehandlung von Sachen vorsieht, die für den Eigentümer „einen anderen als ökonomischen Wert" besitzen oder bei denen „der Rückerwerb für ihn sonst von besonderer Bedeutung" ist, vgl. hierzu *Siehr,* ZVglRWiss 80 (1981), S. 273 ff., 285; *Hessler,* RabelsZ 32 (1968), S. 284 ff., 289.

Die deutsche Rechtsprechung hat insbesondere im Rahmen des Vertragsrechts selbständige Kriterien entwickelt. Im Mittelpunkt stand dabei, ob die mangelnde Echtheit eines Bildes als Fehler iSv. § 459 Abs. 1 BGB zu werten ist und in welchen Fällen von einer Zusicherung der Echtheit durch den Kunsthändler bzw. den Auktionator iSv. §§ 459 Abs. 2, 463 BGB auszugehen ist. Vgl. hierzu RG 11.3.1932, RGZ 135, 339 [343] — *van Ruisdael*; BGH 15.1.1975, BGHZ 63, 369 — *Jawlensky*; *Menzel v. List,* 279 N.Y.S. 2d 608 (App. Div. 1st Term, N.Y. County 1966), 298 N.Y.S. 2d 297 (Ct. App. N.Y. 1969); *Jeanneret v. Vichey,* 541 F. Supp. 80 (US D.Ct.S.D.N.Y. 1982); 693 F. 2d 259 (US Ct. App. 2nd Cir. 1982).

Zu den Auswirkungen der Verwirklichung des europäischen Binnenmarktes auf den Kunsthandel vgl. *Bischoff,* Weltkunst 1993, S. 961 und *Cahn,* Weltkunst 1994, S. 122.

6 Vgl. hierzu *Fechner* in: *Mai/Paret* (Hrsg.), Sammler, Stifter und Museen, S. 12 ff., 25.

7 Ein spektakulärer Fall jüngster Zeit ist die Auffindung des Marmormosaiks aus dem legendären, noch immer verschollenen Bernsteinzimmer im Mai 1997 anläßlich eines aufgedeckten Verkaufsversuchs. Hierzu allgemein *Siehr,* SJZ 77 (1981), S. 189 ff.

8 *Behrens/de Lazzer,* Kunstmarkt, S. 153. Die Zeitschrift *Weltkunst* berichtet regelmäßig über bemerkenswerte Kunstdiebstähle. Einen Einblick erhält man, wenn man im Inhaltsverzeichnis eines Jahrgangsbandes das Stichwort „Diebstähle" nachschlägt. Ferner *Schmid,* Kunstforum Bd. 104 (1989), S. 414 ff.

A. Die Veräußerungen des Deutschen Reichs als privatrechtliches Handeln eines Hoheitsträgers

Auch Behörden und sonstige staatliche Hoheitsträger nehmen als juristische Personen am Privatrechtsverkehr teil. Ihr Tätigwerden kann nicht gleichzeitig öffentlich-rechtlicher und privatrechtlicher Natur sein.[9] Ob staatliches Handeln dem Privatrecht oder dem öffentlichen Recht unterliegt, ist eine Frage der Zuordnung, für die zunächst maßgeblich ist, auf welche Normen das Tätigwerden gestützt wird.[10] Maßgeblich für die Veräußerungen ist nicht mehr das dem öffentlichen Recht zuzuordnende Einziehungsgesetz, das für die Durchführung der Verwertung keine Bestimmungen enthält. Die Kauf-, Tausch- und Kommissionsverträge richten sich allein nach den schuld- und sachenrechtlichen Vorschriften des BGB, so daß die insoweit entfalteten Tätigkeiten des Deutschen Reichs dem Privatrecht zuzuordnen sind.[11]

B. Anwendung der Vorschriften des Sachenrechts

In der Praxis der Rechtsprechung herrscht völlige Gleichstellung bei der Behandlung von Kunstwerken und sonstigen Sachen. Dies gilt sowohl für das Vertragsrecht als auch für das hier besonders interessierende Sachenrecht. Daher ist es selbst bei gestohlenen oder sonst abhanden gekommenen Kunstwerken möglich, an ihnen gutgläubig Eigentum im Wege der Ersitzung (§ 937 BGB) oder auf öffentlichen Versteigerungen (§ 935 Abs. 2 BGB) zu erwerben.[12] Ferner kann selbst der Dieb dem Eigentümer nach dreißig Jahren die Verjährung des Herausgabeanspruches einredeweise entgegenhalten und darf sich der nun rechtmäßigen Anwesenheit des Bildes oder der Statue in seinem Wohnzimmer erfreuen.

Diese Möglichkeiten ergeben sich aus der Abwägung zweier entgegengesetzter Interessenlagen: Grundsätzlich ist zum Schutz des Eigentümers ein gutgläubiger Erwerb dann ausgeschlossen, wenn er den Besitz an der Sache unfreiwillig verloren hat, § 935 Abs. 1 BGB. In diesem Fall kann der sich aus

---

9 Vgl. BGH 23.4.1951, NJW 1952, S. 219.

10 *Maurer,* Allgemeines Verwaltungsrecht, § 3 Rn. 20.

11 Ein Eingehen auf die unterschiedlichen Abgrenzungstheorien ist entbehrlich, da für ein Tätigwerden im Rahmen des öffentlichen Rechts keine Anhaltspunkte gegeben sind, vgl. *Maurer,* Allgemeines Verwaltungsrecht, § 3 Rn. 21.

12 Zur Rechtslage für den spezielleren Fall der Kunstauktionen vgl. *Thomsen,* Käuferschutz bei Kunstauktionen, S. 50 f.

dem Besitz ergebende Rechtsschein, daß der Besitzer auch Eigentümer sei,[13] nicht die Weitergabe eines Rechtes sanktionieren, das der Veräußerer gar nicht innehatte. Der deutsche Gesetzgeber entschied sich jedoch, den gutgläubigen Erwerb auch bei unfreiwilligem Besitzverlust zuzulassen, wenn in der Form von Zeitablauf bzw. öffentlicher Versteigerung ein weiterer Gesichtspunkt hinzutritt, §§ 935 Abs. 2, 937 BGB.

Im Falle der Ersitzung gemäß § 937 BGB soll das „Beharrungsinteresse des Eigenbesitzers“[14] sowie die Befriedungswirkung dieses Rechtsinstituts vorrangige Berücksichtigung finden; es bestehe ein Bedürfnis, nach einem bestimmten Zeitraum Besitz und Eigentum zusammenzuführen. Sehen manche Autoren es schon als beschwerlich an, eine überzeugende Rechtfertigung des gutgläubigen Eigentumserwerbs zu finden,[15] so ist die Möglichkeit der Ersitzung noch weniger als ein inneres Bedürfnis des Rechtsfriedens anzuerkennen. Sie ist vielmehr ein nicht mehr zeitgemäßes Relikt aus einer Periode vor der Einführung des gutgläubigen Erwerbs.[16] Mit dessen Anerkennung hat die Ersitzung den größten Teil ihres Anwendungsbereiches eingebüßt und erlaubt nunmehr vorwiegend den Erwerb abhanden gekommener und gestohlener Mobilien. Der amerikanischen Rechtsordnung z.B. ist sie völlig fremd. Zu recht wird immer wieder auf ihre innere Nähe zur Verjährung hingewiesen;[17] man sollte den Regelungsgehalt daher besser diesem Rechtsinstitut ganz überlassen.

Auch die Privilegierung des gutgläubigen Erwerbs bei öffentlichen Versteigerungen gem. § 935 Abs. 2 BGB begegnet Bedenken. Die Hinzuziehung eines öffentlich bestellten Versteigerers soll den Vorrang des Interesses an einem zuverlässig funktionierenden Rechtsverkehr rechtfertigen. Dem Eigentümer sei mit der öffentlichen Bekanntgabe der Versteigerung genügend Möglichkeit eingeräumt, seine Rechte beizeiten anzumelden. Es herrscht jedoch weitge-

---

13 § 1006 Abs. 1 S. 1 BGB. Hierzu BGH 11.6.1953, BGHZ 10, 81 [86].

14 *Baur/Stürner,* Sachenrecht, § 53 h I 3.

15 *Zweigert,* RabelsZ 23 (1958), S. 1 ff., 2 f.; *Baur/Stürner,* Sachenrecht, § 52 I 2 m.w.Nachw.; *Hager,* Verkehrsschutz durch redlichen Erwerb, S. 228 ff.

16 Siehe die lehrreiche Darstellung bei *Strohal,* DogmI 30, S. 144 ff., 164 ff., der bereits im Jahre 1891 die Regelung der Ersitzung im deutschen Recht als „Rückschritt gegenüber dem preuß. L.R. sowohl wie gegenüber dem österr. b. G.B.“ ansah und weiter festhielt: „Im auffallenden Gegensatz zu anderen Gesetzgebungen und in entschiedenem Widerspruch mit dem gemeinen Rechtsgefühl lassen die Bestimmungen der §§ 881-889 Entwurfs es als möglich erscheinen, daß der gutgläubige Erbe eines Depositars, Kommodatars, Mandatars, Miethers und ebenso eines Diebes, Räubers, Unterschlagers die beim Erblasser deponirt gewesenen [...] beweglichen Sachen in 10 Jahren ersitzt! Ob sich die Redaktoren dieses Resultates klar bewußt geworden sind, möchte ich fast bezweifeln; daß es nicht aufrecht erhalten werden kann, halte ich für gewiß.“

17 Siehe nur *Staudinger-Stoll,* IntSachenR, Rn. 204; *MünchKomm-Kreuzer,* nach Art. 38 EGBGB Anh. I, Rn. 77; *Baur/Stürner,* Sachenrecht, § 53 h I 3.

hend darin Übereinstimmung, daß dieses Ergebnis nur historisch erklärbar ist.[18] Wenn allerdings der Grund für die Nichtzulassung des gutgläubigen Erwerbs in § 935 Abs. 1 BGB darauf fußt, daß der Eigentümer den *Besitz*verlust nicht zu verantworten und somit keinen zurechenbaren Rechtsschein zugunsten des Besitzers geschaffen hat, ist kaum einzusehen, daß man ihn nun verpflichtet, sämtliche Versteigerungen zu überwachen, auf welche die Vorschrift des § 935 Abs. 2 BGB Anwendung finden könnte. Nach h.M gilt § 935 Abs. 2 BGB nur für öffentliche Versteigerungen im Sinne von § 383 Abs. 3 BGB,[19] so daß Versteigerungen im Zwangsvollstreckungsverfahren vom Anwendungsbereich des § 935 Abs. 2 BGB ausgeschlossen sind, für die ohnehin Gutgläubigkeit nicht erforderlich ist. Auch sonstige Versteigerungen ohne einen öffentlich bestellten Versteigerer gem. § 34 b GewO werden nicht erfaßt, so daß sich die Ausnahme des § 935 Abs. 2 BGB letztlich allein aus der Anwesenheit einer bestellten Amtsperson ergibt. Dieses Rechtsinstitut läßt sich folglich allein mit dem Bedürfnis erklären, die Möglichkeit zum Eigentumserwerb im Zwangsvollstreckungsverfahren auf sonstige öffentliche Versteigerungen zu erstrecken, mit dem zusätzlichen Erfordernis der Gutgläubigkeit. Es bleibt jedoch fraglich, ob dieses Bedürfnis tatsächlich besteht.

Ersitzung und Erwerb auf öffentlichen Versteigerungen bedeuten also eine Ausnahme von dem Grundsatz, daß der gutgläubige Erwerb gestohlener oder sonst abhanden gekommener Sachen nicht möglich ist. Beide Rechtsinstitute sind nach herrschender Auffassung auch auf gestohlene oder abhanden gekommene Kunstwerke anzuwenden. Es wird jedoch im weiteren zu untersuchen sein, ob nicht im Detail Abweichungen bereits bestehen oder zu empfehlen sind.

C. Internationaler Kulturgüterschutz

Erste Ansätze für eine Auflockerung der starren Anwendung sachenrechtlicher Prinzipien auf den Erwerb von Kunstwerken lassen sich der Diskussion zum internationalen Kulturgüterschutz entnehmen.

Der Kulturgüterschutz berücksichtigt die Interessen einer Nation an der Erhaltung der für sie wichtigen Identifikationsgegenstände in öffentlicher und privater Hand. Typischerweise ist der Staat selbst nicht Eigentümer des Kulturgutes. Er erläßt daher Bestimmungen, die den sonst freien Umgang mit dem

---

[18] *MünchKomm-Quack*, § 935, Rn. 2; *Wolff-Raiser*, SachenR, § 69 I 4 b; *Westermann*, § 49 III 2. Vgl. insbesondere *Schultze*, DogmI 49, S. 159 ff., 184, der die Ersitzung auf den Rechtsverlust durch Verschweigung zurückführt: Schweigt der Eigentümer trotz öffentlicher Bekanntgabe der Versteigerung, so verschweigt er sich seiner Rechte an der Sache.

[19] BGH 5.10.1989, NJW 1990, S. 899 ff.; *Palandt-Bassenge*, § 985 Rn. 5 m.w.Nachw.

Eigentum einschränken. Meist fallen hierunter Exportbeschränkungen und Meldepflichten im Falle einer Veräußerung.[20] Diese Bestimmungen sind als Einschränkung des freien Warenverkehrs anzusehen, jedoch für die Mitgliedsländer der EU gemäß Art. 36 EGV zulässig.[21]. Seit kurzem bestimmt die EG-Verordnung (EWG) Nr. 3911/92 vom 9. Dezember 1992 der EU, daß die Ausfuhr von Kulturgut aus dem Hoheitsgebiet der Mitgliedsländer an den Außengrenzen von einer Genehmigung des Herkunftslandes abhängt.[22]

Eine einheitliche Definition des Begriffes „nationales Kulturgut„ fehlt. Es bleibt daher jedem Land selbst überlassen, welches Kulturgut es als für seine Nation wertvoll einschätzt. Der Begriff Kulturgut ist zunächst einmal weit zu verstehen und umfaßt neben Kunstwerken auch Archivalien, Sammlungen, archäologische Gegenstände und sonstige Antiquitäten. Sehr umstritten und nicht einheitlich geregelt ist dagegen die qualitative Frage, was ein Kulturgut in den Stand des national wertvollen erhebt.[23] Das deutsche Kulturgutschutzgesetz läßt darüber die oberste Landesbehörde nach Anhörung eines Sachverständigenausschusses entscheiden.[24]

Die in den einzelnen Staaten bestehenden Exportbestimmungen unterscheiden zwei Prinzipien: Dem einen zufolge unterliegt die Ausfuhr jeglichen Kulturguts, das sich im Land befindet, möglicherweise noch begrenzt nach Alter, Wert und Gattung, einem Genehmigungsvorbehalt. Die Erlaubnis zum Export wird nur erteilt, wenn ein nationales Interesse nicht entgegensteht, so z. B. in Italien[25] oder Österreich[26]. Nach dem anderen werden nur einzeln deklarierte

---

20 Vgl. hierzu nur § 1 Abs. 4 KulturgutSchG; §§ 1, 5 AusfVKG.

21 *Merryman,* 77 Cal.L.Rev. 339 ff. (1989); *Prott,* Académie De Droit International, Recueil des Cours, Band V (1989), S. 215-316. Zum Kulturgüterschutz aus der Sicht des EG-Rechts vgl. *Taschner* in: *Reichelt* (Hrsg.), IKGS, S. 97 ff.

22 Art. 2 der genannten Verordnung, Abl. EG Nr. L 359/1 (31.12.1992); vgl. hierzu *Siehr* in: *Faculté de Droit de l'Université de Genève* (Hrsg.), FS Lalive, S. 763 ff.; *ders.,* ZVglRWiss 95 (1996), S. 170 ff., 173; *Mußgnug* in: *Beyerlin u.a.* (Hrsg.), FS Bernhardt, S. 1225 ff.; *Schütte,* Weltkunst 1994, S. 2918 ff.

23 Vgl. *Jayme* in: *Reichelt* (Hrsg.), IKGS, S. 7 ff.; *ders.,* Kunstwerk und Nation: Zuordnungsprobleme im internationalen Kulturgüterschutz; *Boguslawsky* in: *Dolzer/Jayme/Mußgnug* (Hrsg.), Rechtsfragen des IKGS, S. 3 ff.; *Dolzer* in: *Dolzer/Jayme/Mußgnug* (Hrsg.), Rechtsfragen des IKGS, S. 13 ff. *Müller-Katzenburg,* Internationale Standards im Kulturgüterverkehr, S. 131 ff.

24 Vgl. § 2 Abs. 2 des Gesetzes zum Schutz deutschen Kulturgutes gegen Abwanderung (KulturgutSchG) vom 6. April 1955 (BGBl. I, 501); hierzu *Hönes,* BayVBl. 1989, S. 38 ff., sowie die kritischen Anmerkungen von *Raue* in: *Reichert u.a.* (Hrsg.), FS für Rüdiger Volhard, S. 140 ff. Der Bundesminister des Innern führt das aus den Verzeichnissen der Länder erstellte Gesamtverzeichnis, § 6 Abs. 2 KulturgutSchG.

25 Vgl. Art. 36 iVm. Art. 1 des Gesetzes Nr. 1089 vom 1. Juli 1939 sulla tutela delle cose d'interesse artistico o storico (1939), Gazz. Uff. 3403; hierzu *Jayme,* ZVglRWiss 95 (1996), S. 158 ff., 163; grundlegend *Alibrandi/Ferri,* I Beni Culturali e Ambientali.

Objekte von der Genehmigungspflicht erfaßt, wie es das französische[27] oder das deutsche Gesetz in § 1 Abs. 4 KulturgutSchG vorsehen. Die EG-Verordnung (EWG) Nr. 3911/92 folgt zweckmäßigerweise dem erstgenannten Prinzip und verlangt eine Ausfuhrgenehmigung für jegliches Kulturgut, das der äußerst detaillierten Gruppierung im Anhang unterfällt.

Die Werke „entarteter Kunst" sind in jedem Fall als Kulturgut im allgemeinen Sinne anzusehen. In Deutschland als national wertvoll deklariert sind lediglich acht ehemals „Entartete", und zwar je zwei Werke von Kandinsky und Nolde, sowie je ein Werk von Corinth, Klee, Liebermann und Marc.[28] Die als Inhaltsbestimmung des Eigentums im Sinne von Art. 14 Abs. 1 GG anzusehenden Ausfuhrbeschränkungen für diese Werke[29] konnten rechtliche Wirkung erst nach deren Aufnahme in die Verzeichnisse der Länder entfalten, also frühestens ab 1955.

Um für dieses national wertvolle Kulturgut möglichst weitgehenden Schutz im Falle des Diebstahls oder des illegalen Verbringens aus dem Hoheitsgebiet zu gewährleisten, werden nun verschiedene Lösungsansätze vorgeschlagen. Das Völkerrecht könnte wohl die effektivste Ebene sein, um den Staaten zur Erhaltung und Wiedererlangung ihres nationalen Kulturgutes zu verhelfen. Indes fehlt es hier zum einen an der Durchsetzungskraft der bestehenden internationalen Verträge. Die UNESCO-Konventionen von 1970[30] und 1972[31] wurden überwiegend von denjenigen Staaten unterzeichnet, die reich an Kulturgut in Quantität und Qualität sind und daher zu den Anspruchstellern zählen, erwartungsgemäß jedoch nicht von den Ländern, die sich vorwiegend in

---

26 Vgl. § 1 des Ausfuhrverbotsgesetzes vom 5.12.1918 (StGBl. 1918/90) mit den Änderungen in BGBl. 1985/253 und BGBl. 1986/391 (AusfVKG) und das Denkmalschutzgesetz vom 25.9.1923 idF. BGBl. 1959/92 und BGBl. 1978/167. Hierzu *Reichelt,* ZfRV 1990, S. 61 ff., 64.

27 Art. 18 Abs. 2 und 3 loi du 31 décembre 1913 sur les monuments historiques, D. P. 1915, IV; hierzu *Siehr* in: *v. Westphalen* (Hrsg.), FS für Reinhold Trinkner, S. 703 ff., 709.

28 Bekanntmachung der Gesamtverzeichnisse national wertvollen Kulturgutes und national wertvoller Archive vom 30. November 1992, Bundesanzeiger vom 29.12.1992, Nr. 243 b.

29 *Hönes,* BayVBl. 1989, S. 38 ff.

30 Übereinkommen vom 14.11.1970 über Maßnahmen zum Verbot und zur Verhütung der unzulässigen Einfuhr, Ausfuhr und Übereignung von Kulturgut, Text in englischer Originalsprache hrsg. von der UNESCO (ohne Jahr); deutsche Übersetzung in BT-Drucksache VI/3511, 6. Wahlperiode Band 163 (1972), S. 3 ff. = GBl. der DDR 1974 II, S. 399. Vgl. hierzu *Prott* in: *Reichelt* (Hrsg.), IKGS, S. 157 ff. Zahlreiche Museumsverbände haben das Abkommen in ihre Statuten inkorporiert, vgl. *Müller-Katzenburg,* Internationale Standards im Kulturgüterverkehr, S. 205 ff.

31 Übereinkommen vom 16.11.1972 über den Schutz des Weltkulturerbes, Text in englischer Originalsprache herausgegeben von der UNESCO (ohne Jahr).

der Rolle der Anspruchsgegner sehen. Zum anderen fehlen anerkannte völkergewohnheitsrechtliche Grundsätze.[32]

Manche empfehlen daher den Weg der öffentlich-rechtlichen Widmung, welche die Eigentumsverhältnisse unangetastet ließe und der widmungsberechtigten Institution einen gegen privatrechtliche Einwendungen geschützten Herausgabeanspruch verschaffen würde.[33] Sie kann hier keinen Beitrag für eine Verbesserung des Eigentümerschutzes bei Werken „entarteter Kunst" leisten, da eine solche Widmung nur aufgrund einer gesetzlichen Grundlage erfolgen kann, die weder zur Zeit des Dritten Reiches noch heute existiert.[34]

Auch eine Sondernorm für gutgläubigen Erwerb innerhalb des BGB wird diskutiert,[35] ebenso, inwieweit ausländische öffentlich-rechtliche Exportbestimmungen von den inländischen Gerichten zu berücksichtigen sind.[36] Andere betonen die grenzüberschreitende Dimension des Problems und schlagen eine Lösung innerhalb des internationalen Privatrechts durch Schaffung einer Sonderanknüpfung für gestohlene oder sonst abhanden gekommene Kulturgüter vor.[37] Die zu diesem Themenbereich entwickelten Ansätze werden unten dar-

---

32 Vgl. hierzu *Siehr* in: *Frank* (Hrsg.), Recht und Kunst, S. 57 ff.; *Engstler,* Die territoriale Bindung von Kulturgütern im Rahmen des Völkerrechts; *Fiedler* in: *Hailbronner u.a.* (Hrsg.), FS Doehring, S. 199 ff.

33 So *Mußgnug* in: *Dolzer/Jayme/Mußgnug* (Hrsg.), Rechtsfragen des IKGS, S. 199 ff.; *ders.* in: *Reichelt* (Hrsg.), IKGS, S. 141 ff. Zurückhaltend *Siehr* in: *v. Westphalen* (Hrsg.), FS Trinkner, S. 703 ff., 706; ablehnend BGH 5.10.1989, NJW 1990, 899 ff., 900.

34 Vgl. hierzu *Mußgnug* in: *Dolzer/Jayme/Mußgnug* (Hrsg.), Rechtsfragen des IKGS, S. 204. Siehe auch die Entscheidungen zu dem Hamburger Stadtsiegel VG Köln 20.3.1991, NJW 1991, S. 2584 ff.; OVG Münster 25.2.1993, NJW 1993, S. 2635 ff.; hierzu *Fechner,* JuS 1993, S. 704.

35 Dagegen *Stoll* in: *Dolzer/Jayme/Mußgnug* (Hrsg.), Rechtsfragen des IKGS, S. 53 ff. Vgl. jedoch die anschließende Diskussion in: *ebenda,* S. 123 ff.

36 Den Grundsatz, daß ausländische Normen des öffentlichen Rechts nur „territoriale" Geltung beanspruchen können (vgl. BGH 16.4.1975, BGHZ 64, 183 [189] — Solschenizyn), hält die Rechtsprechung nicht immer ein. So fand ein nigerianisches Ausfuhrverbot für nationales Kulturgut Berücksichtigung, vgl. BGH 22.6.1972, BGHZ 59, 82 [85]; hierzu *Hanisch,* FS Müller-Freienfels, S. 193 ff., 201 f. Vgl. ferner den englischen Fall *Kingdom of Spain v. Christies, Manson & Woods, Ltd.,* [1986] 1 W.L.R. 1123 f. (Ch.D.), in dem das englische Gericht den illegalen Export eines Goya-Portraits der Marquesa de Santa Cruz dahin würdigte, daß der Wert des Bildes im freien Handel erheblich gemindert sei.

Das portugiesische Kulturgüterschutzgesetz vom 6.7.1985 (Diário da República 1985 I, Nr. 153) berücksichtigt in Art. 31 Abs. 2 ausländische Exportverbote ausdrücklich: „Nichtig und ohne Wirkung sind auf portugiesischem Territorium abgeschlossene Rechtsgeschäfte über bewegliche Kulturgüter, die aus ausländischen Staaten stammen, wenn (diese Rechtsgeschäfte) unter Verletzung der Bestimmungen der jeweiligen internen Gesetzgebung über deren Veräußerung oder Export erfolgt sind." Hierzu *Jayme,* ZVglRWiss 95 (1996), S. 158 ff., 165.

37 Für die Einführung einer *lex originis Jayme* in: *Dolzer/Jayme/Mußgnug* (Hrsg.), Rechtsfragen des IKGS, S. 35 ff.; *ders.* in: *Reichelt* (Hrsg.), IKGS, S. 7 ff. Ein Lösungsrecht nach

auf zu untersuchen sein, ob sie sich auf die hier zu erörternde Problematik für Kunstwerke im allgemeinen und „entartete Kunst" im besonderen übertragen lassen.

D. Vertragsrecht und Kunstwerke

Auch im Rahmen des Schuldvertragsrechts, insbesondere bei der Frage, ob die Echtheit eines Kunstwerkes als Fehler oder als zugesicherte Eigenschaft angesehen werden kann, mußte die Rechtsprechung immer wieder auf die Besonderheiten des Kunstmarktes eingehen.[38] Von einem Sonderrecht für Kunstwerke kann hierbei jedoch nicht gesprochen werden, da sich diese Wertungen im Rahmen der allgemeinen zivilrechtlichen Abgrenzungsproblematiken entfalteten.

E. Beutekunst

Das Schlagwort *Beutekunst*, das in jüngster Zeit wieder Gegenstand zahlreicher Publikationen wurde,[39] zieht bisher keine besonderen juristischen Wertungen nach sich, die in dem hier interessierenden Zusammenhang von Bedeutung wären. Zwar haben zahlreiche Länder im unmittelbaren Anschluß an das Kriegsende besondere Bestimmungen erlassen, die Beutegut der Nationalsozialisten von dem Privatrechtsverkehr ausnahmen und die Erwerber verpflichteten, die Sachen unabhängig von einem möglicherweise gutgläubigen Erwerb an die ehemaligen Eigentümer herauszugeben.[40] Ein Nachweis, daß es

---

schweizer Vorbild schlägt *Siehr* vor in: *Dolzer/Jayme/Mußgnug* (Hrsg.), Rechtsfragen des IKGS, S. 83 ff. Für eine Sonderanknüpfung des Gutglaubenserwerbs *Mansel*, IPRax 1988, S. 268 ff. und *Jefferson*, 96 L.Q.R. 508 ff. (1980).

38 Vgl. hierzu die ausführliche Darstellung bei *Thomsen*, Käuferschutz bei Kunstauktionen, S. 3 ff.

39 Siehe nur *Fiedler*, Kulturgüter als Kriegsbeute? — Rechtliche Probleme bei der Rückführung deutscher Kulturgüter aus Rußland, Heidelberg 1995; *Haase*, Kunstraub und Kunstschutz, Hamburg 1991; *Heydenreuther*, Kunstraub — Die Geschichte des Quedlinburger Domschatzes, Esslingen, München 1993; *Kurz*, Kunstraub in Europa 1938-1945, Hamburg 1989; *Wermusch*, Tatumstände (un)bekannt: Kunstraub unter den Augen der Alliierten, Braunschweig 1991.

40 Bereits kurz nach Kriegsausbruch hatte die polnische Regierung erklärt, daß sie keine Eingriffe der Nationalsozialisten in die Privatrechte der Bewohner der besetzten Gebiete anerkennen würde. Ähnlich die Erklärung achtzehn alliierter Regierungen vom 5. Januar 1943 (hierzu die Entscheidung des OLG Hamburg 3.2.1948, MDR 1948, S. 253 ff.), das belgische Gesetz vom 10. Januar 1941 sowie der Beschluß des schweizerischen Bundesrats vom 10. Dezember 1945. Vgl. hierzu *Weiß*, SJZ 42 (1946), S. 265 ff.

sich bei der betreffenden Sache tatsächlich um ein Beutestück handelte, war jedoch oft schwer zu erbringen, da diese Beutestücke in den fortlaufenden regulären Handel einflossen und sich die Spuren schnell verwischten. „Entartete Kunst" fällt nicht hierunter, da sie keine Beute aus besetzten Gebieten darstellt. Diesen Bestimmungen fehlen auch besondere Regelungen für Kunstwerke, so daß sie hier weitgehend außer Betracht bleiben können.

Zu erwähnen ist jedoch Art. 16 des Nachbarschaftsvertrages zwischen Deutschland und der UdSSR,[41] in dem sich beide Seiten verpflichten, die Kulturgüter des anderen zu erhalten und verschollene oder unrechtmäßig verbrachte Kunstschätze zurückzugeben. Dieser Punkt des Vertrages krankt jedoch an dem mangelnden Durchführungswillen, wie dem Gesetz der russischen Staatsduma aus dem Jahre 1997 zu entnehmen ist, mit dem die nach Rußland verschleppten Kulturgüter zu russischem Staatsbesitz erklärt wurden.[42] So gibt der Vertrag der Bundesrepublik Deutschland zwar einen völkerrechtlichen Anspruch auf Rückgabe, es besteht jedoch kein Forum, diesen gegen den nun ausdrücklich erklärten Willen der russischen Staatsführung durchzusetzen.[43]

Die Staaten sehen sich auch den eigenen Gesetzen verpflichtet: Als Rußland die Herausgabe des unter ungewöhnlichen Umständen in Deutschland entdeckten Mosaiks aus dem legendären Bernsteinzimmer herausverlangte, verwies die Bundesregierung auf die noch zu klärenden Eigentumsverhältnisse und den möglichen gutgläubigen Erwerb des Besitzers.[44]

---

[41] Vertrag über gute Nachbarschaft, Partnerschaft und Zusammenarbeit zwischen der Bundesrepublik Deutschland und der Union der Sozialistischen Sowjetrepubliken vom 9. November 1990 (BGBl. 1991 II, S. 702), in Kraft getreten am 5.7.1991 gem. Bek. vom 31.7.1991 (BGBl. II, S. 921), für dessen Fortgeltung sich u.a. die Russische Föderation gem. Bek. vom 14.8.1992 (BGBl. II, S. 1120) erklärt hat.

[42] Hierzu *Siegl,* Mit der Ukraine ist leichter zu reden, FAZ vom 19.2.1997, S. 33; *Fiedler,* Kulturgüter als Kriegsbeute, NZZ vom 11.2.1997, S. 34.

[43] Hierzu *Gattini,* 7 EJIL (1996), S. 67 ff., 76 ff. Das Gesetz der Staatsduma liegt dem russischen Verfassungsgericht derzeit zur völkerrechtlichen Überprüfung vor.

[44] Vgl. hierzu *Krämer,* NJW 1997, S. 2580 f.

§ 8 Fragen des Internationalen Privatrechts

Bevor nun die bereits angesprochenen Problemkreise des materiellen Sachrechts erörtert werden, sind Fragen der internationalen Zuständigkeit sowie des internationalen Privatrechts zu klären. Kollisionsrechtliche Fragen erlangen regelmäßig nur Bedeutung, sofern der zu beurteilende Sachverhalt von verschiedenen Rechtsordnungen berührt wird.[1] Dies trifft auf den größten Teil der Veräußerungen eingezogener Werke „entarteter Kunst“ zu, so daß eine vorrangige Prüfung des anzuwendenden Rechts erforderlich ist. Hiervon sind lediglich die direkten Veräußerungen des Deutschen Reichs an die zur Vermittlung beauftragten deutschen Kunsthändler auszunehmen, die reine Inlandssachverhalte darstellen.

A. Internationale Zuständigkeit

Jeder (ehemalige) Eigentümer, der seinen Anspruch auf Herausgabe eines Werkes geltend machen will, wird sich zunächst überlegen, wo er diesen Anspruch geltend machen kann. Typischerweise wird er sich zunächst auf die Suche nach dem Werk begeben, nach dessen Auffindung bemüht sein, denjenigen zu ermitteln, der sich des Eigentums berühmt, um sein Verlangen schließlich vorzubringen und durchzusetzen. Kennt aber beispielsweise ein in Deutschland ansässiger ehemaliger Eigentümer den amerikanischen Aufenthaltsort des Bildes, wäre es für ihn möglicherweise interessanter, an seinem Heimatort einen Titel erwirken und die Herausgabe in den Vereinigten Staaten vollstrecken lassen zu können. Im Mittelpunkt steht hierbei die Frage der internationalen Zuständigkeit des angerufenen Gerichtes.

Das internationale Zivilprozeßrecht wird beherrscht von dem Grundsatz der Anwendung der *lex fori*.[2] Der zur Entscheidung berufene Richter wendet also das ihm vertraute, eigene Verfahrensrecht an, unabhängig von der Frage des

---

[1] Vgl. *Karrer*, Fahrniserwerb, S. 3. Die scheinbare Voraussetzung einer Auslandsbeziehung im Rahmen des Art. 3 Abs. 1 S. 1 EGBGB ist jedoch nach richtiger Auffassung abzulehnen. Vielmehr lassen sich die Normen des IPR auch auf Sachverhalte mit reinem Inlandsbezug anwenden. So auch *Firsching/v. Hoffmann*, IPR, § 1 Rn. 15 ff.; *MünchKomm-Sonnenberger*, Art. 3 EGBGB, Rn. 2. A.A. *Neuhaus*, Grundbegriffe, S. 104 f.

[2] Grundlegend hierzu der Ausspruch des BGH: „Die deutschen Gerichte wenden in den vor ihnen anhängigen Verfahren nur deutsches Verfahrensrecht an“, Urteile vom 27.4.1977, WM 1977, S. 793 f.; 27.6.1984, NJW 1985, S. 552 f.; so auch *v. Bar*, IPR Bd. 1, § 5 II 1. Dies ist durchaus nicht unbestritten: *Schack*, Internationales Zivilverfahrensrecht, § 2 III m.w.Nachw., der gemäß dem Schwerpunkt des Rechtsverhältnisses das IZVR der *lex fori* ebenso vorschalten möchte, wie das IPR dem materiellen Recht.

internationalen Bezuges des Sachverhaltes. Hierzu zählen auch die Normen zur Bestimmung seiner internationalen Zuständigkeit. Darüber hinaus bestimmt sich aus seiner Anrufung auch das anzuwendende IPR, das regelmäßig ebenfalls an die *lex fori* angeknüpft wird.[3] Hierdurch können sich bereits auf der Ebene der Zuständigkeit Weichenstellungen bezüglich des anzuwendenden Rechts und damit der Erfolgsaussichten des gerichtlichen Verfahrens insgesamt ergeben. Der angerufene deutsche Richter wird für die Frage der Zuständigkeit seines Gerichts die Regelungen des EuGVÜ[4], des Luganer GVÜ[5] und ergänzend der deutschen ZPO heranziehen.

I. Allgemeiner Gerichtsstand

Die Regelung der internationalen Zuständigkeit ist einzelnen völkerrechtlichen Verträgen überlassen, da eine einheitliche Regelung auch auf nur völkergewohnheitsrechtlicher Basis fehlt. Die Europäische Wirtschaftsgemeinschaft hat sich mit dem EuGVÜ ein umfassendes Übereinkommen gegeben, dessen Inhalt durch das weitgehend identische Luganer GVÜ auch Vertragsstaaten, die der EU nicht angehören, in Anspruch nehmen können. Diese maßgeblichen internationalen Abkommen bestimmen in Übereinstimmung mit vielen nationalen Bestimmungen zur örtlichen Zuständigkeit den Wohnsitz des Beklagten als allgemeinen internationalen Gerichtsstand.[6] Diese dem Grundsatz *actor sequitur forum rei* entnommene Grundregel begünstigt den Beklagten, der sich, wenn schon gerichtlich belangt, an seinem Heimatort verteidigen können soll. Der Sitz von Gesellschaften und anderen juristischen Personen wird dem Wohnsitz gleichgestellt.[7] Nun ist der Terminus Wohnsitz selbst ein Rechtsbegriff, der wiederum gemäß der *lex fori* zu bestimmen ist.[8] Der ange-

---

[3] *Firsching/v. Hoffmann,* IPR, § 1 Rn. 48 f.; *Schack,* Internationales Zivilverfahrensrecht, § 8 I 3 a.

[4] Brüsseler EWG-Übereinkommen über die gerichtliche Zuständigkeit und die Vollstreckung gerichtlicher Entscheidungen in Zivil- und Handelssachen vom 27.9.1968 idF. des 3. Beitrittsübereinkommens vom 26.5.1989, Abl. EG 1989 Nr. L 185, S. 1, (Bek. vom 25.10.1994, BGBl. II, S. 3707).

[5] Luganer Übereinkommen über die gerichtliche Zuständigkeit und die Vollstreckung gerichtlicher Entscheidungen in Zivil- und Handelssachen vom 16.9.1988, dem Deutschland als Vertragsunterzeichner angehört (BGBl. 1994 II, S. 2660) und das am 1.1.1992 für die Schweiz in Kraft getreten ist.

[6] Art. 2 EuGVÜ; Art. 2 Luganer GVÜ. Beide Abkommen gehen der nationalen Regelung der §§ 12, 13 ZPO vor, vgl. *Geimer,* Internationales Zivilprozeßrecht, Rn. 1278.

[7] Art. 53 Abs. 1 EuGVÜ; §§ 12, 17 ZPO.

[8] Ausdrücklich Art. 52 Abs. 1 EuGVÜ und der wortgleiche Art. 52 Abs. 1 Luganer GVÜ. Dies gilt auch, wenn die Übereinkommen keine Anwendung finden, vgl. *Schack,* Internationales Zivilverfahrensrecht, § 8 II 2 a; *Geimer,* Internationales Zivilprozeßrecht,

rufene Richter entscheidet gemäß dem an seinem Gerichtsort maßgeblichen Zivilrecht, ob der Beklagte einen Wohnsitz im Inland hat.[9]

II. Weitere Gerichtsstände

Es stellt sich die Frage, wie zu verfahren ist, wenn der Beklagte über mehrere Wohnsitze in verschiedenen Staaten verfügt. Eine Unterscheidung in Haupt- und Nebenwohnsitze findet im internationalen Zivilprozeßrecht nicht statt. Nach allgemeiner Ansicht ist daher davon auszugehen, daß die Gerichtsbarkeit eines jeden Staates international zuständig ist, in dem der Beklagte über einen Wohnsitz verfügt. Eine solche Konstellation erlaubt dem Kläger sogenanntes *forum shopping*, da er mit der bewußten Auswahl des Forums Einfluß auf das anzuwendende Recht[10] nehmen kann. Mag diese Möglichkeit aus Sicht des Beklagten unter Umständen wenig erfreulich sein, sind dessen Belange jedoch bereits durch den Grundsatz *actor sequitur forum rei* ausreichend berücksichtigt und die Wahlmöglichkeit des Klägers daher weder anrüchig noch eine unzulässige Rechtsausübung (*fraus legis*).[11]

Weiterhin besteht die Möglichkeit, daß der ermittelte jetzige Besitzer eines Werkes weder über einen Wohnsitz im Inland, noch im Ausland verfügt. Beide weitgehend deckungsgleichen Übereinkommen bestimmen jeweils in Art. 4, daß sich die internationale Zuständigkeit für Rechtsstreitigkeiten gegen Beklagte ohne Wohnsitz in einem Vertragsstaat nach den jeweiligen nationa-

---

Rn. 1269. Allgemein abgelehnt wird eine Anknüpfung der Bestimmung des Wohnsitzes an die Staatsangehörigkeit des Beklagten, da durch diese Prüfung als Vorfrage die Feststellung der Zuständigkeit unnötig kompliziert würde.

9 In der Schweiz besteht mit Art. 20 IPRG eine Sondernorm, die die Bestimmung des Wohnsitzes unabhängig vom materiellen Recht selbständig löst. Sie weicht zwar im Wortlaut von der Bestimmung der örtlichen Zuständigkeit in § 23 ZGB ab, diese Norm wird jedoch in der Rechtsprechung im Sinne des Art. 20 IPRG ausgelegt, vgl. hierzu *Walder*, IZPR der Schweiz, § 5 Rn. 12a.

Dieser Grundsatz ist auch Ausgangspunkt für die Regelung des Art. 52 Abs. 2 EuGVÜ, derzufolge das Gericht bei seiner Entscheidung, ob ein Wohnsitz *im Ausland* besteht, das Recht dieses Staates anzuwenden hat. Entgegen *Schack*, Internationales Zivilverfahrensrecht, § 8 II 2 a, trägt diese Vorgehensweise zum internationalen Entscheidungseinklang bei.

10 Genauer: das anzuwendende internationale Privatrecht.

11 *Geimer*, IZPR, Rn. 1096. Zustimmend *Schack*, Internationales Zivilverfahrensrecht, § 8 I 4 b; *Kropholler*, IPR, § 58 IV 3. A.A. *Firsching/v. Hoffmann*, IPR, § 1 Rn. 48 f., der den Widerspruch zum Leitprinzip des internationalen Entscheidungseinklangs betont. Zu recht weist *Geimer* a.a.O. auf die für Rechtsanwälte bestehende Pflicht hin, dem Kläger die Erhebung der Klage in dem Staat zu empfehlen, in dem die größten Erfolgsaussichten bestehen.

len Regelungen bestimmt. Sie verweisen also auf die nationalen Bestimmungen zur örtlichen Zuständigkeit, denen insoweit eine Doppelnatur zugesprochen wird.[12] Dies bietet die Möglichkeit, gemäß § 16 ZPO einen wohnsitzlosen Beklagten im Inland am Ort seines Aufenthaltes zu verklagen, oder an dessen letztem Wohnsitz, sofern auch ein Aufenthaltsort nicht zu ermitteln ist. Diese Möglichkeit wird nun für Herausgabeklagen von Werken „entarteter Kunst" nur eine zu vernachlässigende Größenordnung erreichen, setzt sie doch einen Anspruchsgegner voraus, der als Weltenbummler ohne festen Wohnsitz mit wertvollen Kunstwerken im Handgepäck umherzieht.

Der zusätzliche besondere Gerichtsstand der unerlaubten Handlung[13] kommt hier nicht in Betracht, da die Bundesrepublik Deutschland als Nachfolgerin des möglicherweise unerlaubt handelnden Deutschen Reiches sich nicht des Eigentums eingezogener Werke berühmt. Ebenso scheidet der nur auf unbewegliche Sachen anwendbare ausschließliche dingliche Gerichtsstand aus.[14]

Eine beachtenswerte Alternative bietet jedoch der exorbitante Gerichtsstand des Vermögens und des Streitobjektes gemäß § 23 ZPO. Zwar ist dieser Gerichtsstand im Geltungsbereich des EuGVÜ und des Luganer GVÜ aufgrund des ausdrücklichen Ausschlusses in deren Art. 3 Abs. 2 nicht anwendbar; hat also der Beklagte einen Wohnsitz im Hoheitsgebiet eines Vertragsstaates, scheidet ein Rückgriff auf § 23 ZPO aus. Personen jedoch, die keinen Wohnsitz in einem der Vertragsstaaten nachweisen können, dürfen an dem Ort verklagt werden, an dem der Gegenstand sich befindet, bzw. an dem sie Vermögen besitzen.[15] Die h.M. setzt nun als zusätzliches ungeschriebenes Tatbestandsmerkmal zumindest für den Vermögensgerichtsstand einen hinreichenden Inlandsbezug voraus.[16] Ob dies auch für den Gerichtsstand des Streitobjekts gelten soll, bleibt offen. Von den Möglichkeiten des § 23 ZPO wird vor allem dann Gebrauch zu machen sein, wenn ein Werk, das im Besitz eines z.B. japanischen oder amerikanischen Erwerbers ist, sich als Leihgabe im Rahmen einer Sonder- oder Wanderausstellung in Deutschland befindet. Auch ist es ebenfalls möglich, sich bei reinen Inlandssachverhalten auf den

---

[12] Sofern nicht spezielle Regelungen bestehen, s.o. Fn. 9. Zur Doppelfunktion der Normen über die örtliche Zuständigkeit im deutschen Recht vgl. *Geimer*, Internationales Zivilprozeßrecht, Rn. 943; *Schack*, Internationales Zivilverfahrensrecht, § 8 II 1 b.

[13] Vgl. Art. 5 Nr. 3 EuGVÜ; Art. 5 Nr. 3 Luganer GVÜ; § 32 ZPO.

[14] Vgl. Art. 16 Nr. 1 EuGVÜ; Art. 16 Nr. 1 Luganer GVÜ; § 24 ZPO. Als unbewegliche Sachen sind demnach Grundstücke, ihre wesentlichen Bestandteile, dingliche Belastungen sowie die in Abs. 2 genannten subjektiv-dinglichen Rechtspositionen anzusehen, *Zöller-Volkommer*, § 24 ZPO Rn. 3, 10.

[15] Ausdrücklich bestätigt durch den BGH 12.3.1984, NJW 1984, S. 2037 sowie BGH 18.4.1985, BGHZ 94, 156 [158].

[16] Vgl. BGH 2.7.1991, BGHZ 115, 90 [94] m.w.Nachw. Zu den diesbezüglichen Fallgruppen vgl. *Zöller-Vollkommer*, § 23 ZPO Rn. 13.

Gerichtsstand des § 23 ZPO zu berufen, also gegenüber Personen mit Wohnsitz innerhalb der Bundesrepublik Deutschland.[17] Da es sich bei § 23 ZPO um einen besonderen Gerichtsstand handelt, besteht auch hier die bereits erwähnte Möglichkeit, zwischen dem Ort, an dem sich der Gegenstand befindet, und dem Wohnsitz des Beklagten als allgemeinem Gerichtsstand auszuwählen.

Daraus läßt sich nun folgende Konsequenz für das oben angesprochene Beispiel ableiten: Der amerikanische Besitzer des Werkes ist grundsätzlich an seinem amerikanischen Wohnsitz zu verklagen. Besteht ein zweiter Wohnsitz, ist die Klage auch an diesem Ort zulässig; der Herausgabetitel ist dann jedoch an dem Ort zu vollstrecken, an dem die Sache belegen ist. Befindet sich das Werk in Deutschland, kann die Herausgabeklage auch an dem Ort der Belegenheit erhoben und das Urteil dort vollstreckt werden. Zwischen allen Gerichtsorten besteht die Möglichkeit des *forum shopping*, nach dem der Kläger sich das ihm genehmste Forum aussuchen kann.

B. Internationales Sachenrecht

Wie bereits festgehalten, wendet das angerufene Gericht zunächst sein eigenes IPR an, um nun im Rahmen der Qualifikation die heranzuziehende Kollisionsnorm, anschließend das zur Entscheidung berufene Sachrecht zu ermitteln und dieses zur Entscheidung heranzuziehen.

I. Qualifikation

Die Normen des internationalen Privatrechts bedienen sich bestimmter Systembegriffe, um den Anknüpfungsgegenstand zu charakterisieren. Im Rahmen der Qualifikation gilt es nun, den Sachverhalt mit Auslandsberührung seinem Anknüpfungsgegenstand zuzuführen, oder anders gesagt, die Reichweite eines Systembegriffs zu bestimmen.[18] Diese Systembegriffe orientieren sich zwar an der systematischen Einordnung des BGB, sie lassen sich jedoch nicht schablonenhaft in das IPR übernehmen.

Bei den hier zu behandelnden Sachverhalten sind zwei Fragen voneinander zu trennen: Zum einen die Qualifikation des Herausgabeanspruches selbst, zum anderen die Frage der Anknüpfung der Eigentumsübertragungen. Ob dabei die eine als Hauptfrage, die andere als selbständig anzuknüpfende Vorfrage zu

---

[17] Vgl. *MünchKomm-Patzina*, § 23 ZPO Rn. 23; *Zöller-Vollkommer*, § 23 ZPO Rn. 1.

[18] So *v. Bar*, IPR Bd. 1, Rn. 581 ff.; vgl. ferner *Firsching/v. Hoffmann*, IPR, § 6 Rn. 2; *Kropholler*, IPR, S. 97 ff.; *Kegel*, IPR, S. 197.

bestimmen ist, ist man sich indes uneins.[19] Eine praktische Relevanz kommt dieser Frage hingegen nicht zu,[20] so daß auf eine Diskussion an dieser Stelle verzichtet wird.

1. Maßgeblichkeit der *lex fori*

Die Qualifikation wird regelmäßig zunächst anhand der *lex fori* vorgenommen. Der in Deutschland erhobene Anspruch auf Herausgabe eines in Frankreich befindlichen Werkes z. B. wird von der deutschen *lex fori* sachenrechtlich systematisiert, die gemäß der *lex rei sitae* als Leitprinzip auch des deutschen internationalen Sachenrechts (Art. 43 Abs. 1 EGBGB) auf französisches Recht verweist. In den kontinentaleuropäischen Rechtskreisen werden Herausgabeansprüche in Korrespondenz zu ihrer zivilrechtlichen Einordnung immer sachenrechtlich qualifiziert. Anders ist das jedoch in anglo-amerikanischen Rechtskreisen, die Klagen aus *replevin* oder *conversion* als deliktsrechtliche Besitzschutzansprüche verstehen.[21] Nach dieser historisch bedingten Eigenart hat der Eigentümer primär einen Anspruch auf Schadensersatz, der nur bei Unikaten auf Herausgabe der Sache selbst gerichtet ist.[22] Dieser Unterschied führt dann zu Problemen, wenn das IPR der zunächst berufenen Rechtsordnung (*lex fori*) sachenrechtlich qualifiziert, das Werk sich aber in einer Rechtsordnung (*lex rei sitae*) befindet, die den Herausgabeanspruch deliktsrechtlich einordnet und daher die *lex loci delicti* zur Anwendung kommen

---

19 Für eine Differenzierung *Knott*, Herausgabe, S. 70, beides als Hauptfrage deklarierend *v. Bar*, IPR Bd. 1, Rn. 608.

20 So auch *v. Bar*, IPR Bd. 1, Rn. 609.

21 Siehe *Dobbs*, Remedies, §§ 4.2, 5.13; *Leavell/Love/Nelson*, Remedies, S. 62 ff.; *Knott*, Herausgabe, S. 28 f.; *ders.*, RIW 1991, S. 553 ff., 554; *Müller-Katzenburg*, Internationale Standards im Kulturgüterverkehr, S. 161. Historischer Ausgangspunkt war die heute nicht mehr gebräuchliche Klage auf *detinue*, die bei rechtmäßiger Erlangung, aber fehlerhaftem Besitz dem Beklagten die Wahl ließ, entweder die Sache selbst oder den Marktwert herauszugeben. Heute fußen die oftmals kodifizierten Ansprüche bei fehlerhafter Besitzerlangung auf *conversion* (auch *trover* genannt), einem bloßen Schadensersatzanspruch, oder *replevin*, wenn es dem Kläger auf die Herausgabe der bestimmten Sache ankommt und er Sicherheit (*bond*) leistet.

Der Anspruch ist begründet, wenn dem Kläger ein besseres Recht (superior right) zum Besitz zusteht, vgl. *Drum*, 64 N.Y.U.L.R. (1989) 909, 916.

22 Das ist insbesondere bei Kunstwerken der Fall, vgl. *Kunstsammlungen zu Weimar v. Elicofon*, 536 F. Supp. 829 (US District Court Eastern Division of N.Y. 1981), bestätigt durch 678 F.2d 1150 (US Court of Appeals 2nd Circuit 1982); *DeWeerth v. Baldinger*, 658 F.Supp. 688 (US D.Ct.S.D.N.Y. 1987), revidiert durch 836 F.2d 103 (US Ct. App. 2nd Cir. 1987); *Menzel v. List*, 253 N.Y.S.2d 43 (App. Div. 1st Dept. 1964), modified on other grounds 279 N.Y.S.2d 608 (App. Div. 1st Dept. 1967), modification revised 298 N.Y.S.2d 979 (Ct. App. N.Y. 1969); *Jeanneret v. Vichey*, 541 F.Supp. 61 (US D.Ct.S.D.N.Y. 1982), affirmed 693 F.2d 259 (US Ct. App. 2d Cir. 1982). Allgemein *Weinberg*, Journal of Legal Studies 9 (1980) 569.

lassen möchte. Hierzu folgendes Beispiel: Ein Amerikaner erwirbt in der Schweiz ein Werk „entarteter Kunst" und verbringt es in seine Heimat New York. An seinem Zweitwohnsitz in München lernt er den dort ansässigen ursprünglichen Eigentümer kennen, der das Werk herausverlangt und ihn nach dessen Weigerung in München auf Herausgabe verklagt. Die sachenrechtliche Qualifikation gemäß der deutschen *lex fori* führt zunächst in das amerikanische Sachenrecht als dem Ort der Belegenheit, das jedoch einen Herausgabeanspruch nicht kennt. Man spricht insoweit von Normenmangel.[23]

Die Lösung dieses Problems ist im Grunde eine Frage des Verständnisses der Gesamtverweisung des Art. 4 Abs. 1 EGBGB: Hält man an der einmal getroffenen Qualifikation fest, führt dies zu der Praxis nicht dienlichen und im Ergebnis kaum erträglichen Resultaten.[24] Konsequent angewandt würde es bedeuten, daß dem deutschen ehemaligen Eigentümer ein Herausgabeanspruch nicht zusteht, weil das amerikanische Sachenrecht diesen nicht kennt.[25] Viel diskutiert ist demgegenüber die Qualifikation gemäß der *lex causae.*[26] Danach soll der inländische Richter schon die Qualifikation gemäß der zur Entscheidung berufenen Rechtsordnung vornehmen. Allerdings wird hiergegen zurecht eingewandt, daß man sich damit in einen Zirkelschluß begibt: Die *lex causae* läßt sich ja erst dann ermitteln, wenn der geltend gemachte Anspruch zuvor gemäß dem IPR der *lex fori* qualifiziert wurde, das auf die *lex causae* hinführt.[27] Eine andere Lösung schlägt Ernst Rabel in einem berühmt gewordenen Aufsatz vor:[28] Er plädiert dafür, die Systembegriffe des IPR rechtsvergleichend autonom zu bestimmen nach dem ihnen zugrundeliegenden Lebensverhältnis, losgelöst von der *lex causae* oder der *lex fori.*[29] Es scheint

---

23 Vgl. hierzu *Wolff,* IPR, S. 59 f.; *Jayme,* ZfRV 17 (1976), S. 93 ff., 99.

24 So das Reichsgericht in einer als „unsterbliche Blamage" bezeichneten Entscheidung (RG 4.1.1882, RGZ 7, 21 [24]): Ein in Deutschland wohnhafter Beklagter wurde aus einem amerikanischen Recht unterliegenden Wechsel in Anspruch genommen, gegen den er die Einrede der Verjährung erhob. Da das berufene Recht des Staates Tennessee die Verjährung als prozeßrechtliche Klageausschlußfrist verstand und damit nicht in das materielle Wechselrecht einordnete, sah das Gericht sich außerstande, diese zu berücksichtigen und gelangte zu einer unverjährbaren Forderung. Vgl. hierzu *v. Bar,* IPR Bd. 1, Rn. 586; *Ferid,* IPR, 4-2.

25 Hätte er dagegen in New York Klage erhoben, wäre der (deliktsrechtliche) Anspruch auf Herausgabe möglich gewesen.

26 So *Wolff,* IPR, S. 49 ff., 54.

27 Hierauf weisen hin: *Ferid,* IPR, 4-14; *v. Bar,* IPR Bd. 1, Rn. 584; *Firsching/v. Hoffmann,* IPR, § 6 Rn. 18 ff.

28 *Rabel,* Das Problem der Qualifikation, RabelsZ 5 (1931), S. 241 ff.

29 „Unter Vormundschaft ist in Art. 23 [EGBGB a.F.] füglich das zu verstehen, was nicht nur das BGB sondern die ganze Kulturwelt darunter im allgemeinen begreift und genauer: alle Rechtsinstitute, die dazu bestimmt sind, die Vertretung oder persönliche Sorge für die nicht in väterlicher oder elterlicher Gewalt stehenden, nicht voll geschäftsfähigen Personen

dies der Ansatz zu sein, der den Anforderungen der internationalprivatrechtlichen Gerechtigkeit am ehesten entspricht, jedoch bleibt dessen Umsetzung, die rechtsvergleichend autonome Bestimmung nach einheitlichen Kriterien, „unerfülltes Programm“[30]. Sehr nahe kommt ihr die sich an den Zwecken der Sachnorm ausrichtende sog. *funktionelle Qualifikation*. Nach ihr sind „Vorschriften des ausländischen Rechts [...] nach ihrem Sinn und Zweck zu erfassen, ihre Bedeutung vom Standpunkt des ausländischen Rechts zu würdigen und mit Einrichtungen der deutschen Rechtsordnung zu vergleichen.“[31] Dieser Ansatz geht von dem Grundgedanken aus, daß sich die rechtlich zu lösenden Problemstellungen in verschiedenen Ländern weit mehr gleichen, als deren rechtssystematische Einordnung. Rechtsvergleichend ist daher im jeweiligen Fall nach derjenigen ausländischen Lösung zu suchen, die dem Sinn und Zweck des deutschen Lösungsweges entspricht. Diesem Ansatz ist zu folgen, da er imstande ist, sich über die Begrenzungen der systematischen Einordnung in den einzelnen Rechtsordnungen hinwegzusetzen und so zwei stets zu beachtende Postulate erfüllt: den internationalen Entscheidungseinklang einerseits sowie die internationalprivatrechtliche Gerechtigkeit andererseits. Ergibt sich also eine abweichende Qualifikation infolge einer anderen Rechtssystematik, so ist diese abweichende Qualifikation beachtlich und eine sich daraus ergebende Weiter- oder Rückverweisung zu befolgen.[32] Das fremde IPR ist so anzuwenden, wie es tatsächlich und nach seinen eigenen Auslegungskriterien gilt.

Danach ist in dem oben angeführten Beispiel wie folgt zu verfahren: Der angerufene deutsche Richter stellt die sachenrechtliche Natur des Herausgabeanspruches fest und befragt die nach der *lex rei sitae* (Art. 43 Abs. 1 EGBGB) berufene amerikanische Rechtsordnung. Diese besitzt zwar keinen sachenrechtlichen Herausgabeanspruch, doch werden sämtliche Fälle, welche die deutsche Rechtsordnung dem Vindikationsanspruch zuordnet, von den Instituten der *replevin* und der *conversion* erfaßt. Ihr Sinn und Zweck deckt sich also mit den Zielen der deutschen Vindikation. Das amerikanische Recht möchte diesen Sachverhalt nun unter seine Kollisionsnorm für das Deliktsrecht subsumieren und daher als *lex loci delicti* das Recht am Ort des Deliktes anwenden. Hier stehen nun drei Schauplätze als Deliktsorte zur Diskussion: der deutsche Ort der Beschlagnahme, der Ort des Erwerbes in der Schweiz und der Ort, an dem der Besitzer die Herausgabe des Werkes verweigerte, also

---

zu regeln. [...] Der Tatbestand der Kollisionsnorm bezieht sich nicht auf eine Erscheinung der lex fori, der dann Erscheinungen fremder Rechte gleichzustellen sind, sondern von vornherein auf das Gemeinsame dieser Rechtserscheinungen.“ A.a.O., S. 257.

30 *Firsching/v. Hoffmann*, IPR, § 6 Rn. 26. Ähnlich *Kegel*, IPR, S. 210.

31 BGH 19.12.1958, BGHZ 29, 137 [139]; vgl. hierzu *Firsching/v. Hoffmann*, IPR, § 6 Rn. 30; *Neuhaus*, Grundbegriffe, S. 129 ff.

32 Vgl. auch *MünchKomm-Sonnenberger*, Art. 4 EGBGB, Rn. 38.

wiederum Deutschland. Das amerikanische (genauer: New Yorker) Recht sieht im Rahmen der *replevin* oder *conversion* als maßgebliches deliktisches Verhalten die Weigerung des Käufers an, die Sache auf die Forderung des Eigentümers hin herauszugeben.[33] Das führt zurück zu deutschem Recht, nachdem in dem Beispiel die Herausgabe in München verweigert wurde. Es ist Art. 4 Abs. 1 S. 2 EGBGB zu beachten, so daß die Verweisungskette abbricht und letztlich allein deutsches Recht auf den Herausgabeanspruch Anwendung findet. Der ehemalige Eigentümer kann das Werk herausverlangen, wenn die Voraussetzungen des § 985 BGB erfüllt sind. In der täglichen Gerichtspraxis jedoch werden Rückverweisungen kraft abweichender Qualifikation oft irrtümlicherweise übergangen und die Qualifikation schlicht anhand der *lex fori* vorgenommen.[34]

2. Qualifikation als Mobilie

Der seit 1.6.1999 geltende Art. 43 Abs. 1 EGBGB sieht in Einklang mit der bisherigen, gewohnheitsrechtlich geltenden Rechtslage für bewegliche und unbewegliche Sachen die selbe Anknüpfungsregel, nämlich eine Anknüpfung an den Ort der Belegenheit der Sache vor.[35] Die Frage jedoch, ob eine Sache als beweglich oder unbeweglich zu qualifizieren ist, ist dem Sachrecht zu überlassen, das zuvor im Rahmen der *lex rei sitae* als entscheidungserheblich ermittelt wurde.[36] Sind zwei Rechtsordnungen als Belegenheitsort möglich, so ist die Sache nur dann als beweglich einzustufen, wenn keine der beiden Rechtsordnungen den Gegenstand als unbeweglich für sich in Anspruch nimmt.[37] Für Kunstwerke scheint diese rechtliche Problematik irrelevant zu sein. Dennoch kam es in einer vielbesprochenen Entscheidung des französischen Kassationshofes gerade auf diese Unterscheidung an: Abgenommene Fresken wurden illegal exportiert. Die instanzgerichtliche Fiktion, daß die

---

33 Grundlegend *Gillet v. Roberts,* 57 N.Y. 28, 33 f. (1874); *Cohen v. M. Keizer Inc.,* 285 N.Y.S. 488 (1936); *Federal Insurance Company v. Paul F. Fries,* 355 N.Y.S.2nd 741, 744; auch *Knott,* Herausgabe, S. 41 f.

34 Vgl. hierzu den französischen Fall der Fresken von Casenoves, Cass. ass. pl. 15.4.1988, D.S. 1988, j. 325 und die Besprechung von *Reichelt,* IPRax 1989, S. 254 f.; *Kunstsammlungen zu Weimar v. Elicofon,* 536 F. Supp. 829 (US D.Ct.E.D.N.Y. 1981), bestätigt durch 678 F.2d 1150 (US Ct. App. 2nd Cir. 1982).

35 Vgl. für die neue Rechtslage *Spickhoff,* NJW 1999, S. 2209 ff., 2214; *Wagner,* IPRax 1998, 429 ff., 434; *Staudinger,* DB 1999, S. 1589 ff., 1593. Hierzu näher unten, S. 119 ff.

36 *Neuhaus,* Grundbegriffe, S. 124, 282; *Soergel-Lüderitz,* Art. 38 Anh. II, Rn. 8; *Staudinger-Stoll,* IntSachenR, Rn. 77 f.

37 Anschaulich *Neuhaus,* Grundbegriffe, S. 124.

Fresken weiterhin unbeweglich seien und ihr Lageort damit noch in der Kapelle nahe bei Montpellier anzunehmen sei, wurde allerdings aufgehoben.[38]

Weniger verschlungen gestaltet sich die Qualifikation der möglichen Eigentumsübertragungen. Unabhängig von der Einordnung des Herausgabeanspruches werden sie immer sachenrechtlich qualifiziert.[39]

3. Qualifikation der Beweislast

Insbesondere bei gutgläubigem Eigentumserwerb vom Nichtberechtigten kann für den Erfolg der prozessualen Durchsetzung des Vindikationsanspruchs ausschlaggebend sein, wem die Beweislast der einzelnen Tatbestandsmerkmale obliegt. Die Bedeutung dieser Frage würdigt die europäische Richtlinie 93/7/EWG über die Rückgabe von unrechtmäßig aus dem Hoheitsgebiet eines Mitgliedstaates verbrachten Kulturgütern, dessen Art. 9 Abs. 2 festlegt, daß sich die Beweislast nach dem Recht des ersuchenden Mitgliedstaates bestimmt. Eine allgemeine Kollisionsregel ist jedoch den gesetzlichen und gewohnheitsrechtlichen Regelungen nicht zu entnehmen. Hier interessiert zunächst die Frage der Anknüpfung der Beweislast.

Das Beweisrecht ist zunächst dem Zivilprozeßrecht zuzuordnen, das gemäß den oben dargelegten Grundsätzen anhand der *lex fori* anzuknüpfen ist. Im Detail liegt jedoch bereits die Unterscheidung von materiellen und prozessualen Rechtssätzen nicht immer klar auf der Hand. Einig ist man sich darüber, daß die Abgrenzung zwischen beiden Bereichen für den „internen Rechtsgebrauch" nicht einfach auf die kollisionsrechtliche Ebene übertragen werden kann.[40] Auf die Frage jedoch, wo internationalprivatrechtlich eine Grenze zu ziehen sei, könne eine allgemeine Antwort nicht gegeben werden.[41] Die Entscheidung ist vielmehr durch Untersuchung der jeweiligen Normen zu finden. Dies gilt auch für das Beweisrecht, dessen überwiegende Vorschriften, insbe-

---

38 Cour d'appell de Montpellier, 18.12.1984, D. 1985. Jur. 208, aufgehoben durch Cass., 15.4.1988, D. 1988. Jur. 325 ff. Siehe auch unten S. 132.

39 *Knott,* Herausgabe, S. 71 ff.; *De Weerth v. Baldinger,* 658 F.Supp. 688 (US Ct.S.D.N.Y. 1987).

40 *Coester-Waltjen,* Internationales Beweisrecht, Rn. 84; *Rabel,* RabelsZ 5 (1931), S. 241 ff., 249 f.; *Siehr,* RabelsZ 37 (1973), S. 466 ff., 472.

41 Insbesondere eine Unterscheidung nach dem Fundort — materiellrechtlich, wenn zum BGB, prozeßrechtlich, wenn zur ZPO gehörig — wird mit Hinweis auf Überschneidungen abgelehnt, *Niederländer,* RabelsZ 20 (1955), S. 1 ff., 5, 8; *Arens,* AcP 173 (1973), S. 252. Auch eine Unterscheidung danach, ob die Norm die Entstehung, Änderung oder den Untergang eines Rechts regelt oder die Art und Weise dessen Durchsetzung, wird überwiegend mit der Befürchtung abgelehnt, materiellrechtliche Vorschriften in prozessualem Gewand nicht richtig einordnen zu können, *C.L. v.Bar,* IPR II, S. 364; *Wolff,* IPR, 2. Aufl., S. 110.

sondere diejenigen über Beweismittel und deren Verwertung, dem Prozeßrecht zugeordnet werden und demgemäß an die *lex fori* anzuknüpfen sind. Anders wird dies für Regelungen über die Beweislast angesehen, die dem materiellen Recht zugewiesen werden und in der Anknüpfung diesem folgen.[42]

Die im Rahmen dieser Untersuchung bedeutsame Frage, wer für die Behauptung der Bösgläubigkeit beweispflichtig ist, ist damit auch im internationalen Zivilprozeßrecht keine prozessuale, sondern eine dem materiellen Recht zuzuordnende Frage. Sie ist also nicht nach dem jeweiligen Prozeßrecht am Ort des Verfahrens, sondern im Rahmen desjenigen Rechts zu entscheiden, nach dem sich der gutgläubige Eigentumserwerb vollzogen haben soll.

II. Maßgeblichkeit des Belegenheitsortes

„General doctrines should not be adhered to when confounded by more important principles."[43]

1. Die Situs-Regel

Nach langen Jahren der Diskussion und Überarbeitung ist das internationale Sachenrecht in Deutschland nunmehr in Artt. 43 ff. EGBGB geregelt.[44] Die neue Kodifikation folgt dabei sofern und soweit Regelungen getroffen werden den bisher richterrechtlich ausgestalteten Grundsätzen.[45] Die nun in Art. 43 Abs. 1 EGBGB festgeschriebene *lex-rei-sitae*-Regel, nach der alle sachenrechtlichen Fragen an den Ort der Belegenheit der Sache angeknüpft werden, nimmt dabei die Position einer sachenrechtlichen Grundanknüpfung ein.[46] Ob also ein Eigentumswechsel wirksam stattgefunden hat, ist regelmäßig nach derjenigen Rechtsordnung zu bestimmen, in dem die Sache sich zur Zeit der

---

[42] Vgl. hierzu die eingehende Untersuchung von *Coester-Waltjen*, Internationales Beweisrecht, Rn. 97 m.w.Nachw.

[43] *Chaplin v. Boys* [1971] A.C. 356; zitiert nach *Jefferson*, 96 L.Q.R. 508, 511 (1980).

[44] Zur Entstehungsgeschichte vgl. *Wagner*, IPRax 1998, S. 429 ff.; *ders.*, IPRax 1999, S 210 ff.; *Spickhoff*, NJW 1999, S. 2209 ff., je m.w.Nachw.

[45] Vgl. statt vieler *Staudinger-Stoll*, IPR, Rn. 7 f. m.w.Nachw. Weitere Beispiele für Kodifikationen bieten das türkische Gesetz über das internationale Privat- und Zivilverfahrensrecht von 1982, die ungarische Gesetzes-VO No. 13/1979 und das schweizerische Bundesgesetz über das internationale Privatrecht von 1987.

[46] Nach Ansicht des BGH kam dieser Regel vor Inkrafttreten der Kodifikation gewohnheitsrechtliche Bedeutung zu, 20.3.1963, BGHZ 39, 173. Zur Situs-Regel allgemein vgl. *MünchKomm-Kreuzer*, nach Art. 38 EGBGB Anh. I Rn. 4 ff.; *Firsching/v. Hoffmann*, IPR, § 12 Rn. 7 ff.

Veräußerung befunden hat. Sie gilt gleichermaßen für bewegliche wie für unbewegliche Sachen.[47]

Die *lex rei sitae* entscheidet über sämtliche sachenrechtlichen Fragen, insbesondere über Begründung, Fortbestand und Untergang von Rechten an Sachen, über deren Übergang und deren Inhalt. Folglich bestimmen sich die verschiedenen Möglichkeiten, Eigentum zu übertragen, nach den Regeln am Ort der Belegenheit der Sache, und ein Eigentumserwerb ist nur dann wirksam, wenn diese ihn gestatten. Das gilt unabhängig davon, ob der Erwerb vom Berechtigten oder vom Nichtberechtigten erfolgt. Das Trennungsprinzip ist auch in Rechtsordnungen, die für eine Übereignung ein wirksames Kausalverhältnis voraussetzen, zu beachten; die Wirksamkeit des Kausalverhältnisses ist hierbei selbständig anzuknüpfen.[48]

Das Recht am Belegenheitsort der Sache ist auch berufen, alle Fragen des Eigentumserwerbs vom Nichtberechtigten zu regeln.[49] Maßgeblich ist immer die Rechtsordnung, in deren Geltungsbereich sich die Sache während des Erwerbs befand. Die *lex rei sitae* bestimmt demnach, wann ein Erwerber als gutgläubig anzusehen ist, ob der gute Glaube sich auf das Eigentum oder die Verfügungsberechtigung des Veräußerers beziehen muß; sie soll auch zur Bestimmung berufen sein, ob eine Sache als gestohlen bzw. abhanden gekommen anzusehen ist.[50] Letzteres ist freilich in Frage zu stellen: Die tatsächlichen Ereignisse, die zur Bewertung als Diebstahl oder Abhandenkommen heranzuziehen sind, haben sich abschließend im Rahmen einer Rechtsordnung zugetragen, die oftmals sogar ein Interesse daran haben wird, diese Ereignisse bewerten zu wollen. So z.B., wenn ein Land die in seinem Hoheitsgebiet ausgegrabenen Kunstgegenstände aufgrund eines generellen Besitzwillens zu seinem Staatseigentum erklärt und deren Ausfuhr untersagt. Auch der (ehemalige) Eigentümer besitzt ein Interesse daran, die Beurteilung, ob ein Diebstahl oder ein Abhandenkommen zu bejahen ist, der ihm bekannten

---

47 *Spickhoff,* NJW 1999, S. 2209 ff., 2214; *Wagner,* IPRax 1998, S. 429 ff., 434; *Soergel-Kegel,* Vor Art. 7 Rn. 553; *Staudinger-Stoll,* IntSachenR Rn. 60; *Kegel,* IPR, § 19 I; *Firsching/v. Hoffmann,* IPR, § 12 Rn. 8.

48 Allg. Ansicht, vgl. nur *Soergel-Kegel,* Vor Art. 7 Rn. 558 m.w.Nachw. Für die Wirksamkeit der Übereignung eines in der Schweiz befindlichen Werkes, für dessen Kaufvertrag die Parteien deutsches Recht gewählt haben, ist demnach in Bezug auf das Kausalverhältnis deutsches Recht und bezüglich der weiteren Voraussetzungen des Eigentumsübergangs schweizerisches Recht anzuwenden.

49 Vgl. statt vieler *Staudinger-Stoll,* IntSachenR Rn. 231 m.w.Nachw.

50 *Staudinger-Stoll,* IntSachenR Rn. 232; *Firsching/v. Hoffmann,* IPR, § 12 Rn. 23; *Kropholler,* IPR, S. 462. Gestohlene und abhanden gekommene Kunstwerke sollen hier einheitlich behandelt werden; für eine Untersuchung, ob nicht möglicherweise eine genauere Differenzierung geboten ist, ist dies nicht der Ort.

Rechtsordnung zu überlassen, der er die Sache im Rahmen seines Beherrschungsvermögens unterworfen hat.

Vereinzelt wird daher vorgeschlagen, die Frage des Abhandenkommens als Vorfrage selbständig an den Ort des Abhandenkommens anzuknüpfen, um die Zufälligkeiten der späteren Verbringung ausgleichen zu können.[51] Man wird diese Ansicht auch nach der nun erfolgten Kodifikation aufrechterhalten können, indem man den Ort des Abhandenkommens als eine wesentlich engere Verbindung im Sinne von Art. 46 EGBGB zu der Sache versteht. Möglich erscheint aber auch, die Beurteilung des Abhandenkommens als *local data* im Rahmen der jeweils berufenen Sachnorm zu berücksichtigen. Nach der sog. *Datumtheorie* können Auslandssachverhalte im Rahmen der kollisionsrechtlich bereits ermittelten Sachnorm Berücksichtigung finden, sofern diese Sachnorm ihre Rechtsfolgen auch dann anordnet, wenn ihre Voraussetzungen (zum Teil) im Ausland erfüllt wurden.[52] Das dürfte für Rechtsregeln, die den gutgläubigen Erwerb abhanden gekommener Sachen behandeln, durchweg zu bejahen sein, da die Beurteilung des Abhandenkommens nicht zwingend von dem Sachstatut, das über den Erwerbsvorgang entscheidet, vorgenommen werden muß. Als Ergebnis erhielte man auch hier eine einheitliche Klärung der Frage des Diebstahls oder des Abhandenkommens unter Wahrung der Interessen des Eigentümers.

Soll diese Ansicht für alle Mobilien gleichermaßen Gültigkeit beanspruchen, so erscheint eine selbständige Beurteilung des Abhandenkommens für Fälle, die „entartete Kunst“ betreffen, geradezu geboten. Die Frage, ob die rechtswidrigen Enteignungen der Werke durch die Nationalsozialisten als Abhandenkommen zu bewerten sind, wäre sonst jedesmal neu und mit möglicherweise unterschiedlichen Ergebnissen zu beantworten. Die rechtliche Bewertung der nationalsozialistischen Zwangsmaßnahmen sollte jedoch auch im Interesse der internationalprivatrechtlichen Gerechtigkeit einheitlich ausfallen. Sofern also die deutsche Rechtsordnung ein Abhandenkommen bejaht, sollte dies für jeden weiteren gutgläubigen Erwerb maßgeblich sein.[53]

---

[51] So insbesondere *Hanisch*, FS Müller-Freienfels, S. 193 ff., 215, mit Hinweis auf die Entscheidung im Fall *Kunstsammlungen zu Weimar v. Elicofon*, 536 F. Supp. 829 (US D.Ct.E.D.N.Y. 1981), in der ein amerikanisches Gericht die Frage des Abhandenkommens zweier Dürer-Gemälde selbständig an den deutschen Ort der Wegnahme anknüpfte (zu dieser Entscheidung unten, S. 133 f.); zugeneigt *Mansel*, IPRax 1988, S. 268 ff., 271; ablehnend *Kropholler*, IPR, S. 462; *Stoll*, in *Dolzer/Jayme/Mußgnug* (Hrsg.), Rechtsfragen des IKGS, S. 53 ff., 57 f.

[52] Hierzu insbesondere *Jayme*, GS Ehrenzweig, S. 37 ff.; *Firsching/v. Hoffmann*, IPR, § 1 Rn. 129.

[53] Zur Frage, ob die Einziehungen als Abhandenkommen zu bewerten sind, vgl. unten S. 185. Die von amerikanischen Gerichten entwickelte *act-of-state-doctrine*, nach der Rechtsakte eines anerkannten Staates von amerikanischen Gerichten nicht überprüft werden können,

2. Statutenwechsel

Die Maßgeblichkeit des Belegenheitsstatuts führt bei Mobilien zu der Besonderheit, daß mit einem Gebietswechsel der Sache eine Änderung der anzuwendenden Rechtsordnung einhergeht. Man spricht dann von einem Statutenwechsel. Zwei Fallgruppen sich lassen unterscheiden: Ein Wechsel tritt ein, nachdem eine Änderung der Rechte an der Sache stattgefunden hat (abgeschlossener Tatbestand).[54] Nachdem sich Art. 43 Abs. 2 EGBGB auf die Regelung der *Wirkungen*, die ein im Ausland begründetes Recht im Inland entfaltet, beschränkt, ist für die *Begründung* dieses Rechts nach Art. 43 Abs. 1 EGBGB das Recht am Lageort allein zur Entscheidung berufen. Erwirbt also ein italienischer Kunstliebhaber während einer Urlaubsreise durch Deutschland ein abhanden gekommenes Gemälde und verbringt es anschließend in seine italienische Heimat, so kann er sich anschließend nicht darauf berufen, daß das italienische Recht ihm den gutgläubigen Erwerb auch des abhanden gekommenen Werkes gestatten würde. Der Erwerbsvorgang war bereits vor der Verbringung der Sache nach Italien abgeschlossen und das nach Art. 43 Abs. 1 EGBGB allein maßgebliche deutsche Recht als Belegenheitsstatut zur Zeit des Erwerbs verneint einen Eigentumserwerb an abhanden gekommenen Sachen (§ 935 Abs. 1 BGB).[55] Die zweite Fallgruppe behandelt Tatbestände, die im Zeitpunkt des Statutenwechsels noch nicht vollendet sind (offene Tatbestände).[56] Für sie bestimmt Art. 43 Abs. 3 EGBGB, daß Vorgänge im Ausland wie inländische zu berücksichtigen sind. Hierunter fallen vor allem Belegenheitswechsel, die vor dem Ablauf einer Ersitzungs- oder Verjährungsfrist eintreten; sie sollen weiter unten eingehend behandelt werden.

a. „Gewillkürter" Statutenwechsel

Mit Bedacht gewählte Belegenheitswechsel erlauben es dem international operierenden Kunstdiebstahlsgewerbe, Eigentumsverhältnisse dauerhaft zu

---

ist jedenfalls auf die Beschlagnahme „entarteter Kunst" nicht anwendbar: Die Rechtsakte sind nur dann einer Überprüfung entzogen, wenn der agierende Staat im Zeitpunkt der Klageerhebung noch besteht, was für den nationalsozialistischen Staat nicht zutrifft, vgl. *Menzel v. List,* 267 N.Y.S.2d 804, 813, 816 (Sup. Ct., N.Y. County 1966). Im übrigen wurde die Anwendbarkeit dieser Doktrin bei nationalsozialistischen (Un-)Rechtsakten wiederholt abgelehnt, vgl. *Bernstein v. N. V. Nederlandsche-Amerikaansche, etc.,* 210 F.2d 375 (US Ct. App. 2nd Cir. 1954) (sog. *„Bernstein-exception"*) und Department of State Bulletin, Vol. XX, vom 8. Mai 1949, S. 592 f.

54 Vgl. *Firsching/v. Hoffmann,* IPR, § 12 Rn. 30; *Kropholler,* IPR, S. 464, spricht hier von „schlichtem Statutenwechsel".

55 Der italienische Codice Civile kennt keine dem § 935 BGB vergleichbare Regelung, vgl. Artt. 1153-1157 C.C.it.

56 Vgl. *Firsching/v. Hoffmann,* IPR, § 12 Rn. 29; *Kropholler,* IPR, S. 466, wiederum spricht von „qualifiziertem Statutenwechsel".

verändern. Dies soll an einem vielfach besprochenen Beispiel erläutert werden:

Dem englischen Sammler Winkworth waren japanische Kunstgegenstände gestohlen worden, die anschließend in Italien wieder zum Vorschein kamen. Hier wurden sie gutgläubig von einem Marchese erworben, der sie anschließend wieder nach England verbrachte, um sie in London bei Christie's versteigern zu lassen. Der englische Sammler erfuhr von der Versteigerung und erhob Herausgabeklage.[57]

Die italienische Zivilrechtsordnung enthält nun die Besonderheit, daß sie den gutgläubigen Erwerb auch abhanden gekommener Sachen zuläßt.[58] Das englische Gericht wies die Klage entsprechend ab, da es auf den Erwerb des Marchese ausschließlich italienisches Recht anwendete, nicht jedoch ohne auf den Umstand hinzuweisen, daß diese strenge Berücksichtigung der *lex rei sitae* eine besondere Härte für den ehemaligen Eigentümer darstelle. Ein Verstoß gegen den ordre public bestehe jedoch nicht. Diese Einschätzung würde im übrigen ein deutscher Richter bestätigen, da auch dem BGB der gutgläubige Erwerb abhanden gekommener Sachen nicht gänzlich fremd ist, vgl. § 935 Abs. 2 und § 937 BGB.[59]

Doch nicht nur die italienische Rechtsordnung gewichtet den Schutz des Rechtsverkehrs stärker als denjenigen des Eigentümers. Das schweizerische Recht schließt den Herausgabeanspruch des bestohlenen Eigentümers bereits nach fünf Jahren aus, Art. 934 Abs. 1 ZGB. Im Falle öffentlicher Versteigerung, Veräußerung auf offenem Markt oder durch einen Kaufmann braucht der gutgläubige Erwerber die Sache nur gegen Vergütung des Kaufpreises herauszugeben (sog. Lösungsrecht), Art. 134 Abs. 2 ZGB. Ebenfalls kurze fünf Jahre beträgt die Ersitzungsfrist, Art. 728 Abs. 1 ZGB. Kunstwerke sind

---

57 *Winkworth v. Christie's, Manson and Woods Ltd.*, 2 W.L.R. 937 (High Court Chancery Division 1980); hierzu *Reichelt*, IPRax 1986, S. 73 ff.; *Jefferson*, 96 L.Q.R. 508 (1980); *Hanisch*, FS Müller-Freienfels, S. 193 ff., 217; *Stoll* in: *Dolzer/Jayme/Mußgnug*, Rechtsfragen des IKGS, S. 53 ff., 55; *Siehr*, International Art Trade and the Law, S. 58 f.

58 Artt. 1153-1157 C.C.it. Vgl. ferner folgenden Fall, wiedergegeben in der FAZ vom 19.11.1992, S. 35: Dem Bremer Kunstverein waren am Ende des zweiten Weltkriegs Aquarelle und Zeichnungen abhanden gekommen, die ein ehemaliger Sowjetoffizier 1993 von einer Florentiner Kunstgalerie erwarb und an einen gutgläubigen Italiener weiterveräußerte.

Auf die Bedeutung des grenzüberschreitenden Verschiebens gestohlener Kunstwerke weisen insbesondere hin *Behrens/de Lazzer*, Kunstmarkt, S. 153. Handelt es sich um nationales Kulturgut, so können die diesbezüglichen nationalen Schutzgesetze jedoch auch in Italien zu einem Ausschluß des Gutglaubenserwerbs führen, vgl. die Entscheidung des italienischen Kassationshofes vom 7.4.1992, n. 4260, Foro it. 1992 I, 2402; hierzu *Jayme*, ZVglRWiss 95 (1996), S. 158 ff., 162.

59 Hierauf weisen zurecht hin *Mansel*, IPRax 1988, S. 268 ff., 270; *Stoll* in: *Dolzer/Jayme/Mußgnug*, Rechtsfragen des IKGS, S. 56, der zusätzlich an die dreißigjährige Verjährungsfrist von Herausgabeansprüchen auch gegenüber Dieben erinnert.

von diesen Regelungen nicht ausgenommen. Das Lösungsrecht ist ebenso in einigen anderen Ländern bekannt, Spanien und Portugal seien hier als Beispiele genannt.[60] Auch in Frankreich muß der gutgläubige Erwerber einer abhanden gekommenen Sache nur während drei Jahren einen Herausgabeanspruch gegen Vergütung des Kaufpreises befürchten, Artt. 2279 Abs. 2, 2280 C.C.fr., wobei die Frist bereits mit dem Abhandenkommen zu laufen beginnt. Das Verbringen von Kunstgegenständen in bestimmte Rechtsordnungen kann also dazu beitragen, Rechtstatsachen zu schaffen, die Vindikationsansprüche ausschließen oder deren Durchsetzung verhindern.

b. Der Umgang mit wohlerworbenen Rechten, insbesondere dem Lösungsrecht

Ein weiteres Problem stellt sich in den Fällen, in denen ein Rechtsverhältnis an einer Sache begründet wurde, wenn sie nun in eine Rechtsordnung gelangt, der dieses Rechtsverhältnis unbekannt ist. Hierzu folgendes kurzes Beispiel:

In Deutschland gestohlene Münzen wurden von einem Kölner Unternehmen auf einer Auktion in der Schweiz erworben. Anschließend veräußerte das Kölner Unternehmen die Münzen an seine deutschen Auftraggeber. Auf Anforderung des früheren Eigentümers erwarb das Unternehmen die Münzen von den Auftraggebern zurück und übergab sie dem ehemaligen Eigentümer. Vor deutschen Gerichten klagte das Unternehmen gegen den Eigentümer auf Erstattung der Ersteigerungssumme, da nach schweizerischem Sachenrecht ein Lösungsrecht an den Münzen entstanden sei, demzufolge der ehemalige Eigentümer die Rückgabe der Sache nur gegen Erstattung des Kaufpreises verlangen könne.[61]

Unstreitig war in diesem Fall durch die Versteigerung in der Schweiz ein Lösungsrecht zugunsten des Eigentümers nach Art. 934 Abs. 2 ZGB entstanden. Nach den Grundsätzen des internationalen Sachenrechts ließ die *lex rei sitae* auf den Rechtserwerb schweizerisches Recht zur Anwendung kommen. Zweifelhaft war allerdings, ob das Lösungsrecht durch die Verbringung der Münzen in die Bundesrepublik Deutschland oder mit deren Weiterveräußerung seinen Fortbestand eingebüßt hatte. Dem deutschen Sachenrecht ist ein Lösungsrecht fremd. Nach dem sachenrechtlichen numerus clausus sind nur solche dinglichen Berechtigungen möglich, die gesetzlich fixiert sind.[62] Das Gericht entschied, daß nicht bereits durch den schlichten Statutenwechsel, jedoch mit der Weiterveräußerung an die deutschen Auftraggeber — auf die nach der *lex rei sitae* deutsches Recht anzuwenden war — das deutsche Sachenrecht die alleinige Herrschaft über die Münzen erhielt und das schweizerische Lösungsrecht erlosch.

---

60 Für eine eingehende Darstellung vgl. *Geyrhalter*, Lösungsrecht, S. 37 ff., 52.

61 Entscheidung des BGH vom 8.4.1987, IPRax 1987, S. 374 ff.

62 Vgl. statt vieler *Baur/Stürner*, Sachenrecht, § 1 II 2a.

Das Problem der Behandlung unbekannter ausländischer dinglicher Rechte stellt sich für jede Rechtsordnung, die den Kreis der zulässigen Sachenrechte gesetzlich beschränkt. Eine ausdrückliche Regelung dieser Sachverhalte findet sich nun in Art. 43 Abs. 2 EGBGB. Hiernach können im Ausland erworbene Rechte nicht im Widerspruch zur Rechtsordnung desjenigen Staates, in den die Sache verbracht wurde, ausgeübt werden. Daraus folgt jedoch nicht, daß einem unbekannten dinglichen Recht die Fortgeltung alleine deshalb versagt werden kann, weil es dem neuen Belegenheitsrecht unbekannt ist.[63] Die unbekannten ausländischen Institute sind vielmehr in funktionsäquivalente inländische Institute zu übertragen, sog. *Transpositionslehre.*[64] Bereits vor Inkrafttreten der Kodifikation des internationalen Sachenrechts beschrieb der BGH diesen Vorgang damit, daß die deutsche Rechtsordnung eine Sache mit derjenigen sachenrechtlichen Prägung übernimmt, die ihr das bisherige Statut verliehen hat.[65] Das neue Statut ist folglich für den Fortbestand und die inhaltliche Ausgestaltung der Rechte an der Sache maßgeblich. Die Bestimmungen des funktionsäquivalenten inländischen Instituts sind entsprechend anzuwenden. Beispielsweise können so die deutschen Regelungen für das Sicherungseigentum die inhaltliche Ausgestaltung einer nach italienischem Recht begründeten Autohypothek bestimmen.[66]

Der vor Inkrafttreten der jetzigen Regelung des Art. 43 Abs. 2 EGBGB in der Literatur vertretenen Auffassung, die ausländischen dinglichen Rechte seien ohne inhaltliche Umdeutung hinzunehmen, soweit sie nicht mit der Sachenrechtsordnung des neuen Statuts gänzlich unvereinbar seien,[67] hat sich der Gesetzgeber nicht angeschlossen. Nach ihr wäre das im Ausland begründete Eigentum ohne Übersetzung mit derjenigen inhaltlichen Ausgestaltung zu übernehmen, in der es begründet wurde. Sofern dem ausländischen Recht keine funktionsäquivalente deutsche Regelung gegenübersteht, wurde diese Lösung jedoch besonders aus Gründen des Gläubigerschutzes in der Zwangsvollstreckung als problematisch angesehen.[68]

---

63 Vgl. hierzu *Stoll,* RabelsZ 38 (1974), S. 450 ff., 459 m.w.Nachw.

64 *MünchKomm-Kreuzer,* nach Art. 38 EGBGB, Anhang I. Rn. 62; *Firsching/v. Hoffmann,* IPR, § 6 Rn. 38 f. und § 12 Rn. 33 f. m.w.Nachw.; *Siehr,* ZVglRWiss 83 (1984), S. 100 ff., 108; *Kegel,* IPR, § 19 III.

Diese Lehre setzt jedoch freilich voraus, daß ein funktionsäquivalentes Institut existiert.

65 Sog. *Prägungstheorie,* vgl. BGH 20.3.1963, NJW 1963, S. 1200 f.; BGH 8.4.1987, IPRax 1987, S. 374 ff, 377. Sie geht im Ursprung zurück auf *Lewald,* IPR, S. 184.

66 Vgl. BGH 11.3.1991, IPRax 1993, S. 176 f.

67 *Staudinger-Stoll,* IntSachenR, Rn. 297 f.; *MünchKomm-Sonnenberger,* Einl. IPR, Rn. 614; *Ferid,* IPR, 7-67. *Stoll* möchte mit jedoch nicht zwingender Begründung hierzu auf die Anwendung des ordre public verzichten, RabelsZ 38 (1974), S. 450 ff., 459 f.

68 Insbesondere die Ansprüche auf Aus- und Absonderung der §§ 43, 48 KO, sowie die prozessualen Möglichkeiten der §§ 771, 805 ZPO dienten dem Schutz des Gläubigers.

Das in dem genannten Münzversteigerungsfall behandelte Lösungsrecht ist auch für „entartete Kunst" von Bedeutung, da wichtige Werke in die Schweiz veräußert oder dort versteigert wurden und dieses Rechtsinstitut auch in einigen anderen Ländern vorgesehen ist. Obgleich es sich seiner Natur nach regelmäßig um ein Zurückbehaltungsrecht handelt,[69] ist es kollisionsrechtlich an das Übereignungs-Sachstatut anzuknüpfen. Begründet wird dies damit, daß das Lösungsrecht zwar keine dingliche Belastung einer Sache darstelle, aber wie eine solche zu behandeln sei.[70] Auch wird die inhaltliche Nähe zu dem Verwendungsersatzanspruch des gutgläubigen Besitzers herangezogen.[71]

Die Auffassung, daß dieses dem deutschen Recht unbekannte Lösungsrecht nach einem Statutenwechsel in das deutsche Hoheitsgebiet nicht anzuerkennen sei, wird heute nicht mehr vertreten und ist auch angesichts der neuen gesetzlichen Regelung nicht mehr haltbar.[72] Seine Anerkennung richtet sich vielmehr nach dem Grundsatz der Anerkennung wohlerworbener Rechte. Sie wäre demnach im Rahmen des Art. 43 Abs. 2 EGBGB nur dann zu versagen, wenn die Ausübung des Lösungsrechts im Widerspruch zu fundamentale Prinzipien des deutschen Rechts stehen würde. Der ordre public des Art. 6 EGBGB steht einer Anerkennung des Lösungsrechts jedoch nicht im Wege.[73] Nicht beantwortet ist damit allerdings die Frage nach seiner inhaltlichen Ausgestaltung. Manche Autoren werfen der Transpositionslehre ein offensichtliches Defizit vor, da ein funktionsäquivalentes Rechtsinstitut auf deutscher Seite fehle und ein „Hineinpressen" in das Schema der §§ 994 ff. BGB als nicht gangbarer Weg anzusehen sei.[74] Hingegen sieht auch die Transpositionslehre für eine gewaltsame Angleichung kein Bedürfnis. Zwar ist in jedem Fall die Grenze des ordre public zu beachten; das neue Statut kann sich jedoch den Standpunkt des ausländischen Rechts weitgehend zu eigen machen.[75] In der Praxis führt daher die Umsetzung unbekannter ausländischer Rechtsinstitute und insbesondere des Lösungsrechts kaum noch zu Problemen, sofern diesen

---

Dieser Schutz würde durch eine vorbehaltlose Anerkennung und Umsetzung ausländischer Sicherungsrechte beeinträchtigt. Hierauf weisen hin *Firsching/v. Hoffmann*, § 12 Rn. 32; ähnlich *Soergel-Kegel*, vor Art. 7 EGBGB, Rn. 568.

[69] Vgl. *Siehr*, ZVglRWiss 83 (1984), 102 f. Anders aber *Soergel-Lüderitz*, Art. 38 Anh. II, Rn. 11, 64, der „in der Regel" von einem dinglichen Recht ausgeht. *Raape*, IPR, S. 603, spricht von einem beschränkt-dinglichen Recht.

[70] *Geyrhalter*, Lösungsrecht, S. 82 f. m. w. Nachw.

[71] *Siehr*, ZVglRWiss 83 (1984), S. 100 ff., 109. m. w. Nachw.

[72] Vgl. die Nachweise bei *Geyrhalter*, Lösungsrecht, S. 97 f.

[73] So die wohl allgemeine Ansicht, vgl. *MünchKomm-Kreuzer*, nach Art. 38 Anh. I, Rn. 79, der zu recht auf die Regelung des § 1000 BGB aufmerksam macht; *Staudinger-Stoll*, IntSachenR, Rn. 239; *Geyrhalter*, Lösungsrecht, S. 98 f.; *Siehr*, ZVglRWiss 83 (1984), S. 100 ff., 109 f.

[74] *Geyrhalter*, Lösungsrecht, S. 119.

[75] BGH 8.4.1987, IPRax 1987, S. 374 ff.; *Firsching/v. Hoffmann*, IPR, § 12 Rn. 33.

Rechten nicht wegen Verstoßes gegen den ordre public die grundsätzliche Anerkennung zu versagen ist.

Wird die Sache jedoch innerhalb eines neuen Statuts veräußert, das ein Lösungsrecht nicht kennt, erlischt es.[76] Dies ist zum einen Konsequenz aus Art. 43 Abs. 1 EGBGB, zum anderen Ausfluß des Prägungsgedankens des BGH, nach dem die auf eine Veräußerung anzuwendende Rechtsordnung die Sache mit dem Inhalt der anzuwendenden Sachenrechtsnormen prägt. Dem neuen Statut unbekannte Rechtsinstitute, die der Sache bis dahin anhafteten, erlöschen dann. Für das Lösungsrecht gilt zusätzlich die Besonderheit, daß es regelmäßig nicht übertragbar ist, sondern in der Person des Erwerbers jeweils neu entsteht, sofern dieser Erwerber die Voraussetzungen erfüllt. Da z.B. die deutsche Rechtsordnung ein Lösungsrecht nicht kennt, kann es hier in der Person des Erwerbers nicht neu entstehen.[77]

3. Modifikationen der Situs-Regel

Obgleich sich nun die Situs-Regel gewissermaßen als Standard im Bereich des internationalen Sachenrechts etablieren konnte, führt ihre strikte Anwendung nicht immer zu sachgerechten Ergebnissen. Der Gesetzgeber hat diesen Umstand zum einen im Vorrang der wesentlich engeren Verbindung (Art. 46 EGBGB) und zum anderen in den Sonderanknüpfungsregeln für Grundstücksimmissionen (Art. 44 EGBGB) und für Luft-, Wasser- und Schienenfahrzeuge (Art. 45 EGBGB) berücksichtigt. Für weitere Detailfragen haben sich ebenfalls abweichende Lösungsansätze durchgesetzt, für wieder andere sind Lösungen in der Entwicklung.[78] Auf den Gebieten des internationalen Kunsthan-

---

[76] So die herrschende Auffassung, vgl. BGH 8.4.1987, IPRax 1987, S. 374 ff.; *Soergel-Lüderitz,* Art. 38 Anh. II, Rn. 68 m.w.Nachw. Anders jedoch für das schweizerische Lösungsrecht *Siehr,* ZVglRWiss 83 (1984), S. 113 f.: Dieses werde bei jedem weiteren gutgläubigen Erwerb mitübertragen, laste daher „reallastartig" auf der Sache und gehe daher auch nicht bei einer Veräußerung innerhalb einer Rechtsordnung unter, der ein Lösungsrecht fremd sei.

[77] Vgl. insoweit auch BG 6.10.1977, BGE 103 II 186 [189]; *Staudinger-Stoll,* IntSachenR, Rn. 240; *Karrer,* Fahrniserwerb, S. 85. Dies verkennt *Geyrhalter,* Lösungsrecht, S. 160 ff., 165, wenn er dem lösungsberechtigten Erwerber auch nach Weiterveräußerung in Deutschland und diesbezüglicher Genehmigung durch den ehemaligen Eigentümer das Recht zuspricht, vom Anspruch des ehemaligen Eigentümers aus § 816 Abs. 1 BGB den Betrag des Lösungsrechtes im Rahmen des § 818 Abs. 3 BGB abzuziehen: Mit der Weiterveräußerung in Deutschland ist das Lösungsrecht bereits erloschen.

[78] Keine Anhängerschaft in Europa finden dagegen amerikanische Lösungsansätze, die auch sachenrechtliche Fragen anhand der *most significant relationship* anknüpfen, z.B. *Autocephalous Greek-Orthodox Church of Cyprus v. Goldberg,* 717 F.Supp. 1374 (US Ct.S.D.Ind. 1989), bestätigt durch 917 F.2d 278 (US Ct. App. 7th Cir. 1990). In diesem Fall wurden byzantinische Mosaiken in der Schweiz erworben und nach Indiana verbracht. Das Gericht stützte seine Entscheidung allein auf das Recht des Staates Indiana, da sich

dels und des internationalen Kulturgüterschutzes wächst das Bedürfnis nach Veränderung. Im folgenden sollen zunächst die bereits allgemein anerkannten Ausnahmen dargestellt werden.

a. Transportmittel

Der Grund, Eisenbahnen, Schiffe und Luftfahrzeuge dem Anwendungsbereich der *lex rei sitae* zu entziehen und sie an den Herkunftsstaat anzuknüpfen, ist darin zu sehen, daß sie sich als Transportmittel — ähnlich einer *res in transitu* — bei grenzüberschreitendem Verkehr oft nur zufällig in einem Rechtsgebiet befinden, zu dem sie ansonsten keine nähere Beziehung besitzen. Da sie regelmäßig an dem Ort ihres Standorts registriert sind, ist es sinnvoll, sie dem Recht dieses Staates zuzuordnen.[79] In der Literatur wurde diese Sonderanknüpfung bereits vor der jetzigen Kodifikation vetreten, wobei zum Teil noch nach der Art des Transportmittels unterschieden wurde,[80] sowie danach, ob die Verkehrsmittel dem ständigen internationalen Transport gewidmet sind oder nicht.[81]

b. Res in transitu

Als *res in transitu* wird eine Sache bezeichnet, über die verfügt wird, während sie sich auf dem Transportwege befindet.[82] Das Bild eines französischen Eigentümers, das auf dem Landwege als Leihgabe zu einer Ausstellung in einem griechischen Museum unterwegs ist, wird während der Zeit des Transportes veräußert. Den Belegenheitsort zur Stunde der Veräußerung als eigentlich maßgebliche *lex rei sitae* zu ermitteln, ist lediglich eine Beweisfrage, doch bliebe die anzuwendende Rechtsordnung dem Zufall überlassen. Nach herrschender Ansicht, die sich nun auf Art. 46 EGBGB stützen kann, ist daher

---

die Mosaiken nur vier Tage lang in der Schweiz befunden hatten und keine der Parteien eine Verbindung zu der Schweiz aufweisen konnte. Hierzu *Müller-Katzenburg,* Internationale Standards im Kulturgüterverkehr, S. 162 f.

79 *Drobnig* in: FS Kegel I, S. 141 ff., 144; *Palandt-Heldrich,* Anh. II zu Art. 38 EGBGB, Rn. 3, 10; *Staudinger-Stoll,* IntSachenR, Rn. 346 m.w.Nachw. Erwerb und Verlust des Eigentums an im deutschen Schiffsregister eingetragenen Schiffen richtet sich stets nach deutschem Recht, § 1 Abs. 2 SchiffsRG.

80 *MünchKomm-Kreuzer,* nach Art. 38 Anh. I, Rn. 131.

81 *Staudinger-Stoll,* IntSachenR, Rn. 346; a.A. *Ferid,* IPR, 7-90.

82 Manche unterscheiden hier noch Versendungsgüter, wobei man sich schon über die Definition derselben nicht einig ist; vgl. insoweit *Firsching/v. Hoffmann,* IPR, § 12 Rn. 36, der eine Abgrenzung bei der Frage der Bestimmtheit des Bestimmungsortes im Zeitpunkt der Absendung vornehmen möchte, und *Staudinger-Stoll,* IntSachenR, Rn. 307, der in der Versendung lediglich die Erfüllung eines internationalen Verkehrsgeschäftes sieht.

zum Schutz des Rechtsverkehrs nicht der Belegenheitsort maßgeblich, sondern das Recht des Bestimmungsortes.[83]

In dieser stetig mobiler werdenden Welt werden auch Kunstwerke immer öfter auf Reisen geschickt, um beispielsweise auf Wanderausstellungen internationalem Publikum vorgestellt zu werden. Es erscheint im Bereich des Denkbaren, auch diese Sachen als *res in transitu* zu bezeichnen. Man stelle sich vor, jenes griechische Museum unternimmt eine Wanderausstellung durch mehrere europäische Länder. Veräußert der Franzose nun sein Werk während dieser Zeit, so wäre stets diejenige Rechtsordnung zur Regelung des Eigentumsübergangs berufen, in dessen Geltungsbereich sich das Werk zufälligerweise gerade aufhält. Dieses Ergebnis entspricht weder dem Verkehrsinteresse, noch hätten die Beteiligten vernünftigerweise mit ihm gerechnet. Es erscheint auch hier angebracht, das Recht des endgültigen Bestimmungsortes, der sich regelmäßig mit dem Ausgangspunkt, nämlich dem „Sitz" des Bildes decken wird, zur Entscheidung zu berufen.

c. Sachen auf staatsfreiem Gebiet

Befindet sich eine Sache während einer Veräußerung auf staatsfreiem Gebiet, also z.B. auf hoher See oder im Luftraum, sind verschiedene Anknüpfungsmöglichkeiten denkbar. So wird vorgeschlagen, anstelle der *lex rei sitae* das Heimatrecht des bisherigen Eigentümers[84] oder dasjenige des Besitzers[85] für eine Eigentumsübertragung maßgeblich sein zu lassen. Da eine Eigentumsübertragung im Hinblick auf mögliche Einstandspflichten regelmäßig den Übertragenden stärker in die Pflicht nimmt als den Erwerber, erscheint diese Vorgehensweise sinnvoll. Diejenige Auffassung hingegen, die — wie im Vertragsrecht — dem Parteiwillen die entscheidende Bedeutung beimißt, wirkt im Sachenrecht systemfremd.[86]

---

[83] *Firsching/v. Hoffmann*, IPR, § 12 Rn. 37; *MünchKomm-Kreuzer*, nach Art. 38 Anh. I Rn. 127; *Soergel-Kegel*, Vor Art. 7 Rn. 573; siehe auch die Nachweise bei *Staudinger-Stoll*, IntSachenR, Rn. 309. Manche empfehlen die alternative Anknüpfung an den Absende- bzw. den Bestimmungsort gemäß Einzelfallabwägung, *Lalive*, Transfer of Chattels, S. 186 ff., 192; andere die Berücksichtigung des Parteiwillens, *Staudinger-Stoll*, IntSachenR Rn. 309, basierend auf *Wolff*, IPR, S. 174.

[84] *Zitelmann*, IPR, S. 187.

[85] *Frankenstein*, IPR, S. 106.

[86] So aber *Staudinger-Stoll*, IntSachenR Rn. 198. Wie hier wohl auch *Kegel*, IPR, S. 12 f.; *Firsching/v. Hoffmann*, IPR, § 12 Rn. 10. Für eine stärkere Berücksichtigung des Parteiwillens auch *Jayme*, FS Serick, S. 241 ff., 246 f.

d. Lösungsansätze im internationalen Kulturgüterschutz

Lediglich ein Teilbereich aller Kunstwerke ist nationales Kulturgut. Dies wird bedauerlicherweise allzu oft übersehen, wenn in der Diskussion über neue Anknüpfungsregeln oder einheitliche Erwerbsnormen beide Begriffe synonyme Verwendung finden und Argumente, die eine besondere Lösung für nationales Kulturgut unterstützen, ohne weiteres auf Kunstwerke im allgemeinen übertragen werden. Zu nationalem Kulturgut können nicht nur Kunstwerke, sondern auch archäologische Funde, Archive und Sammlungen nach den Bestimmungen des jeweiligen Landes deklariert werden.[87] Die hochpolitische Bedeutung des nationalen Kulturgutes ist im Rahmen der aktuellen Diskussion um die Rückkehr deutschen Kulturgutes aus russischem Exil in das allgemeine Bewußtsein gedrungen. Das jüngst aufgefundene Marmormosaik aus dem legendären und seit der deutschen Okkupation verschollenen Bernsteinzimmer in St. Petersburg zeigt die hier interessierende juristische Problematik auf:[88] Möglicherweise hat der deutsche Besitzer gutgläubig Eigentum ersessen und damit den vollumfänglichen Schutz der Zivilrechtsordnung erworben. Andererseits haben sich Deutschland und Rußland völkerrechtlich verbindlich verpflichtet, die kulturelle Identität des anderen zu achten und für die Rückgabe der kriegsbedingt verschleppten Kulturgüter zu sorgen.[89]

In der Literatur wird seit einiger Zeit die Auffassung vertreten, daß den Belangen des Herkunftslandes, das ein Kunstwerk oder ein Archiv mit der Identität seiner Nation verbindet, stärkeres Gewicht als dem Recht des Belegenheitsstatuts beizumessen ist.[90] Vorgeschlagen wird, Eigentumsrechte an derartigen

---

[87] Vgl. §§ 1, 10 KulturgutSchG, das trotz der Verlagerung der Gesetzgebungszuständigkeit vom Bund auf die Länder (früher Art. 74 Abs. 1 Nr. 5 GG, jetzt Art. 75 Abs. 1 Nr. 6 GG) weiterhin gültig ist. Sieht man jedoch in die Liste der in den deutschen Bundesländern als nationales Kulturgut eingetragenen Gegenstände, ist festzustellen, daß, wie in vielen anderen Ländern, kultische und archäologische Werke nur einen zu vernachlässigenden Prozentsatz ausmachen.

Vgl. ferner Art. 1 des italienischen Gesetzes vom 1. Juni 1939 über den Schutz der Sachen von künstlerischem und historischem Interesse; Art. 1 der UNESCO-Konvention über Maßnahmen zum Verbot und zur Verhinderung der unerlaubten Einfuhr, Ausfuhr und Übereignung von Kulturgut vom 14. November 1970.

[88] Siehe den Beitrag in der SZ vom 16.5.1997, S. 3. Ferner *Krämer*, NJW 1997, S. 2580 f.

[89] Art. 16 Abs. 2 des Vertrags über gute Nachbarschaft, Partnerschaft und Zusammenarbeit zwischen der Bundesrepublik Deutschland und der Union der Sozialistischen Sowjetrepubliken vom 9.11.1990, BGBl. 1991 II, S. 702.

[90] Vgl. hierzu *Jayme*, Kunstwerk und Nation, S. 11 ff. Die Frage, wie die Zugehörigkeit bei der Vielzahl von Werken zu begründen ist, die von ausländischen Künstlern über ein ausländisches Thema erschaffen wurden und nur aufgrund langjährigen Verbleibs Aufnahme in die Liste fanden, bleibt unklar; dies trifft ebenso zu auf den im Berliner Kronprinzenpalais hängenden Watteau „Einschiffung nach Cythère" wie Leonardos „Mona Lisa" im Louvre. Für eine Berücksichtigung des „Rezeptionsgedankens" *Jayme* in: *Reichelt* (Hrsg.), IKGS, S. 7 ff., 26.

Kunstwerken dem Recht des Ursprungslandes zu unterstellen *(lex originis)*.[91] Die Ermittlung des Ursprungslandes läßt jedoch unterschiedliche Interpretationen zu. Möglich ist es, an die Nationalität des Künstlers anzuknüpfen, wie es die UNESCO-Konvention von 1970 vorschlägt, oder an den Ort, für den das Kunstwerk bestimmt war.[92] Letzteres empfiehlt sich besonders für archäologische Funde oder Kultgegenstände, deren kultische Wirkung mit dem ursprünglichen Bestimmungsort eng verknüpft ist.[93] Im Ergebnis würde dies bedeuten, den einmal erreichten Bestimmungsort als Belegenheitsort zu fixieren und eine privatrechtliche Anknüpfung von nun an dem Recht dieses Ortes zu unterstellen. Erste Umsetzung haben diese Gedanken in der EG-Richtlinie 93/7/EWG gefunden,[94] dessen Art. 12 bestimmt:

„Die Frage des Eigentums nach erfolgter Rückgabe bestimmt sich nach dem Recht des ersuchenden Mitgliedstaates."

Letzte Konsequenz in oben genanntem Sinne fehlt dieser Bestimmung allerdings. Denn zwar wird der ersuchende Mitgliedsstaat oft mit dem Bestimmungsort zusammenfallen, dies ist jedoch nicht zwingend. Umsetzung in nationales Recht könnte diese Richtlinie in der Weise erfahren, daß den Bestimmungen zum IPR eine Sonderkollisionsnorm für Kulturgüter mit entsprechendem Inhalt angefügt wird.[95]

Konsequenteste Umsetzung erfuhr der Gedanke der *lex originis* für Kulturgüter in der Resolution des Institut de Droit International auf seiner 65. Sitzung

---

91 Besonders *Jayme*, Kunstwerk und Nation S. 15 ff.; *ders.* in: *Dolzer/Jayme/Mußgnug* (Hrsg.), Rechtsfragen des IKGS, S. 35 ff.; *ders.* in: *Reichelt /Hrsg.)*, IKGS, S. 7 ff.; zustimmend *Reichelt* in: *Reichelt* (Hrsg.), IKGS, S. 31 ff.; hiergegen *Hanisch* in: *Frank* (Hrsg.), Recht und Kunst, S. 19 ff., 34.

92 So *Jayme* in: *Dolzer/Jayme/Mußgnug* (Hrsg.), Rechtsfragen des IKGS, S. 35 ff., 48, der als Beispielsfall die Rückkehr des Domschatzes von Quedlinburg nennt. Zu denken ist aber auch an die vielen noch in Rußland befindlichen deutschen Kulturgüter, deren Rückkehr, obwohl vertraglich und damit völkerrechtlich verbindlich zugesichert, weiterhin fraglich ist.

93 Zur grundsätzlichen Frage des „nationalen" Kulturgutes vgl. *Jayme*, Kunstwerk und Nation, S. 7 ff; *ders.* in: FS Lalive, S. 717 ff., 723 ff.; *Hanisch* in: *Frank* (Hrsg.), Recht und Kunst, S. 19 ff., 22 ff. m.w.Nachw.

94 Richtlinie 93/7 EWG des Rates vom 15.3.1993, Abl. EG 1993, Nr. L 74/74 ff. (27.3.93). Vgl. hierzu *Siehr*, NJW 1993, S. 2206 ff.; *Hanisch* in: *Frank* (Hrsg.), Recht und Kunst, S. 19 ff., 20; *Jayme/Kohler*, IPRax 1993, S. 357 ff., 359 f.; *Müller-Katzenburg*, Internationale Standards im Kulturgüterverkehr, S. 284 ff.

95 So auch *Jayme/Kohler*, IPRax 1993, S. 357 ff., 360; ebenso der Vorschlag eines (unveröffentlichten) Gutachtens der Universität Heidelberg vom 21. Juni 1993, für dessen Überlassung ich dem Verfasser, Herrn Prof. Dr. *Reinhard Mußgnug*, zu Dank verpflichtet bin.

in Basel im Jahr 1991.[96] Als erster und bisher einziger Lösungsvorschlag versucht sie eine fast ausschließlich kollisionsrechtliche Lösung mit korrespondierenden sachrechtlichen Vorschlägen für den Gutglaubenserwerb. Artikel 2 bestimmt:

„The transfer of ownership of works of art belonging to the cultural heritage of the country of origin shall be governed by the law of that country."

Nach der Begriffsbestimmung in Artikel 1 Nr. 1 (b) ist als „country of origin" dasjenige Land zu verstehen, das die in kultureller Hinsicht engste Beziehung zu dem Werk aufweist. Auch die Exportbestimmungen des „country of origin" sollen Anwendung finden, Artikel 3 der Resolution.

Die Maßgeblichkeit der *lex originis* begegnet auch kritischen Stimmen, die eine Zunahme der Rechtsunsicherheit befürchten[97] oder eine Lösung nach Abwägung im Einzelfall vorschlagen.[98] Zwar kritisieren auch sie die Starrheit der Situs-Regel, bieten jedoch keine Alternative. Dem Argument, daß auch die *lex originis* letztlich nicht automatisch eine verbesserte Berücksichtigung der Belange des Eigentümers bedeute, ist jedoch entgegenzutreten. Immerhin unterstellt sie das Werk derjenigen Rechtsordnung, zu der es die engste innere Beziehung aufweist. Mit dieser Fixierung kann sie eine gezielte Verschlechterung der Rechte des Eigentümers durch Veränderung des Belegenheitsortes ausschließen. Zwar verhindert man hierdurch nicht, daß Veräußerungen an Gutgläubige, die schon in Italien als dem „country of origin" vollzogen wurden, auch außerhalb Italiens anzuerkennen sind; jedoch sind Rechtsordnungen, die dies zulassen, die Ausnahme. Wenn auch noch nicht in allen Details eine befriedigende Lösung gefunden wurde, weist dieser Ansatz doch in die richtige Richtung.

Der Versuch eines französischen Gerichtes, abgelöste Fresken dem Recht Ursprungslandes zu unterstellen, indem sie weiterhin als Immobilien fingiert werden, ist hingegen auf wenig Gegenliebe gestoßen.[99] Mehrere romanische

---

[96] Englischer und französischer Text veröffentlicht in RabelsZ 56 (1992), S. 566-571. Siehe auch die Anmerkung von *Rigaux*, RabelsZ 56 (1992), S. 547 ff., 550 ff.

[97] So *Siehr*, Academy of International Law, Recueil de Cours, Vol. 243 (1993-VI), S. 13 ff., 203 ff.

[98] So *Hanisch* in: *Frank* (Hrsg.), Recht und Kunst, S. 19 ff., 34 ff.

[99] Cour d'appel de Montpellier, 18.12.1984, D. 1985. Jur. 208, aufgehoben durch Cass., 15.4.1988, D. 1988. Jur. 325 ff. Anders jedoch die Literatur: *Reichelt*, IPRax 1989, S. 254 f.; *Jayme* in: *Dolzer/Jayme/Mußgnug* (Hrsg.), Rechtsfragen des IKGS, S. 35 ff., 43 f.; *ders.* „Entartete Kunst" und IPR, S. 25 f.; ablehnend *Stoll* in: *Dolzer/Jayme/Mußgnug* (Hrsg.), Rechtsfragen des IKGS, S. 53 ff., 56 f.

Moderne Technik ermöglichte auch die Verwandlung des Wandbildes „Familie" von Oskar Schlemmer von einer Immobilie zur Mobilie, nicht ohne Widerstand der Erben, *Stoll* in: *Frank* (Hrsg.), Recht und Kunst, S. 73 ff.

Fresken waren in einer französischen Kapelle in Casenoves abgelöst und in die Schweiz verbracht worden. Das angerufene französische Gericht konnte seine Zuständigkeit nur bejahen, indem es die Fresken als nach wie vor mit der Kapelle fest verbunden und so als Immobilien fingierte. Konsequenterweise mußte diese Einordnung auch bei der Bestimmung der *lex rei sitae* eingehalten werden. Das Problem stellt sich vorwiegend bei Fresken und fest verbundenen Statuen, gleicht aber der Problematik bei Kultgegenständen und archäologischen Funden. Die Notwendigkeit eines „Schutzgerichtsstandes für Kulturgüter"[100] erscheint jedoch zweifelhaft, ebenso dessen internationale Akzeptanz. Die Problematik, die mit den sich stets steigernden technischen Möglichkeiten an Dringlichkeit zunimmt, erscheint vielmehr als weiterer deutlicher Hinweis auf die Notwendigkeit einer *lex originis* für diese besonderen Güter.

Eine Übernahme der *lex originis* für Kunstwerke im allgemeinen erscheint jedoch nicht möglich. Ihnen fehlt regelmäßig der besondere Bezug, die enge Verbindung und die Zugehörigkeit zu einer Nation. Eine Betonung der Herkunft des Künstlers etwa ist ebenso unangemessen wie diejenige der Zugehörigkeit zu einer Sammlung, wenn sich der Staat oder die Nation nicht ausdrücklich über seine Bedeutung für die nationale Identität erklärt haben. Kunstwerke, die kein Staat zu seinem nationalen Kulturgut zählt, sind vielmehr als *res commercium* anzusehen und wollen gerade Internationalität für sich beanspruchen. Eine starre Anbindung an die Nationalität des Künstlers würde diesen Aspekten zuwiderlaufen.

4. Von der *lex rei sitae* abweichende Anknüpfung für gestohlene und sonst abhanden gekommene Kunstwerke

Es stellt sich nunmehr die Frage, ob über diese allgemein anerkannten Ausnahmen hinaus eine weitere von der Situs-Regel abweichende Anknüpfung für gestohlene oder abhanden gekommene Kunstwerke geboten ist. Sie ist dann gerechtfertigt, wenn mit dem Recht am Ort des Abhandenkommens bzw. des Diebstahls eine wesentlich engere Verbindung im Sinne von Art. 46 EGBGB besteht als mit dem Ort der Belegenheit.

Ausgangspunkt zahlreicher Entscheidungen über die Anknüpfung abhanden gekommener Kunstwerke waren Geschehnisse im Deutschland der vierziger Jahre. Die Besetzung Deutschlands durch die Alliierten und Sowjetrußland nutzten einige von der Gelegenheit überraschte Okkupationsbedienstete, um sich in den Besitz von in versteckten Depots aufgefundenen Kunstschätzen zu bringen. Aufsehen erregte ein Rechtsstreit um zwei Dürer-Portraits des Ehepaars Hans und Felicitas Tucher, die der New Yorker *Elicofon* im Jahre 1946

---

[100] *Reichelt*, IPRax 1989, S. 254, 255.

an seiner Haustür für 450 US-Dollar erwarb, nachdem sie im Sommer 1945 im Schloß Schwarzburg/Thüringen, wohin man sie während des Krieges ausgelagert hatte, entwendet worden waren. Die ursprüngliche Eigentümerin, die Städtischen Kunstsammlungen zu Weimar, verklagte den New Yorker Anwalt und Kunstsammler auf Herausgabe und obsiegte. Die Gerichte stellten in ihren Entscheidungen zu den sachenrechtlichen Fragen allein auf die *lex rei sitae* als maßgebliche Anknüpfungsregel ab:[101]

„New York's choice of law dictates that questions relating to the validity of a transfer of personal property are governed by the law of the state where the property is located at the time of the alleged transfer."[102]

Die für den Rechtsstreit entscheidende Eigentumsübertragung fand in New York statt. Zwar kennt das damit zur Entscheidung berufene New Yorker Recht ebenfalls eine Anknüpfung an die Rechtsordnung, die die engste Verbindung zu der Sache aufweist; diese engste Verbindung werde jedoch bei der Frage des Eigentumserwerbs regelmäßig an dem Belegenheitsort vermutet;[103] der Ort des Abhandenkommens sei demgegenüber ohne Bedeutung. Darüber hinaus gebiete die Politik des Staates New York, Eigentümer generell zu beschützen, die Anwendung New Yorker Rechts:

„In applying the New York rule that a purchaser cannot acquire good title from a thief, New York courts do not concern themselves with the question of where the theft took place, but simply whether one took place. Similarly, the residence of the true owner is not significant for the New York policy is not to protect resident own-

---

[101] *Kunstsammlungen zu Weimar v. Elicofon,* 536 F. Supp. 829, 846 (US D.Ct.E.D.N.Y. 1981), bestätigt von 678 F.2d 1150 (US Ct. App. 2d Cir. 1982). Zunächst hatte die Bundesrepublik Deutschland Klage eingereicht mit der Behauptung, die Interessen des Museums zu vertreten, das in der damals völkerrechtlich noch nicht anerkannten DDR ansässig war. Als Intervenienten waren dann die Großherzogin von Sachsen-Weimar-Eisenach und die Kunstsammlungen selbst in den Rechtsstreit eingetreten. Während ersterer (unter Heranziehung deutschen Fürstenrechts durch das amerikanische Gericht!) ein Recht auf Herausgabe abgesprochen wurde, vgl. *Federal Republic of Germany v. Elicofon,* 536 F. Supp 813 (US D.Ct.E.D.N.Y. 1978), erkannte das Gericht schließlich den Kunstsammlungen zu Weimar die Rechtsträgerschaft zu, vgl. *Federal Republic of Germany v. Elicofon,* 14 International Legal Materials (I.L.M.) 806 (US D.Ct.E.D.N.Y. 1975), woraufhin sich die Bundesrepublik aus dem Streit zurückzog.

Vgl. hierzu *Drobnig,* IPRax 1984, S. 61 ff.; *Burks,* Texas International Legal Journal 19 (1984), 189 ff.; *Junker,* Jura 1985, S. 415 ff.

[102] *Kunstsammlungen zu Weimar v. Elicofon,* 536 F. Supp. 829, 846 (US D.Ct.E.D.N.Y. 1981). Die Rechtsmittelinstanz bestätigte diese kollisionsrechtliche Würdigung „substantially for the reasons stated in the district court's opinion", 678 F.2d 1150, 1160 (US Ct. App. 2nd. Cir. 1982)

[103] „Concept of 'significant relationship',„ vgl. *Kunstsammlungen zu Weimar v. Elicofon,* 536 F.Supp. 829, 846 m.w.Nachw.

ers, but to protect owners generally as a means to preserve the integrity of transactions and prevent the state from becoming a marketplace for stolen goods.“[104]

Auch in dem Rechtsstreit der deutschen Witwe de Weerth gegen eine amerikanische Erwerberin ging es um heimliche Kriegsbeute. Ein ausgelagertes Ölbild von Claude Monet wurde nach der Einquartierung von US-Soldaten entwendet, über eine Schweizer Galerie nach New York vermittelt und dort an die Amerikanerin Baldinger veräußert. Der Verbleib des Gemäldes zwischen 1945 und der Vermittlung durch die Schweizer Galerie im Jahr 1956 blieb ungeklärt. In dem kollisionsrechtlichen Teil der Entscheidung übernimmt das Gericht ausdrücklich die Argumentation zum Fall Elicofon.[105]

Unbeachtet ließ das amerikanische Gericht im Fall Baldinger fälschlicherweise die Frage, ob nicht zwischenzeitlich ein wirksamer Eigentumsverlust — insbesondere während der ungeklärten Schweizer Jahre 1945 bis 1956 — eingetreten sei.[106] Auf sie wäre nach der festgestellten New Yorker Regel das Recht am jeweiligen Lageort anzuwenden gewesen. Das amerikanische Sachenrecht ist insgesamt als sehr eigentümerfreundlich insoweit anzusehen, als es weder die Ersitzung noch den gutgläubigen Erwerb auf öffentlichen Versteigerungen (vgl. § 935 Abs. 2 BGB) kennt.[107] Schon die Elicofon-Entscheidung ließ ein gewisses Unbehagen im Umgang mit derartigen Rechtsinstituten auf seiten des Gerichts erkennen. Berücksichtigt man den Ausspruch zur schützenden Politik des Staates New York, könnte der Schluß naheliegen, das Gericht habe sich bewußt auf den letzten Erwerbsakt zur Bestimmung der maßgeblichen Rechtsordnung beschränkt, weil es die eigentümerfreundliche Gewichtung des amerikanischen Sachenrechts zur Geltung kommen lassen wollte. Dahinter steht der Grundgedanke, die Wertungen des materiellen Rechts in das IPR zu übertragen. Er scheint in diesem Fall jedoch nicht nachahmenswert und bedeutet in letzter Konsequenz nicht weniger als eine Absage

---

[104] *Kunstsammlungen zu Weimar v. Elicofon,* 536 F.Supp. 829, 846.

[105] Grundlegend sind die Entscheidungen *De Weerth v. Baldinger,* 658 F.Supp. 688 (US D.Ct.S.D.N.Y. 1987); aufgehoben durch 836 F.2d 103 (US Ct. App. 2nd Cir. 1987); hierzu *Mansel,* IPRax 1988, S. 268 ff.; *Drum,* 64 N.Y.U.L.R. (1989) 909. Frau de Weerth erreichte eine Wiederaufnahme des Verfahrens, in der ihr der Anspruch wiederum erstinstanzlich zugesprochen, 804 F.Supp. 539 (US Ct.S.D.N.Y. 1992) und schließlich abgewiesen wurde, 38 F.3d 1266 (US Ct. App. 2nd Cir. 1994); hierzu *Siehr,* IPRax 1993, S. 339 f.; *Furtak,* IPRax 1995, S. 128 f.

[106] In einer Fußnote fügte Richter Broderick hinzu: „It is true that the court in *Elicofon* considered German law governing the question of succession. However, to the extent that German law should apply to the issue of plaintiff's inheritance of the Monet, neither party has demonstrated that German law differs from New York law, and I have not embarked on an independent investigation of the question.“ *De Weerth v. Baldinger,* 658 F.Supp. 688, 693 (US Ct.S.D.N.Y. 1987).

[107] Vgl. *Brown,* The Law of Personal Property, S. 189 ff.; *Boyer,* Survey of the Law of Property, S. 712 ff.

an das Kollisionsrecht schlechthin, da jeder Staat seine rechtlichen Wertungen für vorzugswürdig erachtet und mit dieser Begründung immer eine Anwendung ausländischen Rechts ablehnen könnte.[108] Schließlich bliebe es dem Zufall überlassen, welches Recht über sämtliche Erwerbsvorgänge einer Kette regieren würde, wenn stets dasjenige, an dessen Ort sich der letzte Erwerbsvorgang ereignete, maßgeblich wäre. Ein solches Ergebnis ließe sowohl die Belange des Eigentümers als auch diejenigen des Rechtsverkehrs unberücksichtigt.

a. Anknüpfung an den Ort des Diebstahls

In Zusammenhang mit diesen Urteilen und im Hinblick auf die weiter oben angeführte Entscheidung im Falle Winkworth wird der Vorschlag diskutiert, die Rechtsverhältnisse an gestohlenen oder abhanden gekommenen Kunstwerken nicht nach der *lex rei sitae*, sondern an den Ort des Diebstahls anzuknüpfen.[109] Die Belange des Eigentümers würden so gewahrt: Es liegt in seiner Beherrschungssphäre, jederzeit über den Aufenthaltsort der Sache zu bestimmen, bis diese ihm gegen seinen Willen genommen wird. Solange er also den Belegenheitsort festlegen kann, nimmt er zugleich Einfluß auf das die Sache beherrschende Recht und auf den seinem Kunstwerk gewährten Schutz. Diese Ansicht kann sich nicht zuletzt auf Savigny berufen, der in seinem „System zum heutigen Römischen Recht" konstatierte:

> „Wer an einer Sache ein Recht erwerben, haben, ausüben will, begibt sich zu diesem Zweck an ihren Ort und unterwirft sich freiwillig für dieses einzelne Rechtsverhältnis dem in diesem Gebiet herrschenden örtlichen Recht."[110]

Obwohl er diese Ansicht für Immobilien entwickelte, läßt sich ihr Gehalt auf Mobilien erstrecken, da Savigny den Gedanken des freiwilligen Unterwerfens unter die jeweiligen örtlichen Bestimmungen auch anderen Rechtsgebieten, dem Obligationenrecht beispielsweise, zugrunde legte.[111]

In genau diesem Umfange erscheint der Eigentümer auch schutzwürdig, da er auf die Anwendung des Rechts an dem von ihm gewählten Belegenheitsort vertrauen durfte. Dieser Vorschlag bedeutet eine Fixierung des Belegenheitsortes auf den Zeitpunkt, ab dem der Eigentümer seinen Einfluß auf ihn gegen den eigenen Willen verliert. In dieser Fixierung deckt sich der Vorschlag mit dem Gedanken der *lex originis*, lediglich der Fixierungsgrund ist

---

[108] Ablehnend auch *Mansel*, IPRax 1988, S. 268 ff., 271.

[109] Insb. *Mansel*, IPRax 1988, S. 268 ff., 271; *Hanisch*, FS Müller-Freienfels, S. 193 ff., 215.

[110] *Savigny*, System des heutigen Römischen Rechts VIII, S. 169. Vgl. *Jayme*, „Entartete Kunst" und IPR, S. 22.

[111] *Savigny*, System des heutigen Römischen Rechts VIII, S. 206, 210 f., 215, 328; vgl. hierzu *Neuhaus*, RabelsZ 15 (1949/50), S. 364 ff., 374.

ein anderer. Auch wird auf diese Weise die Weiterveräußerung gestohlener Kunstwerke erschwert, da die „gezielte Herbeiführung einer für den Gutglaubenserwerb günstigen Anknüpfungslage nicht möglich" ist.[112]

Teilweise wird auch empfohlen, diese Wertung im Falle eines Diebstahls auch auf den Fall des Abhandenkommens anzuwenden.[113] Eine selbständige Anknüpfung der Frage des Abhandenkommens, wie sie oben bereits dargestellt wurde, erübrigte sich dann.[114] Als abhanden gekommen gilt eine Sache gemeinhin dann, wenn der Eigentümer den unmittelbaren Besitz ohne seinen Willen verloren hat.[115] Die deutsche Rechtsordnung sieht dabei den Diebstahl lediglich als einen Unterfall des Abhandenkommens an.[116] Der Besitzverlust muß in jedem Fall bei dem Eigentümer selbst eingetreten sein; es reicht nicht aus, daß dem Besitzmittler die Sache abhanden kommt, da eine willentliche Besitzaufgabe des Eigentümers logischerweise vorausgegangen ist.[117] Genau in dieser fehlenden willentlichen Besitzaufgabe des Eigentümers ist der maßgebliche Ansatzpunkt für eine Sonderbehandlung gestohlener und abhanden gekommener Sachen zu erblicken. In diesem Fall muß sich der Eigentümer den Besitzverlust und den daraus resultierenden Rechtsschein auf Seiten des neuen Besitzers nicht zurechnen lassen. An eben jenem gemeinsamen Kriterium setzt aber auch die Anknüpfung an den Ort des Diebstahls an. Bestimmt sie denjenigen Zeitpunkt, zu welchem dem Eigentümer die Beherrschbarkeit des Lageortes entzogen wird, zum maßgeblichen Anknüpfungskriterium, so macht es keinen Unterschied, ob der Verlust gegen oder ohne seinen Willen erfolgte. In beiden Fällen hat er den Rechtsschein, den der nunmehrige Besitzer aus seinem Besitz ableitet, nicht zurechenbar veranlaßt. Auch erscheint er im Falle des Abhandenkommens nicht weniger schutzwürdig als bei einem Diebstahl.

Diese Wertung hält auch einem internationalen Vergleich stand.[118] Die schweizerische Lösung gleicht der deutschen und erklärt § 934 Abs. 1 ZGB anwendbar auf bewegliche Sachen, die dem Besitzer gestohlen werden, verlo-

---

[112] *Mansel,* IPRax 1988, S. 268 ff., 271.

[113] Insbesondere *Mansel,* IPRax 1988, S. 268 ff., 271.

[114] Siehe oben, S. 121.

[115] RG 21.1.1921, RGZ 101, 224 [225]; *Palandt-Bassenge,* § 935, Rn. 2; *MünchKomm-Quack,* § 935, Rn. 5.

[116] Vgl. statt vieler *MünchKomm-Quack,* § 935, Rn. 5.

[117] Nach dieser als herrschend zu bezeichnenden Auffassung ist allein der unmittelbare Besitz des Eigentümers von dem Schutzzweck der Vorschrift erfaßt; daher kein Abhandenkommen bei Besitzverlust des Besitzmittlers oder des bösgläubigen Eigenbesitzers, vgl. *MünchKomm-Quack,* § 935, Rn. 7, 8 m.w.Nachw.; a.A. *Palandt-Bassenge,* § 935 Rn. 2.

[118] Siehe hierzu grundlegend die rechtsvergleichenden Arbeiten von *Siehr,* ZVglRWiss 80 (1981), S. 273 ff.; *Sauveplanne,* RabelsZ 29 (1965), S. 651 ff.; *Zweigert,* RabelsZ 23 (1958), S. 1 ff.; *Müller,* ZfRVgl 4 (1963), S. 2 ff. und *Thorn,* Mobiliarerwerb, S. 153 ff.

ren gehen oder sonst wider seinen Willen abhanden kommen.[119] Die Rechtsfolge, die auch hier einen gutgläubigen Fahrniserwerb ausschließt, ist in allen genannten Fällen identisch. Ähnlich die französische Regelung in Art. 2279 Abs. 2 C.C.fr., die neben gestohlenen auch verloren gegangene Sachen erfaßt. Im englischen Recht hingegen war bis zum 3. Januar 1995 nach der Regel der section 22 (1) des Sale of Goods Act 1979 ein gutgläubiger Erwerb auch gestohlener Sachen nur dann möglich, wenn die Sache auf einem *market overt* erworben wurde.[120] Als *stolen* bezeichnet das englische Recht alle Sachen, die ohne Einwilligung des Eigentümers fehlerhaft oder unehrlich erlangt oder weggenommen wurden und beschränkte sich damit ebensowenig auf den strafrechtlichen Diebstahlsbegriff.[121] Die eigentümliche Regelung des *market overt* wurde jedoch durch den Sale of Goods Amendment Act 1994 unter Hinweis auf die Mißbrauchsmöglichkeit beim Losschlagen gestohlener Güter abgeschafft.[122] In der amerikanischen Rechtsordnung, die sich dieser traditionsreichen englischen Regelung nicht anschloß, ist ein gutgläubiger Eigentumserwerb an gestohlenen Sachen aus Gründen des Eigentümerschutzes dagegen grundsätzlich ausgeschlossen, der Eigentümer aber unter gewissen Umständen in der Geltendmachung des Herausgabeanspruchs eingeschränkt.[123] Der Begriff *stolen* wird hier im Gleichklang zur englischen Definition interpretiert.

Eine kollisionsrechtliche Gleichbehandlung gestohlener und abhanden gekommener Sachen ist daher gerechtfertigt. Sie entspricht der Wertung des Gesetzgebers und spiegelt sich in zahlreichen materiellrechtlichen Regelungen wieder.

b. Stellungnahme

Die Tatsache des Abhandenkommens bzw. des Diebstahls stellt gerade bei bei nicht ersetzbaren Uniakten wie Kunstwerken eine besondere Beziehung zu dem Ort des rechtserheblichen Geschehens her, die als engere Verbindung im

---

[119] Vgl. hierzu *Stark*, Vorbemerkungen, Art. 930-937 ZGB, Rn. 28, 34; *Rey*, Grundlagen des Sachenrechts, Rn. 292 ff., 1761 ff.

[120] Als *market overt* ist jeder Marktplatz oder -ort anzusehen, der gewohnheitsrechtlich anerkannt oder durch Bestimmung deklariert wurde. In London wird jedes Geschäft als *market overt* betrachtet. Hier muß der Verkauf jedoch eine Sache betreffen, mit der der Verkäufer gewöhnlich handelt und die offen präsentiert wurde, vgl. *Blair*, Sale of Goods Act 1979, S. 69; *Thorn*, Mobiliarerwerb, S. 188 ff.

[121] *Black*, Law Dictionary, S. 1272.

[122] Vgl. hierzu *Thorn*, Mobiliarerwerb, S. 181. Die market-overt-Regel gilt jedoch fort in Irland, British Columbia und den australischen Bundesstaaten Süd- und Westaustralien, Victoria und Tasmanien.

[123] Z.B. wenn er Nachforschungsobliegenheiten nicht nachkommt, vgl. *DeWeerth v. Baldinger*, 836 F.2d 103, 106 (2nd Cir. 1987) m.w.Nachw.

Sinne des Art. 46 EGBGB anzusehen ist. Im Interesse eines wirksameren Eigentümerschutzes ist daher entgegen der herrschenden Auffassung derjenigen Ansicht zu folgen, die den Eigentumserwerb gestohlener oder abhanden gekommener Kunstwerke in Abweichung von der *lex rei sitae* an den Ort des Diebstahls bzw. des Abhandenkommens anknüpft. Der Eigentümerschutz sollte in diesen Fällen dem Interesse an der Sicherheit und Leichtigkeit des Rechtsverkehrs vorgehen. Der Eigentümer ist insoweit geschützt, als er mit der Möglichkeit, auf die Sache tatsächlich und räumlich einzuwirken, Gelegenheit hat, das auf sie anwendbare Recht zu bestimmen und im Falle eines Diebstahls zur Anwendung kommen zu lassen. Zu dem Recht dieses Ortes besteht eine wesentlich engere Verbindung als zu demjenigen, an dem sich eine nachfolgende Rechtsänderung vollzieht. Dem mittlerweile gut organisierten Handel mit gestohlenem Kunst- und Kulturgut wird die Möglichkeit genommen, über eine Kette von mehr oder weniger gutgläubigen Veräußerungen die Früchte aus dem Diebstahl zu ziehen und rechtsgültige Eigentumsverluste herbeizuführen.

Dem wird nun entgegengehalten, daß sich in manchen Fällen das Recht gemäß der *lex rei sitae* für den ehemaligen Eigentümer günstiger darstellt, als dasjenige am Ort des Abhandenkommens. Insoweit böte also auch diese Methode keine garantierte Verbesserung der Position des Eigentümers.[124] Dies mag in der Tat so sein, besonders wenn der Eigentümer mit den Bestimmungen der Artt. 1153-1157 C.C.it. zu kämpfen hat, die einen gutgläubigen Erwerb auch gestohlener Sachen zulassen, oder einen Eigentumsverlust durch öffentliche Versteigerung gemäß § 935 Abs. 2 BGB gegen sich gelten lassen muß. Jedoch ist diese Möglichkeit ausschließlich der Risikosphäre des Eigentümers selbst zuzurechnen, da es in seiner Hand liegt, durch einen Wechsel des Belegenheitsortes den Umfang des ihm zugute kommenden Schutzes zu bestimmen. Wenn sich also das Recht am Ort des Abhandenkommens als für ihn nachteilig erweist, so ist dies hinzunehmen, weil eine solche Konsequenz ausschließlich seiner Risikosphäre zuzurechnen ist. Auch entspricht es der Tendenz internationaler Rechtsentwicklung, die Belange des Eigentümers zu stärken.[125] Besonders beachtenswert in diesem Zusammenhang ist die Ab-

---

[124] So z.B. *Müller-Katzenburg*, Internationale Standards im Kulturgüterverkehr, S. 227 f.

[125] So schon *Siehr*, ZVglRWiss 80 (1981), S. 273 ff., 281, der ein Lösungsrecht nach Schweizer Vorbild vorschlägt. Ebenso *Peters*, Der Entzug des Eigentums an beweglichen Sachen durch gutgläubigen Erwerb, S. 119 f., und *Hager*, Verkehrsschutz durch redlichen Erwerb, S. 189 ff., die dem Eigentümer einen Kondiktionsanspruch gegen den Erwerber zusprechen wollen. Die amerikanische Rechtsordnung geht bereits von dem strikten Grundsatz „stolen goods are not negotiable“ aus, vgl. *Weinberg*, Journal of Legal Studies 9 (1980) 569, 570. Die traditionelle Betonung des zu schützenden Eigentümers formulierte der Supreme Court New Yorks mit den Worten: „The law stands as a bulwark against the handiwork of evil, to guard to rightful owners the fruits of their labors.“ *Menzel v. List*, 267 N.Y.S.2d 804, 820. Das schweizerische Bundesgericht sah gerade die von den National-

schaffung der market-overt-Regel in England im Jahr 1995. Es ist nun nicht mehr möglich, gestohlene oder abhanden gekommene Mobilien auf spezifischen „öffentlichen Märkten“ gutgläubig zu erwerben.[126] Rechtsordnungen, die sich für eine stärkere Betonung des Schutzes des Rechtsverkehrs ausgesprochen haben, sind demgegenüber zahlenmäßig in der Minderheit.[127]

Auch wird eingewandt, das Kollisionsrecht dürfe nicht in den materiellrechtlichen Konflikt zwischen dem ursprünglichem Eigentümer und dem Erwerber eingreifen, es sei kollisionsrechtliche Neutralität zu wahren.[128] Dabei wird übersehen, daß jede Kollisionsnorm bereits ihrer Natur nach eine Wertung trifft und auch die *lex rei sitae* eine Wertung zugunsten des Rechtsverkehrs enthält. Der internationale Entscheidungseinklang kann heute nicht mehr als einziger und alleiniger Bezugspunkt einer Kollisionsnorm angesehen werden. Es sei insofern nur auf Art. 29 EGBGB hingewiesen, dessen detailreiche Bestimmungen zu Verbraucherverträgen belegen, wie sehr sich das Kollisionsrecht dem gerechten Interessenausgleich verschrieben hat. Die hier unterstützte Anknüpfungsregel überschreitet nicht die Grenzen des Kollisionsrechts und überläßt die materiellrechtliche Ausgestaltung allein dem Ort, an dem das Kunstwerk abhanden gekommen ist.[129]

Dem Einwand schließlich, die an der Veräußerung Beteiligten hätten mit der Anwendung des Rechts am Ort des Abhandenkommens nicht rechnen können,[130] geht freilich schon eine Wertung zugunsten des Rechtsverkehrs voraus, die gerade in Frage gestellt wird. Die Besonderheit des Gegenstandes ist es, die eine Bevorzugung der Eigentümerinteressen geboten erscheinen läßt; sie ist letztlich auch den Beteiligten des Erwerbsgeschäftes bewußt. Eine vorrangige Berücksichtigung des Erwerbers erscheint gerade dann nicht geboten,

---

sozialisten beeinträchtigten Eigentümer generell als schützenswert an: „Die Sicherungsübereignung [...] als weggefallen oder nichtig zu betrachten und sie in eine Verpfändung umzudeuten, verbietet sich um so eher, als die Sicherungsübereignung der Bank besser als ein Pfandrecht erlaubte, den Forderungen der nationalsozialistischen Behörden auf Herausgabe und Verwertung der Goldschmidtschen Sammlung zu widerstehen und so die Interessen Goldschmidts zu wahren“, BG 13.12.1968, BGE 94 II 297 [304].

126 Hierzu bereits oben S. 138.

127 Zu diesem Ergebnis kommt *Siehr,* ZVglRWiss 80 (1981), S. 281; siehe ferner *Mansel,* IPRax 1988, S. 268 ff., 271.

128 Vgl. hierzu *Schwadorf-Ruckdeschel,* Rechtsfragen des grenzüberschreitenden rechtsgeschäftlichen Erwerbs von Kulturgütern, S. 167 f.

129 Ähnlich für den Bereich des internationalen Kulturgüterschutzes *Knott,* RIW 1991, S. 553 ff., 559: „Durch die Situs-Regel soll in erster Linie die Sicherheit des Rechtsverkehrs gewährleistet werden. Der internationale Kulturgüterschutz verlangt aber Normen, die die Interessen des Eigentümers und diejenigen des gutgläubigen Besitzers zu einem gerechten Interessenausgleich bringen.“

130 So vor allem *Stoll* in: *Dolzer/Jayme/Mußgnug* (Hrsg.), Rechtsfragen des IKGS, S. 53 ff., 59 f.; *Staudinger-Stoll,* IntSachenR, Rn. 302.

wenn der Lageort (bewußt) zulasten des Eigentümers verändert wurde. Rücksichtnahme im Rahmen der rechtlichen Würdigung bedeutet hier eine Sanktionierung derartiger Verschiebungen. Oftmals kommt dem Erwerber — wie im deutschen Recht — die „Vermutung" seiner Gutgläubigkeit entgegen, die es dem Eigentümer eines nach Italien verschleppten Werkes erschwert, den Verlust seines Eigentums zu widerlegen.[131] Daß eine Kausalität besteht zwischen Gutglaubenserwerb und Diebstahl bzw. Untreue, wird allgemein nicht bestritten.[132] Eine Fixierung der *lex rei sitae* kann somit auch einen Beitrag leisten, die Internationalisierung des Handels mit gestohlenen oder sonst abhanden gekommenen Kunstwerken zu verringern.[133]

Dieses Ergebnis steht auch nicht in Widerspruch zu dem vom EuGH für einzelne Teilbereiche entwickelten und von einigen Autoren unterstützten *Günstigkeitsprinzip* im Rahmen der Artt. 30, 59 EGV.[134] Dieses besagt, daß im europäischen Binnenmarkt zugunsten der möglichst ungehinderten Zirkulation von Waren in Fällen mit Auslandsberührung immer diejenige Rechtsordnung zum Zuge kommen soll, die aus der Sicht der Warenverkehrsfreiheit liberaler ist. Hieraus könnte man auf eine grundlegende Tendenz zugunsten des Verkehrsschutzes schließen, da diese zunächst für öffentlich-rechtliche Normen gedachte Regelung zunehmend auf das (internationale) Privatrecht ausgedehnt wird.[135] Zu bedenken ist jedoch der andersartige Regelungszweck dieses Prinzips, der zunächst wettbewerbsrechtliche Standortnachteile vermindern und den Verbraucher vor allzu intensiver Bevormundung durch restriktive wirtschaftsrechtliche Vorschriften schützen soll.[136] Die einschlägigen Vor-

---

[131] Der Begriff der Vermutung der Gutgläubigkeit ist für das deutsche Recht unscharf, da dieser gar nicht Erwerbsvoraussetzung ist; hierzu unten, S. 165. Für die Verteilung der Beweislast im italienischen Recht vgl. Art. 1153 Abs. 1 iVm. Art. 1147 Abs. 3 C.C.it., der die Vermutung des guten Glaubens ausdrücklich normiert, sowie die Entscheidung des Corte di Cassazione vom 12.6.1976, Nr. 2178.

[132] Vgl. *Siehr*, ZVglRWiss 80 (1981) S. 273 ff., 289; *Weinberg*, Journal of Legal Studies 9 (1980) 569, 571 ff.

[133] So auch *Mansel*, IPRax 1988, S. 268 ff., 271; auf die Gefahren der Verbringung gestohlenen Diebesguts, insbesondere Kunstgegenstände, in Länder, die den gutgläubigen Erwerb gestohlener Sachen sowie die Ersitzung innerhalb kurzer Frist gestatten, weist *Lüderitz*, IPR, Rn. 318 mit der Bemerkung hin, daß „wachsendes Unbehagen" zu Sonderanknüpfungen führe.

[134] Z.B. EuGH 7.3.1990, EuZW 1990, S. 222 ff. — „GB-INNO-BM"; 18.5.1993, EuZW 1993, S. 420 ff. — „Yves Rocher". Hierzu *Bernhard*, EuZW 1992, S. 437 ff. m.w.Nachw.; *Jayme/Kohler*, IPRax 1993, S. 357 ff., 370 f.; *Drasch*, Herkunftslandprinzip, S. 48 f.

[135] So vor allem *Drasch*, Herkunftslandprinzip, S. 301 ff.; *Jayme/Kohler*, IPRax 1993, S. 357 ff., 370 f.

[136] Sämtliche bisher ergangenen Entscheidungen betrafen wettbewerbsrechtliche Vorschriften im Land des Marktortes, die restriktiver waren als diejenigen des Herkunftslandes. In Abweichung von der gewöhnlichen Anknüpfung an den Marktort konnten z.B. Werbemaß-

schriften des EGV sollen dazu dienen, den einheitlichen Wirtschaftsraum der EU herzustellen und nationale Benachteiligungen ausländischer Marktteilnehmer des Binnenmarktes zu minimieren. Auch sind die Entscheidungen und die Diskussion des *Günstigkeitsprinzips* beschränkt auf das Wettbewerbsrecht, und eine Ausdehnung auf das Schuldvertrags- oder Sachenrecht ist weder in der allgemeinen Diskussion zu erkennen noch wünschenswert. Umgekehrt erscheint auch eine Übertragung dieses Prinzips auf die hier zu erörternde Problematik kaum geeignet: Eine Anknüpfung an dasjenige Recht, das dem ehemaligen Eigentümer am günstigsten ist, ist mit dem Postulat der Rechtssicherheit nicht in Einklang zu bringen, solange sie sich nicht auf eine entsprechende, positivrechtliche Bestimmung wie die Artt. 30, 59 EGV stützen kann.

Die hier vertretene generelle Anknüpfung an den Ort des Abhandenkommens macht es auch überflüssig, die Frage, ob das Werk überhaupt als abhanden gekommen anzusehen ist, als Vorfrage selbständig anzuknüpfen oder als *local data* hinzunehmen,[137] weil ohnehin auf den Ort des Abhandenkommens abzustellen ist. Die hier vertretene Auffassung erweitert diesen partiell wirkenden Vorschlag also, da bereits die grundlegende Anknüpfung an den Ort des Abhandenkommens einem gerechten Interessenausgleich zwischen den Belangen des Eigentümers und des Rechtsverkehrs entspricht.

Die Anknüpfung an den Ort des Diebstahls oder des Abhandenkommens ist solange angemessen, bis ein *wirksamer* Eigentumswechsel festzustellen ist. Dieser Vorgang nimmt der Sache den Makel des Diebstahls oder Abhandenkommens. Jede weitere Veräußerung ist eine Veräußerung des Berechtigten und daher wieder an den Ort der jeweiligen Belegenheit zum Zeitpunkt des Eigentumswechsels anzuknüpfen. So wird den Erfordernissen des Rechtsverkehrs an die Verkehrsfähigkeit von Kunstwerken ebenso Rechnung getragen wie dem Interesse des rechtmäßigen Erwerbers an der uneingeschränkten Anerkennung seiner Rechtsinhaberschaft. Die materiellrechtliche Regelung, welche die Rechtsordnung des Ortes des Diebstahls zugunsten des Rechtsverkehrs trifft, ist auch vom ursprünglichen Eigentümer anzuerkennen und für ihn vorhersehbar.

---

nahmen nicht untersagt werden, die im Herkunftsland erlaubt waren, EuGH 18.5.1993, EuZW 1993, S. 420 ff. — „Yves Rocher".

137 Siehe hierzu bereits oben S. 121.

III. Weitere Problemkreise

1. Statutenwechsel und Ersitzung

Rechtspolitische Zielsetzung des Rechtsinstituts der Ersitzung ist es, die rechtliche Beziehung einer Person zu einer Sache in Einklang zu bringen mit den tatsächlichen Verhältnissen, wie sie über eine längere Zeit Bestand gehabt haben.[138] Vorausgesetzt werden gutgläubiger Besitzerwerb, kontinuierlicher Eigenbesitz und Zeitablauf. Die Ersitzung wird von einigen Autoren als Relikt aus einer Zeit vor der Anerkennung des gutgläubigen Fahrniserwerbs bezeichnet, dem heute der Anwendungsbereich weitgehend entzogen sei.[139] Dem ist zwar zuzustimmen, dennoch spielt die Ersitzung gerade für gestohlene oder sonst abhanden gekommene Kunstwerke eine immer noch beachtliche Rolle, da in diesen Fällen oft der gutgläubige Erwerb des Eigentums im Zeitpunkt der Besitzverschaffung ausgeschlossen ist, vgl. § 935 Abs. 1 BGB oder Artt. 714 Abs. 2, 934 Abs. 1 ZGB. Erfolgt während des Verlaufs der Ersitzungszeit eine Grenzüberschreitung, so kommt es zu besonderen Problemen, die im folgenden zu erörtern sind.

a. Die Problematik des Statutenwechsels bei Ersitzung für Sachen im allgemeinen

Oben wurde bereits dargestellt, daß abgeschlossene Tatbestände nach einem Belegenheitswechsel von dem neuen Statut in vollem Umfang respektiert werden.[140] Wird also eine Sache nach vollendeter Ersitzung in ein anderes Land verbracht, ist der Eigentumswechsel kraft Ersitzung von der neuen *lex rei sitae* vollumfänglich anzuerkennen, selbst wenn die Ersitzungsfrist des neuen Statuts noch nicht erfüllt wäre.[141] Der Wechsel bleibt insoweit ohne Auswirkung. Problematisch ist ein Statutenwechsel nur dann, wenn er sich ereignet, bevor die Ersitzungsfrist abgelaufen ist.

Die herrschende Meinung geht wie im Falle des gutgläubigen Eigentumserwerbs davon aus, daß auch für die Ersitzung diejenige Rechtsordnung zur Entscheidung berufen ist, in der sich die Sache im Zeitpunkt der Erfüllung der rechtlich relevanten Tatsache befindet. Als rechtlich relevanter Anknüpfungszeitpunkt wird heute allgemein die Vollendung der Ersitzungsfrist angese-

---

[138] *Staudinger-Stoll,* IntSachenR, Rn 204.

[139] *Baur/Stürner,* Sachenrecht, § 53 h I 1 m.w.Nachw.

[140] Siehe oben, S. 122.

[141] So die wohl allgemeine Ansicht, vgl. *Staudinger-Stoll,* IntSachenR, Rn. 205; *Jayme,* „Entartete Kunst" und IPR, S. 32.

hen.[142] Die frühe Ansicht Carl Ludwig v. Bars, das Personalstatut des Ersitzungsbesitzers sei allein maßgeblich,[143] wurde schon bald von der Mehrheit abgelehnt, u.a. schon deshalb, weil das Personalstatut dem internationalen Sachenrecht sonst fremd ist. Auch die Idee, das Recht desjenigen Ortes zur Entscheidung zu berufen, an dem die Ersitzungsfrist zu laufen begann, fand schließlich wenige Anhänger, so daß sich die *lex rei sitae* schnell durchsetzte.[144]

Sodann ist es notwendig zu klären, wie eine teilweise abgelaufene Ersitzungsfrist rechtlich einzuordnen ist. Denkbar ist es, zumindest aus deutscher Sicht die Ersitzung unter die neue einseitige Kollisionsnorm[145] des Art. 43 Abs. 2 EGBGB zu subsumieren, nach der bei nicht abgeschlossenen Erwerbstatbeständen Vorgänge in einem anderen Staat wie inländische zu berücksichtigen sind. Dies scheint auch der Intention des Gesetzgebers zu entsprechen, der den Geltungsbereich der Norm nicht auf Sicherungsrechte beschränken, sondern auf alle dinglichen Rechte beziehen wollte, deren Entstehung noch nicht abgeschlossen ist.[146] Dabei erscheint es jedoch aus grammatikalischen Gesichtspunkten nicht ganz unproblematisch, kontinuierlichen Eigenbesitz und Zeitablauf als „Vorgänge" zu qualifizieren. In der vor Erlaß der neuen Vorschrift geführten Diskussion hierzu stieß schon früh der Vorschlag, eine „Anwartschaft" anzunehmen, die zum Vollrecht (des Eigentums) erstarkt, sobald die Frist abläuft, auf Ablehnung.[147] Dies ist schon deshalb richtig, weil eine Anwartschaft die Verkehrsfähigkeit eines zukünftigen Vollrechts ermöglichen soll, dessen Entstehung nur noch vom Berechtigten selbst verhindert werden kann. All dies trifft auf eine Ersitzung nicht zu: Ein Rechtserwerb durch Ersitzung erfordert, daß der Berechtigte sich gutgläubig bereits als Eigentümer sieht (§ 937 Abs. 2 BGB),[148] er folglich als *Eigenbesit-*

---

[142] *MünchKomm-Kreuzer,* nach Art. 38 EGBGB Anh. I, Rn. 60; *Kropholler,* IPR, § 54 III 2; *Staudinger-Stoll,* IntSachenR, Rn. 205, 295; *Firsching/v. Hoffmann,* IPR, § 12 Rn. 29; OLG Hamm 14.8.1985, IPRspr. 1985, Nr. 143. Unrichtig insoweit die Entscheidung *Kunstsammlungen zu Weimar v. Elicofon,* die das New Yorker Recht als schlechterdings den gesamten Sachverhalt erfassend bezeichnet und daher die ihm unbekannte Möglichkeit der Ersitzung kategorisch ausschließt, *Kunstsammlungen zu Weimar v. Elicofon,* 536 F.Supp. 829, 846 (US D.Ct.E.D.N.Y.).

[143] *C.L. v. Bar,* IPR I, S. 609 f.

[144] Für eine Anknüpfung an den Ort des Besitzerwerbs *Sello,* Die lex rei sitae im Fahrnisrecht, S. 51. Vgl. auch die Darstellungen bei *Raape,* IPR, S. 604; *Kassaye,* Neuere Entwicklungen im internationalen Sachenrecht, S. 43 f.

[145] BR-Drucksache 759/98, S. 41; BT-Drucksache 14/343, S. 16.

[146] BR-Drucksache 759/98, S. 41; BT-Drucksache 14/343, S. 16.

[147] *Raape,* IPR, S. 604; ähnlich *Zitelmann,* IPR, S. 348; *Frankenstein,* IPR II, S. 79. Zur heutigen Literaturmeinung vgl. *MünchKomm-Quack,* § 943 Rn. 8.

[148] So auch die Rechtslage in Österreich, vgl. § 1460 ABGB sowie *Dittrich-Tades,* ABGB § 1460 E 1, und in der Schweiz, vgl. den Wortlaut des Art. 728 Abs. 1 ZGB („Hat jemand

zer die Sachherrschaft ausüben muß und sich gerade nicht bewußt sein darf, daß sein Recht zum Eigentum erst in Zukunft entsteht. Das Bedürfnis der Verkehrsfähigkeit einer erst in Zukunft zum Vollrecht erstarkenden Anwartschaft fällt somit gänzlich weg. Daher ist nach herrschender Ansicht die im Ausland verstrichene Zeit als *Auslandssachverhalt* einzuordnen, der im Rahmen der nationalen Vorschriften zu berücksichtigen ist.[149] Im Ergebnis kommen die Einordnung als Auslandssachverhalt oder die Subsumierung unter Art. 32 Abs. 3 EGBGB zum selben Resultat.

Der generelle Rückgriff auf das Belegenheitsstatut im Zeitpunkt der Vollendung des Rechtserwerbs erscheint jedoch fraglich, wenn man folgende Problemkreise näher beleuchtet:

- Können Besitzzeiten vor dem Statutenwechsel unter dem neuen Statut angerechnet werden?
- Spielt es hierbei eine Rolle, ob das alte Statut einen Rechtserwerb durch Ersitzung überhaupt zuläßt?
- War der Lauf der Ersitzungsfrist gehemmt oder unterbrochen?

I. Anrechnung der Besitzzeiten

Zwei Fälle sind denkbar: die Ersitzungsfrist des *neuen* Statuts ist erst teilweise oder bereits vollumfänglich unter dem alten Statut erfüllt. Nach heute einhelliger Auffassung werden Besitzzeiten vor dem Statutenwechsel auch von dem neuen Statut angerechnet, unabhängig davon, ob die Ersitzungsfrist des neuen Statuts abgelaufen ist oder nicht.[150] Zu demselben Ergebnis gelangt man, wenn man Art. 43 Abs. 3 EGBGB zugrunde legt. Die unter dem früheren Statut verstrichene Besitzzeit ist mit demjenigen „Rechtswert“ einzusetzen, der ihr unter dem neuen Statut zukommt. Die in der Vergangenheit diskutierte Ansicht, daß eine Anrechnung nach dem Verhältnis der Besitzzeiten zu der jeweiligen Frist des Belegenheitsstatuts erfolgen sollte, stieß zu recht auf wenig Gegenliebe.[151] Kommt eine Sache also nach dreijähriger Besitzzeit aus der

---

eine fremde bewegliche Sache ununterbrochen und unangefochten während fünf Jahren in gutem Glauben *als Eigentümer* in seinem Besitze...“).

[149] Heute wohl allg. Ansicht, *MünchKomm-Kreuzer,* nach Art. 38 Anh. I, Rn. 60; *Staudinger-Stoll,* IntSachenR, Rn. 205; *Firsching/v. Hoffmann,* IPR, § 12 Rn. 29; etwas unentschlossen insoweit *Soergel-Lüderitz,* Art. 38 Anh. II, Rn. 73: „Umstände“. *MünchKomm-Quack,* § 943 Rn. 8 sieht in der teilweise abgelaufenen Ersitzungsfrist eine Rechtsposition, die auf den Nachfolger im Besitz übertragen werden kann.

[150] Vgl. *Staudinger-Stoll,* IntSachenR, Rn 205; *Ferid,* IPR, 7-69.

[151] Vgl. die Darstellung bei *Zitelmann,* IPR II, S. 348; *Sello,* Die lex rei sitae im Fahrnisrecht, S. 47 m.w.Nachw.; *Kassaye,* Neuere Entwicklungen im internationalen Mobiliarsachenrecht, S. 46. Die Idee war, Ersitzungszeiten bei unterschiedlicher Laufzeit in verschiedenen Belegenheitsorten anteilsmäßig anzurechnen: gelangt eine Sache nach vierjähriger

Schweiz in den deutschen Rechtsbereich, so bemißt sich die Ersitzungsfrist allein nach deutschem Recht und beträgt folglich gemäß § 937 Abs. 1 BGB noch weitere sieben Jahre und nicht lediglich zwei Jahre, die nach Art. 728 ZGB noch zu erfüllen wären. Dieses Ergebnis ist jedoch nicht immer befriedigend. So kann sich der Besitzer eines Landes mit langen Fristen die kurzen Ersitzungsfristen anderer Staaten[152] zunutze machen, indem er die Sache — und sei es nur für eine juristische Sekunde — in ein solches Land verbringt. Der Einwand Zitelmanns, dieses bewußte Ausnutzen beseitige bereits die Gutgläubigkeit,[153] verfängt nicht: Ihm steht der Wortlaut des § 937 Abs. 2 BGB entgegen, nach dem lediglich die positive Kenntnis, daß dem Erwerber das Eigentum nicht zusteht, während der Ersitzungszeit den Rechtserwerb verhindert. Weiß der Erwerber also von seinem fehlenden Recht, so scheitert eine Ersitzung bereits hieran. Verbringt er die Sache dagegen in ein Land, um den Eigentumserwerb jedenfalls sicherzustellen, reicht grob fahrlässige Unkenntnis eben nicht aus.

In der Konsequenz läßt sich z.B. die dreißigjährige Frist des österreichischen ABGB im Falle eines Rechtserwerbs ohne Titel (§§ 1460, 1477 ABGB[154]) nach fünf Jahren durch einen kurzen Ausflug in das benachbarte Alpenland erheblich verkürzen. Als denkbar zog man daher in Erwägung, nicht auf das Belegenheitsstatut im Zeitpunkt der Vollendung abzustellen, sondern dasjenige im Zeitpunkt des Besitzerwerbs zur Geltung kommen zu lassen. Dieser Vorschlag wurde jedoch abgelehnt.[155] Er würde eine Abkehr von der bestehenden Regel der Anerkennung wohlerworbener Rechte bei einem Übergang in ein anderes Rechtsgebiet bedeuten. Eine solche Abkehr wiederum würde jedoch ein überwiegendes Interesse der Beteiligten gegenüber den Interessen des Rechtsverkehrs an einer Gleichbehandlung aller Sachen im Geltungsbereich einer Rechtsordnung voraussetzen, die für *Sachen im allgemeinen* nicht ersichtlich ist.[156]

Besitzzeit in der Schweiz (Ersitzungsfrist 5 Jahre) nach Deutschland (Ersitzungsfrist 10 Jahre), so sind 4/5 der Ersitzungsfrist verstrichen und nur noch das restliche Fünftel in Deutschland zu erfüllen, also in diesem Fall lediglich 2 weitere Jahre.

[152] Zu nennen sind u.a. Österreich: drei Jahre bei gutgläubigem Erwerb mit Titel gem. §§ 1460, 1466 ABGB; Frankreich: drei Jahre gem. Art. 2279 C.C.fr.; Schweiz: fünf Jahre gem. Art. 728 ZGB

[153] *Zitelmann*, IPR II, S. 347 ff., 350.

[154] Vgl. hierzu die Darstellung bei *Gschnitzer*, Österreichisches Sachenrecht, S. 116 ff., 119 f.

[155] Vgl. *Zitelmann*, IPR II, S. 350, der anmerkt: „Wenn hier Härten bleiben, so sind diese eben nur eine Folge davon, daß die verschiedenen Gesetzgebungen, die sich gegenseitig als gleichberechtigt anerkennen, in diesem Punkte verschiedenes Recht haben."

[156] So im Ergebnis auch *Raape*, IPR, S. 604, der zu recht auf die Parallele zum Versendungskauf hinweist, zu der er *ebenda*, S. 612 Stellung nimmt. Siehe auch *Frankenstein*, IPR II, S. 78 f.

ii. Dem früheren Statut ist die Ersitzung unbekannt

Bisher wenig diskutiert und offenbar als unproblematisch angesehen ist die Frage, ob Besitzzeiten des früheren Statuts auch dann anerkannt werden können, wenn dieses alte Statut, unter dem die Ersitzung begonnen wurde, eine Ersitzung gar nicht zuläßt. Zwei grundlegende Prinzipien des internationalen Privatrechts sind hier zu beachten: Das eine besagt, daß im Falle eines Statutenwechsels eine Sache immer mit derjenigen *Prägung* von dem neuen Statut übernommen wird, die sie unter dem alten Statut erhalten hat.[157] Das zweite postuliert die alleinige Beherrschung durch das Recht am Belegenheitsort, an dem die Vollendung der relevanten Tatsache eintritt.[158] Beide weisen den Weg, daß die Besitzzeiten des alten Statuts unbeachtlich bleiben müssen, da einerseits die Sache nicht von der Möglichkeit des Erwerbs durch Ersitzung geprägt wurde und andererseits kein Auslandssachverhalt vorhanden ist, der Berücksichtigung finden könnte. Die Besitzzeit für sich genommen reicht nicht aus, wenn der Belegenheitsort hieran keine rechtlichen Wirkungen knüpft.

Man erhält auch hier kein anderes Ergebnis, wenn man die Vorschrift des Art. 43 Abs. 3 EGBGB heranzieht. Besitzerwerb, kontinuierlicher Eigenbesitz und Zeitablauf sollten nach einem Belegenheitswechsel nur dann als Vorgänge im Sinne dieser Vorschrift angesehen werden, wenn das vorherige Belegenheitsstatut mit diesen Tatbeständen eine rechtliche Wertung verknüpft, die derjenigen des neuen Statuts entspricht. Insoweit ist auch hier der Prägungsgedanke des BGH zu berücksichtigen, so daß das neue Statut nicht aufgrund unter dem vorherigen Statut geschehenen Ereignissen eine Rechtsänderung anordnen kann, die diesem vorherigen Statut fremd und unbekannt ist. Die von dem neuen Statut aufgestellte Ersitzungsfrist muß folglich in vollem Umfang unter diesem Statut erfüllt werden.[159]

iii. Hemmung und Unterbrechung der Ersitzung

Zwar ist allgemein anerkannt, daß eine Hemmung oder Unterbrechung der Ersitzungsfrist in jedem Fall beachtlich ist; Uneinigkeit besteht jedoch darüber, nach welchem Recht sich eine Hemmung oder Unterbrechung bestimmt. Die eine hierzu vertretene Auffassung läßt allein das neue Statut,

---

[157] Sog. „Prägungstheorie“, BGH 20.3.1963, BGHZ 39, 173 [175]; vgl. *Jayme,* „Entartete Kunst“ und IPR, S. 29. Genauer für die besondere Problematik des doppelten Statutenwechsels s.u. S. 149 ff.

[158] Zur *lex rei sitae* ausführlich oben S. 119.

[159] So im Ergebnis auch *MünchKomm-Kreuzer,* nach Art. 38 EGBGB Anh. I, Rn. 60; *Ferid,* IPR, 7-69; *Staudinger-Stoll,* IntSachenR, Rn. 294; *Firsching/v. Hoffmann,* IPR, § 12 Rn. 29.

unter dem sich die Ersitzung vollendet hat, über sämtliche Tatsachen des Rechtserwerbs entscheiden, also über Fragen des Fristlaufs ebenso, wie über Hemmung und Unterbrechung derselben.[160] Nach der insbesondere von Stoll vertretenen Auffassung ist dagegen zwar grundsätzlich das Statut am Ort der Vollendung maßgeblich, jedoch nimmt „das neue Statut die Bewertung des früher maßgebenden Sachstatuts hin, weil sich die Beteiligten während der Herrschaft dieses Statuts auf es einzurichten hatten."[161] Danach ist beachtlich, daß unter dem alten Statut der Lauf der Ersitzungsfrist gehemmt war. Der einzusetzende „Rechtswert" ist entsprechend um die Zeit der Hemmung gemindert.

Beide Ansichten lassen sich auch dann noch vertreten, wenn man die Vorschrift des Art. 43 Abs. 3 EGBGB zur Anwendung kommen läßt. Geht man jedoch davon aus, daß der Begriff „Vorgänge" im Sinne dieser Norm eine rechtliche Wertung mit umfaßt, so ist das Vollendungsstatut nicht daran gehindert, die Bewertung der tatbestandserheblichen Sachverhalte durch das ausländische Recht zu berücksichtigen. Diese Wertung erscheint insbesondere geboten, wenn berechtigte Interessen der Beteiligten sie geboten erscheinen lassen. Die Regelung des § 939 BGB — bzw. ihr gleichstehende ausländische Bestimmungen — bezwecken allein den Schutz des Eigentümers, dem die Zeiten, in denen er an der gerichtlichen Durchsetzung seines Anspruchs gehindert ist, nicht zum Nachteil gereichen sollen.[162] Der Besitzer dagegen muß in den Zeiten, in denen die Sache von dem Statut beherrscht wird, das die Hemmung ausspricht, mit einer verlängerten Ersitzungszeit rechnen, so daß eine entsprechende Berücksichtigung nicht unbillig erscheint. Daher sollte die Hemmung oder Unterbrechung, die von dem früheren Statut ausgesprochen wurde, auch von dem neuen Statut anerkannt und berücksichtigt werden.

b. Die besondere Problematik bei Kunstwerken

Die herrschende Auffassung entscheidet auch bezüglich abhanden gekommener oder gestohlener Kunstwerke nach den oben aufgeführten Grundsätzen. Diejenigen Autoren hingegen, die sich für eine Sonderanknüpfung im Rahmen des gutgläubigen Erwerbs einsetzen, plädieren für eine korrespondierende Lösung bei der Frage der Ersitzung gestohlener oder sonst abhanden gekom-

---

[160] Insb. *MünchKomm-Kreuzer,* Nach Art. 38 Anh. I, Rn. 77, der jedoch zu Unrecht die Meinung von *Hanisch,* FS Müller-Freienfels, S. 220, und *Firsching/v. Hoffmann,* IPR, § 12 Rn. 29, für sich in Anspruch nimmt, die sich zu dieser speziellen Frage nicht äußern.

[161] *Staudinger-Stoll,* IntSachenR, Rn. 205, 206; ebenso BG 13.12.1968, BGE 94 II 297 [304]; zugeneigt *Soergel-Lüderitz,* Art. 38 Anh. II, Rn. 73 (Fn. 10).

[162] *MünchKomm-Quack,* § 939 Rn. 1.

mener Kunstwerke.[163] In der Tat sprechen gewichtige Argumente für eine derartige Gleichbehandlung.

Zum einen ist es schon aus dogmatischen Gesichtspunkten nicht gerechtfertigt, die Institute des gutgläubigen Erwerbs und der Ersitzung abhanden gekommener Sachen — hier Kunstwerke — unterschiedlich zu behandeln. Beide sind Ausnahmen von der Regel, daß niemand mehr übertragen kann, als er selbst innehat, und als solche Zugeständnisse an den Rechtsverkehr im Sinne einer Stärkung der Rechtssicherheit zugunsten des (gutgläubigen) Erwerbers. Beide setzen derivativen Besitzerwerb bei gleichzeitiger Gutgläubigkeit voraus. Beide führen zu endgültigem Eigentumsverlust auf Seiten des ehemaligen Eigentümers infolge des gutgläubigen Besitzerwerbs.

Die im Rahmen des gutgläubigen Erwerbs vertretene Wertung zugunsten eines verbesserten Eigentumsschutzes ist auf die Ersitzung ohne weiteres übertragbar. Auch hier ist der Eigentümer insoweit schützenswert, als er durch Auswahl des Belegenheitsortes Einfluß nehmen konnte auf den ihm zustehenden Schutz seines Eigentums. Es erscheint nicht gerechtfertigt, dem Eigentümer das Risiko eines Rechtsverlustes aufzubürden, weil der Entwender oder dessen Rechtsnachfolger die Sache ins Ausland verbringt. Das gilt jedenfalls für Unikate, für die Schadensersatzansprüche keine Kompensation bedeuten können.

Es sei besonders auf die Möglichkeit hingewiesen, daß der Erwerber durch wohlüberlegten Ortswechsel die Berücksichtigung der Ersitzungsfrist desjenigen Landes erzwingen kann, das aus seiner Sicht günstig erscheint. Daß der Ersitzer für den Aufenthalt in diesem Land vor einem erkennenden Gericht immerhin beweispflichtig wäre, tröstet hierbei kaum. Auch die bereits dargestellte Ansicht Zitelmanns, der diese Rechtslage nutzende Besitzer sei bereits als *mala fide* anzusehen,[164] verfängt nicht und ist in dieser Pauschalität sicher nicht haltbar. Im übrigen verbleibt es bei der in fast allen Ländern üblichen Beweislastverteilung, nach welcher der Herausgabebegehrende die Bösgläubigkeit des Erwerbers zu beweisen hat.[165]

2. Statutenwechsel und Verjährung des Herausgabeanspruchs

Nach der allgemein in Deutschland wie im gesamten europäischen Rechtsraum herrschenden Rechtsauffassung ist die Verjährung eines Anspruchs dem

---

[163] So besonders *Mansel,* IPRax 1988, S. 268 ff., 271.; *Jefferson,* 96 L.Q.R. 508, 511 (1980); auch *Hanisch,* FS Müller-Freienfels, S. 193 ff., 216 ff.

[164] *Zitelmann,* IPR II, S. 347 ff., 350. Hierzu oben, S. 146.

[165] Für das deutsche Recht vgl. unten, S. 167.

Recht zu entnehmen, welches den geltend gemachten Anspruch beherrscht.[166] Unbeachtlich bleibt, daß insbesondere der anglo-amerikanische Rechtskreis die Verjährung prozeßrechtlich einordnet und daher der *lex fori* unterstellt.[167]

In Deutschland unterstellt die ganz herrschende Auffassung den Herausgabeanspruch aus § 985 BGB der dreißigjährigen Verjährungsfrist des § 195 BGB.[168] Im Falle eines Statutenwechsels während der Verjährungsfrist stellen sich die gleichen Probleme, wie sie schon im vorangehenden Kapitel zur Behandlung der Ersitzungsfrist erörtert wurden, weshalb in der allgemeinen Diskussion beide Institutionen regelmäßig gemeinsam behandelt werden.[169] Das neue Statut entscheidet daher allein über den Inhalt des Anspruchs und über die Frage, ob und nach welcher Zeitdauer dieser Anspruch verjährt. Das schweizerische Recht z.B. lehnt die Verjährbarkeit des Herausgabeanspruchs ab.[170] Daher kann der Zeitraum, während dessen sich ein Werk in der Schweiz befunden hat, nach Verbringung in das deutsche Hoheitsgebiet nicht auf die Verjährungsfrist des § 195 BGB angerechnet werden.[171] Das gilt einerseits, wenn das Kunstwerk ohne Veräußerung vom Besitzer selbst aus der Schweiz nach Deutschland verbracht wird, andererseits auch für die Frage der Anrechnung von Besitzzeiten der Rechtsvorgänger im Rahmen des § 221 BGB. Wurde dagegen ein Kunstwerk von Deutschland in die Schweiz verbracht, kann dem Vindikationsbegehren der Einwand der Verjährung überhaupt nicht entgegengesetzt werden und etwaige Besitzzeiten, in denen sich das Werk in Deutschland befand, sind gänzlich unbeachtlich.

Fraglich ist jedoch, ob sich die hier zur Ersitzung vertretene Auffassung, diese für die Behandlung gestohlener und abhanden gekommener Kunstwerke an den Ort des Diebstahls bzw. des Abhandenkommens anzuknüpfen, auch auf die Verjährung des Herausgabeanspruchs übertragen läßt. Im Ergebnis hieße dies, die Verjährung vom materiellen Herausgabeanspruch zu lösen und selbständig dem Recht am Ort des Diebstahls bzw. des Abhandenkommens zu

---

[166] Vgl. nur *Kropholler,* IPR, § 41 II; *Firsching/v. Hoffmann,* IPR, § 10 A IV. Vgl. hierzu näher bereits oben, S. 114 ff.

[167] Allg. Ansicht, vgl. BGH 9.6.1960, NJW 1960, S. 1720 ff.; *Firsching/v. Hoffmann,* IPR, § 10 A IV.

[168] So BGH 26.11.1953, LM § 989 Nr. 2; *MünchKomm-Medicus,* § 985 Rn. 24; *Baur/Stürner,* SachenR, § 11 C I 3 c.

[169] So schon *C.L. v. Bar,* IPR I, S. 637; *Staudinger-Stoll,* IntSachenR, Rn. 271. Manche Rechtsordnungen unterscheiden schon nicht zwischen beiden Instituten, vgl. z.B. Artt. 2219 ff. C.C.fr.

[170] BG 15.2.1922, BGE 48 II 38 [44]; *Rey,* Grundlagen des Sachenrechts, Rn. 2031, 2035, 2113.

[171] Anderer Auffassung aber offensichtlich *Raape,* IPR, S. 600, der in dem Fall, daß eine Sache aus der Schweiz nach Deutschland verbracht wird, die Verjährungsfrist bereits mit Besitzerlangung in der Schweiz beginnen lassen möchte. Vgl. hierzu jedoch oben, S. 147.

unterstellen. Eine solche Lösung ist bisher — soweit ersichtlich — noch nicht diskutiert worden. Für sie spräche, daß Ersitzung und Verjährung ein identisches rechtspolitisches Ziel verfolgen, nämlich den dinglich Berechtigten an der Ausübung seines Rechts zu hindern, wenn er sich längere Zeit nicht darum gekümmert hat.[172] Der althergebrachte Gedanke der Verschweigung eines Rechts scheint hier noch durch. Eine Gleichbehandlung auch in der Frage einer Sonderanknüpfung entspräche also dem Grundsatz, kollisionsrechtlich zwischen beiden Instituten nicht zu unterscheiden. Ebenso spricht für eine derartige Behandlung, daß der Eigentümer, solange er mit der Belegenheit auch das die Sache beherrschende Recht bestimmen kann, auf den Schutz der Sache gemäß diesen Bestimmungen vertrauen darf; hierzu zählt auch das Vertrauen dahingehend, den Herausgabeanspruch erst nach dreißig Jahren zu verlieren. Sofern diese Beurteilung zu einer schlechteren Rechtsposition für den Eigentümer führt — etwa, wenn er den Herausgabeanspruch in der Schweiz erhebt, wo dieser nicht der Verjährung unterfällt —, gilt das bereits oben Gesagte: Da der Eigentümer, solange er im Besitz der Sache ist, auch das auf sie anwendbare Recht bestimmen kann, ist diese Risikoverteilung nicht unbillig. Zu bedenken ist ebenso, daß die Verjährung des Vindikationsanspruchs nicht zwischen Gut- und Bösgläubigkeit unterscheidet und damit sogar dem Dieb das Recht gibt, die Herausgabe einer von ihm selbst gestohlenen Sache gegenüber dem Eigentümer zu verweigern. Eine Konsequenz, die manche zu der Auffassung gelangen läßt, die Verjährung des Herausgabeanspruchs sei insgesamt für das deutsche Zivilrecht abzulehnen.[173]

Dagegen läßt sich nun lediglich eines der beiden Argumente ins Feld führen, das gegen eine besondere Anknüpfung des gutgläubigen Erwerbs bei der Verfügung über ein abhanden gekommenes Kunstwerk spricht: die Sicherheit des Rechtsverkehrs. Der Schutz des gutgläubigen Erwerbers dagegen streitet — als zweites der beiden Argumente — deshalb nicht gegen eine besondere Anknüpfung der Verjährung, weil der gutgläubige Erwerber bereits über die Ersitzungsvorschriften nach wesentlich kürzerer Zeit Schutz erhält und die Verjährungsvorschriften ihn schon gar nicht betreffen. Die Verjährbarkeit des Herausgabeanspruchs schützt allein den bösgläubigen Besitzer, dem die Ersitzung versagt ist. Ein im Grunde ungerechtes Ergebnis, welches allein mit der (angeblichen) Notwendigkeit begründet wird, die Rechtslage zu beruhigen.[174]

---

[172] *Staudinger-Stoll*, IntSachenR, Rn. 271 m.w.Nachw.

[173] Vgl. *K. Müller*, SachenR, Rn. 455; *Henckel*, AcP 174 (1974), S. 97 ff., 130; *Heck*, Grundriss des SachenR (1930), S. 126, spricht markant von einem „Rechtskrüppel“, ohne sich jedoch gegen die bereits damals herrschende Meinung zu stellen. Hierzu näher unten, S. 234 ff.

[174] Vgl. auch die Kritik der in Fn. 173 genannten Autoren. Das deutsche Recht erklärt jedoch den Herausgabeanspruch des im Grundbuch eingetragenen Grundstückeigentümers für un-

Doch auch die Sicherheit des Rechtsverkehrs bietet nur ein schwaches Argument, da das Verkehrsgeschäft, das dem Anspruchsgegner in den Besitz der Sache gebracht hat, bereits 30 Jahre zurückliegt. Ein grundsätzliches Bedürfnis, die Verjährung eines Anspruches nicht selbständig anzuknüpfen und damit möglicherweise einer anderen Rechtsordnung zu unterstellen, ist nicht gegeben. Sieht eine Rechtsordnung die Verjährung des Vindikationsanspruchs als mit den nationalen Bestimmungen unvereinbar an, bleibt dieser die Möglichkeit, die Anwendung einer ausländischen Verjährungsregel als dem ordre public widersprechend abzulehnen.

Die besseren Argumente sprechen daher dafür, die Verjährung des Anspruchs auf Herausgabe eines gestohlenen oder abhanden gekommenen Kunstwerks wie auch die Ersitzung und auch die Möglichkeit eines gutgläubigen Erwerbs an den Ort des Diebstahls bzw. des Abhandenkommens anzuknüpfen. Maßgeblich wäre daher die Vorschrift des § 195 BGB unabhängig davon, welchem Recht der Herausgabeanspruch selbst untersteht.

3. Doppelter Statutenwechsel

Weil Kunstwerke häufig Gegenstand internationaler Veräußerungsgeschäfte sind, ist es durchaus keine Seltenheit, daß ein Werk in ein anderes Land verbracht wird und innerhalb kürzerer Zeit aus diesem wieder zurückkehrt. Das Schicksal der „Sumpflegende“ kann auch insoweit als Beispiel dienen, da das Bild 1962 in die Schweiz gelangte und von dort 1985 wieder nach Deutschland zurückkehrte. Internationalprivatrechtlich wirft dies Fragen eines Komplexes auf, der als doppelter Statutenwechsel bezeichnet wird.

Folgt man jedoch der vom Verfasser vertretenen Auffassung, daß gestohlene und abhanden gekommene Kunstwerke nicht anhand der *lex rei sitae* anzuknüpfen sind, bleibt auch ein mehrmaliger Statutenwechsel ohne Auswirkung. Maßgeblich bleibt in jedem Fall die Rechtsordnung am Ort des Diebstahls oder des Abhandenkommens. Im folgenden soll jedoch die Lösung anhand der überwiegenden Meinung dargestellt werden.

a. Die Problematik bei abgeschlossenen Tatbeständen

Wie bereits erörtert, erkennt die neue Rechtsordnung abgeschlossene Tatbestände, die sich unter der alten Rechtsordnung vollendet haben, mit der dort erhaltenen Prägung an. Ein rechtliches Problem stellt sich daher auch bei rascher Verbringung in und Rückkehr aus einem anderen Hoheitsgebiet nicht, solange die neue Rechtsordnung die an der Sache begründeten Rechte nicht

---

verjährbar, § 902 Abs. 1 S. 1 BGB. Auch die Lösung in der Schweiz zeigt, daß die besagte Notwendigkeit gar nicht besteht. Siehe hierzu unten, S. 234 ff.

als ordre-public-widrig empfindet. Wird jedoch ein wirksam begründetes Recht an einer Sache von einem zweiten Staat nicht anerkannt und gelangt es anschließend zurück in das Land seiner Begründung, so nehmen manche Autoren an, daß dieses Recht mittlerweile erloschen sei und auch nicht wieder auflebe.[175] Das dingliche Rechtsinstitut sei nicht nur bezüglich seiner Wirksamkeit, sondern auch in bezug auf seinen Fortbestand dem jeweiligen Lageortsrecht ausgeliefert. Bei fehlender Anerkennung könne es daher nicht fortbestehen und erlösche.

Dem tritt jedoch die weit überwiegende Ansicht entgegen.[176] Das „Veto" des neuen Statuts bestünde eben nur so lange, wie sich die Sache in dessen Herrschaftsbereich befinde. Die dort als störend empfundenen Rechte lebten automatisch wieder auf, sobald die Sache wieder in den Herrschaftsbereich des alten Statuts zurückkehre.[177] Und tatsächlich ist kein Bedürfnis erkennbar, warum das neue Statut in derart gravierender Weise auf die Sache einwirken können sollte, wie es die vorgenannte Auffassung für richtig hält. Sein „Veto" entfaltet bereits mit der Versagung der Anerkennung volle Wirkung. Die Frage der Anerkennung eines unbekannten Rechtsinstituts ist jedoch keine Frage des Richtens über dasselbe. Auch die Nichtanerkennung eines ausländischen Titels gemäß § 328 ZPO sagt nichts über dessen Fortbestand in anderen Ländern aus. Ein Bedürfnis, aus der Nichtanerkennung die Vernichtung des Rechtsinstituts herzuleiten, läßt sich auch dem sachenrechtlichen numerus-clausus-Prinzip nicht entnehmen. Es lebt daher wieder auf, wenn es in eine Rechtsordnung zurückkehrt, dem dieses Rechtsinstitut vertraut ist.

b. Die Problematik bei nicht abgeschlossenen Tatbeständen

Verschiedene Lösungsmöglichkeiten ergeben sich für nicht abgeschlossene Tatbestände, erneut also insbesondere für noch laufende Ersitzungs- und Verjährungsfristen, sofern man mit der herrschenden Auffassung auf die Ersit-

---

[175] Insb. *Kegel,* IPR, § 19 III; *Soergel-Kegel,* Vor Art. 7, Rn. 568; *Jayme,* IPRax 1995, S. 43; *Müller,* RIW 1982, S. 461 ff., 462; so auch österreichischer OGH 14.12.1983, IPRax 1985, S. 165 ff., 167; wohl auch *Wolff,* IPR, S. 178 f.

[176] *Caemmerer,* FS Zepos II, S. 25 ff., 32 f.; *Zitelmann,* IPR II, S. 342; *Frankenstein,* IPR II, S. 47; *Staudinger-Stoll,* IntSachenR, Rn. 297; *MünchKomm-Kreuzer,* nach Art. 38 Anh. I, Rn. 63 a.E.; *Soergel-Lüderitz,* Art. 38 Anh. II, Rn 52.; *Stoll,* RabelsZ 38 (1974), S. 458, Fn. 31.

[177] Hierbei ist lediglich von terminologischer Bedeutung, ob man in der Zwischenzeit von einer „Ausübungsbeschränkung" ausgeht, so *Staudinger-Stoll,* IntSachenR, Rn. 297 oder von einem „Ruhen" des Rechts, so *Raape,* IPR, S. 597, *Zitelmann,* IPR II, S. 339 und *Frankenstein,* IPR II, S. 47. *Privat,* Rechtswahl, S. 126 formuliert: „Das nicht angleichbare Institut wird von der neuen *lex rei sitae* nicht anerkannt, es ruht. Die neue *lex rei sitae* kann nämlich die unter dem alten Recht geschehenen Akte nicht ungeschehen machen, sondern ihnen nur die rechtliche Relevanz versagen."

zung das Recht am Belegenheitsort anwendet. Die Problemstellung sei an folgendem Beispiel skizziert:

Der in Deutschland lebende Erwerber verlegt sieben Jahre nach dessen Erwerb den Aufenthaltsort des Werkes für einige Zeit nach New York. Nach fünf Jahren kehrt er mitsamt dem Werk wieder nach Deutschland zurück, woraufhin ihn der ehemalige Eigentümer mit seinem Herausgabeverlangen konfrontiert.

Ein gestohlenes Werk kann in Deutschland binnen zehn Jahren gutgläubig ersessen werden, § 937 BGB. Hätten sich die insgesamt zwölf Jahre seit dem Erwerb vollständig in Deutschland erfüllt, wäre dem Herausgabeverlangen kein Erfolg beschert, ihm stünde der Eigentumserwerb durch Ersitzung entgegen. Insoweit sind also zwei der Klärung bedürftige Fragen zu unterscheiden. Zum einen: Was geschieht mit der begonnenen, aber noch nicht vollendeten Ersitzungsfrist, wenn die Sache in ein Rechtsgebiet gelangt, das eine Ersitzung nicht kennt? Zum anderen: Können die Zeiten, in denen sich die Sache in diesem Rechtsgebiet befunden hat, angerechnet werden?

Zur ersten Frage werden zwei Auffassungen vertreten. Die eine, im vorigen Abschnitt bereits dargestellte Ansicht spricht sich dafür aus, daß nicht anerkannte Rechtsinstitute grundsätzlich mit der Verbringung unter jenes Statut erlöschen.[178] Abgeschlossene wie nicht abgeschlossene Tatbestände können damit nicht wieder aufleben oder fortgesetzt werden, wenn sie in das alte Statut zurückkehren. Für die Ersitzung in obigem Beispiel würde dies bedeuten, daß sie mit der Verbringung der Sache nach New York endgültig gescheitert ist und der Herausgabeanspruch durchgreift.[179] Diese Auffassung übersieht jedoch in ihrer Anwendung auf nicht abgeschlossenen Tatbestände, daß eine noch nicht erfüllte Ersitzungsfrist nicht als eine Art Anwartschaft zu betrachten ist, sondern lediglich als Auslandssachverhalt bzw. als Vorgang im Sinne des Art. 43 Abs. 3 EGBGB Berücksichtigung finden kann.[180] Die begonnene Ersitzungsfrist „prägt" die Sache also nicht, nur die Rechtswirkung des Fristablaufs könnte dies. Ein Auslandssachverhalt ist lediglich zu berücksichtigen oder nicht, er erlischt jedenfalls nicht infolge eines Statutenwechsels. Und Klarheit benötigen sachenrechtliche Verhältnisse immer nur in derjenigen Rechtsordnung, die zur Beurteilung berufen ist; das amerikanische Recht mag daher die Erfüllung der Ersitzung verweigern; es widerspricht jedoch nicht dem Grundgedanken der Klarheit im Sachenrecht, daß die deutsche Rechtsordnung, die später zur Entscheidung berufen ist, sich der möglichen

---

[178] *Soergel-Kegel,* Vor Art. 7, Rn. 568; *Kegel,* IPR, § 19 III; insbesondere für die Ersitzungsfrist im hier interessierenden Zusammenhang *Jayme,* „Entartete Kunst" und IPR, S. 29.

[179] *Rabel,* Conflict of Laws IV, S. 91, begründet seine Auffassung so: „This would be an unwarranted breach of principle. The efficacy of the lex situs should not be split and limited to territorial effects."

[180] Bereits oben S. 147, m.w.Nachw. in Fn. 159.

Ersitzung wieder erinnert. Wie bei abgeschlossenen Tatbeständen besteht kein Bedürfnis der nichtanerkennenden Rechtsordnung, das unbekannte Rechtsinstitut zu vernichten. Es reicht aus, daß dessen Anerkennung verweigert und die Ausübung nicht möglich ist, *solange* die Sache von dieser Rechtsordnung beherrscht wird. Diese Rechtsinstitute dauerhaft zu beseitigen, ist dagegen unangemessen. Zu folgen ist daher derjenigen Ansicht, die von einem Fortbestand der Ersitzungsfrist und anderer nicht abgeschlossener Tatbestände ausgeht.[181]

Damit wird eine Antwort auf die zweite Frage nach der Anrechnung von Ersitzungszeiten erforderlich. Für das oben gestellte Beispiel wären drei Lösungen denkbar: (a) auch die Besitzzeiten, die dem New Yorker Sachenrecht unterfallen, werden auf die Ersitzungsfrist angerechnet, (b) lediglich die Zeiten in Deutschland können berücksichtigt werden und (c) die Ersitzungsfrist beginnt mit der Rückkehr der Sache nach Deutschland von neuem zu laufen. Lösung (a) begegnet schwerwiegenden Einwänden. Geht man von der umfassenden rechtlichen Beherrschung des jeweiligen Lageortes aus, ist anzuerkennen, daß nach amerikanischem Recht eine Ersitzung nicht möglich ist und daher auch eine Ersitzungsfrist nicht (weiter-) laufen kann. Lösung (c) wiederum käme derjenigen Lösung gleich, die — wie zuvor skizziert — ein Erlöschen nicht anzuerkennender Rechtsinstitute annimmt. Das New Yorker Sachenrecht hätte einen derart prägenden Effekt, daß vorherige Besitzzeiten „erlöschen" würden.[182] Vorzugswürdig erscheint Lösung (b). Ein Auslandssachverhalt ist dann zu berücksichtigen, wenn und so lange er sich ereignet hat. Eine Rechtsordnung, in der sich die Sache nur zwischenzeitlich befand, hat weder ein Bedürfnis noch ein Interesse, auf Rechtsverhältnisse einzuwirken, die von ihr schon gar nicht anerkannt werden. Der Grundsatz der *lex rei sitae* verlangt lediglich, Rechtsinstitute während der Zeit ihres „Ruhens" so zu behandeln, als hätten sie nicht bestanden. Die Nähe zur Behandlung der *res in transitu* liegt auf der Hand. Werden in dem Zwischenland keine rechtlichen Verfügungen getroffen, die sich auf den Bestand des Rechtsinstituts auswirken, bleiben früher begonnene Sachverhalte bestehen, so auch die bereits in Deutschland verstrichene Ersitzungsfrist. Kehrt die Sache aber nach Deutschland zurück, werden allein die zuvor in Deutschland verstrichenen Zeiten angerechnet und die Ersitzungsfrist beträgt weitere drei Jahre. Würde die Sache dagegen nach dem Aufenthalt in den USA in die Schweiz verbracht, würde der Rechtserwerb durch Ersitzung bereits mit dem Grenzübertritt wirksam, da der frühere siebenjährige Besitz in Deutschland auf die nunmehr maßgebliche fünfjährige Ersitzungsfrist des Art. 728 Abs. 1 ZGB anzurechnen ist.

---

[181] *Raape,* IPR, S. 597; *Frankenstein,* IPR II, S. 47; *Zitelmann,* IPR II, S. 339; *Soergel-Lüderitz,* Art. 38 Anh. II, Rn. 52; *Staudinger-Stoll,* IntSachenR, Rn. 297; *MünchKomm-Kreuzer,* nach Art. 38 Anh I, Rn. 91; *Kropholler,* IPR, § 54 III 1 c, 2;

[182] So aber *Jayme,* „Entartete Kunst" und IPR, S. 29 und IPRax 1995, S. 43.

Gerade im Hinblick auf Kunstwerke erscheint diese Lösung auch der Praxis am nächsten zu kommen. Kunstwerke werden nicht selten als Leihgaben Privater öffentlichen Museen zur Verfügung gestellt oder zu Ausstellungszwekken in das Ausland versandt. In den wohl meisten Rechtsordnungen, die eine Ersitzung kennen, reicht auch mittelbarer Eigenbesitz zur Erfüllung des Ersitzungstatbestandes aus.[183] Private Leihgeber, sähen sich in den ersten Jahren nach dem Erwerb eines Werkes erheblicher Rechtsunsicherheit ausgesetzt, sollte sich das Werk auf Auslandsreise begeben. Es hieße gerade diejenigen zu „bestrafen", die ihr Eigentum der Öffentlichkeit zugänglich machen wollen, würde man die Ersitzungsfrist jeweils neu beginnen lassen, wenn das Werk ein Land verläßt, dessen Rechtsordnung keine Ersitzung kennt.

C. Zwischenergebnis

Der Herausgabebegehrende muß seine Klage grundsätzlich am Wohnsitz des Beklagten erheben, bei Wohnsitzlosen ist der Aufenthaltsort maßgeblich. Unter mehreren Wohnsitzen hat der Kläger das Wahlrecht (forum shopping). Das deutsche Prozeßrecht stellt dem Kläger zusätzlich den Gerichtsstand des Vermögens und des Streitobjekts gemäß § 23 ZPO zur Wahl, der es ermöglicht, gegen einen Besitzer, der seinen Wohnsitz nicht in einem Vertragsstaat des EuGVÜ oder Luganer GVÜ hat, in Deutschland Klage zu erheben, wenn sich die Sache im Inland befindet.

Im Rahmen des internationalen Sachenrechts ist für den Herausgabeanspruch die funktionale Qualifikation zu beachten, so daß bei abweichender Einordnung des Anspruchs die Rück- oder Weiterverweisung der zunächst ermittelten Rechtsordnung zu beachten ist. Faßt diese — wie beispielsweise die amerikanische Rechtsordnung — den Herausgabeanspruch deliktsrechtlich auf, ist der zugehörigen Kollisionsregel nachzugehen. Die Beweislast ist materiellrechtlich anzuknüpfen.

Von der das Sachenrecht beherrschenden Situs-Regel ist bei gestohlenen oder abhanden gekommenen Kunstwerken abzuweichen. Dabei ist es möglich, die Frage, ob das Werk als gestohlen oder abhanden gekommen anzusehen ist, selbständig als Vorfrage anzuknüpfen oder sie als *local data* aufzufassen und als Auslandssachverhalt bzw. als Vorgang im Sinne von Art. 43 Abs. 3 EGBGB zu berücksichtigen. Bevorzugenswert erscheint es jedoch, sachenrechtlich relevante Tatbestände von vornherein an den Ort des Diebstahls oder Abhandenkommens anzuknüpfen. Diese Variante ermöglicht gerade bei Uni-

---

[183] Für das deutsche Recht vgl. *Palandt-Bassenge,* § 937 Rn. 1; für das schweizerische Recht vgl. *Rey,* Grundlagen des Sachenrechts, Rn. 2000.

katen einen gerechten Interessenausgleich, da sie den Eigentümer in seinem Vertrauen schützt, daß das Kunstwerk derjenigen Rechtsordnung untersteht, in die er es verbracht hat, deren Regelungswirkung er einschätzen kann und in Anspruch nehmen möchte. Fragen des gutgläubigen Erwerbs, sei es durch Rechtsgeschäft oder im Wege der Ersitzung, sollten sich folglich unabhängig von möglichen Statutenwechseln und unabhängig von dem Land, in dem sie vorgenommen oder vollendet wurden, nach dem Recht am Ort des Diebstahls oder des Abhandenkommens bestimmen.

Für die Sonderproblematik des doppelten Statutenwechsels empfiehlt es sich, sowohl bei abgeschlossenen als auch bei nicht abgeschlossenen Tatbeständen zwischenzeitlich nicht anerkannte Rechte wieder aufleben zu lassen. Für die Ersitzungsfrist bedeutet dies, daß sie nicht weiterläuft, solange die Sache sich in einer Rechtsordnung befindet, die eine Ersitzung nicht zuläßt. Jedoch können vorherige Zeiten angerechnet werden, wenn die Sache wieder in eine Rechtsordnung gelangt, die einen gutgläubigen Ersitzungserwerb zuläßt.

§ 9 Gutgläubiger Erwerb vom Nichtberechtigten

Vielen Rechtsordnungen ist gemein, daß sie eine wirksame Übertragung des Fahrniseigentums von der Berechtigung des Veräußerers zur Eigentumsübertragung sowie davon abhängig machen, daß sich die Sache in seinem Besitz befindet.[1] Der Grundsatz des römischen Rechts, *nemo plus juris ad alium transferre potest quam ipse habet,* ist die historische Grundüberlegung hierzu.[2] Eine Übertragung ist danach nur bezüglich der Berechtigungen möglich, die dem Übertragenden zustehen. Der Eigentümer ist regelmäßig berechtigt, nach freiem Belieben über seine Rechtspositionen an der Sache zu verfügen.

Gibt ein Veräußerer sich den Anschein, zur Eigentumsübertragung berechtigt zu sein und vertraut der Erwerber auf dessen Eigentümerstellung, so sind die Interessen des Rechtsverkehrs an der Sicherheit und Beständigkeit der durchgeführten Transaktion abwägend zu berücksichtigen.[3] Hat der Eigentümer z.B. durch freiwillige Besitzaufgabe dazu beigetragen, daß der Veräußerer den Anschein der Berechtigung erwecken konnte, müssen seine Interessen zurückstehen.[4]

---

1 §§ 929 ff. BGB; Artt. 714 Abs. 2, 919 ff. ZGB; Artt. 1153 ff. C.C.it; Artt. 1138, 1583 C.C.fr.

2 Für eine Darstellung der Entwicklung des gutgläubigen Erwerbs vgl. die ausführliche Dissertation von *Hinz,* Die Entwicklung des gutgläubigen Fahrniserwerbs in der Epoche des usus modernus und des Naturrechts, Berlin (1991).

3 Der Bundesgerichtshof beschreibt dies in BGH 5.5.1971, BGHZ 56, 123 [128 f.] folgendermaßen: „Der Rechtsgrund für einen gutgläubigen Erwerb nach § 932 BGB ist immer ein auf dem Besitz beruhender Rechtsschein, auf den der Erwerber sich verlassen durfte." Dem ist jedoch hinzuzufügen, daß die Grundlage des gutgläubigen Erwerbs nicht allein der Rechtsschein des Besitzes ist. Vielmehr ist eine tatsächliche Besitzverschaffung notwendig, vgl. *Westermann,* SachenR I, § 45 III 1 a.

4 Die wohl überwiegende Ansicht erklärt diese Wertung mit dem Risikoprinzip. Durch die Besitzüberlassung an einen Dritten hat der Eigentümer eine Risikolage geschaffen, die er sich zurechnen lassen muß, vgl. *Rebe,* AcP 173, S. 200 f.; *Wiegand,* JuS 1974, S. 201 ff. m.w.Nachw. Anderer Ansicht nach ist als dogmatische Begründung der Veranlassungsgedanke heranzuziehen: Der Verlust des Eigentums ist dem Eigentümer nur dann zuzumuten, wenn er das Auseinanderfallen von Besitz und Eigentum selbst veranlaßt hat, insb. *Westermann,* JuS 1963, S. 1 ff., 6.

Insgesamt wird die deutsche Regelung des gutgläubigen Erwerbs von der Rechtslehre häufig in Frage gestellt. Berühmt ist die Streitschrift von *Binding,* Die Ungerechtigkeit des Eigentumserwerbs vom Nichteigentümer nach BGB § 932 und § 935 und ihre Reduktion auf das kleinstmögliche Maß, aus dem Jahr 1908. *Hübner,* Der Rechtsverlust im Mobiliarsachenrecht, S. 16 ff., spricht von einer nationalen Romantik der Germanisten, die diese Schöpfung des Germanischen Rechts habe erhalten wollen. Vorgeschlagen wurde auch, den gutgläubigen Erwerb auf den Warenverkehr unter Kaufleuten und auf den Einzelhan-

Die Zulassung dieses gutgläubigen Erwerbs vom Nichtberechtigten ist im internationalen Vergleich keine Selbstverständlichkeit.[5] Das portugiesische Zivilrecht sowie der Code Civil von Quebec beispielsweise lehnen beide einen Gutglaubenserwerb ab. Auch in der inhaltlichen Ausgestaltung sind beachtliche Unterschiede auszumachen, die von der generellen Zulassung des italienischen Rechts über das Lösungsrecht nach schweizerischem und französischem Vorbild bis hin zu den kurzen Klage- und Nachforschungsfristen des anglo-amerikanischen Rechtskreises reichen. Die Entwicklung weist dabei offensichtlich eine Tendenz auf, die Belange des Eigentümers stärker gegenüber dem Vertrauen des gutgläubigen Erwerbers zu gewichten.[6] Rechte an Kunstwerken im allgemeinen und an „entarteter Kunst“ im besonderen sind ebenfalls nach den jeweils zur Entscheidung berufenen, sachenrechtlichen Bestimmungen zu bemessen. Es ist notwendig, jeden einzelnen Erwerbsakt zu betrachten und seine rechtlichen Wirkungen zu bestimmen. Dabei muß man wohl davon ausgehen, daß diejenigen eingezogenen Werke, die nicht vernichtet wurden oder zunächst im Berliner Depot verblieben, anschließend mehrmals den Besitzer gewechselt haben. Nur wenige werden sich noch heute in der Hand des ersten Erwerbers befinden.

Wie im vorigen Abschnitt dargestellt, empfiehlt der Verfasser eine Anknüpfung des Eigentumserwerbs abhanden gekommener oder gestohlener Werke an den Ort des Abhandenkommens. Demgegenüber läßt die herrschende und insbesondere von der Rechtsprechung vertretene Auffassung die Rechtsordnung am Belegenheitsort des Werkes zur Anwendung kommen. Es erscheint demnach gerechtfertigt, in der folgenden Darstellung auch diesen Lösungsweg ergänzend zu berücksichtigen. Nach einer Kategorisierung der in Frage kommenden Erwerbstatbestände (A.) sowie einer kurzen Darstellung des Gutglaubenserwerbs im deutschen Recht (B.) sind die rechtlichen Problemkreise im einzelnen zu beleuchten (C.-E.), wobei insbesondere die Anforderungen an die Gutgläubigkeit der Erwerber im Vordergrund der Erörterung stehen.

---

del zu beschränken, *Wolff-Raiser,* SachenR, § 69 II 1. Anlaß zur Kritik gaben auch die dogmatische Konstruktion, vgl. *Wieling,* AcP 184 (1984), S. 439 ff., bzw. Wertungswidersprüche innerhalb der Regelungen der §§ 933, 934 BGB, vgl. *Wiegand,* JuS 1974, S. 201 ff., 203; *Picker,* AcP 188 (1988), S. 511 ff., 515 ff. Zusammenfassend *Staudinger-Wiegand,* Vorbem. zu §§ 932 ff. Rn. 29 ff.

[5] Siehe hierzu grundlegend *Zweigert,* RabelsZ 23 (1958), S. 1 ff; *Sauveplanne,* RabelsZ 29 (1965), S. 651 ff.; *Siehr,* ZVglRWiss 80 (1981), S. 273 ff.

[6] *Siehr,* ZVglRWiss 80 (1981), S. 273 ff., 281.

A. Kategorisierung der Erwerbstatbestände

Alle Rechtsordnungen ermöglichen die Eigentumsübertragung von Sachen. Oftmals unterscheiden sie bei der rechtlichen Ausgestaltung jedoch nach Umständen, die entweder objektiv in der Art und Weise des Veräußerungsvorgangs oder subjektiv in den beteiligten Personen begründet sind. Ein besonderer objektiver Umstand kann in der Veräußerung durch einen Kaufmann aus der Branche oder durch eine öffentliche Versteigerung liegen. Die Nichtberechtigung einer Person, die nicht Eigentümer der Sache und daher nicht zur Veräußerung berechtigt ist, stellt demgegenüber einen subjektiven Umstand dar, an den zusätzliche Voraussetzungen für einen Eigentumsübergang geknüpft werden. Die nachfolgenden Kategorisierungen sollen es ermöglichen, trotz des individuellen Schicksals jeden Werkes die juristischen Möglichkeiten des Eigentumsverlustes allgemein zu erfassen. Dabei bietet sich eine kombinierte Einordnung nach der historischen Abfolge der Veräußerungen und der gesetzlichen Systematik an.

I. Direkterwerb im Rahmen der „Verwertung" im Anschluß an die Einziehungen

Das Deutsche Reich hat sich der überwiegenden Zahl der Werke durch Tausch oder Verkauf entäußert. Die mit dieser „Verwertung" beauftragten Kunsthändler waren zumeist als Kommissionäre mit der Anweisung tätig, die Werke nur an ausländische Kaufinteressenten zu vermitteln. Eberhard Roters verdanken wir eine umfassende Dokumentation zu den Vorgängen, die der Berliner Kunsthändler und bedeutende Förderer der klassischen Moderne Ferdinand Möller in dieser Tätigkeit abwickelte.[7] Nach der Auswertung der nachgelassenen Unterlagen erhielt Möller insgesamt 101 Werke, in überwiegender Zahl als Kommissionsware. Für eine nicht geringe Zahl der Werke ist der Verbleib in einer Auflistung (Stand 1984) vermerkt. Danach befindet sich die überwiegende Anzahl heute wieder in deutschen Museen, wenn auch nur wenige Werke an alter Wirkungsstätte zu sehen sind.

Zum anderen wurden die Kunsthändler als Zwischenhändler tätig, indem sie die Werke zunächst selbst direkt und in eigenem Namen erwarben oder eintauschten, um sie anschließend (teilweise) weiterzuverkaufen. Verträge über den direkten Erwerb vom Deutschen Reich enthielten stets den Zusatz, daß die Werke anschließend in das Ausland verkauft werden mußten; nicht immer hielten die Händler sich an diese Bedingung. Möller z.B. verwahrte zahlreiche

---

7 *Roters*, Galerie Ferdinand Möller, S. 287 ff.

Werke bis zum Ende des Krieges in seinem privaten Depot, um sich dann jedoch wiederum dem Zugriff der neuen, jetzt kommunistischen Machthaber ausgesetzt zu sehen.

War nun das Deutsche Reich nach dem oben festgehaltenen Ergebnis nicht als Eigentümer der in dem Berliner Depot zusammengetragenen oder sonst auf Wanderschaft befindlichen Werke „entarteter Kunst" anzusehen, konnte es auch nicht als Berechtigter über sie verfügen. Dieses Ergebnis eröffnet nur die Möglichkeit, daß die eingeschalteten Kunsthändler, wenn sie direkt kauften oder tauschten, gutgläubig auf die Eigentümerstellung des Reichs vertrauten und so Eigentum vom Nichtberechtigten erwarben. Für die Kommissionsgeschäfte sind zusätzlich diejenigen Besonderheiten zu beachten, die sich aus den handelsrechtlichen Bestimmungen ergeben. Diese Vorgänge der unmittelbaren Verwertung sollen als einheitliche Kategorie betrachtet werden.

II. Erwerb auf Versteigerungen

Der internationale Kunsthandel bedient sich schon seit vielen Jahrzehnten der Möglichkeit, seine Objekte durch Versteigerungen zu vertreiben.[8] Eine der spektakulärsten Veranstaltungen dieser Art war sicherlich die im Juni 1939 veranstaltete Auktion „entarteter Kunst" in der Luzerner Galerie Fischer.[9] Es empfahl sich, den Schweizer Galerist Theodor Fischer, angeblich der einzige nicht-jüdische Kunsthändler seines Landes mit umfassenden internationalen Kontakten,[10] mit der Durchführung zu betrauen, da die politische Neutralität seines Landes die Gewähr für eine möglichst ungestörte Abwicklung bot. Fischer führte seine Verhandlungen über die Durchführungsmodalitäten direkt mit Franz Hofmann aus dem Propagandaministerium. Man einigte sich darauf, daß je nach Wert des versteigerten Werkes Provisionen in Höhe von 7, $12^1/_2$ und 15 Prozent in Reichsmark vom Deutschen Reich auszuzahlen waren, während die Erlöse auf ein Londoner Fremdwährungskonto zugunsten des Deutschen Reiches überwiesen werden mußten. Die Auswahl der zu versteigernden Exemplare traf allein das Propagandaministerium. Sie umfaßte 108 Bildwerke und 17 Skulpturen.[11] „Entartete Kunst" ist heute ständiger Gast auf

---

8 Auf die besondere Bedeutung der Versteigerungen für den Kunstmarkt insgesamt weist hin *Franz*, Zivilrechtliche Probleme des Kulturgüteraustausches, S. 97 ff.

9 Vgl. hierzu grundlegend die umfassenden Darstellungen von *Kreis*, „Entartete" Kunst für Basel und *Barron*, Entartete Kunst, S. 135 ff.

10 *Barron*, Entartete Kunst, S. 135. Zu der Rolle Fischers für den schweizerischen Handel mit „entarteter" und anderer Beutekunst allgemein vgl. *Feliciano*, Das verlorene Museum, S. 152 ff., 191 ff.

11 *Kreis*, „Entartete" Kunst für Basel, S. 50; *Barron*, Entartete Kunst, S. 138.

den vielen alljährlich stattfindenden Kunstauktionen in aller Welt zu Preisen, die diejenigen auf der Luzerner Auktion erzielten geradezu lächerlich erscheinen lassen.

Zahlreiche Rechtsordnungen sehen für Veräußerungen im Wege der Versteigerung besondere Vorschriften vor. Sie sollen am Beispiel des deutschen und des schweizerischen Rechts dargestellt werden. Obwohl die Luzerner Versteigerung im Rahmen der unmittelbaren Verwertung erfolgte, soll sie wegen der gemeinsamen rechtlichen Besonderheiten im Zusammenhang mit den nachfolgenden Versteigerungen erörtert werden.

III. Weiterveräußerungen an Dritte

Eine weitere Kategorie erfaßt alle Veräußerungen, die seither der „Verwertung" nachfolgten. Viele dieser Erwerbsvorgänge sind heute für die einzelnen Werke nicht mehr nachvollziehbar. Auch im Falle der „Sumpflegende" ist die Provenienz insbesondere der Jahre 1963 bis 1973 heute nicht mehr zu rekonstruieren. Veräußerungen dieser Kategorie fanden in weitaus überwiegender Zahl im Ausland statt. Besonders zu beachten wird hierbei sein, daß die Behandlung des gutgläubigen Erwerbs international nicht einheitlich geregelt ist.

IV. Erwerb durch Ersitzung

Schließlich ist ein gutgläubiger Erwerb auch im Wege der Ersitzung in vielen Rechtsordnungen anerkannt, wenn auch unterschiedlichen Voraussetzungen unterworfen. Regelmäßig ermöglicht dieses Rechtsinstitut gerade dann einen gutgläubigen Rechtserwerb, wenn ein solcher infolge Diebstahls oder Abhandenkommens ausgeschlossen ist. Dabei variieren die Fristen, nach deren Ablauf der Rechtserwerb eintritt, von Land zu Land erheblich. Da Kunstwerke oft den Besitzer wechseln, muß dieser Möglichkeit, einen wirksamen Eigentumswechsel herbeizuführen, gerade für diese Güter gesteigerte Aufmerksamkeit entgegen gebracht werden. Ihr soll daher in einer eigenen Kategorie nachgegangen werden.

B. Die Systematik des gutgläubigen Erwerbs vom Nichtberechtigten im deutschen Recht

Insbesondere die Rechtslehre hat sich immer wieder mit der Legitimation des gutgläubigen Erwerbs im Normengefüge des BGB auseinandergesetzt und dabei auch den Blick auf die Lösungen anderer Länder nicht gescheut.[12] Das aus Sicht des Eigentümers unbestreitbar vorhandene Spannungsverhältnis zu Art. 14 GG ist unter dem Blickwinkel zu betrachten, daß die Normen des BGB als vorkonstitutionelles Recht vom Verfassungsgeber vorgefunden wurden und Art. 14 GG das Eigentum nur in den Grenzen schützt, wie sie das BGB und die gesellschaftlichen Anschauungen geformt haben.[13] Ob die Zulassung des gutgläubigen Erwerbs tatsächlich den gesellschaftlichen Anschauungen entspricht oder entsprochen hat, wird jedoch vielfach bezweifelt.[14] Denn dann läuft der Eigentümer, der die Sache aus der Hand gibt, Gefahr, im Falle eines Mißbrauchs durch Dritte sein Eigentum zu verlieren. Er täte also besser daran, die Sache stets bei und für sich zu behalten — ein gesellschaftspolitisch wenig wünschenswertes Ergebnis, das besonders fragwürdig erscheint im Hinblick auf Leihgaben privater Sammler, ohne die zahlreiche Ausstellungen nicht die Bedeutung und Aussagekraft erlangt hätten, die ihnen durch ihre Anwesenheit tatsächlich zukam.

I. Die Grundtatbestände

Der Eigentumserwerb nach den §§ 932 ff. BGB setzt neben dem guten Glauben an das Eigentum des Veräußerers einen rechtsgeschäftlichen Erwerb voraus, dem ein Verkehrsgeschäft zugrundeliegt. Zusätzlich zur Einigung, daß das Eigentum übergehen soll, muß der Veräußerer dem gutgläubigen Erwerber den unmittelbaren Besitz an der Sache verschaffen. Diese Besitzverschaffung ist auf mehrere Weisen möglich, die in den §§ 932 bis 934 BGB aufgeführt werden. Hiervon abweichend läßt § 934 1. Fall BGB die Abtretung des mittelbaren Besitzes genügen, wenn der Veräußerer selbst nur mittelbarer Besitzer der Sache ist, er also die Sache verliehen oder in Verwahrung gegeben hat. Obwohl der Erwerber hier den sonst maßgeblichen Rechtsschein des

---

[12] Z.B. *Siehr*, ZVglRWiss 80 (1981), 273 ff.; *ders.*, ZVglRWiss 83 (1984), S. 100 ff.; *Zweigert*, RabelsZ 23 (1958), S. 1 ff.; *Sauveplanne*, RabelsZ 29 (1965), S. 651 ff.

[13] Vgl. hierzu *Peters*, Der Entzug des Eigentums an beweglichen Sachen durch gutgläubigen Erwerb, S. 19 ff.; *Hager*, Verkehrsschutz durch redlichen Erwerb, S. 9 ff.

[14] So bereits *Hübner*, Der Rechtsverlust im Mobiliarsachenrecht, S. 30 f.; *Peters*, Der Entzug des Eigentums an beweglichen Sachen durch gutgläubigen Erwerb, S. 21 ff.; *Zweigert*, RabelsZ 23 (1958), S. 1 ff., 16 f.

Besitzes aus § 1006 Abs. 1 BGB nicht für sich in Anspruch nehmen kann, erwirbt er durch Übertragung des mittelbaren Besitzes Eigentum.[15] Bedeutsam ist dies für die im Kunstbetrieb häufigen (ständigen) Leihgaben privater Sammler an Museen oder andere öffentliche Sammlungen.

Zu unterscheiden ist die (angebliche) Eigentümerstellung des Veräußerers von der (angeblichen) Verfügungsberechtigung über den Gegenstand. Die Vorschriften der §§ 932 ff. BGB greifen nach der h.M. nicht ein, soweit der Erwerber lediglich an die Verfügungsbefugnis des Veräußerers glaubt. Dieser Wertung ist beizupflichten, denn der Rechtsschein, der unter Privatleuten aus der Behauptung des Eigentums hervorgeht, ist nicht dem gleichzusetzen, der aus der Behauptung entsteht, lediglich zur Veräußerung legitimiert zu sein.[16]

Die Vorschriften des gutgläubigen Erwerbs finden ebenso keine Anwendung, wenn ein durch (vorherige) Einwilligung oder (nachträgliche) Genehmigung verfügungsbefugter Nichteigentümer (§ 185 BGB) die Sache veräußert, da dieser als Berechtigter an die Stelle des Eigentümers tritt. Der Eigentumserwerb vollzieht sich in diesen Fällen allein nach den §§ 929-931 BGB, ohne daß es auf die Gutgläubigkeit und die engen Besitzverschaffungsregeln der §§ 932 ff. BGB ankäme.

Ein erweiterter Vertrauensschutz greift zugunsten des Erwerbers ein, wenn der Veräußerer Kaufmann ist. Dann ist der Erwerber über die Regelungen der §§ 932 ff. BGB hinaus durch § 366 Abs. 1 HGB geschützt, sofern sich seine Gutgläubigkeit auf die Verfügungsbefugnis des Veräußerers bezieht.[17] Denn die Kaufmannseigenschaft begründet im Rechtsverkehr die Vermutung, daß der Händler, wenn schon nicht selbst Eigentümer, so doch von jenem zur Veräußerung ermächtigt wurde.[18] Gedacht ist bei dieser Regelung also vorwiegend an dic Vorstellung des Käufers, der Kaufmann werde als Kommissionär mit Einwilligung (§ 185 Abs. 1 BGB) des Eigentümers tätig.[19] Nicht erfaßt von dem Anwendungsbereich des § 366 Abs. 1 HGB ist der sog. Scheinkauf-

---

[15] Diese Vorschrift, die bereits die Erlangung des mittelbaren Besitzes ausreichen läßt, läuft nach verbreiteter Ansicht dem Grundgedanken des § 933 BGB zuwider, vgl. *Wiegand,* JuS 1974, S. 201 ff., 203 f. Siehe jedoch BGH 27.3.1968, BGHZ 50, 45 ff.

[16] Anders jedoch *Wieling,* SachenR I, § 10 III 2 a, der in der Behauptung der Verfügungsmacht eine ausreichende Vertrauensgrundlage sieht.

[17] Beide Vorschriften können nebeneinander zur Anwendung kommen, BGH 18.6.1980, BGHZ 77, 274 [276], und sind auch ohne ausdrückliche Berufung auf sie zu beachten, BGH 8.7.1954, LM § 366 HGB Nr. 4. Erweiternd soll nach h.M der gute Glaube in die Vertretungsbefugnis des Veräußerers ebenfalls im Rahmen des § 366 HGB geschützt sein, *Baumbach/Hopt,* § 366 Rn. 5; *Schlegelberger-Hefermehl,* § 366 Rn. 32 m.w.Nachw.

[18] BGH 5.2.1975, LM § 366 HGB Nr. 13: „Wer bei einem Händler im Rahmen von dessen Geschäftsbetrieb eine Ware kauft, geht im Zweifel mindestens von der Verfügungsbefugnis des Händlers aus.“ (Leitsatz a).

[19] *Schlegelberger-Hefermehl,* § 366 Rn. 31.

mann, da der insoweit begründete Rechtsschein allein zwischen dem Veräußerer und dem Erwerber auftritt und keine Rechtswirkungen zulasten des Eigentümers bewirken kann, der diesen Rechtsschein nicht gesetzt hat.[20] Ein beiderseitiges Handelsgeschäft ist nicht erforderlich, die Veräußerung muß jedoch im Betriebe des Handelsgewerbes erfolgen, § 343 Abs. 1 HGB.

II. Gutgläubigkeit

Der Frage, ob die Erwerber eines Werkes „entarteter Kunst" ein solches guten Glaubens erwerben konnten, ist entscheidendes Gewicht beizumessen. Im folgenden soll zunächst der Begriff des guten Glaubens näher erläutert werden; sodann ist auf die Anforderungen an den Erwerber eines Kunstwerkes allgemein sowie darauf einzugehen, ob sich für Werke „entarteter Kunst" zusätzliche Besonderheiten ergeben. Die Untersuchung betrifft allein das deutsche Recht, so daß diejenigen Stimmen, die für die Schaffung einheitlicher Normen zur Bestimmung der Gutgläubigkeit eintreten, außer Betracht bleiben.[21]

1. Die „Vermutung" der Gutgläubigkeit

Das Erfordernis des guten Glaubens stellt das zentrale subjektive Element aller zuvor genannten Erwerbstatbestände dar. Auszugehen ist von der Regelung des § 932 Abs. 2 BGB, in welcher der Gesetzgeber negativ formuliert, daß bösgläubig ist, wem die fehlende Eigentümerstellung des Veräußerers bekannt oder infolge grober Fahrlässigkeit unbekannt ist. Die vielfach behauptete Notwendigkeit des guten Glaubens verkehrt sich bei näherer Betrachtung der §§ 932 Abs. 2, 935 Abs. 1 S. 1 BGB vielmehr in einen Ausschlußgrund: die Gutgläubigkeit ist nicht eine den Eigentumserwerb begründende, sondern die Bösgläubigkeit eine diesen rechtshindernde Tatsache.[22] Auswirkungen hat das besonders für die prozessuale Situation: Der Herausgabebegehrende ist gehalten, die Bösgläubigkeit des Erwerbers nachzuweisen.[23] Zu Recht wird daher darauf hingewiesen, daß die Formel, der gute Glaube des Erwerbers

---

20 *Schlegelberger-Hefermehl*, § 366 Rn. 26; *Baumbach/Hopt*, § 366 Rn. 4; *Tiedtke*, Gutgläubiger Erwerb, S. 228. Abweichender Auffassung *Canaris*, Die Vertrauenshaftung im deutschen Privatrecht, S. 181 f.

21 Vgl. hierzu *Knott*, RIW 1991, S. 553 ff., 559; *Schwadorf-Ruckdeschel*, Rechtsfragen des grenzüberschreitenden rechtsgeschäftlichen Erwerbs von Kulturgütern, S. 175 ff. m.w.Nachw.

22 *Westermann*, SachenR, § 46 2; *Jauernig*, § 935 Anm. 2 c.

23 BGH 5.10.1981, NJW 1982, S. 38 f.; *Staudinger-Wiegand*, § 932 Rn. 101; *Jauernig*, § 935 Anm. 2 c.

werde *vermutet,* unscharf ist: solange die Bösgläubigkeit nicht behauptet und gegebenenfalls bewiesen wird, wird der gute Glaube gar nicht verlangt.[24] Die Gutgläubigkeit ist also keine Voraussetzung für einen Rechtserwerb nach §§ 932 ff. BGB, die Bösgläubigkeit verhindert ihn jedoch.[25] Kann der Herausgabebegehrende im Prozeß die Bösgläubigkeit nicht nachweisen, scheitert sein Verlangen, selbst wenn der Erwerber tatsächlich bösgläubig war und deshalb gar kein Eigentum erworben hat.[26]

Im Vindikationsprozeß hilft dem beklagten Besitzer zusätzlich die Eigentumsvermutung des § 1006 Abs. 1 BGB. Sie streitet zu seinen Gunsten selbst dem (wahren) Eigentümer gegenüber, der gehalten ist nachzuweisen, daß er sein Eigentum nicht verloren hat.[27]

An diesem Ergebnis ändert auch nichts die positive Formulierung in § 366 Abs. 1 HGB, da dieser nach Wortlaut und Regelungszweck den Anwendungsbereich der Gutglaubensvorschriften des BGB lediglich erweitert und insofern an § 932 BGB anzugleichen ist.[28] Das bedeutet, daß auch hier die Bösgläubigkeit des Erwerbers vom Herausgabebegehrenden nachzuweisen ist und ebenso der Erwerber nicht aktiv an die Verfügungsbefugnis des veräußernden Kaufmannes glauben muß. Kenntnis der fehlenden Befugnis bzw. grob fahrlässige Unkenntnis verhindern jedoch einen Gutglaubenserwerb.

Der Zeitpunkt, zu dem der Erwerber — positiv formuliert — gutgläubig sein muß, ist der Abschluß der Erwerbshandlung. Setzt der Erwerbstatbestand die Übergabe der Sache voraus, muß der Erwerber bis zur Besitzverschaffung in gutem Glauben sein.[29] Dies ist konsequente Folge der Anknüpfung der

---

[24] So auch *MünchKomm-Quack,* § 932 Rn. 20; *Westermann,* SachenR I, § 46 2 a; *Jauernig,* § 932 Anm. 2 c; *Wiegand,* JuS 1974, S. 201 ff., 208. Anders BGH 27.3.1968, BGHZ 50, 45 [52]; 18.6.1980, BGHZ 77, 274 [276]; *Tiedtke,* Gutgläubiger Erwerb, S. 37, die von der Vermutung des guten Glaubens ausgehen.

[25] Nicht mit dem Gesetzeswortlaut vereinbar daher die Aussage von *Peters,* Der Entzug des Eigentums an beweglichen Sachen durch gutgläubigen Erwerb, S. 125, der den guten Glauben an das Eigentum als „unabdingbare Voraussetzung für den Rechtserwerb des Erwerbers" ansieht.

[26] Allein die tatsächliche Bösgläubigkeit verhindert den Rechtserwerb, nicht deren Nachweis; insoweit ist der Wortlaut von § 932 Abs. 1 S. 1 BGB eindeutig.

[27] *Palandt-Bassenge,* § 1006 Rn. 1;

[28] So auch *Westermann,* SachenR, § 46 2 d.

[29] Die zahlreichen Varianten, in denen eine Übergabe stattfinden kann, insbesondere bei Einschaltung Dritter als Geheißpersonen, können hier nicht behandelt werden. Für eine Übersicht vgl. statt vieler *Westermann,* SachenR, § 47.

Bei aufschiebend bedingter Übereignung ist ebenfalls der Zeitpunkt der letzten Erwerbs*handlung* maßgebend, also nicht der Bedingungseintritt, da der Erwerber bereits zuvor ein Anwartschaftsrecht erlangt hat, vgl. *Wieling,* SachenR I, § 10 III 5 b. Anders soll dies sein,

Rechtsscheinbasis nicht an den Besitz des Veräußerers allein, sondern zusätzlich an dessen Disposition über die Sache.[30]

2. Beweislast

Eine Grundregel des deutschen Zivilprozesses ist die Verhandlungsmaxime, aus der abgeleitet wird, daß die Parteien alle zur Entscheidung des Rechtsstreits erheblichen Tatsachen zu behaupten und gegebenenfalls zu beweisen haben.[31] Der Ausgang vieler Streitigkeiten hängt entscheidend davon ab, ob derjenige, den für einen bestrittenen Sachverhalt die Beweislast trifft, diesen Beweis auch führen kann. Ein Richter hat aus dem fehlenden Beweis der Verwirklichung eines Tatbestandsmerkmales regelmäßig die Schlußfolgerung zu ziehen, daß das Tatbestandsmerkmal nicht erfüllt worden ist.[32]

Diese Regel bedarf jedoch der Konkretisierung. Erhebt der (frühere) Eigentümer eines Werkes „entarteter Kunst" die Vindikationsklage, so trifft ihn zunächst die Last, sein noch bestehendes Eigentum beweisen zu müssen. Hierbei steht ihm die Eigentumsvermutung des § 1006 Abs. 2 BGB zur Seite, wenn er zumindest den früheren Besitz nachweisen kann. Demgegenüber kann der Erwerber als Besitzer die Vermutung des § 1006 Abs. 1 S. 1 BGB, die aus seinem derzeitigen Besitz das Eigentum zu seinen Gunsten ableitet, nur dann in Anspruch nehmen, wenn der Eigentümer nicht nachweist, daß ihm das Kunstwerk abhanden gekommen ist, § 1006 Abs. 1 S. 2 BGB.[33] Die Beweisführung des Abhandenkommens — mithin die Tatsache, daß das Werk von den Nationalsozialisten als „entartet" eingezogen wurde[34] — wird jedoch in aller Regel möglich sein. Daher reicht es dem Kläger zunächst, unter Beweis

---

wenn die Vollendung des Eigentumsübergangs von behördlichen oder sonstigen Genehmigungen abhängt.

30 Vgl. hierzu *Gernhuber*, JZ 1956, S. 544. A.A. *Ernst*, FS Gernhuber, S. 95 ff., 112.

31 Statt vieler *Jauernig*, Zivilprozeßrecht, § 25 II-VII.

32 BGH 8.11.1951, BGHZ 3, 342 [346]; 17.2.1970, BGHZ 53, 245 [250]; *Jauernig*, Zivilprozeßrecht, § 50 IV; *Musielak/Stadler*, Grundfragen des Beweisrechts, Rn. 202.

Den Beweis zu führen bedeutet im deutschen Prozeßrecht den Nachweis der Tatbestandsverwirklichung mit an Sicherheit grenzender Wahrscheinlichkeit. Maßgeblich ist freilich die Überzeugung des Richters, der keine unerfüllbaren Beweisanforderungen und keine unumstößliche Gewißheit verlangen darf: „Der Richter darf und muß sich aber in tatsächlich zweifelhaften Fällen mit einem für das praktische Leben brauchbaren Grad von Gewißheit begnügen, der den Zweifeln Schweigen gebietet, ohne sie völlig auszuschließen." (BGH 17.2.1970, BGHZ 53, 245 [256]). Im anglo-amerikanischen Rechtskreis ist bereits eine überwiegende Wahrscheinlichkeit ausreichend, *Coester-Waltjen*, Internationales Beweisrecht, Rn. 358 m.w.Nachw. in Fn. 1165.

33 Vgl. BGH 29.1.1951, LM § 985 BGB Nr. 1; *Erman-Hefermehl*, § 985 Rn. 13; *Staudinger-Gursky*, § 985 Rn. 26.

34 Hierzu ausführlich unten, S. 185.

zu stellen, daß er früher Besitzer gewesen und daß ihm die Sache abhanden gekommen ist.

Wie bereits weiter oben dargestellt, ist es jedoch Sache des Herausgabebegehrenden zu beweisen, daß der Besitzer im Zeitpunkt der Übergabe der Sache bösgläubig war.[35] Auch in dem Rechtsstreit um die „Sumpflegende" befand sich der Erbe Sophie Küppers daher in der Situation, beweisen zu müssen, daß die Verantwortungsträger des beklagten Museums nicht in gutem Glauben an die Eigentümerstellung des Veräußerers handelten.

Je älter ein Kunstwerk ist, desto länger ist im allgemeinen die Liste der Vorbesitzer. Behauptet der Erwerber, vom Eigentümer und damit gemäß §§ 929 ff. BGB erworben zu haben, so trifft ihn auch die Beweislast für einen Eigentumserwerb seines Vorbesitzers. Soll dieser wiederum auf den §§ 932 ff. BGB beruhen, ist es Sache des Herausgabebegehrenden, die Bösgläubigkeit auch des Vorbesitzers unter Beweis zu stellen. Diese Kette kann insbesondere bei Kunstwerken viele Stationen enthalten, wodurch die Erforschung der Erwerbsumstände mit äußersten Schwierigkeiten verbunden sein wird. Das belastet in erster Linie den Herausgabebegehrenden, der die rechtshindernde Tatsache der Bösgläubigkeit eines jeden Erwerbers schlüssig behaupten und nachweisen muß, während der Erwerber sich auf den Nachweis beschränken kann, daß überhaupt ein Erwerbsvorgang stattgefunden hat. Anders ist das jedoch, wenn einzelne Stationen der Erwerbskette unaufklärbar bleiben. Diese Kenntnislücken helfen vorwiegend dem Vindizierenden, da der Erwerber sich schon gar nicht auf einen wirksamen Eigentumserwerb eines Vorbesitzers während dieser Zeit schlüssig berufen, ihn jedenfalls nicht nachweisen kann. Die Frage der Bösgläubigkeit und die damit verbundenen Beweisschwierigkeiten sind für diese Stationen dann nicht relevant.

Da diese in § 932 Abs. 2 BGB festgeschriebene gesetzliche Konstruktion von der Regel abweicht, daß der Beweisnähere beweisführungspflichtig ist,[36] neigen die Gerichte teilweise zugunsten des Anspruchstellers zu einer großzügigeren Annahme der grob fahrlässigen Unkenntnis, wenngleich ein Anscheinsbeweis für das Vorliegen der Bösgläubigkeit abgelehnt wird.[37]

---

[35] BGH 7.6.1990, BGHR § 932 BGB Bösgläubigkeit Nr. 1; vgl. aber die Sonderregelungen in § 367 HGB und § 4 Abs. 1 S. 1 DepotG, die von einer Vermutung der Bösgläubigkeit ausgehen. Im italienischen Recht beispielsweise ist die Gutglaubensvermutung in Art. 1147 Abs. 3 C.C.it. ausdrücklich normiert, vgl. auch Corte di Cassazione vom 12.6.1976, Nr. 2178.

[36] *MünchKomm-Quack*, § 932 Rn. 70. Beweisnäher ist hier der an der Veräußerung unmittelbar beteiligte Erwerber, während der beweispflichtige ehemalige Eigentümer an der Veräußerung regelmäßig nicht partizipiert.

[37] Dies gilt selbst dann, wenn regelmäßig mit einem Eigentumsvorbehalt zu rechnen ist oder beim Erwerb von Kraftfahrzeugen, BGH 20.6.1972, VersR 1972, S. 944 f. Nach der

3. Kenntnis und grob fahrlässige Unkenntnis fehlenden Eigentums

Ausgehend von § 932 Abs. 2 BGB ist bösgläubig, wer das fehlende Eigentum des Veräußerers kennt oder grob fahrlässig nicht kennt, bzw. ist gutgläubig, wer ohne grobe Fahrlässigkeit an das Eigentum des Veräußerers glaubt.[38]

Kenntnis bedeutet, daß der Erwerber positiv weiß, daß die Sache nicht dem Veräußerer gehört. Fehlt dem Erwerber diese Vorstellung, obschon ihm alle das Eigentum ausschließende Umstände bekannt sind, ist das Tatbestandsmerkmal nicht erfüllt.[39]

Briefe, Zeugnisse und andere Schriftstücke Joseph Goebbels, seines Bruders und seiner Mutter wurden während des Krieges in einer Lungenheilanstalt aufbewahrt. Ein zum Nachlaßpfleger für die unbekannten Erben des ehemaligen Reichspropagandaministers bestellter Rechtsanwalt erhob Herausgabeklage. Die Beklagte zu 2 behauptete, Eigentum an ihnen erlangt zu haben und übertrug sie zur Sicherheit für ein Darlehen an die Beklagte zu 1. Obgleich der Geschäftsführer der Beklagten zu 1 genau darüber unterrichtet war, auf welche Weise die Schriftstücke in den Besitz der Beklagten zu 2 gelangt waren, verneinte der BGH die vom Berufungsgericht angenommene Kenntnis fehlenden Eigentums. Diese setze vielmehr voraus, daß der Erwerber aus den Tatsachen, auf denen die mangelnde Berechtigung des Veräußerers beruht, auf das fehlende Eigentum schließe.[40]

Entscheidend sind daher die Unkenntnis des *Rechts*mangels und der daraus resultierende Glaube an das Eigentum des Veräußerers. Das Wissen um die Umstände des zu Unrecht angenommenen Eigentumserwerbs allein vermag dagegen keine Kenntnis im Sinne des § 932 Abs. 2 BGB zu begründen. Diese Wertung gilt gleichfalls für die Kenntnis der fehlenden Verfügungsbefugnis im Rahmen des § 366 Abs. 1 HGB.[41]

Der (rechtsirrige) Glaube an das Eigentum des Veräußerers trotz Kenntnis aller Umstände kann jedoch auf grober Fahrlässigkeit basieren und seinerseits Bösgläubigkeit begründen. Die Abgrenzung zur leichten Fahrlässigkeit wird allgemein als schwierige Wertungsfrage betrachtet, in die sämtliche Umstände

---

Analyse von *MünchKomm-Quack*, § 932 Rn. 74, wird ein Anscheinsbeweis jedoch in eng begrenzten Fallgruppen zugelassen. Insbesondere die Fälle, in denen der Erwerber eines Kraftfahrzeuges sich den Kraftfahrzeugbrief nicht hat vorlegen lassen, würden in Wahrheit einen prima-facie-Beweis begründen. Jedoch ist auch in diesen Fällen der Eigentümer nicht davon befreit, die konkreten Umstände des Eigentumsvorbehaltes bzw. der fehlenden Vorlage des Kraftfahrzeugbriefes nachzuweisen, BGH 4.10.1972, LM § 932 Nr. 29; LM § 366 HGB Nr. 13.

[38] So die bekannte Definition von *Wolff-Raiser*, SachenR, § 69 II 1.

[39] So die wohl allg. Ansicht: RG 17.11.1910, RGZ 74, 354 [356]; BGH 23.4.1951, NJW 1952, S. 219 ff.; 21.12.1960, NJW 1961, S. 777 ff.; *Wolff-Raiser*, SachenR, § 69 II; *Westermann*, SachenR, § 46 2 a; *Staudinger-Wiegand*, § 932 Rn. 41; *Wieling*, SachenR I, § 10 III 3 b.

[40] BGH, 23.4. 1951, NJW 1952, S. 219 ff.

[41] BGH 21.12.1960, NJW 1961, S. 777 ff.

des Einzelfalls einzubeziehen sind.[42] Die von der Rechtsprechung entwickelte Formel, daß grob fahrlässig handelt, wer unbeachtet läßt, was im gegebenen Fall jedem einleuchten mußte, bzw. wer die erforderliche Vorsicht in ungewöhnlich hohem Maße verletzt,[43] ist jedenfalls dahin zu konkretisieren, daß grobe Fahrlässigkeit in einem vorwerfbar unsorgfältigen Urteil des Erwerbers über die Eigentumslage zu sehen ist, wenn der Fehler in der Beurteilung bei geringer Aufmerksamkeit und ohne jede Schwierigkeit zu vermeiden gewesen war.[44] Es handelt grob fahrlässig, wer bei Kenntnis verdächtiger Umstände Nachforschungen unterläßt oder es unter besonders schwerer Mißachtung der Sorgfaltspflicht nicht unternimmt, solche Umstände in Erfahrung zu bringen, geeignete Erkenntnisquellen unbeachtet läßt oder sich absichtlich einer besseren Überzeugung verschließt.[45] Die Erkenntnis, der veräußerte Gegenstand gehöre nicht dem Veräußerer, muß dabei auch bei durchschnittlichem Erkenntnisvermögen ohne Schwierigkeit zu erlangen sein, ohne daß es eines besonders sorgfältigen, pflichtbewußten Verhaltens oder hoher Aufmerksamkeit und besonders gründlicher Überlegungen bedarf:

„Behandelt [der Erwerber] solche Umstände nicht, d.h. entscheidet er sich trotz ihrer Kenntnis für den Erwerb, obwohl er aus ihnen den Rechtsmangel der veräußerten Sache ohne Schwierigkeit unmittelbar hätte erschließen können oder obwohl ihm durch sie besonders auffällig und eindringlich nahegelegt war, die Berechtigung des Veräußerers in Zweifel zu ziehen und diesen Zweifel durch geeignete Nachforschungen und Erkundungen klarzustellen, so handelt er grob fahrlässig."[46]

4. Nachforschungsobliegenheiten

Inwieweit vom Erwerber zu verlangen ist, daß er Nachforschungen über das Eigentum bzw. die Veräußerungsbefugnis auf seiten des Verkäufers anstellt, wird unter dem Stichwort Nachforschungs- oder Erkundigungspflicht diskutiert. Es handelt sich jedoch nicht um eine Pflicht im rechtstechnischen Sinn,

---

42 Vgl. statt vieler *Röhl*, JZ 1974, S. 521 ff.; *Westermann*, SachenR, § 46 2 b.

Der Begriff der Fahrlässigkeit ist dabei nicht „rechtstechnisch" zu verstehen: Es handelt sich nicht um die Verletzung einer Rechtspflicht, die zum Schadensersatz verpflichten würde. Es ist lediglich der gutgläubige Eigentumserwerb ausgeschlossen.

43 In der ersten höchstrichterlichen Entscheidung zu § 932 Abs. 2 BGB entschied das RG, daß „von dem Erwerber ein gewisses Maß an Vorsicht geübt werde, daß er diejenige Prüfung in Ansehung des Rechts seines Vormannes nicht unterlasse, die nach den gegebenen Umständen zu erwarten ist und deren Nichtvornahme schlechthin mit dem Verhalten eines ordentlichen Mannes unverträglich ist", RG 20.5.1904, RGZ 58, 162 [164]; vgl. ferner RG 26.5.1933, RGZ 141, 129 [131]; BGH 11.5.1943, BGHZ 10, 14 [16]; 14.11.1980, NJW 1981, S. 1272.

44 So *MünchKomm-Quack*, § 932 Rn. 27, 29.

45 *Soergel-Mühl*, § 932 Rn. 13.

46 BGH 28.6.1972, LM § 932 Nr. 9. Vgl. ferner BGH 4.10.1972, LM § 932 Nr. 29; BGH 18.6.1980, LM § 932 Nr. 33.

da ihre Nichtbeachtung nicht zu einem Einhaltungs- oder gar Schadensersatzanspruch führt.[47] Besser spricht man daher von einer Obliegenheit zu Erkundigungen und Nachforschungen.

Die Systematik des Gesetzes, die gemäß § 932 Abs. 2 BGB von der Abwesenheit der Bösgläubigkeit ausgeht, verpflichtet den Erwerber zunächst nicht dazu, Nachforschungen über die Eigentumsverhältnisse anzustellen. Auf den durch Besitz und Disposition geschaffenen Rechtsschein darf er vertrauen. Da sich Bösgläubigkeit jedoch schon auf eine vorwerfbar unsorgfältige Beurteilung der Eigentumslage stützen kann, ist näher zu bestimmen, wann eine sorgfältige Beurteilung geboten ist und welche Aspekte in die Beurteilung einfließen müssen.

Weitgehende Einigkeit besteht in Rechtsprechung und Lehre darin, daß zu verallgemeinernde Richtlinien nicht existieren und jeweils auf die konkreten Umstände des Einzelfalls, insbesondere auf die Veräußerungssituation abzustellen ist. Sämtliche Umstände des Erwerbs objektiver und subjektiver Art sind dabei in die Betrachtung mit einzubeziehen.[48] Objektiver Art sind dabei der jeweilige Veräußerungstatbestand, nach dem sich die Eigentumsübertragung vollzieht, die Verkehrsüblichkeit des Geschäftes sowie das Vorhandensein und die Vollständigkeit von Legitimationspapieren und Urkunden. In subjektiver Hinsicht spielen die Verkaufsmotivation, eventuelle Liquiditätsschwierigkeiten und der Gesamteindruck, den der Verkäufer auf den Erwerber macht, eine entscheidende Rolle. Nachforschungs- und Erkundigungsobliegenheiten sollen nach verbreiteter Ansicht bei dem Erwerb wertvoller Kunstwerke besonders weit gehen.[49] Gründe für diese in der Literatur verbreitete Auffassung werden gemeinhin nicht genannt.[50] Die Rechtsprechung hat sich dieses Themas nur selten angenommen. Im folgenden soll daher näher erörtert werden, welche Anzeichen bei dem Erwerb von Kunstwerken zu Nachfor-

---

[47] *Staudinger-Wiegand*, § 932 Rn. 43; *MünchKomm-Quack*, § 932 Rn. 41. Anders und weniger differenzierend jedoch die Rechtsprechung, BGH 4.5.1977, LM § 932 Nr. 32, Nr. 42; 11.3.1991, NJW 1991, S. 1415.

[48] RG 20.5.1904, RGZ 58, 162 [164]; BGH 14.11.1980, NJW 1981, S. 1272. Vgl. die differenzierte Darstellung bei *MünchKomm-Quack*, § 932 Rn. 32 ff.; skeptisch zur Frage, ob sich allgemeine Grundsätze überhaupt aufstellen lassen, *Staudinger-Wiegand*, § 932 Rn. 53. A.A. *Ernst*, FS Gernhuber, S. 95 ff., 109, der eine Flexibilität der Anforderungen an den Erwerber ablehnt.

[49] BGH 10.1.1973, WarnR 1973 Nr. 3 — Kykladenidol; *Westermann*, SachenR I, § 46 2 c; *MünchKomm-Quack*, § 932 Rn. 48; *Soergel-Mühl*, § 932 Rn. 17. *Boochs/Gantefiihrer*, Kunstbesitz, S. 32. Eine derartige Pauschalierung zu recht ablehnend *Staudinger-Wiegand*, § 932 Rn. 54.

[50] Eine Ausnahme bildet die eingehende Arbeit von *Franz*, Zivilrechtliche Probleme des Kulturgüteraustausches, S. 67 ff.

schungs- und Erkundigungsobliegenheiten führen können und welche Maßstäbe dabei zugrunde zu legen sind.

a. Verdachtsmomente

Ergeben sich aus der Veräußerungssituation konkrete Verdachtsmomente, die den durch Besitz begründeten Rechtsschein zerstören, so sind nach praktisch einhelliger Ansicht vom Erwerber Nachforschungen zu verlangen, die sämtliche aufgetretenen Verdachtsmomente beseitigen.[51] Dem Erwerber hilft dann selbst der Nachweis nicht, daß die relevanten Informationen, welche die Störung des Rechtsscheins beseitigt hätten, nicht erreichbar waren. Es hilft ihm ferner nicht, wenn sich später herausstellt, die Störung hätte auch bei geeigneten Nachforschungen nicht beseitigt werden können. Der Rechtsschein bleibt jedenfalls zerstört, so daß nach richtiger Ansicht auch nicht das Unterlassen von Erkundigungen oder die mangelhafte Erfüllung der Nachforschungsobliegenheit die Bösgläubigkeit begründen, sondern allein die Verdachtsmomente, die den Rechtsschein zerstören.[52]

i. Die Veräußerungsumstände

Als objektive Umstände der Veräußerung, aus denen sich Verdachtsmomente ergeben können, wurden in der Rechtsprechung der ungewöhnliche Ort einer Übergabe,[53] Art oder Zustand der zu veräußernden Sache,[54] ein außerordentlich niedriger Kaufpreis[55] oder ungewöhnliche Eile[56] angesehen. Als subjektive Gesichtspunkte wurden die wirtschaftliche Lage und die Persönlichkeit des Veräußerers genannt.[57]

In dem Rechtsstreit um eine weibliche Figur aus dem 3. Jahrtausend vor Christus, ein sog. Kykladenidol, entwickelte der BGH ein Anforderungsprofil.

---

[51] Für die zahlreiche Rechtsprechung sei stellvertretend genannt BGH 13.4.1994, NJW 1994, S. 2022 ff., 2023 (bzgl. Kfz-Brief); BGH 19.6.1958, LM § 365 HGB Nr. 1 (bzgl. Eigentumsvorbehalt); *MünchKomm-Quack*, § 932 Rn. 42; *Soergel-Mühl*, § 932 Rn. 17.

[52] BGH 13.4.1994, NJW 1994, S. 2022 ff., 2023; *MünchKomm-Quack*, § 932 Rn. 42, 47; *Westermann*, SachenR I, § 46 2 c.

[53] BGH 5.2.1975, JR 1975, S. 413 m. Anm. *Fischer*.

[54] OLG München 18.6.1928, JW 1929, S. 332; KG 22.9.1931, JW 1932, S. 63 f., 64; OLG Frankfurt 14.5.1974, WM 1975, S. 1050 f., 1051; BGH 4.10.1972, MDR 1973, S. 44 f., 45; RG 6.3.1923, RGZ 106, 350 [352].

[55] BGH 10.1.1973, WarnR 1973 Nr. 3 — Kykladenidol; BGH 5.11.1969, MDR 1970, S. 227; OLG Hamburg 5.3.1970, MDR 1970, S. 506 f.

[56] BGH 5.2.1975, NJW 1975, S. 735 ff., 737;

[57] BGH 10.1.1973, WarnR 1973 Nr. 3 — Kykladenidol; *Picker*, Praxis des Kunstrechts, S. 159;

Der Verkäufer hatte in diesem Fall das Idol unterschlagen und in Gegenwart des Studenten P., den er als Eigentümer ausgab, an den Beklagten veräußert. Der BGH bestätigte die Instanzgerichte und gab der Herausgabeklage des tatsächlichen Eigentümers statt, da der Beklagte auch nicht gutgläubig Eigentum erworben habe.

„Das Berufungsgericht ist mit Recht der Auffassung, daß an die Nachforschungspflicht des Beklagten hohe Anforderungen zu stellen sind, weil eine Sache von bedeutendem Wert unter ungewöhnlichen Umständen übergeben wurde. Nach seiner Meinung mußte schon das grobe Mißverhältnis zwischen dem Wert des Idols und dem dafür verlangten Betrag das Mißtrauen des Beklagten erwecken und Anlaß zu Nachforschungen geben. [...] Der Beklagte habe aber nicht einmal eine Frage nach der Herkunft des Idols gestellt, sondern sich mit der Unterzeichnung einer von ihm selbst aufgesetzten eidesstattlichen Versicherung durch P. begnügt. Das Berufungsgericht hat aus diesen Umständen rechtsirrtumsfrei gefolgert, daß der Beklagte seine mangelnde Berechtigung grob fahrlässig nicht kannte."[58]

Alle an dem Rechtsstreit beteiligten Gerichte stützten sich darauf, daß Kunstwerke und Antiquitäten üblicherweise nur im Fachhandel vertrieben würden. Bemerkenswert ist, daß auch die eidesstattliche Versicherung, die der Beklagte sich von dem als Eigentümer ausgegebenen P. zur Bestätigung seiner Rechtsposition unterzeichnen ließ, nicht ausreichte, um der Nachforschungspflicht genüge zu tun. Bei P. habe es sich um einen dem Beklagten völlig unbekannten griechischen Studenten gehandelt, so daß er auf dessen Angaben nicht habe vertrauen dürfen. Eine entscheidende Rolle kam in diesem Rechtsstreit dem Wert der Sache zu, den der BGH bei einem „Schätzwert von 70 000 bis 80 000 DM" als „bedeutend" einstufte. Das läßt den Schluß zu, daß bei Werken von nicht geringem Wert die Anforderungen an die Nachforschungsobliegenheit bereits höher liegen, als bei Werken niedrigerer Preiskategorie. Als ungewöhnlich deutete der BGH die Umstände aufgrund des „groben Mißverhältnisses" zwischen dem tatsächlichen Wert des Idols und dem Verkaufspreis, aufgrund der Unüblichkeit der Veräußerung derartiger Gegenstände im privaten Rechtsverkehr sowie der mangelnden Vertrauenswürdigkeit des Veräußerers. Er ließ dabei durchscheinen, daß bereits das Mißverhältnis zwischen Wert und Verkaufspreis zur Begründung des Verdachtsmoments ausreichte.

Auch eine Entscheidung des schweizerischen Bundesgerichts über Bilder des Sammlers Goldschmidt kann hier herangezogen werden.[59] Der jüdische Sammler war bereits 1931 in wirtschaftliche Schwierigkeiten geraten und hatte u.a. die Bilder, die nun Gegenstand seiner Herausgabeklage wurden, einer Bank sicherungsübereignet. Nachdem im Januar 1941 seine deutsche Staatsbürgerschaft aberkannt und sein Vermögen als dem Reich verfallen er-

---

[58] BGH 10.1.1973, WarnR 1973 Nr. 3 — Kykladenidol.

[59] BG 13.12.1968, BGE 94 II 297.

klärt worden war, versteigerte das Finanzamt Moabit — gegen heftigen Protest der Bank — die Bilder, da es die Werke lediglich als verpfändet ansah. Jakob Koerfer erwarb die Bilder und verbrachte sie in die Schweiz. Das schweizerische Bundesgericht entschied, daß selbst die Mitteilungen Goldschmidts an Koerfer in den Jahren 1948 und 1949, daß ihm die Bilder durch nationalsozialistische Zwangsmaßnahmen entzogen worden seien und er nun Herausgabe begehre, nicht bösgläubig werden ließen:

„Koerfer nahm darnach an und war zur Annahme berechtigt, die Versteigerung der Bilder sei eine normale, rechtmässige Folge der Überschuldung Goldschmidts. Die blosse Behauptung des Gegenteils zwang ihn nicht, die bis dahin in gutem Treuen gehegte Überzeugung kurzerhand preiszugeben, sondern verpflichtete ihn zunächst nur, deren Begründetheit zu überprüfen. Dieser Pflicht kam er nach, indem er auf das erste Schreiben Goldschmidts hin von diesem nähere Auskunft verlangte und sich in der Folge mit den Vorbringen Goldschmidts und des von diesem beigezogenen Anwalts ernsthaft auseinandersetzte. Seine Erhebungen bestätigten, dass Goldschmidt die Bilder schon 1931, also vor der nationalsozialistischen Machtergreifung zur Sicherstellung seiner Schulden hatte verwenden müssen [...].“[60]

Hier hatte der Erwerber also das seinerseits Notwendige getan, um den Verdachtsmomenten nachzugehen, die möglicherweise den Rechtsschein, das Finanzamt sei zur Veräußerung berechtigt, zerstören könnten. Das Gericht ließ in seine Wertung auch eine aus dem anglo-amerikanischen Rechtskreis bekannte Komponente einfließen, daß nämlich Goldschmidt die angedrohten gerichtlichen Schritte zunächst nicht verfolgte, sondern weitere drei Jahre zuwartete. Auch dies habe Koerfer in seiner Annahme, er habe die Bilder rechtmäßig erworben, bestätigen dürfen.

Ergeben sich aus den konkreten Umständen also Verdachtsmomente, so ist der Erwerber gehalten, Nachforschungen möglichst objektiver Art anzustrengen, die diese konkreten Verdachtsmomente entkräften können. Nur wenn sie dazu in der Lage sind, darf der Erwerber weiterhin auf seinen rechtmäßigen Erwerb vertrauen.

ii. Die Bedeutung von Legitimationspapieren und Urkunden über die Provenienz

Ab einem gewissen Wert werden Kunstwerke im seriösen Handel nur mit Begleitpapieren in der Form von Expertisen, Verzollungs- und Versicherungsurkunden veräußert. Auch wenn in ihnen keine zum Beweis des Eigentums dienenden Urkunden im Sinne von § 444 BGB zu sehen sind,[61] ist ihre

---

[60] BG 13.12.1968, BGE 94 II 297 [310 f.].

[61] Anders als Kraftfahrzeugbriefe beispielsweise, dienen sie nicht zum Beweis des Eigentums. Vgl. hierzu *MünchKomm-Westermann,* § 444 Rn. 2, 5; *Locher,* Das Recht der bildenden Kunst, S. 152 f.

wichtige Bedeutung für den Rechtsverkehr unbestritten. Expertisen und Gutachten sind kostspielig. Sie werden daher in aller Regel nur für Werke angefertigt, die einen gehobenen Marktwert besitzen. Je nach Renommee des Hauses erstellen Galerien, Kunsthändler, Art Consultants und Auktionshäuser diese Gutachten selbst oder geben sie in Auftrag.[62] Immer mehr wird es als Aufgabe der Galerien und Auktionshäuser angesehen, umfassenden Service in Form einer Auswahl der Künstler, der Archivierung der Werke sowie dem Erstellen von Biographien und Expertisen zu bieten.[63] Gerade im Privatverkehr erweisen sich Gutachten als unerläßliche Grundlage der Kaufentscheidung. Sie betreffen vorwiegend den Nachweis der Echtheit und der künstlerischen Herkunft des Werkes, beinhalten jedoch ebenfalls Angaben zu den Vorbesitzern, soweit sich diese zurückverfolgen lassen.[64] Ausgangspunkt vieler Expertisen sind Werkverzeichnisse, die heute auch schon für Künstler untergeordneter Bedeutung existieren.

Zwar ist die Verläßlichkeit von Expertisen oft fraglich und der Schaden, der alljährlich durch fahrlässig oder bewußt unrichtig erstellte Gutachten entsteht, enorm.[65] Aus der Sicht eines Erwerbers jedoch stützen sie den Rechtsschein des Besitzes, wenn sich aus ihnen — idealiter — die Besitzverhältnisse bis zum Direkterwerb vom Künstler zurückverfolgen lassen. Auch wenn dies in den seltensten Fällen gelingen mag, müssen sich aus Lücken nicht bereits Verdachtsmomente ergeben, die eine Nachforschungsobliegenheit begründen. Es ist maßgeblich auf die Gesamtumstände des Einzelfalls abzustellen. Auszugehen ist von der Person des Erstellers der Expertise, seiner Reputation und ausgewiesenen Fachkenntnis. Wurde die Expertise von einem Kunst- oder Auktionshaus selbst angefertigt, ist dessen Größe, Tradition und Renommee zu beachten. Weiter kann entscheidend sein, wie lange die Dokumentationslükken zurückliegen. Auffällig kurze Besitzzeiten im Anschluß an diese Lücken

---

62 In der Praxis schätzen und begutachten Auktionatoren und Versteigerer das zu versteigernde Gut selbst. Gemäß § 3 Versteigererverordnung muß jedoch der Versteigerer das Versteigerungsgut auf Verlangen des Einlieferers von einem öffentlich bestellten und vereidigten Sachverständigen schätzen oder begutachten lassen. Lediglich für die Versteigerung von Teppichen und Pelzwaren ist die Einholung eines unabhängigen Gutachtens zwingend vorgeschrieben, § 5 Abs. 3 S. 3 Versteigererverordnung.

63 Vgl. *Klein,* Der Kunstmarkt, S. 143; *Bartels* in: *Michel* (Hrsg.), Kunst-Betrieb, S. 72; *Thomsen,* Käuferschutz bei Kunstauktionen, S. 10 f. Das Getty-Museum hat es sich zur Aufgabe gesetzt, eine umfassende Datensammlung über die Herkunft von Kunstwerken zu erstellen, vgl. den Hinweis von *Franz,* Zivilrechtliche Probleme des Kulturgüteraustausches, S. 73, Fn. 361.

64 Vgl. *Thomsen,* Käuferschutz bei Kunstauktionen, S. 11 f.; *Locher,* Das Recht der bildenden Kunst, S. 152 f., 164; BGH 15.1.1975, BGHZ 63, 369 [370] — Jawlensky. Hinzuweisen ist hier auch auf das International Art & Antique Loss Register in London; dazu ausführlich *Franz,* Zivilrechtliche Probleme des Kulturgüteraustausches, S. 83 ff.

65 Durch fehlerhafte Zuschreibung sollen in den Jahren 1967 bis 1969 Käufer in Deutschland um 30 bis 50 Mio. DM geschädigt worden sein, *Hufen,* Handelsblatt vom 28./29.3.1969.

können geeignet sein, einen Verdachtsmoment zu erregen. Gleiches gilt für sich widersprechende Angaben. Gibt die Expertise jedoch selbst keinen Anlaß zu Zweifeln über die Richtigkeit ihres Inhalts, wird der Erwerber daher auf ihren Inhalt vertrauen und auf die Vorlage derselben seinen guten Glauben an die Eigentümerstellung des Veräußerers stützen dürfen.

Im Rahmen des § 444 BGB ist der Verkäufer verpflichtet, Auskunft über die den Kauf betreffenden rechtlichen Verhältnisse an der Sache zu erteilen. Daraus läßt sich eine Pflicht des Verkäufers ableiten, Provenienznachweise, Verzollungs- und Versicherungsbelege bei Veräußerung vorzulegen, soweit sie vorhanden sind.[66]

Andererseits ist zu fragen, wie die Nichtvorlage einer Expertise zu werten ist. Die Rechtsprechung hat das Fehlen von Legitimationspapieren wiederholt zum Anlaß genommen, die Gutgläubigkeit zu verneinen.[67] Nun lassen sich die zu Legitimationspapieren ergangenen Entscheidungen nicht ohne weiteres auf Expertisen übertragen, da diesen nicht die selbe Rechtswirkung zukommt: Sie werden nicht benötigt, um den Eigentumswechsel an einem Kunstwerk rechtlich zu begründen, wie dies bei Legitimationspapieren der Fall ist. Es ist jedoch als gängige Praxis anzusehen, daß der seriöse Kunsthandel ein Werk von gewissem Wert nicht ohne Expertise oder Provenienznachweise anbietet. Geschieht dies dennoch, so wird bereits in dieser Abweichung von der Praxis ein Verdachtsmoment zu sehen sein, der eine Nachforschungsobliegenheit begründen kann. Noch eher gilt das für Erwerbungen von privaten Veräußerern: Da davon ausgegangen werden kann, daß Kunstwerke regelmäßig über den Handel vertrieben werden, begründet das Fehlen von Legitimationspapieren bei Werken von gewissem Wert hier in aller Regel eine Nachforschungsobliegenheit.[68]

Um den Verdachtsmoment zu beseitigen, ist der Erwerber gehalten, Nachforschungen bei anderen als den am Verkauf beteiligten Personen betreiben, da selbst eidesstattliche Versicherungen dieser Personen, tatsächlich Eigentümer zu sein, nicht ausreichen, wie der Rechtsstreit um das Kykladenidol zeigte.

---

[66] Vgl. *Locher,* Das Recht der bildenden Kunst, S. 152 f.; *Behrens/de Lazzer,* Kunstmarkt, S. 175.

[67] BGH 5.2.1975, NJW 1975, S. 735 ff., 736;

[68] Nach den Beobachtungen von *Goochs/Ganteführer,* Kunsthandel, S. 2, kommt es bei privaten Veräußerungen häufiger vor, daß „der gentleman ein dealer als der dealer ein gentleman ist". Zu einem ähnlichen Ergebnis gelangt *Herchenröder,* Die Kunstmärkte, S. 151 f.

iii. Veräußerung für eigene oder für fremde Rechnung

Anhaltspunkte, die zur Begründung einer Nachforschungsobliegenheit führen, lassen sich möglicherweise auch derjenigen Rechtsprechung entnehmen, die zur Frage der formularmäßigen Haftungsfreizeichnung im Kunsthandel ergangen ist. Es entspricht der ständigen Praxis in diesem Handelszweig, die Gewährleistung für Sach- und Rechtsmängel bereits in den allgemeinen Geschäftsbedingungen auszuschließen.[69] Die Rechtsprechung hat sich in einigen vielbesprochenen Entscheidungen dafür ausgesprochen, daß diese Risikoverteilung zulasten des Erwerbers jedenfalls dann gerechtfertigt ist, wenn ein Kunsthändler das Werk kommissionsweise, also in eigenem Namen, aber für fremde Rechnung veräußert.[70] In der sog. Jawlensky-Entscheidung[71] befand der BGH, der Händler oder Auktionator sei angesichts der häufigen Eigentumswechsel nicht in der Lage, eigene, hinreichende Sicherheit bietende Nachforschungen anzustrengen und dürfe sich auf die Angaben der Einlieferer und auf ihm vorgelegte Expertisen verlassen. Dies gelte insbesondere auch für diejenigen Kunstwerke, die durch Kriegswirren und staatliche Unterdrückung ein wechselhaftes Schicksal durchlitten haben. Dem Erwerber müsse allerdings Gelegenheit gegeben werden, das Werk auf seine Echtheit hin zu überprüfen und eigene Nachforschungen über die Provenienz anzustellen. Auch dürfe der Auktionator die ihm obliegende Nachforschungspflicht nicht grob fahrlässig verletzen, noch sich über einen naheliegenden Zweifel hinwegsetzen.[72]

In der Entscheidung zu einer Bodensee-Kunstauktion[73] präzisierte der BGH diese zuvor gewonnenen Erkenntnisse und erweiterte die Haftung der Auktionatoren:

„Es besteht aber kein Anlaß, diese Einschränkung der Befugnis, sich auf die Haftungsfreizeichnung zu berufen, auf eine grob fahrlässige Verletzung der Sorgfaltspflicht zu beschränken. Der Auktionator nimmt nicht nur dem Ersteigerer gegenüber die Stellung eines Sachkenners ein, sondern entscheidet auch selbst, welche Werke er von den Einlieferern zur Auktion annimmt, und kann dabei zumindest deren Vertrauenswürdigkeit prüfen — eine Möglichkeit die dem Ersteigerer im Regelfall verschlossen ist. Es würde daher den Ersteigerer entgegen Treu und Glauben unangemessen benachteiligen (§ 9 I AGB-Gesetz), wenn man ihm schlechthin das Risiko auch für diejenigen Fälschungen aufbürden würde, die der Auktionator bei Wahrung

---

69 Vgl. *Schneider,* DB 1981, S. 199 ff., 201.

70 BGH 15.1.1975, NJW 1975, S. 970 ff. — Jawlensky, mit Anm. v. *Hoynigen-Huene,* ebenda, S. 962 ff.; BGH 13.2.1980, NJW 1980, S. 1619 ff. — Bodensee-Kunstauktion. Vgl. *Thomsen,* Käuferschutz bei Kunstauktionen, S. 63 ff.; *Schneider,* DB 1981, S. 199 ff., 201.

71 BGH 15.1.1975, NJW 1975, S. 970 ff. — Jawlensky.

72 BGH 15.1.1975, NJW 1975, S. 970 ff., 972 — Jawlensky.

73 BGH 13.2.1980, NJW 1980, S. 1619 ff. — Bodensee-Kunstauktion.

der im Verkehr erforderlichen Sorgfalt (§ 276 I 2 BGB) als solche hätte erkennen können.“ [74]

Der entscheidende Gesichtspunkt, warum der BGH den Auktionatoren nun eine weitreichende Sorgfaltspflicht zuspricht, obwohl er sie in der vorgenannten Entscheidung so ausdrücklich in Schutz genommen hatte, ist wohl darin zu sehen, daß bei der Bodensee-Kunstauktion der Auktionator in eigenem Namen versteigerte. Einschränkend weist der BGH nun darauf hin, daß die in der Jawlensky-Entscheidung aufgestellten Grundsätze jedenfalls dann gelten sollten, wenn der Auktionator „lediglich als Kommissionär tätig wird“.[75]

In der Literatur sind diese Entscheidungen auf unterschiedliches, zum überwiegenden Teil aber ablehnendes Echo gestoßen.[76] Es wird eingewendet, der Erwerber könne oft nicht erkennen, ob der Auktionator die von ihm angegebenen Eigenschaften des Werkes selbst überprüft oder sich auf die Angaben Dritter verlassen habe. Auch wolle der Auktionator gerade mit diesen Hinweisen Kaufinteresse wecken und werbe mit seiner Kompetenz und Fachkunde. Zudem entspreche es der Praxis, daß Kunsthändler und Auktionatoren die Angaben selbst überprüften.[77]

Diese Maßstäbe lassen sich nun auf die Frage einer Nachforschungsobliegenheit zur Wahrung der Gutgläubigkeit nicht ohne weiteres übertragen. Dies schon deshalb, weil den Zwischenhändler zur Wahrung der Sorgfaltspflicht gegenüber dem späteren Erwerber eine Nachforschungs*pflicht* trifft,[78] deren Mißachtung zu Gewährleistungsansprüchen führen kann. Im Rahmen der Gutglaubensvorschrift des § 932 Abs. 2 BGB darf der Erwerber jedoch grundsätzlich auf die Eigentümerstellung des Veräußerers vertrauen und eine Nachforschungsobliegenheit trifft ihn nur im Ausnahmefall. Zum anderen kann der regelmäßig erklärte Ausschluß der schuldrechtlichen Gewährleistungsrechte nicht schon für sich eine Nachforschungsobliegenheit bezüglich der sachenrechtlichen Verhältnisse an der Sache begründen: Aus Sicht der Parteien ist vorrangig — wenn nicht sogar ausschließlich — eine Regelung

---

[74] BGH 13.2.1980, NJW 1980, S. 1619 ff., 1621 — Bodensee-Kunstauktion.

[75] BGH 13.2.1980, NJW 1980, S. 1619 ff., 1621 — Bodensee-Kunstauktion. So auch *Schneider,* DB 1981, S. 199 ff., 202.

[76] Zustimmend *Löhr,* GRUR 1976, S. 411 ff., 412; *Dietlein,* Weltkunst 1978, S. 2867 ff. Ablehnend *Heinbuch,* NJW 1984, S. 15 ff., 17; *Thomsen,* Käuferschutz bei Kunstauktionen, S. 77 ff.; ebenso *Reimer,* GRUR 1975, S. 614 ff., 615, dessen Parallele zur wettbewerbsrechtlichen Störerhaftung jedoch nicht verfängt, da hier der Störer verschuldensunabhängig und nur auf Unterlassung haftet.

[77] Für eine eingehende Auseinandersetzung vgl. *Thomsen,* Käuferschutz bei Kunstauktionen, S. 75 ff. m.w.Nachw.

[78] BGH 15.1.1975, NJW 1975, S. 970 ff., 972 — Jawlensky: „Allerdings gilt die Zulässigkeit des Gewährleistungsausschlusses auch hier nicht uneingeschränkt. Jedenfalls dann, wenn der Verkäufer die ihm obliegende *Nachforschungspflicht* grob fahrlässig verletzt ...“

eventueller Gewährleistungsverpflichtungen gewollt. Eine Regelung auch bezüglich der Gutgläubigkeit erscheint demgegenüber als Überdehnung der Auslegungsmöglichkeiten im Rahmen der §§ 133, 157 BGB. Auch wäre, da der Haftungsausschluß regelmäßig erfolgt, die gesetzliche Regelung des § 932 Abs. 2 BGB im Regelfall außer Kraft gesetzt.

Dennoch wird deutlich, daß der Erwerb von Kunstwerken mit einer erhöhten Gefahrtendenz belastet ist, die zu größerer Aufmerksamkeit verpflichtet.[79] Die Entscheidungen lassen erkennen, daß Angaben über die Provenienz und die Echtheit des Werkes sowie die Frage, wer diese Informationen zu beschaffen und dafür einzustehen hat, wesentliche Merkmale des Kunstkaufs bedeuten. Eine Unterscheidung in Verkäufe in eigenem und in fremden Namen erscheint auch für die Frage der Nachforschungsobliegenheiten möglich. Aus der Sicht des Sachenrechts ist entscheidend, daß der Kommissionär im Gegensatz zu dem für eigene Rechnung veräußernden Kunsthändler nicht Eigentümer des Werkes ist. Der lediglich vermittelnde Kommissionär hat demnach ein geringeres Eigeninteresse an den Herkunftsangaben, da etwaige Rechtsmängel für ihn keinen unmittelbaren Nachteil bedeuten. Sollte der Erwerber das erstandene Werk zu recht beanstanden, kann er sich auf den formularmäßig vereinbarten Gewährleistungsausschluß berufen. Der Kunsthändler jedoch, der das Werk zu Zwecken der Weiterveräußerung erwirbt, wird bestrebt sein, seinerseits gesicherte Erkenntnisse über das Werk zu erhalten. Zum einen, um selbst gesichertes Eigentum zu erwerben, zum anderen, um den von der Rechtsprechung aufgestellten Sorgfaltspflichten im Hinblick auf die Gewährleistung bei Weiterveräußerung zu entsprechen. Viel eher darf sich also der Erwerber auf Angaben eines Kunsthändlers oder Auktionators verlassen, der für eigene Rechnung veräußert. Die Angaben eines kommissionsweise veräußernden Händlers sind demgegenüber mit einer erhöhten Gefahrtendenz belastet, so daß bereits kleine Unstimmigkeiten oder eine zweifelhafte Quelle Nachforschungsobliegenheiten begründen können.

b. Nachforschungsobliegenheit beim Fehlen konkreter Verdachtsmomente

Fehlen konkrete Verdachtsmomente, so wird eine Nachforschungsobliegenheit allgemein abgelehnt.[80]

Als Ausnahme von diesem Grundsatz sieht die Rechtsprechung für bestimmte Handelszweige die Verbreitung von Eigentumsvorbehalten als so gebräuchlich an, daß der Erwerber damit rechnen müsse, einen Gegenstand zu erwer-

---

[79] Vgl. *Franz*, Zivilrechtliche Probleme des Kulturgüteraustausches, S. 71.

[80] Allg. Ansicht, vgl. BGH 5.2.1975, NJW 1975, s. 735 ff., 736; *Palandt-Bassenge*, § 932 Rn. 10; *MünchKomm-Quack*, § 932 Rn. 45.

ben, an dem der Veräußerer (noch) kein volles Eigentum erlangt hat.[81] Gerade bei neuwertigen, wertvollen Gebrauchsgegenständen, wie Klavieren, Teppichen oder Fernsehgeräten soll es sich um Waren handeln, die häufig unter Eigentumsvorbehalt geliefert und über einen längeren Zeitraum abbezahlt werden.[82] Besitzen auch Kunstwerke oft einen bedeutendem Marktwert, entspricht es doch nicht der Übung, daß ein Händler ein Kunstwerk zu Zwecken des Weiterverkaufs unter Eigentumsvorbehalt erwirbt.[83] Zum einen sind Kunstwerke Unikate, die nicht im Rahmen einer ständigen Vertragsbeziehung zwischen Lieferant und Weiterverkäufer mit regelmäßiger Kontensaldierung gehandelt werden. Zum anderen ist der Kunsthandel eine Branche, in der Bargeschäfte die Regel sind. Auch Abzahlungsankäufe stellen eine Ausnahme dar. Mit einem Eigentumsvorbehalt muß ein Kunstkäufer somit nicht rechnen.

Andererseits ist zu fragen, ob der vom Erwerber zu beachtende Sorgfaltsmaßstab für alle Personen gleich ist, oder ob nicht besondere individuelle Merkmale Berücksichtigung finden können. In der Literatur wird hierzu angemerkt, daß die jeweilige Personengruppe zu berücksichtigen ist, welcher der Käufer angehört.[84] Von Privatpersonen wird daher nicht mehr als die Sorgfalt eines durchschnittlich aufmerksamen Käufers gefordert werden dürfen. Professionelle Kunsthändler dagegen gehören einer Berufsgruppe an, die über die besonderen Risiken des Kunstkaufs informiert ist und sein muß, schon im eigenen Interesse. Die Unbefangenheit eines durchschnittlichen Käufers können diese Personen nicht für sich in Anspruch nehmen, so daß die von ihnen zu erwartende Sorgfalt über dem Mindestmaß liegen muß, was in vergleichbarer Situation erwartet werden kann.[85] In dem Rechtsstreit *Menzel v. List* hat das erkennende New Yorker Gericht als allgemeine Praxis des Kunsthandels kritisiert, daß die Herkunft der Bilder nicht ausreichend recherchiert würde.[86] In

---

[81] Vgl. RG 28.11.1933, RGZ 143, 14 [18]; BGH 11.5.1953, BGHZ 10, 14 [17]; BGH 4.10.1972, LM § 932 Nr. 29.

[82] OLG München 18.6.1928, JW 1929, S. 332; KG 22.9.1931, JW 1932, S. 63; *Westermann*, SachenR I, § 46 2 c; *Soergel-Mühl*, § 932 Rn. 17.

[83] Zwar weist *Heinbuch*, NJW 1984, S. 15 darauf hin, daß neben die klassischen Vertriebswege für Kunst neue Absatzformen, wie Direktverkäufe über Anzeigen, Kataloge, Buchclubs und sogar Warenhäuser getreten sind, für die möglicherweise ebenfalls Eigentumsvorbehalte vereinbart werden. Dies wird jedoch auf Graphiken sowie auf Abgüsse in limitierter Auflage zu beschränken sein. Für die hier vorrangig interessierenden Werke „entarteter Kunst“ können diese Vertriebsformen daher vernachlässigt werden. Vgl. hierzu auch *Dürr*, Art Nr. 12 (1982), S. 69 ff. sowie *Rosen*, Art Nr. 11 (1980), S. 81.

[84] Allg. Ansicht, vgl. nur *Palandt-Bassenge*, § 932 Rn. 10, und *MünchKomm-Quack*, § 932 Rn. 28.

[85] So auch *Wehmann*, Gutgläubiger Fahrniserwerb, S. 170; *Erman-Michalski*, § 932 Rn. 9; *Staudinger-Wiegand*, § 932 Rn. 49; *Franz*, Zivilrechtliche Probleme des Kulturgüteraustausches, S. 72.

[86] Vgl. *Drum*, 64 N.Y.U.L.R. (1989) 909, 917 m.w.Nachw.

ähnliche Richtung weist die UNIDROIT-Konvention über die Rückgabe gestohlener oder illegal exportierter Kulturgüter,[87] die gemäß Art. 4 Abs. 4 zur Wahrung der Sorgfaltspflicht vom Erwerber die Einsicht in die Register gestohlenen Kulturgutes verlangt. Manche fordern daher, daß zumindest im Handel mit national wertvollem Kulturgut der Besuch von Ausstellungen über gestohlene Kulturgüter oder die regelmäßige Lektüre der Versteigerungskataloge großer Auktionshäuser zur Pflicht erklärt wird, um den Anforderungen an die Sorgfalt zu genügen.[88]

Ebenso haben sich manche Museen und Museumsverbände eigene Verhaltensregeln auferlegt, die beim Erwerb von Kunstwerken einzuhalten sind.[89] Auch für den Kunsthandel existieren derartige Richtlinien,[90] die bereits vor ausländischen Gerichten Beachtung fanden.[91] Kommt diesen Verhaltensregeln zwar keine unmittelbare Rechtswirkung insbesondere im Außenverhältnis zu, dokumentieren sie andererseits deutlich die Wertvorstellungen und Handelsgewohnheiten der jeweiligen Berufsgruppe sowie die berufsspezifischen Sorgfaltsmaßstäbe. Von den Angehörigen des professionellen Kunsthandels ein erhöhtes Maß an Sorgfalt im Rahmen des § 932 Abs. 2 BGB allein wegen der Zugehörigkeit zu dieser Berufsgruppe zu verlangen, erscheint daher nicht unbillig.

---

87 UNIDROIT 1993, Etude LXX — Doc. 48, Annexe IV; der Text ist auch wiedergegeben bei *Müller-Katzenburg*, Internationale Standards im Kulturgüterverkehr, Anhang III.

88 *Reichelt* in: *Dolzer/Jayme/Mußgnug*, Rechtsfragen des IKGS, S. 73.

89 Z.B. den *Code of Ethics* der American Association of Museums, die *Statements of Principles and Policies on Ethics and Conduct* des Ontario Museum sowie den *Code of Professional Ethics* des Internationalen Museumsrates, vgl. hierzu *Müller-Katzenburg*, Internationale Standards im Kulturgüterverkehr, S. 197, jeweils m.w.Nachw., sowie *Siehr*, SJZ 77 (1981), S. 207 ff., 209. Das J. Paul Getty Museum erklärt in Punkt III.5. seiner Policy for Acquisitions: „Every effort will be made by the Museum to inquire into the provenance of the acquisition. To accomplish this, staff members will consult as is necessary and reasonable with their colleagues and Museum counsel." Vgl. *Müller-Katzenburg*, a.a.O., S. 200.

90 Z.B. der *Code of Practice of UK Fine Art and Antiques Trade Members*, der seine Unterzeichner verpflichtet, nicht mit gestohlenen oder illegal exportierten Kunstgegenständen zu handeln und dabei größtmögliche Sorgfalt walten zu lassen, vgl. *Müller-Katzenburg*, Internationale Standards im Kulturgüterverkehr, S. 215 f.

91 Siehe den Fall *Kingdom of Spain v. Christies, Manson & Woods, Ltd.*, [1986] 1 W.L.R. 1123 f. (Ch.D.), in dem das englische Gericht den *Code of Practice* zwar nicht entscheidungserheblich berücksichtigte, jedoch deutlich auf die sich für die Fa. Christies ergebenden Verpflichtungen hinwies. Ebenso stützen sich amerikanische Gerichte in dem Fall *Jeanneret v. Vichey* auf ausländische Exportverbote, die von dem erwerbenden Kunsthändler im Rahmen seiner Sorgfaltspflicht, die sich aus den seine Branche verpflichtenden Verhaltensregeln ergebe, hätten berücksichtigt werden müssen, vgl. 541 F. Supp. 80 [82] (SDNY 1982); 693 F. 2d 259 [268] (2d Cir. 1982). Hierzu *Müller-Katzenburg*, Internationale Standards im Kulturgüterverkehr, S. 215 ff.

c. Nachforschungsobliegenheiten bei „entarteter Kunst"

Nachdem nun die Anforderungen an einen gutgläubigen Erwerb von Kunstwerken allgemein erörtert wurden, stellt sich die Frage, ob bei dem Erwerb „entarteter Kunst" bereits wegen der Besonderheit des Gegenstandes eine besondere Sorgfalt anzuwenden ist oder besondere Nachforschungsobliegenheiten bestehen.

„Entartete Kunst" ist sicherlich eine abgrenzbare Gruppe von Sachen mit der sie charakterisierenden Eigenschaft, daß sie von den Nationalsozialisten verbannt und in rechtswidriger Weise eingezogen, d.h. enteignet worden sind. Bereits in der Jawlensky-Entscheidung hatte der BGH Kunstwerken, die infolge Kriegswirren und staatlicher Unterdrückung ein „wechselvolles Schicksal" durchlitten haben, eine Sondereigenschaft insoweit zugesprochen, als hinreichende Sicherheit bietende Angaben über die Provenienz oft nur schwer zu erhalten sind.[92]

Jedoch ist die Tatsache der Unterdrückung und Verfolgung für sich genommen noch kein hinreichender Anlaß, an der Eigentümerstellung des Veräußerers eines Werkes „entarteter Kunst" oder an dessen Verfügungsberechtigung zu zweifeln.[93] Ein Verdachtsmoment ließe sich hieraus nur herleiten, wenn der Erwerber die Nichtigkeit der Einziehungen kannte oder hätte kennen müssen, und dieser Umstand Zweifel über die Eigentümerstellung des Veräußerers bzw. über die Rechtmäßigkeit der nun bevorstehenden Verfügung begründete.

Während der Zeit der nationalsozialistischen Herrschaft konnte weder im Inland noch im Ausland ernsthaft an der Rechtswirkung der Einziehungen gezweifelt werden. Das Ermächtigungsgesetz hatte die Regierung zum Erlaß des Einziehungsgesetzes legitimiert. Für Spekulationen auf ein rasches Ende der Gewaltherrschaft und auf die damit verbundene Möglichkeit, daß ungerechte staatliche Zwangsmaßnahmen ungeschehen gemacht würden, war in dieser Zeit kein Raum.

Nach der Kapitulation hat weder der Gesetzgeber das Einziehungsgesetz explizit aufgehoben noch die Rechtsprechung die Nichtigkeit der Einziehungen jemals festgestellt, wie bereits das erste Kapitel dieser Untersuchung zeigte. Zwar hatten sich Zeitzeugen über die Diffamierung einer ganzen Kunstgattung und über den Eingriff in die Eigentumssphäre der Länder empört; die Gesetzgebung der Nachkriegszeit folgte jedoch der Empfehlung des Denkmal- und Museumsrates Nordwestdeutschland vom September 1948 und traf keine Maßnahmen, um das Einziehungsgesetz rückwirkend aufzuheben und den

---

92 BGH 15.1.1975, NJW 1975, S. 970 ff., 972 — Jawlensky.

93 So auch *MünchKomm-Quack*, § 937, Rn. 15. Anderer Auffassung jedoch *Reich/Fischer*, NJW 1993, S. 1417 ff., 1420.

Einziehungen die Rechtswirkung zu nehmen. Die konkludente Aufhebung durch Nichtaufnahme in die Sammlung des Bundesgesetzblattes Teil III wirkte nicht auf die Zeit des Nationalsozialismus zurück und war im übrigen so unauffällig, daß sie niemandem die Aufhebung überhaupt bewußt werden ließ.

Die deutsche Rechtsprechung stellte schließlich fest, daß die Maßnahmen aufgrund des Einziehungsgesetzes nicht zum Wiedergutmachungsrecht zu zählen seien und lehnte eine Betrachtung der Enteignungen unter diesem Gesichtspunkt ab. Zwar wurden die Radbruchschen Thesen schon im Jahr 1946 bekannt und in den folgenden Jahren immer wieder vom Bundesverfassungsgericht zur Klärung der Beachtlichkeit nicht aufgehobener Gesetze nationalsozialistischer Prägung herangezogen. Nicht jedoch in Bezug auf das Einziehungsgesetz. Darüber hinaus kauften die Museen, also die Betroffenen selbst, die ihnen entwendeten Werke zum Teil zurück, anstatt sich um eine Rückgabe auf gerichtlichem Wege zu bemühen.[94] Auch hieraus läßt sich eher der Schluß ziehen, die Einziehungen seien — wie so manch andere folgenreiche Maßnahme der Nationalsozialisten — hinzunehmen.[95] In diesem Zusammenhang ist auch zu berücksichtigen, daß die überwiegende Zahl der Werke entsprechend der Anweisung des Reichspropagandaministeriums in das Ausland verbracht wurden, und es Ausländern wohl nicht zuzumuten ist, sich Gewißheit über die Rechtswirkungen staatlicher Zwangsmaßnahmen zu verschaffen, denen man im Inland nicht entschieden entgegentritt.

Ebenso ist der Zeitablauf zu berücksichtigen: Je weiter die Einziehungen zurückliegen, desto wahrscheinlicher ist es, daß die Regelungen, die einen gutgläubigen Rechtserwerb vom Nichtberechtigten zulassen, rechtmäßiges Eigentum begründen konnten. Den Expertisen, die von Kunstfachleuten und nicht von Juristen erstellt werden, sind regelmäßig keine Anhaltspunkte zu entnehmen, ob die Einziehungen der Nationalsozialisten rechtmäßig waren oder nicht. Schließlich vertraten auch die Museen den Standpunkt, daß gesetzgeberische Maßnahmen erforderlich gewesen wären, um die Rechtswirkungen der Einziehungen aufzuheben. Die Mannheimer Kunsthalle erhielt beispiels-

---

94 Die Motivation hierfür mag auch darauf zurückzuführen sein, daß die deutschen Museen allgemein von den Raubzügen der Nationalsozialisten im besetzten Frankreich profitiert hatten. Der enorm günstige Wechselkurs von 20:1, der der französischen Nationalbank aufgezwungen wurde, erlaubte es, die eigenen Bestände kostengünstig zu ergänzen, vgl. *Feliciano,* Das verlorene Museum, S. 124 f. und 127 ff. Rückforderungen hätten unweigerlich das Augenmerk auf diese fragwürdigen Erwerbungen gelenkt.

95 Das schweizerische Bundesgericht sieht als einen Rechtfertigungsgrund für die Verjährbarkeit von Forderungen, daß eine länger dauernde Untätigkeit des Gläubigers die Unbegründetheit der Forderung wahrscheinlich mache oder gar als Verzicht auf die Forderung gedeutet werden könne, BG 13.10.1964, BGE 90 II 428 [438]. Der Untätigkeit eines Gläubigers können daher sehr wohl Vermutungen entnommen werden, auf die ein Schuldner sich für die Frage seiner Gutgläubigkeit stützen dürfe.

weise im August 1949 von dem Kunstoffizier der Amerikanischen Militärregierung in Nauheim die Information, daß ein „nordwestdeutscher Sammler" das Gemälde „Portrait des Schriftstellers Max Herrmann Neisse" von George Grosz dem Direktor des Museums für Moderne Kunst in New York zum Kauf angeboten hatte. Die Kunsthalle entschied sich jedoch dazu, den Rechtsweg nicht zu beschreiten, sondern das 1937 in ihren Räumen beschlagnahmte Bild über Vergleichsverhandlungen von dem Besitzer zurückzuerwerben.[96] Ähnliche Vorgehensweisen sind für die Staatliche Gemäldesammlung Dresden und die Staatlichen Museen Moritzburg in Halle dokumentiert.[97]

Im Ergebnis läßt sich daher eine besondere Nachforschungsobliegenheit nicht bereits aus dem Umstand herleiten, daß es sich bei dem zu erwerbenden Gegenstand um ein Werk „entarteter Kunst" handelt. Es verbleibt insoweit bei den zuvor dargestellten Grundsätzen, die für Kunstwerke allgemein zu beachten sind.

III. Ausschluß des gutgläubigen Erwerbs gemäß § 935 Abs. 1 BGB

1. Der Regelungszweck

Der gutgläubige Eigentumserwerb vom Nichtberechtigten ist gemäß § 935 Abs. 1 BGB ausgeschlossen, wenn die Sache dem Eigentümer gestohlen wurde, verlorengegangen oder sonst abhanden gekommen ist, es sei denn, der Erwerb findet im Wege der öffentlichen Versteigerung statt, § 935 Abs. 2 BGB. Diese Einschränkung des Gutglaubenserwerbs betont die Schutzbedürftigkeit des Eigentümers, dessen Sache ohne seinen Willen aus seiner Beherrschungssphäre verbracht wurde. Maßgebliches Moment dieser Regelung ist die Unfreiwilligkeit des Besitzverlustes auf Seiten des Eigentümers, der sich somit die weitere Verfügung über den Gegenstand durch einen Dritten nicht zurechnen lassen muß, da er den Rechtsschein des Eigentums kraft Besitzes bei diesem nicht veranlaßt hat.[98] Das Merkmal des Abhandenkommens ist dabei rein objektiver Natur, die Vorstellung des Erwerbers braucht sich darauf nicht zu beziehen. Ohne Belang ist daher, ob der Erwerber Kenntnis von dem

---

96 *Städtische Kunsthalle Mannheim* (Hrsg.), Entartete Kunst, S. 42.

97 *Schubert*, FAZ vom 6.12.1993. Die staatliche Gemäldesammlung Albertinum in Dresden weist neben der Statue der „Großen Knieenden" von Lehmbruck explizit auf die Rückerwerbung aus New York im Jahr 1992 hin. Vgl. auch die Dokumentation der *Kulturstiftung der Länder u.a.* (Hrsg.), Ernst Ludwig Kirchner — Akte im Strandwald.

98 Vgl. hierzu die eingehenden Darstellungen bei *Westermann*, SachenR I, § 49; *Staudinger-Wiegand*, Vorbem zu §§ 932 ff., Rn. 20.

Abhandenkommen hatte oder nicht. Der Besitzverlust muß nicht *gegen* den Willen des Eigentümers erfolgen, wie das Beispiel des Verlorengehens zeigt. Die Vorschrift des § 935 Abs. 1 BGB schließt auch den Erwerb gemäß § 366 Abs. 1 HGB aus.

Der Wille zur Besitzaufgabe ist tatsächlicher, nicht rechtsgeschäftlicher Natur. Wird der Eigentümer durch Täuschung oder sonstige Erregung eines Irrtums zur Besitzaufgabe verleitet, ist dies ohne Belang, da die Motivation für den tatsächlich gegebenen Aufgabewillen unbeachtlich ist;[99] anders wird dies bei einer Drohung zu beurteilen sein.[100] Hoheitliche Eingriffe in die Eigentumssphäre, wie Beschlagnahmen und Enteignungen, erfolgen zwar oft gegen den Willen des Eigentümers, doch wird dieser durch die öffentlich-rechtliche Befugnis zum Eingriff ersetzt. Dies setzt jedoch einen rechtmäßigen Eingriff voraus, wobei allein nichtige Hoheitsakte ein Abhandenkommen begründen, nicht bereits deren Rechtswidrigkeit.[101]

Nach § 935 Abs. 2 BGB ist jedoch auch der gutgläubige Erwerb einer abhanden gekommen Sache möglich, wenn sie öffentlichen versteigert wurde.[102] Diese Ausnahme wird weiter unten näher zu beleuchten sein, zum einen weil Kunstwerke häufig den Gegenstand von Auktionen bilden, zum anderen im Hinblick auf die Luzerner Versteigerung im Jahre 1939, auf die nach der hier vertretenen Auffassung deutsches Recht anzuwenden ist.

2. Abhandenkommen infolge der Einziehungen

Zahlreiche Museumsdirektoren sowie private Betroffene betrachteten die Einziehungen als direkten Eingriff in ihre Eigentumssphäre. Selbst Emil Nolde versuchte noch bis zum Erlaß des Einziehungsgesetzes im Sommer 1938 Bilder, die sich auch leihweise in öffentlichen Sammlungen befanden, zurückzuerhalten, da er — wie viele — den Beschlagnahmen nicht notwendigerweise Endgültigkeit beimaß.[103] Es stellt sich nun die Frage, ob diese

---

99 *Westermann,* SachenR I, § 49 I 3; *Baur/Stürner,* SachenR, § 52 V 2 b bb; *Tiedtke,* Gutgläubiger Erwerb, S. 41 f.; *Jauernig,* § 935 Anm. 2 b aa.

100 Siehe die Nachweise in der vorigen Note mit Ausnahme von *Jauernig,* § 935 Anm. 2 b aa, der auch bei einer Drohung ein Abhandenkommen bejaht. Der BGH sieht einen Willensausschluß nur bei unwiderstehlichem seelischen oder physischen Zwang gegeben, BGH 15.11.1951, BGHZ 4, 10 [38 f.].

101 So die h.M., vgl. *Westermann,* SachenR, § 49 I 4; *Baur/Stürner,* SachenR, § 52 V 2 b cc; *Tiedtke,* Gutgläubiger Erwerb, S. 42 f.; *Palandt-Bassenge,* § 935 Rn. 3. Enger BGH 15.11.1951, BGHZ 4, 10 [33].

102 Ausgenommen sind Geld oder Inhaberpapiere, was in diesem Zusammenhang jedoch keine Rolle spielt.

103 *Roters,* Galerie Ferdinand Möller, S. 277 ff., Dokumente Nr. 89, 90, 94.

staatlichen Eingriffe als Abhandenkommen im Sinne von § 935 Abs. 1 BGB zu werten sind.

Der ausdrücklich in § 935 Abs. 1 BGB — durchaus im strafrechtlichen Sinn — genannte Diebstahl ist ein Unterfall des Abhandenkommens.[104] Obwohl zahlreiche Autoren dazu neigten, die Einziehung der Werke aus kulturpolitischer Sicht kategorisch als Diebstahl zu qualifizieren, ist dies aus juristischer Sicht zumindest problematisch. Maßgeblich sind die (strafrechtlichen) Gewahrsamsverhältnisse, die insoweit von den (zivilrechtlichen) Besitzverhältnissen zu unterscheiden sind.

Im Zeitpunkt der Beschlagnahmen befanden sich sämtliche Werke im unmittelbaren Besitz der Länder, die ihre Eigenschaft als Rechtssubjekte nicht eingebüßt hatten.[105] Bezüglich der privaten Leihgaben sind die Länder in zivilrechtlicher Hinsicht als Besitzmittler im Sinne von § 868 BGB anzusehen, die für die Leihgeber als mittelbare Besitzer den Besitz ausübten. Die Museumsdirektoren wiederum sind lediglich als Besitzdiener zu qualifizieren, deren Wille für die Frage der Besitzaufgabe unbeachtlich ist.[106] In strafrechtlicher Hinsicht wird Gewahrsam für juristische Personen und Behörden durch die gesetzlichen Vertreter oder Amtsträger ausgeübt, so daß der Gewahrsam an den Werken bis zu den Beschlagnahmen den Landesregierungen zuzuordnen ist.[107] Den jeweils anwesenden Museumsdirektoren wird insoweit Mitgewahrsam zuzusprechen sein. Die Länder verloren ihren Besitz bzw. Gewahrsam nun in dem Zeitpunkt, als die Zieglersche Kommission die Werke aussonderte und abtransportieren ließ. Der Besitzverlust war keine Wegnahme im strafrechtlichen Sinn, die einen Gewahrsamsbruch voraussetzt; ein Diebstahl im strafrechtlichen Sinn lag also nicht vor. Die Werke wurden nicht gegen den Willen der Landesregierungen als Gewahrsamsinhaber entfernt, da diese die Aktionen zur „Säuberung" des Kunstbetriebes unterstützten oder zumindest keine offene Konfrontation wagten. Strafrechtlich muß ihr Verhalten daher als Einwilligung in die Wegnahme qualifiziert werden. Manche Autoren berichten, daß einige Museumsdirektoren den Beschlagnahmen widersprachen und versuchten, den Abschluß eines Leihvertrages zu erwirken.[108] Daß ihr Mitgewahrsam gebrochen worden wäre, läßt sich jedoch nicht fest-

---

[104] Vgl. statt vieler *Palandt-Bassenge,* § 935 Rn. 2.

[105] Vgl. hierzu oben, S 58 ff..

[106] So entschieden für beamtete Abteilungsleiter einer Universitätsklinik, OVG Lüneburg 14.5.1984, NJW 1984, S. 2652 ff. Nach anderer Auffassung sind Organe juristischer Personen weder als Besitzdiener noch als mittelbare Besitzer einzustufen; vielmehr soll die juristische Person alleinige Besitzerin sein, *Soergel-Mühl,* § 854 Rn. 11. Zum Abhandenkommen bei Besitzdienern vgl. eingehend *MünchKomm-Joost,* § 855 Rn. 23.

[107] RG 15.2.1918, RGSt 52, 143 [145]; *Schönke/Schröder-Eser,* § 242 Rn. 29.

[108] Siehe oben, S. 40.

stellen, da sie sich letztlich den Anordnungen fügten und so in die Wegnahmen einwilligten.

In jedem Fall kommt es aber hier auf einen entgegenstehenden Willen der Länder oder der Museumsdirektoren weder für die Frage des Diebstahls noch des Abhandenkommens an, da dieser Wille bei Besitzverlust kraft öffentlichen Rechts, und als solcher sind die Beschlagnahmen zu qualifizieren, durch die öffentlich-rechtliche Befugnis des Eingreifenden ersetzt wird.[109] Als fraglich wird nun nur noch angesehen, ob jedes öffentlich-rechtliche Eingreifen ein Abhandenkommen ausschließt oder nur dann, wenn der Verwaltungsakt rechtlich wirksam ist. Nach einer Auffassung soll von einem Abhandenkommen im Sinne des § 935 BGB nur dann auszugehen sein, wenn der Eingriff als „Nichtakt" anzusehen ist.[110] Nun sind für eine derartige Einschränkung des Schutzes des Rechtsverkehrs sachliche Gründe kaum ersichtlich; der Staat muß seine Eingriffshandlungen vielmehr wie jeder andere Teilnehmer am Rechtsverkehr anhand der allgemeinen Rechtsordnung bemessen lassen. Die Befugnis, durch Verwaltungsakt in die Privatrechtssphäre einzugreifen, kann nur dann schützenswert sein, wenn der staatliche Akt nicht an einem schweren Mangel leidet. Zu folgen ist daher der als herrschend zu bezeichnenden Auffassung, die ein Abhandenkommen bejaht, wenn der Verwaltungsakt nichtig oder mit rückwirkender Kraft aufgehoben ist.[111] Der Fehler des Verwaltungsaktes ist in diesen Fällen als so gravierend anzusehen, daß eine Gleichsetzung des Besitzverlustes mit dem Abhandenkommen im Sinne des § 935 Abs. 1 BGB geboten erscheint.[112]

Dies gilt um so mehr für die Bewertung der Beschlagnahmen durch das nationalsozialistische Regime und gleichermaßen für die durch das anschließende

---

[109] Allg. Meinung; vgl. *Staudinger-Wiegand,* § 935 Rn. 17; *Soergel-Mühl,* § 935 Rn. 4; *Baur/Stürner,* Sachenrecht, § 52 V 2 b cc; BGH 15.11.1951, BGHZ 4, 10 [33].

[110] *MünchKomm-Quack,* § 935 Rn. 14; OLG Frankfurt 2.9.1948, NJW 1949, S. 429 f. Nach dieser Auffassung vermögen selbst nichtige Verwaltungsakte im Sinne von § 44 VwVfG nur bei offensichtlicher und schwerwiegender Nichtigkeit einen gutgläubigen Erwerb auszuschließen, etwa bei Amtsanmaßung.

[111] *Soergel-Mühl,* § 935 Rn. 4; *Staudinger-Wiegand,* § 935 Rn. 17; *Baur/Stürner,* § 52 V 2 b cc; *Palandt-Bassenge,* § 935 Rn. 3; *Zweigert,* RabelsZ 23 (1958), S. 1 ff., 19; *Westermann,* Sachenrecht I, § 49 I 4. Grundlegend hierzu die Entscheidung des LG Ansbach 5.10.1951, NJW 1952, S. 592, in der über die Wirksamkeit der Weiterveräußerung von zugunsten der Straßenverkehrsdirektion eingezogenen Kraftfahrzeugen zu befinden war.

[112] Die Bejahung des Abhandenkommens nunmehr vom Willen des *Eigentümers* abhängig zu machen, ob dieser sich gegen die Verfügung wehrt oder sich ihr fügt, erscheint jedoch nicht angebracht; so aber *Soergel-Mühl,* § 935 Rn. 4. Entscheidend ist, daß die Ersetzung des Aufgabewillens des *Besitzers* auf einer mißbräuchlichen Machtausübung des Staates basiert, für die dieser vollumfänglich einzustehen hat. Der Eigentümer muß zwar mit fehlerbehafteter Amtsausführung rechnen, nicht aber mit einer Mißbrauchswertung, wie sie dem § 44 VwVfG zugrunde liegt. Er ist insoweit schutzwürdig.

Einziehungsgesetz ausgesprochenen Enteignungen, die nach dem oben erzielten Ergebnis mit der Nichtigkeit des Gesetzes ebenso von Anfang an nichtig waren. Weder den privaten Leihgebern noch den zuständigen Landesbehörden war die Möglichkeit des Einspruchs gegeben, eine verwaltungsinterne oder gerichtliche Nachprüfung der Einziehungsakte sowie des Gesetzes selbst ausgeschlossen.[113] Schon wegen der Furcht vor anderweitigen Folgen stellte das Widersetzen gegen die Verfügung und das Erzwingen einer gewaltsamen Wegnahme keine realistische Alternative dar. Eine anderslautende Willensentscheidung, als den Besitzverlust hinzunehmen, war faktisch ausgeschlossen.

Damit sind die Werke „entarteter Kunst" als abhanden gekommen im Sinne des § 935 Abs. 1 BGB zu qualifizieren.[114] Ein gutgläubiger Erwerb dieser Werke ist folglich nur in denjenigen Fällen möglich, in denen das Gesetz einen gutgläubigen Erwerb auch abhanden gekommener Sachen ausdrücklich zuläßt. Im deutschen Recht besteht hierzu nur die Möglichkeit im Rahmen der Ersitzung gemäß § 937 BGB und des Versteigerungserwerbs gemäß § 935 Abs. 2 BGB, auf die nachfolgend einzugehen sein wird.

IV. Zwischenergebnis

Zusammenfassend läßt sich damit festhalten, daß — anders als im schweizerischen und österreichischen Recht — die deutsche Regelung keine Vermutung der Gutgläubigkeit enthält, da dem Erwerber gemäß § 932 Abs. 2 BGB lediglich seine Bösgläubigkeit zum Schaden gereicht, ohne daß die Gutgläubigkeit für den Erwerb vorausgesetzt würde. Die Beweislast verschiebt sich regelmäßig zulasten des Eigentümers, der die Bösgläubigkeit des Erwerbers nachweisen muß.

Macht der Eigentümer geltend, der Erwerber habe positive Kenntnis vom fehlenden Eigentum (§ 932 Abs. 2 BGB) oder der fehlenden Veräußerungsbefugnis (§ 366 HGB) gehabt, so ist notwendig, daß der Erwerber nicht bloß die Umstände kennt, aus denen sich der Mangel des Eigentums ergibt; vielmehr ist zu verlangen, daß der Erwerber aus den Tatsachen die richtige rechtliche Schlußfolgerung zieht. Wendet der Eigentümer grobe Fahrlässigkeit des Erwerbers ein, so gilt, daß sich aus konkreten Verdachtsmomenten subjektiver oder objektiver Art Nachforschungsobliegenheiten ergeben können. Hierunter

---

[113] Zwar erreichten einige wenige Museen tatsächlich durch beharrliche Beschwerden, daß ihnen eine Entschädigung oder in engen Ausnahmefällen sogar ein beschlagnahmtes Objekt rückerstattet wurde, s.o. S. 46; ein offizielles Prüfungsverfahren war jedoch nicht vorgesehen.

[114] Zu diesem Ergebnis gelangte auch die Kultusbehörde der sowjetischen Besatzungszone

sind ein verdächtig niedriger Preis, die finanzielle Not des Veräußernden oder sonstige besondere Verkaufsumstände zu verstehen. Bei Werken von gewissem Wert ist regelmäßig die Vorlage einer Expertise zu erwarten, die eventuell vorhandene Verdachtsmomente beseitigen kann. Fehlt sie dagegen, ist eine erhöhte Gefahrtendenz zu bejahen, die Nachforschungen erforderlich macht. Auch daraus, daß der Veräußerer die Sache nicht für eigene Rechnung anbietet, kann sich eine Erkundigungs- und Nachforschungsobliegenheit ergeben. In jedem Fall sind sämtliche Umstände des Einzelfalls zu berücksichtigen.

Fehlen konkrete Verdachtsmomente, so sind Nachforschungsobliegenheiten grundsätzlich zu verneinen. Jedoch können individuelle Merkmale berücksichtigt werden, so daß von professionellen Kunsthändlern ein höheres Maß an Sorgfalt erwartet werden kann, als von privaten Käufern. Allein aus der Tatsache, daß der Gegenstand der Veräußerung ein Werk „entarteter Kunst" ist, kann jedoch keine grundsätzliche Nachforschungsobliegenheit abgeleitet werden. Zu deutlich haben hier Gesetzgebung, Rechtsprechung und die Museen Zurückhaltung gezeigt und den nationalsozialistischen Einziehungen den Anschein der Rechtmäßigkeit verliehen. Ebenso ist der Zeitablauf zu berücksichtigen, der mit fortdauernder Unangefochtenheit diesen Anschein verstärkte.

Im Rahmen des § 935 Abs. 1 BGB sind die Werke „entarteter Kunst" als abhanden gekommen zu qualifizieren, da mit der herrschenden Auffassung nichtige Enteignungen ein Abhandenkommen begründen.

C. Die Veräußerungen durch das Deutsche Reich

Zu untersuchen gilt es nun, ob die vom Deutschen Reich als Nichtberechtigtem an die Kunsthändler oder über diese als Kommissionäre getätigten Veräußerungen einen wirksamen Eigentumswechsel herbeiführen konnten.

I. Direkter Erwerb der Kunsthändler

Nachdem mit der Beschlagnahme und den Zurschaustellungen eine Diffamierung der Avantgarde erreicht werden konnte, war das neue Ziel der nationalsozialistischen Machthaber klar definiert: Die eingezogene Kunst sollte devisenbringend, und damit vorzugsweise ins Ausland, zu Preisen verkauft werden, die den Verdacht einer Rehabilitierung der Künstler ausschlossen und gleichzeitig der Kriegswirtschaft zuträglich waren. Auch die Kunsthändler mußten den Kaufpreis in Devisen entrichten.[115] Der Name so manchen Künstlers war nun im Ausland noch so wenig verbreitet, daß die eingesetzten Kunsthändler einige Werke „zunächst" selbst ankauften, freilich unter der ausdrücklichen Auflage des Deutschen Reichs, die Werke anschließend ins Ausland weiterzuverkaufen. Daß gegen diese Bedingung verstoßen wurde und so zahlreiche Werke dauerhaft in Deutschland bleiben konnten, ist zumindest für Ferdinand Möller dokumentiert.[116]

Daneben bestand die Möglichkeit, „entartete Kunst" gegen Werke einzutauschen, die dem Geschmack der Nationalsozialisten entsprach. Hiervon ist offenbar reichlich Gebrauch gemacht worden, wie ebenfalls der Dokumentation zu Ferdinand Möller zu entnehmen ist.[117] Das Deutsche Reich erwarb von ihm am 2. Januar 1940 die Zeichnung „Eisenwalzwerk" von Adolf Menzel im Tausch gegen 222 Graphiken von Kirchner, Heckel, Kandinsky, Feininger, Marc, Klee und Rohlfs, um nur ein Beispiel herauszugreifen.

1. Nichtigkeit des Verpflichtungsgeschäftes

Bei der Frage der Voraussetzungen einer wirksamen Eigentumsübertragung unterscheidet man in internationaler Hinsicht zwischen kausalen und abstrakten Rechtssystemen. Kausale Rechtssysteme verlangen das Bestehen eines gültigen obligatorischen Kausalgeschäftes im Zeitpunkt der Übertragung.[118] Ohne solches geht das Eigentum nicht über; fällt das Kausalgeschäft später weg, wird der Eigentumsübergang dennoch als bewirkt angesehen. Das der deutschen Zivilrechtsordnung eigentümliche Abstraktionsprinzip hingegen zwingt zu einer getrennten Betrachtung des Verpflichtungs- und des Verfügungsgeschäftes. Doch ist auch im deutschen Recht möglich, daß Gründe, die zur Nichtigkeit der Verpflichtung führen, unmittelbar auch die Verfügung betreffen.[119]

In Betracht kommt hier zunächst die Nichtigkeit der Übereignung der Werke an die Kunsthändler gemäß § 134 BGB. Als gesetzliches Verbot im Sinne dieser Vorschrift sind auch Normen des Strafrechts anzusehen, insbesondere die Tatbestände der Unterschlagung und der Hehlerei, §§ 246, 259 StGB.[120]

---

[115] *Roters,* Galerie Ferdinand Möller, S. 287.

[116] Vgl. hierzu oben, S. 46.

[117] *Roters,* Galerie Ferdinand Möller, S. 287 f.

[118] Vgl. Art. 1376 C.C.it; Art. 1138, 1583 C.C.fr; das schweizerische Sachenrecht hält für die Eigentumsübertragung an beweglichen Sachen keine ausdrückliche Regelung bereit, jedoch ist das Kausalitätsprinzip allgemein anerkannt, *Rey,* Grundlagen des Sachenrechts, Rn. 354.

[119] *Palandt-Heinrichs,* Überbl. v. § 104 Rn. 23 ff.

[120] *MünchKomm-Mayer-Maly,* § 134 Rn. 50.

Selbst wenn man jedoch unterstellte, daß die Einziehung der Werke als Unterschlagung bzw. deren Weiterveräußerung als Hehlerei anzusehen wäre, ließe sich hieraus eine Konsequenz im Sinne des § 134 BGB nur dann ableiten, wenn beide Vertragsparteien einen der Tatbestände objektiv und subjektiv als Täter oder Teilnehmer verwirklicht hätten.[121] Der bestohlene Eigentümer ist zunächst über die Vorschrift des § 935 Abs. 1 BGB geschützt, so daß eine darüber hinausgehende Mißbilligung des Rechtsgeschäftes nur dann angezeigt ist, wenn beiden Parteien rechtlich relevantes Fehlverhalten vorzuwerfen ist. Ein konspiratives Zusammenwirken der Kunsthändler mit den für die Feme Verantwortlichen ist jedoch zurückzuweisen, selbst wenn der Ankauf der Werke nicht allein zur Rettung vor wahrscheinlicher Vernichtung erfolgte.

Als weitere von der Rechtsprechung anerkannte Fälle durchgreifender Nichtigkeit sind hier nur noch Anfechtung wegen arglistiger Täuschung (§ 123 BGB)[122] und Sittenwidrigkeit (§ 138 BGB) erwägenswert. Dazu müßten diese allgemein zivilrechtlichen Bestimmungen zunächst anwendbar sein.

Literatur und Rechtsprechung haben sich in der Nachkriegszeit intensiv mit den rassischen Verfolgungsmaßnahmen und Enteignungen von Juden während der Zeit der nationalsozialistischen Herrschaft auseinandergesetzt. Allgemein wurden Verträge, die Veräußerungen konfiszierten bzw. zu konfiszierenden Vermögens zu ihrem Gegenstand machten, als anfechtbar gemäß § 123 BGB angesehen, da ihnen eine politische Kollektivdrohung vorausgegangen war.[123]

Jedoch waren die allgemeinen zivilrechtlichen Bestimmungen nur subsidiär zu den Regelungen der Rückerstattungsgesetze und -verordnungen anzuwenden.[124] Begründet wurde diese Auffassung außer mit dem Gesetzeszweck, gerade diese Fälle einer spezialgesetzlichen Regelung zuzuführen, auch mit dem Wortlaut der Wiedergutmachungsgesetze und -verordnungen, die regelmäßig Bestimmungen enthielten, welche die Geltendmachung der normierten Ansprüche nur mittels des in dem Gesetz vorgeschriebenen Verfahrens und

---

[121] *Soergel-Hefermehl,* § 134 Rn. 24; RG 23.2.1922, RGZ 104, 105 [107]; BGH 10.7.1991, BGHZ 115, 123 [125]. Etwas anderes gilt bei Sonderdelikten, die das Verhalten eines Täters mit Sondereigenschaft unter Strafe stellen, BGH 1.6.1966, BGHZ 46, 24 [26].

[122] BGH 22.12.1965, DB 1966, S. 818.

[123] BGH 8.10.1953, BGHZ 10, 340; KG 29.10.1946, SJZ 1947, Sp. 257 ff.; OLG Hamburg 12.6.1947, MDR 1947, S. 253; *Enneccerus-Nipperdey,* AT I 2, § 173 III, Fn. 26; *Palandt-Danckelmann,* 13. Aufl., § 123 Anm. 1 d; *Soergel-Hefermehl,* § 123, Rn. 38; *MünchKomm-Kramer,* § 123, Rn. 41.

[124] BGH 8.10.1953, BGHZ 10, 340 [343]; *Enneccerus-Nipperdey,* AT I 2, § 173 III, Fn. 26; *Soergel-Hefermehl,* § 138 Rn. 41.

nur unter Einhaltung der Form und Fristen gestatteten.[125] Sofern also eine Anmeldung des Rückerstattungsanspruchs beispielsweise infolge Verfristung nicht mehr möglich war, konnte der Anspruchsberechtigte auch nicht mehr auf die §§ 123, 138 BGB zurückgreifen.

In zahlreichen Urteilen haben die Gerichte der Nachkriegszeit dann jedoch entschieden, daß die Einziehungen „entarteter Kunst" nicht unter den Regelungszweck der Rückerstattungsgesetze fallen sollten.[126] So fragwürdig diese Entscheidungen auch waren, wozu unten ausführlicher Stellung bezogen wird,[127] sie sind zu respektieren: Da sämtliche Ansprüche mittlerweile verfristet wären, kann den Anspruchsinhabern heute der Rückgriff auf die allgemeinen Bestimmungen nicht mit dem Hinweis auf eine frühere falsche Rechtsauffassung verwehrt werden. Die Rückerstattungsgesetze schließen demnach die Anwendbarkeit der §§ 123, 138 BGB nicht aus.

Anhaltspunkte für eine arglistige Täuschung gemäß § 123 BGB sind keine vorhanden. Möglicherweise hielt mancher Kunsthändler die Einziehungen irrtümlicherweise für wirksam, was jedoch nach der allgemeinen Empörung der Fachkreise bereits fraglich ist. In jedem Fall wurden sie nicht arglistig zum Abschluß der Kauf- und Kommissionsverträge verleitet. Ein wucherisches Rechtsgeschäft nach § 138 Abs. 2 BGB lag nicht vor.[128]

Der Tatbestand des Verstoßes gegen die guten Sitten gemäß § 138 Abs. 1 BGB bedarf jedoch genauerer Erörterung. Der maßgebliche sittenwidrige Gesamtcharakter eines Rechtsgeschäfts kann sich zum einen aus den Umständen, dem Inhalt bzw. den Auswirkungen ergeben, also in objektiven Merkmalen begründet sein. Zum anderen sind subjektive Merkmale, wie ein verwerflicher Zweck oder Beweggrund, zu beachten.[129] Als maßgeblicher Zeitpunkt zur Bestimmung der guten Sitten ist zunächst auf den Zeitpunkt der Vornahme des Rechtsgeschäftes abzustellen. Eine Rückwirkung der Sittenwidrigkeit wird abgelehnt.[130] Maßgeblich ist daher auf die Sitten und Gebräuche zur Zeit der nationalsozialistischen Herrschaft abzustellen, in der entschädigungslose Enteignungen und sich anschließende Veräußerungen insbesondere zum

---

[125] Vgl. Art. 57 S. 1 Rückerstattungsgesetz der amerikanischen Besatzungszone. Hierzu unten, S. 245 ff.

[126] OLG Karlsruhe 20.5.1954, RzW 1954, S. 225 f.; KG 8.1.1965, RzW 1965, S. 161 f.; OLG Düsseldorf 26.7.1952, RzW 1952, S. 266.

[127] Siehe unten, S. 250 ff.

[128] Zwar ist ein auffälliges Leistungsmißverhältnis festzustellen, jedoch in gerade umgekehrtem Sinn, der vom Schutzzweck des § 138 Abs. 2 BGB nicht gedeckt ist: Eine Sache unter Wert zu verkaufen, kann nicht verboten werden. Ebenso offensichtlich fehlt es an der Ausbeutung einer Zwangslage auf seiten der Kunsthändler.

[129] *Soergel-Hefermehl*, § 138 Rn. 29 m.w.Nachw.

[130] Insb. *Soergel-Hefermehl*, § 138 Rn. 41.

Nachteil „staatsfeindlicher" Personen an der Tagesordnung waren. Nach ihrem objektiven Inhalt sind jedoch die Kauf-, Tausch- und Kommissionsverträge selbst dann nicht mit dem Vorwurf der Sittenwidrigkeit belastet, wenn man berücksichtigt, daß die vorangegangenen Einziehungen nichtig waren.

Die Veräußerung von Sachen, die man sich rechtswidrig zugeeignet hat, ist nicht per se sittenwidrig. Ein seinem Inhalt nach neutrales Rechtsgeschäft kann jedoch seinem Gesamtcharakter nach sittenwidrig sein, wenn es einen unsittlichen Zweck verwirklicht.[131] Daß das Deutsche Reich den Zweck verfolgte, die Künstler zu diffamieren und die Museen zu säubern, steht außer Frage. Ob diese Maßnahmen mit den allgemeinen Sittlichkeitsvorstellungen der Zeit des Nationalsozialismus unvereinbar waren, erscheint schon zweifelhaft. In jedem Fall jedoch verwirklichten die Veräußerungen diesen möglicherweise sittenwidrigen Zweck nicht, denn zum Zeitpunkt ihrer Vornahme waren die Diffamierungen und Säuberungen bereits erreicht und abgeschlossen. Die weiteren Veräußerungen, wenn auch zu Spottpreisen, wurden der Öffentlichkeit meist gar nicht bekannt, die Propagandamaschinerie war bereits durch die zahlreichen Ausstellungen sattsam bedient. Eine zusätzliche Diffamierung der Künstler vor den Augen der (kaufenden) Welt war allenfalls von untergeordneter Bedeutung. Eine Sittenwidrigkeit der Veräußerungs- und Kommissionsgeschäfte ist daher insgesamt nicht anzunehmen.

2. Gutgläubiger Erwerb

Wurde oben bereits als Ergebnis festgehalten, daß die Beschlagnahmen der Werke als Abhandenkommen im Sinne des § 935 Abs. 1 BGB zu qualifizieren sind, so ist nun festzustellen, daß die Kunsthändler, die im Rahmen der Verwertungen Kunstwerke direkt vom Deutschen Reich erwarben, infolgedessen auch bei Gutgläubigkeit kein Eigentum erwerben konnten.

Dieses Ergebnis trifft gleichermaßen zu auf käufliche Erwerbungen wie auf solche, denen ein Tauschvertrag zugrunde lag. Die Kunsthändler waren somit nicht in der Lage, wirksam Eigentum vom Deutschen Reich zu erwerben, wenn sie die Werke direkt ankauften oder gegen andere, dem Zeitgeist entsprechende Kunstwerke eintauschten. Das Eigentum verblieb trotz der Verfügung bei den Ländern bzw. den privaten Leihgebern.

---

[131] BGH 8.12.1982, BGHZ 86, 82 [89]; BGH 16.3.1988, NJW 1988, S. 1781 ff., 1783; *Soergel-Hefermehl*, § 138 Rn. 27.

3. Bedürfnis der Korrektur infolge des „Rettungsgedankens"?

Wohl zu Recht wurde in der kunstgeschichtlichen Literatur immer wieder darauf hingewiesen, daß den beauftragten Kunsthändlern eine rettende Funktion zukam.[132] Nicht nur besorgten sie eine Vermittlung der Werke in das Ausland, vielmehr bewahrten sie auch eine größere Zahl nicht verkaufter Werke vor einer vermutlichen Vernichtung. Daher drängt sich die Frage auf, ob das soeben erzielte Ergebnis, daß sie nämlich trotz ihrer sehr zu begrüßenden Bemühungen kein Eigentum an den „Entarteten" erwerben konnten, nicht korrekturbedürftig ist.

Einzige dogmatische Möglichkeit zur Begründung einer Korrektur stellt der Rechtssatz von Treu und Glauben in § 242 BGB dar, der über seinen Wortlaut hinaus als ein das gesamte Rechtsleben beherrschender Grundsatz allgemein anerkannt ist.[133] Er ist demnach nicht beschränkt auf Schuldverhältnisse, vielmehr ist davon auszugehen, daß es keine Rechtsgeschäfte gibt, die sich an diesem Grundsatz nicht messen lassen müßten und eine Anwendung auch im Bereich sachenrechtlicher Vorschriften zu bejahen ist.[134] Möglich wäre eine Korrektur im Rahmen des § 935 BGB dann, wenn der hier zugunsten der Museen und privaten Leihgeber gewährte Schutz als sozialethisch unverträglich zu bezeichnen wäre. Für eine solche Unverträglichkeit könnte sprechen, daß ohne die Vermittlung der Kunsthändler mit größter Wahrscheinlichkeit sämtliche Werke „entarteter Kunst" infolge einer zunehmend zu verzeichnenden Radikalisierung der Verantwortlichen der Vernichtung preisgegeben worden wären. Diese Ansicht herrschte auch in der unmittelbaren Nachkriegszeit vor, so daß von einer Rückforderung von den Händlern selbst oft Abstand ge-

---

[132] Insbesondere Karl Buchholz und Bernhard A. Boehmer war es ein Anliegen, möglichst viele Werke aus den Fängen der Nationalsozialisten zu befreien, während Dr. Hildebrand Gurlitt und Ferdinand Möller sich offenbar vorwiegend um die bereits berühmteren Werke bemühten, *Hüneke* in: *Barron*, Entartete Kunst, S. 129.

[133] Vgl. hierzu *Palandt-Heinrichs*, § 242 Rn. 1; BGH 27.10.1967, BGHZ 48, 396 [398]; BGH 3.12.1986, NJW 1987, S. 1070 ff.

Eine scheinbar außerhalb der juristischen Wertung liegende Berücksichtigung des *Rechtsgefühls* in der Form der „Rettung" als hypothetische Folge verneint *Jayme*, „Entartete Kunst" und IPR, S. 32 f. Im Falle der *Elgin Marbles* mit zum Teil bedenklichen Argumenten bejahend *Merryman*, 83 M.L.R. 1881, 1906 ff. [1985].

[134] BGH 12.7.1951, BGHZ 3, 94 [104]; BGH 9.1.1981, BGHZ 79, 201 [210]; BGH 23.3.1979, NJW 1979, S. 1656 ff.; *Soergel-Mühl*, Einl. 10 zu § 854; *MünchKomm-Roth*, § 242 Rn. 60; *Staudinger-Schmidt*, § 242 Rn. 254, 1527. Anders noch das Reichsgericht, das die Anwendung des § 242 BGB für das Sachenrecht kategorisch ausschloß, RG 4.6.1902, RGZ 51, 408 [411]; 15.1.1931, RGZ 131, 158 [178]. Vermittelnd insoweit, daß schuldrechtsähnliche Ansprüche dieses Bereichs in den Regelungsbereich von Treu und Glauben einbezogen sein sollten, *Baur/Stürner*, Sachenrecht, § 5 II 2 m.w.Nachw.

nommen wurde.[135] Andererseits spielten auch kommerzielle Aspekte eine nicht unerhebliche Rolle. Regelmäßig wurden Provisionen zwischen 10 und 20 Prozent, für die Vermittlung schwer verkäuflicher Werke gar 25 Prozent ausbezahlt, so daß auch andere Händler mit internationalen Kontakten sich um eine Beauftragung durch das Deutsche Reich bemühten.[136] Die Annahme einer treuwidrigen und sozialethisch unverträglichen Bevorzugung des Eigentümerschutzes ist daher im Ergebnis hier nicht vertretbar und eine Korrektur über den Grundsatz von Treu und Glauben abzulehnen.

II. Erwerb Dritter über die Kunsthändler als Kommissionäre

Es liegen keine genauen Statistiken vor, wieviele der zu verwertenden Werke direkt angekauft bzw. getauscht und in welcher Zahl sie kommissionsweise vermittelt wurden. In jedem Fall war zu beachten, daß die Erwerber sich im Ausland befinden mußten und der Kaufpreis in Devisen zu entrichten war.

Es ist davon auszugehen, daß die Werke, deren Vermittlung erreicht werden sollte, sich entweder im Berliner Depot oder in den deutschen Residenzen der Kunsthändler selbst befanden. Über die genaueren Modalitäten der Abwicklung ist so gut wie nichts bekannt. Es erscheint möglich, daß die Interessenten zur Besichtigung und zum Erwerb anreisten und die Übereignungen sich sodann an Ort und Stelle vollzogen. Wahrscheinlicher ist jedoch, daß die Interessenten die Werke anhand von Listen oder Angeboten bestellten, um sich die Werke zusenden zu lassen: Einer Dokumentation des Kunstvereins Hannover ist als *Dokument 7* ein Brief von Karl Buchholz beigefügt,[137] in dem dieser um Zusendung von Reproduktionen zweier Werke von Chagall und Kandinsky aus dem Photoarchiv des Museums bittet und darum, auf der Rückseite die Maße der Originale zu vermerken und einen ausdrücklichen Hinweis auf den Auftrag zur Verwertung der eingezogenen Bilder anzubrin-

[135] Ausführlich dokumentiertes Beispiel hierzu ist die Rückkehr des Gemäldes „Barbierstube" von Erich Heckel aus den Händen der Witwe Ferdinand Möllers in die Staatliche Galerie Moritzburg Halle im Jahr 1995. Hierzu *Kulturstiftung der Länder u.a.* (Hrsg.), Ernst Ludwig Kirchner — Akte im Strandwald, S. 4 ff.

[136] So der Berliner Händler Wolfgang Gurlitt, vgl. *Kreis,* „Entartete" Kunst für Basel, S. 24 f. Über ihn wurden jedoch, wie auch über den Stuttgarter Händler Fritz Carl Valentien, nur wenige Verkäufe verwirklicht, *Hüneke* in: *Barron,* Entartete Kunst, S. 128 m.w.Nachw. Beispiele für ausländische Interessenten liefert *Strauß,* Dokumente zur „entarteten Kunst", S. 54. Auch der Luzerner Versteigerer Fischer fühlte sich bedrängt: „[...] aber ich will zuerst die Verträge in Händen haben, denn Sie glauben nicht, wie von überall von den Juden intrigiert wird [...]", *Strauß,* Dokumente zur „entarteten Kunst", S. 55.

[137] Brief vom 11.10.1938 von Karl Buchholz an das Landesmuseum Hannover, wiedergegeben in *Kunstverein Hannover* (Hrsg.), Beschlagnahme-Aktion im Landesmuseum Hannover 1937.

gen. Die Reproduktionen sollten offensichtlich dazu dienen, die Werke ausländischen Interessenten präsentieren zu können. Es ist daher anzunehmen, daß die anderen Kunsthändler ebenso verfuhren.

Nachfolgend soll untersucht werden, ob die kommissionsweisen Veräußerungen der Kunsthändler in Deutschland oder auf dem Versendungswege einen Eigentumsverlust herbeiführen konnten.

1. Veräußerungen in Deutschland

Veräußerten die Kunsthändler die ihnen kommissionsweise überlassenen Kunstwerke innerhalb des Hoheitsgebiets des Deutschen Reichs, so ist sowohl nach der hier vertretenen als auch nach der herrschenden Auffassung im internationalen Sachenrecht deutsches Recht für diese Veräußerungen maßgeblich. Dies gilt, sofern sich sämtliche Tatbestandsmerkmale im Inland ereigneten, wovon für das Folgende ausgegangen wird.

Das HGB enthält keine ausdrücklichen Bestimmungen darüber, wie sich der Eigentumserwerb im Falle eines Kommissionsgeschäftes vollzieht. Daher sind die allgemeinen sachenrechtlichen Bestimmungen des BGB anzuwenden, ergänzt um die Sondervorschrift des § 366 HGB.

Sofern die Parteien nichts Abweichendes vereinbaren, wird der Kommissionär nicht Eigentümer des Kommissionsgutes. Dieses geht vielmehr direkt vom Kommittenten auf den Dritten über. Der Kommissionär ist regelmäßig ermächtigt, gemäß § 185 Abs. 1 BGB in eigenem Namen zu verfügen.[138] Es ist nicht belegt und auch nicht anzunehmen, daß zwischen den Kunsthändlern und dem Deutschen Reich Regelungen getroffen wurden, nach denen das Eigentum an den Werken zunächst auf die Kunsthändler zum Zwecke der Weiterveräußerung übergehen sollte. Als Veräußerer sind in diesen Fällen also nicht die Kunsthändler, sondern allein das Deutsche Reich anzusehen.

Da das Deutsche Reich selbst Nichtberechtigter war, konnte die den Kunsthändlern erteilte Einwilligung gemäß § 185 Abs. 1 BGB keine rechtliche Wirkung erzielen. Auch die Kunsthändler als Kommissionäre verfügten damit als Nichtberechtigte, deren Veräußerungen innerhalb Deutschlands an § 935 Abs. 1 BGB scheiterten.

Es ergeben sich folglich auch für Kommissionsgeschäfte, die in Deutschland vollzogen wurden, keine von den direkten Erwerbungen der Kunsthändler abweichenden Ergebnisse. Erwerber, die Werke „entarteter Kunst“ bei den zwischengeschalteten Kunsthändlern kauften, hätten Eigentum nur vom Deutschen Reich als Veräußerer erhalten können. Da dieses jedoch über abhanden

---

[138] *Schlegelberger-Hefermehl*, § 383 Rn. 56; *Baumbach/Hopt*, § 383 Rn. 17.

gekommene Gegenstände verfügte, war ein gutgläubiger Erwerb auch über die Kunsthändler als Kommissionäre gemäß § 935 Abs. 1 BGB ausgeschlossen. Diese Vorschrift ist auch im Rahmen des § 366 HGB zu beachten. Ein Eigentumswechsel kam daher auch bei den Verkaufsgeschäften nicht zustande, bei denen das Deutsche Reich die Kunsthändler als Kommissionäre mit der Veräußerung beauftragten.

2. Veräußerungen in die Schweiz

Unter den Ländern, in welche die Nationalsozialisten ihre entwendeten und erbeuteten Kunstwerke vorrangig lieferten, nahm die neutrale Schweiz eine wichtige und hervorgehobene Stellung ein.[139] Dieser Auslandsbezug macht es zunächst notwendig, über die bereits allgemein erörterten Fragen zum internationalen Privatrecht hinaus auf die Besonderheiten beim internationalen Versendungskauf einzugehen, bevor eine Prüfung anhand der Sachnormen erfolgen kann.

a. Kollisionsrechtliche Sonderproblematik beim Versendungskauf

Nach der vom Verfasser vertretenen Auffassung ist in jedem Fall an die Rechtsordnung am Ort des Abhandenkommens anzuknüpfen, bis ein wirksamer Eigentumsübergang festgestellt werden kann, welcher der Sache den Makel des Abhandenkommens nimmt. Nach dieser Ansicht ist auf die Eigentumsübertragungen im Wege des Kommissionsgeschäftes deutsches Recht anzuwenden. Die überwiegende Auffassung knüpft jedoch traditionell an die *lex rei sitae* an, weshalb im folgenden das nach der Situs-Regel anzuwendende Recht ermittelt werden soll.

Für die Bestimmung des anwendbaren Rechts ist der Zeitpunkt maßgeblich, zu dem sich der Rechtserwerb vollendet.[140] Um den Eigentumserwerb nach deutschem Recht zu vollenden, ist zusätzlich zur Einigung der Parteien notwendig, daß die Sache übergeben wird (Traditionsprinzip). Soweit die Werke von den ausländischen Käufern in Deutschland abgeholt und hier übergeben wurden, hat sich die Belegenheit der Sache daher nicht geändert und deutsches Recht bleibt gemäß Art. 43 Abs. 1 EGBGB maßgeblich. In den Fällen, in denen die Werke jedoch den Erwerbern zugesandt wurden, war der Rechtserwerb mangels Übergabe noch nicht in Deutschland vollendet. Insoweit wird jedoch die Vorschrift des Art. 43 Abs. 3 EGBGB regelmäßig keine Bedeutung entfalten, da sie als einseitige Kollisionsnorm nur darüber entscheidet, inwieweit ausländische Vorgänge für das deutsche Recht von Belang

[139] Vgl. hierzu *Kreis*, „Entartete“ Kunst für Basel, S. 15.

[140] Statt vieler *Staudinger-Stoll*, IntSachenR, Rn. 191; vgl. ferner oben, S. 153 ff.

sind.[141] Wird folglich eine Sache in ein Land verschickt, dessen Bestimmungen ebenfalls eine Übergabe voraussetzen, kann die Einigung in Deutschland nach den internationalprivatrechtlichen Grundsätzen des Empfangsstaates als Auslandssachverhalt berücksichtigt und mit der Übergabe der Eigentumserwerb nach dem neuen Belegenheitssachrecht vollendet werden. Sind jedoch aus Sicht des Empfängerlandes bereits vor Versendung alle Voraussetzungen für einen Rechtserwerb erfüllt (z.B. bei Konsensualsystemen), geht mit dem Grenzübertritt das Eigentum auf den Empfänger über.[142] In diesem Falle sind zwar aus Sicht des Empfängerlandes bereits vor Grenzübertritt alle Voraussetzungen erfüllt, jedoch war es zu diesem Zeitpunkt noch nicht zur Anwendung berufen.

Dem wird nun entgegengesetzt, daß ein Festhalten an der *lex rei sitae* in diesen Fällen des internationalen Versendungskaufes die Bestimmung des anwendbaren Rechts unnötig verkompliziere und den Verkehrsinteressen nur bedingt gerecht werde. Abhilfe wird gesucht, indem man die Möglichkeit der (expliziten oder stillschweigenden) Rechtswahl einräumt.[143] Stoll möchte als vorrangiger Vertreter dieser Ansicht den Parteien die Rechtswahl insoweit überlassen, als sie die Übereignung dem Vertragsstatut, dem Recht des Abgangs- oder demjenigen des Bestimmungslandes unterstellen können. Berücksichtigt man dabei, daß die Parteien in der Wahl des Vertragsstatuts weitgehend frei sind, ergibt sich auf den ersten Blick auch eine weitgehende Gestaltungsfreiheit.[144] Auch Stoll räumt jedoch dem Belegenheitsstatut ein Widerspruchsrecht ein, „soweit Verkehrs- oder Drittinteressen oder zwingende Publizitätsvorschriften es unabdingbar erfordern".[145] Im Ergebnis kommt man also nicht umhin, das Belegenheitsstatut und dessen rechtliche Erfordernisse zu prüfen. Eine Erleichterung bringt die Rechtswahl folglich nicht. Auch wird zu recht eingewandt, daß gerade in schwierigen Streitfällen das Belegenheitsstatut seine Anwendung regelmäßig einfordern wird und ein

---

141 Vgl. die Begründung des Gesetzgebers in BT-Drucksache 14/343, S. 16; BR-Drucksache 759/98, S. 41.

142 So die wohl herrschende Auffassung, bereits RG 7.5.1880, RGZ 1, 415 [417]; KG 29.9.1987, NJW 1988, S. 341 ff., 342; *Raape*, § 60 I 1 b; *Ferid*, IPR, 7-74; *Soergel-Lüderitz*, Art. 38 Anh. II, Rn. 70; *MünchKomm-Kreuzer*, nach Art. 38 Anh. I, Rn. 72. Nach *Rabel-Raiser*, RabelsZ 3 (1929), S. 62 ff., 69, soll demgegenüber eine zusätzliche Handlung im Empfängerland notwendig sein, die den Übereignungswillen deutlich werden läßt, regelmäßig die Übergabe.

143 Insb. *Staudinger-Stoll*, IntSachenR, Rn. 222 ff.; auch *Drobnig*, FS Kegel I, S. 141 ff., 150, der jedoch eine ausdrückliche Rechtswahl für erforderlich hält.

144 Dem bereits in Fn. 137 erwähnten Schreiben von Karl Buchholz ist im Brieffuß der Hinweis „Erfüllungsort für beide Teile Berlin-Mitte" zu entnehmen, was als implizite Rechtswahl zugunsten des Abgangslandes interpretiert werden kann.

145 *Staudinger-Stoll*, IntSachenR, Rn. 218, 225.

von der herrschenden Ansicht abweichendes Resultat die seltene Ausnahme bleibt.[146]

Eine dritte Auffassung möchte lediglich die Wirkungen des Eigentumsübergangs *inter partes* der Rechtswahl der Parteien überlassen, während die Wirkungen gegenüber Dritten sich anhand des Belegenheitsstatuts bemessen sollen.[147] Dieses Ergebnis soll einen gerechten Ausgleich schaffen zwischen den Konsensual- und den Traditionssystemen, bei deren Aufeinandertreffen die hier zu erörternde Problematik vorwiegend auftritt. Wollen die Parteien gerade im Hinblick auf den Gefahrübergang eine bestimmte (schuldrechtliche) Problematik durch Wahl der *lex contractus* lösen, erscheine es angebracht, die sachenrechtliche Anknüpfung inter partes korrespondierend zu lösen. Wie jedoch Gottheiner überzeugend ausführt,[148] besteht hinsichtlich des Schutzes der Parteien vor Leistungsunfähigkeit, insbesondere Konkurs des anderen Teils, wenig Unterschied zwischen Konsensual- und Traditionssystemen, so daß das Interesse an einer Identität zwischen Schuld- und Sachenrechtsstatut kaum ins Gewicht fällt. Auch ist der Gleichlauf jederzeit dadurch zu erreichen, daß das Schuldstatut gemäß der *lex rei sitae* gewählt wird. Darüber hinaus können auch der Wirksamkeit einer Rechtswahl inter partes zwingende Formerfordernisse entgegenstehen.[149] Eine Aufspaltung der anzuwendenden Rechtsordnung sollte jedoch nur dann erfolgen, wenn überwiegende Interessen dies gebieten. Solche sind hier nicht ersichtlich.

Im Ergebnis bieten daher diejenigen Auffassungen, die für internationale Versendungskäufe ein Abweichen von der *lex rei sitae* befürworten, keine überzeugende Alternative zur herrschenden Auffassung. Soweit demnach die Werke zum Zwecke der Eigentumsverschaffung in das Ausland verschickt oder verbracht wurden und man sich nicht der hier vertretenen Anknüpfung an den Ort des Abhandenkommens anschließt, sollte an einer Anknüpfung anhand der *lex rei sitae* festgehalten werden. Daher ist zur Beurteilung des Eigentumserwerbs das Recht am jeweiligen Belegenheitsort zum Zeitpunkt der Vollendung des Rechtserwerbs heranzuziehen.

Für Versendungen in die Schweiz ist mithin auf das schweizerische Recht abzustellen. Dieses entscheidet dann über sämtliche Fragen des Erwerbs vom Nichtberechtigten, also auch darüber, ob die Werke als gestohlen bzw. abhanden gekommen anzusehen sind und über die Erfordernisse, die an den guten

---

146 So insb. *MünchKomm-Kreuzer*, nach Art. 38 Anh. I, Rn. 73.

147 *Gottheiner*, RabelsZ 18 (1953), S. 356 ff., 375; vgl. auch die Nachweise bei *MünchKomm-Kreuzer*, nach Art. 38 Anh. I, Rn. 73, Fn. 303.

148 *Gottheimer*, RabelsZ 18 (1953), S. 356 ff., 375.

149 So z.B. die Notwendigkeit der Registrierung des Eigentumsvorbehaltes nach Art. 715 ZGB.

Glauben des Erwerbers zu stellen sind.[150] Der Frage, ob die Beurteilung des Abhandenkommens nicht besser der deutschen Rechtsordnung als dem Recht am Ort des Abhandenkommens überlassen bleiben sollte,[151] braucht hier nicht nachgegangen zu werden, da auch die schweizerische Rechtsordnung ein Abhandenkommen bei rechtswidrigen oder nichtigen Verwaltungsakten bejaht,[152] und die Werke damit auch vom schweizerischen Recht als abhanden gekommen bewertet werden.

b. Gültigkeit des obligatorischen Grundgeschäfts

Das schweizerische Sachenrecht ist hier insbesondere auch deshalb anwendbar, da der Beschluß des schweizerischen Bundesrats vom 10.12.1945 für „entartete Kunst" keine Rechtswirkung entfaltete. Er verpflichtete schweizerische Erwerber, die in den besetzten Ländern erbeuteten Sachen an die Eigentümer zurückzugeben und setzte damit die Regelungen des ZGB, die einen Erwerb vom Nichtberechtigten zulassen, außer Kraft. Sein Regelungsbereich erfaßt aber nicht die „entartete Kunst", die ja ausschließlich in den deutschen Reichsländern und vor Kriegsbeginn eingezogen wurde.[153] Die Bestimmungen des ZGB erfordern für einen Eigentumserwerb ein gültiges obligatorisches Grundgeschäft und den Übergang des Besitzes auf den Erwerber, Art. 714 Abs. 1 ZGB. Nach dem Wortlaut des maßgeblichen Art. 714 Abs. 1 ZGB ist — im Gegensatz zu § 932 Abs. 1 BGB — eine separate, dingliche Einigung über den Übergang des Eigentums nicht erforderlich. Die herrschende schweizerische Rechtsauffassung sieht daher bereits in der Einigung im Rahmen des Grundgeschäfts zugleich die Einigung über den Eigentumsübergang.[154] Zwar wird die Besitzverschaffung, die Tradition, als „dinglicher Vertrag" bezeichnet, der im Zeitpunkt der Übergabe auch die Absicht erfordert, Eigentum zu übertragen.[155] Ein separates Einigsein über den Eigentumsübergang bei der Besitzverschaffung ist nach schweizerischer Rechtsauffassung jedoch nicht erforderlich.

Führt die Mangelhaftigkeit des Grundgeschäfts folglich zur Unwirksamkeit der Eigentumsübertragung, ist zunächst die Gültigkeit des Grundgeschäfts zu

---

[150] Siehe hierzu bereits oben, S. 119 f.

[151] So die vom Verfasser vertretene Auffassung, siehe oben, S. 119 f.

[152] Vgl. *Stark*, Berner Kommentar Band IV, Art. 934 Rn. 2. Zu Erwerbungen von Beutegütern aus besetzten Ländern durch den schweizerischen Rechtsverkehr vgl. *Weiß*, SJZ 42 (1946), S. 265 ff.

[153] Zu diesem Komplex vgl. *Weiß*, SJZ 42 (1946), S. 265 ff. Zur Rechtslage in den Niederlanden vgl. *Czapski*, MDR 1954, S. 462 ff.

[154] *Haab/Simonius*, Kommentar zum ZGB, § 714, Rn. 40; *Rey*, Grundlagen des Sachenrechts, Rn. 1705 ff. m.w.Nachw.

[155] *Rey*, Grundlagen des Sachenrechts, Rn. 1705 ff.

überprüfen. Dieses ist kollisionsrechtlich selbständig anzuknüpfen. Die deutschen und schweizerischen internationalprivatrechtlichen Regelungen zur Bestimmung des Schuldstatuts — beide in den dreißiger Jahren noch nicht kodifiziert — stellten in erster Linie auf den ausdrücklichen oder mutmaßlichen Parteiwillen ab.[156] Einziger Hinweis auf diesen Parteiwillen ist die Vereinbarung „Erfüllungsort für beide Teile ist Berlin", die der Kunsthändler Karl Buchholz pauschal auf seine Briefbögen aufdrucken ließ.[157] Auch wenn andere Kunsthändler eine solche Bestimmung in ihre Verträge nicht aufgenommen haben, wird man davon ausgehen können, daß die Parteien dem offiziellen Auftrag entsprechend zumindest konkludent von der Maßgeblichkeit deutschen Rechts ausgegangen sind.[158] Weiter oben wurde hierzu bereits ausgeführt,[159] daß die mit dem Deutschen Reich geschlossenen Kauf-, Tausch- und Kommissionsverträge im Lichte des deutschen Rechts wirksam waren, so daß eine Mangelhaftigkeit des Grundgeschäftes nicht gegeben ist.

c. Besitzschutz und guter Glaube

Ein gutgläubiger Erwerber wird in der schweizerischen Rechtsordnung dann bei seinem Erwerb vom Nichtberechtigten geschützt, wenn er an die Verfügungsberechtigung des Veräußerers glaubt und nach den Besitzregeln im Besitz der Sache geschützt ist, Art. 714 Abs. 2 ZGB. Erfaßt werden daher sowohl der gute Glaube an die Eigentümerstellung als auch derjenige an die Verfügungsbefugnis des Veräußerers. Der Verweis auf die Besitzregeln der Artt. 919 ff. ZGB ist Konsequenz der kausalen Verknüpfung der Tradition mit dem Grundgeschäft. Die Besitzregeln unterscheiden in Artt. 933, 934 ZGB zwischen anvertrauten und abhanden gekommenen Sachen,[160] so daß — wie im deutschen Recht — die willentliche Besitzaufgabe und der damit geschaffene Rechtsschein dem ehemaligen Eigentümer zugerechnet werden. Gestohlene oder sonst abhanden gekommene Sachen können dagegen dem Erwerber nur innerhalb von fünf Jahren abgefordert werden, Art. 934 Abs. 1 ZGB. Selbst bei abhanden gekommenen Sachen bestimmt daher das schweizerische

---

[156] Für das deutsche Recht vgl. *Frankenstein*, IPR II, S. 123 ff. m.w.Nachw. Für das schweizerische Recht siehe *Guhl*, Das schweizerische Obligationenrecht, S. 117 f.

[157] Vgl. den Brief vom 11.10.1938 von Karl Buchholz an das Landesmuseum Hannover, wiedergegeben in *Kunstverein Hannover* (Hrsg.), Beschlagnahme-Aktion im Landesmuseum Hannover 1937.

[158] Für Verträge, die im Inland abgeschlossen und zu erfüllen waren, ging die in Deutschland herrschende Auffassung ohnehin davon aus, daß sie der inländischen Gesetzgebung nicht „willkürlich entzogen" werden konnten, vgl. nur *C.L. v. Bar*, IPR II, S. 4.

[159] Siehe oben, S. 190 ff.

[160] Eine dritte Möglichkeit kennt das ZGB nicht, vgl. *Stark*, Berner Kommentar Band IV, Art. 934 Rn. 2. Gemäß Art. 935 ZGB sind Geld und Inhaberpapiere generell im Besitzerwerb geschützt, was hier jedoch außer Betracht bleiben kann.

Recht einen Eigentumsverlust nach Ablauf von fünf Jahren. Hat der Erwerber die Sache auf dem Markt, auf einer öffentlichen Versteigerung oder bei einem Kaufmann erworben, der mit Sachen der gleichen Art handelt, so muß er die Sache während dieser fünf Jahre auch nur gegen Zahlung des Kaufpreises herausgeben, Art. 934 Abs. 2 ZGB. Ihm steht dann ein sog. Lösungsrecht zu.

Der Erwerb von einem der Kunsthändler, die das Deutsche Reich beauftragt hatte, ist im Sinne dieser Vorschrift selbst dann als Erwerb von einem Kaufmann, der mit Sachen der gleichen Art handelt, anzusehen, wenn der Händler als Kommissionär veräußert hatte. Die Art der Veräußerung ist insoweit ohne Belang, der Erwerber wird in jedem Fall in seinem guten Glauben an die Verfügungsbefugnis geschützt, ob er den Händler nun als Eigentümer oder (lediglich) als Verfügungsberechtigten ansieht.[161]

Letztlich entscheidet also auch hier die Frage der Gutgläubigkeit über den Rechtserwerb. Der gute Glaube wird in der schweizerischen Rechtsordnung gemäß Art. 3 Abs. 1 ZGB ausdrücklich vermutet, so daß als Ausnahme zu der in Art. 8 ZGB formulierten Beweisregel auch hier der Herausgabebegehrende gehalten ist, vor Gericht die Bösgläubigkeit nachzuweisen. Die Vermutung greift gemäß Art. 3 Abs. 2 ZGB dann, wenn bei Beachtung derjenigen Aufmerksamkeit, die nach den Umständen vom Erwerber verlangt werden kann, das Unrechtsbewußtsein trotz Vorliegen des objektiven Rechtsmangels fehlt.[162] Literatur und Rechtsprechung in der Schweiz gehen davon aus, daß ein Erwerber unter normalen Umständen — also beim Fehlen von Verdachtsmomenten — nicht verpflichtet ist, über die Herkunft der Sache Erkundigungen einzuholen. Beim Handel mit Gebrauchtwaren aus „gefährdeten Branchen“ sollen jedoch im Einzelfall höhere Anforderungen an die Erkundigungsobliegenheit bestehen, da sich hier Angebote von Waren zweifelhafter Herkunft in besonderem Maß häufen.[163] Ob auch der Kunsthandel als „gefährdete Branche“ anzusehen ist, bleibt offen. Letztlich sind auch im schweizerischen Recht sämtliche Umstände des Einzelfalls in der Entscheidung zu berücksichtigen.

Soweit ersichtlich, existieren keine Beschreibungen über die näheren Umstände eines schweizerischen Ankaufs direkt von einem der beauftragten Kunsthändler. Weiter oben konnte bereits festgestellt werden,[164] daß die

---

[161] Vgl. *Stark*, Berner Kommentar Band IV, Art. 934 Rn. 55; *Tuor/Schnyder/Schmid*, ZGB, S. 619, 746.

[162] *Rey*, Grundlagen des Sachenrechts, Rn. 1773 m.w.Nachw.

[163] Auch die schweizerische Rechtsprechung konzentriert ihr Augenmerk diesbezüglich auf den Erwerb gebrauchter Kraftfahrzeuge, vgl. BG 24.9.1987, BGE 113 II 397 [400]; BG 28.1.1981, BGE 107 II 41 [43]. Zustimmend *Rey*, Grundlagen des Sachenrechts, Rn. 1778; *Tuor/Schnyder/Schmid*, ZGB, S. 618.

[164] Siehe oben, S. 182.

Kenntnis von der Verfolgung und der Unterdrückung für sich genommen nicht ausreichte, um die Bösgläubigkeit eines Erwerbers zu begründen. Nun mußte aus der Sicht eines schweizerischen Erwerbers in den Jahren 1938 bis 1941 die nationalsozialistische Regierung — sie war völkerrechtlich anerkannt — als legitime und zur Rechtsetzung befugte Führung des Deutschen Reiches angesehen werden. Die verfassungsrechtlichen Voraussetzungen zum Erlaß des Einziehungsgesetzes hatte sie geschaffen, dessen Rechtswirkungen wurden selbst in Deutschland kaum — und schon gar nicht ernstlich — in Zweifel gezogen. Ein international oder im besonderen in der Schweiz anerkannter Rechtssatz, daß mit den Grunderfordernissen der Gerechtigkeit nicht vereinbare Enteignungen keine Rechtswirkung erzielen konnten, war nicht existent. Die Erwägungen Radbruchs, die erst nach dem Krieg erdacht wurden und auch erst nach Wiederherstellung rechtsstaatlicher Grundsätze Berücksichtigung finden konnten, haben für den Erwerber jener Jahre keine Rolle gespielt. Selbst wenn höhere Anforderungen an die Erkundigungsobliegenheiten zu stellen sind, hätte eine solche Erkundigung auch bei dem Museum, bei dem das Werk eingezogen wurde, nicht zu der Erkenntnis geführt, daß das Deutsche Reich nicht Eigentümer und die Kunsthändler nicht zur Verfügung berechtigt sind. So mußten auch die Erwerber in der Schweiz von der Verfügungsbefugnis der Kunsthändler ausgehen. Auch bei Beachtung aller Sorgfalt und Aufmerksamkeit konnten sie nicht auf eine fehlende Verfügungsbefugnis schließen.

Die schweizerischen Kunsthändler und Galeristen waren während des Krieges offenbar in erheblichem Umfang an dem Absatz der von den Nationalsozialisten erbeuteten Kunstwerke beteiligt.[165] Der neutrale Status des Landes und die wirtschaftliche Potenz der Händler machten diese zu begehrten Handelspartnern der nationalsozialistischen Machthaber einerseits, als auch einer internationalen Käuferschicht andererseits. Sie waren sicherlich darüber informiert, daß die ihnen angebotenen Werke aus Beschlagnahmeaktionen insbesondere in den besetzten Gebieten Westeuropas stammten, über deren Unvereinbarkeit mit der Haager Landkriegsordnung kein Zweifel herrschen konnte. Selbst wenn manche den schweizerischen Kunsthändlern Opportunismus in Zusammenhang mit diesen Transaktionen vorwerfen, bleibt festzuhalten, daß sich die Beschlagnahmen und Einziehungen „entarteter Kunst" in den Jahren 1937 und 1938 vor dem Krieg ereigneten, auf deutschen Museumsbesitz begrenzt waren und mit dem Einziehungsgesetz eine formal gültige Rechtsgrundlage aufweisen konnten. Angesichts dieser Tatsachen kann auch aus der besonderen Intensität, mit der die schweizerischen Kunsthändler an der Weiterveräußerung der beschlagnahmten Kunstgegenstände beteiligt wa-

[165] Vgl. *Feliciano,* Das verlorene Museum, S. 152 ff.

ren, keine andere Beurteilung der Gutgläubigkeit in bezug auf den Ankauf „entarteter Kunst“ erfolgen.

Bemißt man also die Erwerbungen in der Schweiz nach dem gemäß der *lex rei sitae* maßgeblichen schweizerischen Recht, wird ein gutgläubiger Eigentumserwerb regelmäßig zu bejahen sein.

d. Das Lösungsrecht

Während der ersten fünf Jahre hätte ein gutgläubiger Erwerber in der Schweiz ein Werk nur gegen Erstattung des Kaufpreises herausgeben müssen, Art. 934 Abs. 2 ZGB. Hierbei ist jedoch zu beachten, daß die fünfjährige Frist des Art. 934 Abs. 1 ZGB bereits mit dem Abhandenkommen der Sache zu laufen beginnt.[166] Das Lösungsrecht, das als Zurückbehaltungsrecht aufgefaßt wird,[167] ist nicht an die Person des Besitzers gebunden und besteht damit während der ersten fünf Jahre seit dem Abhandenkommen unabhängig davon, wer die Sache besitzt, wie bereits der Wortlaut des Art. 934 Abs. 1 ZGB („... kann sie während fünf Jahren *jedem Empfänger* abfordern“) verdeutlicht. Wird ein Werk „entarteter Kunst“ innerhalb dieser fünf Jahre weiterveräußert, kann der Erwerber sich auf das Lösungsrecht freilich nur dann berufen, wenn er selbst gutgläubig ist.

Selbst wenn man davon ausgeht, daß die Verwertung der „Entarteten“ bis zum Ende des Krieges fortdauerte, ist spätestens seit Beginn des Jahres 1944 ein Erwerber, dem ein Werk „entarteter Kunst“ durch Vermittlung der Kunsthändler oder in direktem Ankauf zur Übereignung in die Schweiz zugesandt wurde, gemäß Artt. 714 Abs. 2, 934 Abs. 1 ZGB als rechtmäßiger Eigentümer anzusehen. Er muß die Sache auch nicht gegen Erstattung des Kaufpreises wieder herausgeben. Die Anwendung schweizerischen Sachenrechts als dem Belegenheitsrecht auf die Erwerbungen direkt von den Kunsthändlern führt also — anders als die Anwendung des deutschen Sachenrechts — zu einem Eigentumsverlust, so daß einem Herausgabeanspruch der Museen bzw. privater Leihgeber ein rechtmäßiger Eigentumserwerb entgegengehalten werden kann.

---

[166] Allg. Ansicht, vgl. *Stark*, Berner Kommentar Band IV, Art. 934 Rn. 28; *Rey*, Grundlagen des Sachenrechts, Rn. 1984 m.w.Nachw. Die fünfjährige Frist wird als Verwirkungsfrist angesehen, die von Amts wegen zu beachten und deren Unterbrechung nicht möglich ist.

[167] Vgl. *Siehr*, ZVglRWiss 83 (1984), 102 f.

III. Zwischenergebnis

Es zeigt sich somit, daß die Frage, ob die Veräußerungen des Deutschen Reichs einen wirksamen Eigentumswechsel herbeiführen konnten, maßgeblich davon abhängt, welche Rechtsordnung man zur Entscheidung heranzieht.

Für die direkten Erwerbungen der Kunsthändler selbst ist jedenfalls allein das deutsche Recht maßgeblich, da sich diese Erwerbsvorgänge allein innerhalb des Deutschen Reichs vollzogen. Die von der Rechtsprechung erarbeiteten Grundsätze, daß in bestimmten Fällen die Nichtigkeit des Verpflichtungsgeschäftes auf das Verfügungsgeschäft durchschlägt, führen hier nicht bereits zu einer Unwirksamkeit der Veräußerungen, da kein Nichtigkeitsgrund für das Verpflichtungsgeschäft gegeben ist. Zwar schließen die Rückerstattungsgesetze die Anwendbarkeit der §§ 123, 138 BGB nicht aus, jedoch liegen deren Voraussetzungen nicht vor. Ein gutgläubiger Erwerb der Kunsthändler direkt vom Deutschen Reich scheitert jedoch im Ergebnis an § 935 Abs. 1 BGB, da die Werke als abhanden gekommen anzusehen sind. Diese Konsequenz ist auch nicht unbillig und eine Korrektur infolge des „Rettungsgedankens", der wohl allein im Rahmen des § 242 BGB Beachtung finden könnte, nicht angemessen.

Traten die Kunsthändler dagegen als Kommissionäre auf, so ist zu unterscheiden, ob sie die Werke auf deutschem Boden übereigneten — dann findet deutsches Sachenrecht mit dem soeben genannten Ergebnis Anwendung —, oder ob sie die Werke ins Ausland versendeten. Die bei Versendungskäufen auftretende kollisionsrechtliche Sonderproblematik ist allerdings nur dann beachtlich, wenn man entgegen der hier vertretenen Auffassung nicht an den Ort des Abhandenkommens anknüpft, sondern mit der herrschenden Meinung an der *lex rei sitae* festhält. Für die Frage, ob bei diesen Versendungskäufen ein wirksamer Eigentumswechsel vollzogen werden konnte, ist dann das Recht der Belegenheit zur Zeit der Erfüllung des letzten Tatbestandsmerkmals heranzuziehen, wobei im Falle der Versendung in ein Land mit Konsensualsystem ein Eigentumsübergang bereits im Zeitpunkt des Grenzübertritts stattfindet.

Bei der Untersuchung der schweizerischen Rechtsordnung mußte dann festgestellt werden, daß eine Versendung in dieses Land bereits nach fünfjähriger Besitzzeit gemäß Artt. 714 Abs. 2, 934 ZGB zu einem wirksamen Eigentumsverlust führen konnte. Ein in der Schweiz ansässiger Erwerber mußte davon ausgehen, daß das Deutsche Reich die betreffenden Werke wirksam enteignet hatte und demzufolge als Eigentümer und die Kunsthändler als Verfügungsberechtigte auftraten. Ein zugunsten des Eigentümers entstandenes Lösungsrecht erlosch fünf Jahre nach dem Zeitpunkt des Abhandenkommens, also spätestens Ausgangs des Jahres 1944.

D. Erwerb auf Kunstauktionen

Es entspricht den Gewichtungen zahlreicher Länder, Verkäufe, die in einem besonderen Maße der Öffentlichkeit zugänglich sind, bestimmten, nur auf diese Veräußerungen anwendbaren Regelungen zu unterwerfen.[168] In Spanien ist der Kauf in Warenlagern und öffentlich zugänglichen Läden privilegiert, so daß etwa noch bestehende Rechte an der Sache zugunsten des Erwerbers erlöschen.[169] Das französische Recht schützt den Erwerber einer Sache, der auf einer Messe oder einem Markt erwirbt.[170] Das schweizerische Recht schützt in Art. 934 Abs. 2 ZGB ebenfalls den gutgläubigen Erwerb auf Märkten, öffentlichen Versteigerungen und von einem Kaufmann, der mit Waren der gleichen Art handelt, jedoch steht dem Eigentümer ein Lösungsrecht zu. Auch die bis 1994 über Jahrhunderte gültige englische Regelung des *market overt*, die den gutgläubigen Erwerb gestohlener Sachen auf öffentlichen Märkten zuließ, kann als Beispiel dienen: Sie ermöglichte den gutgläubigen Erwerb auch gestohlener Sachen auf besonders deklarierten Märkten. Sie konnte jedoch einem Londoner Kunsthändler nicht helfen, der gestohlene Leuchter an einem Februarmorgen gegen 7 Uhr gutgläubig zu einem günstigen Preis auf einem Londoner Markt erstanden hatte. In dem sich hieraus entwickelnden Rechtsstreit wurde dem Eigentümer der Anspruch auf Herausgabe gegen den Kunsthändler zugesprochen, da die Regelung des *market overt*, nur zwischen Sonnenaufgang und Sonnenuntergang ihre Wirkung entfaltete.[171] Da sich der Kauf jedoch vor Sonnenaufgang zutrug, verblieb es bei der generellen Regel der Section 21 des Sale of Goods Act, nach der ein Verkäufer nur diejenigen Rechte an einer Sache übertragen kann, die ihm selbst zustehen.[172]

Für den Kunsthandel sind Versteigerungen und Auktionen zentrale Vertriebsformen, die im Hinblick auf die umgesetzten Stückzahlen den Verkäufen in Galerien und Kunsthandlungen nicht nachstehen. Da der Preis eines Kunstwerks ohnehin eine Frage des Schätzens und Wertens ist, bietet dieses Verfahren eine Gelegenheit, die Allgemeinheit — wenn auch nur in Form eines überschaubaren Teilnehmerkreises — an der Wertbestimmung teilhaben zu lassen. Der Verkäufer erhält die Möglichkeit, unter günstigen Bedingungen den be-

---

[168] Für einen Überblick vgl. *Thorn*, Mobiliarerwerb, S. 188 ff.

[169] Art. 85 Código Comercio.

[170] Art. 2280 Abs. 1 C.C.fr.

[171] Zur Entscheidung berufen war section 22 (1) des Sale of Goods Act 1893, später ersetzt durch den Sale of Goods Act 1979. Die Regelung des *market overt* wurde im Jahr 1994 ersatzlos aufgegeben, vgl. *Thorn*, Mobiliarerwerb, S. 188 ff.

[172] *Reid v. Metropolis Police Commissioner*, [1973] 1 Q.B. 551 (C.A.).

sten Kaufpreis zu erzielen, die Provisionen des Auktionators bemessen sich entsprechend.[173]

Art. 934 Abs. 2 ZGB und § 935 Abs. 2 BGB enthalten Sonderbestimmungen, die den gutgläubigen Erwerb auch gestohlener oder sonst abhanden gekommener Sachen auf öffentlichen Versteigerungen ermöglichen. Im folgenden ist daher zu untersuchen, ob auf diesem Wege ein Eigentumsverlust zu Lasten der Länder, der Kommunen und der privaten Leihgeber eingetreten sein kann. Das im kollisionsrechtlichen Teil dieser Untersuchung erzielte Ergebnis führt zur Anwendung deutschen Sachenrechts als der Rechtsordnung am Ort des Abhandenkommens, selbst wenn die Versteigerung im Ausland durchgeführt wurde. Wiederum soll unter Berücksichtigung der herrschenden Auffassung beispielhaft auf das schweizerische Recht eingegangen werden.

Nach der weiter oben vorgenommenen Kategorisierung ist lediglich die bereits erwähnte Luzerner Versteigerung des Jahres 1939 als „Verwertung" im Anschluß an die Einziehungen anzusehen. Andere Auktionen sind Weiterveräußerungen von Zwischenerwerbern. Für sie ist zu unterstellen, daß bis zu dem Zeitpunkt der Versteigerung keine anderweitiges Eigentum begründende Ereignisse eingetreten sind, da sich sonst die Eigentumsübertragung ohne weiteres nach den jeweiligen Bestimmungen über den Eigentumserwerb vom Berechtigten richten würde. Hierauf ist hinzuweisen, weil zwischen den Einziehungen und einer Versteigerung bereits beträchtliche Zeit verstrichen sein kann. Die Luzerner Versteigerung soll ebenfalls in diesem Komplex behandelt werden, da sich die rechtlichen Fragen überschneiden.

I. Der gutgläubige Eigentumserwerb auf Kunstauktionen gemäß § 935 Abs. 2 in Verbindung mit §§ 932 ff. BGB

1. Begründung der Privilegierung des Versteigerungserwerbs

Das in manchen europäischen Rechtsordnungen verankerte Lösungsrecht scheint einem gerechten Interessenausgleich zwischen den Belangen des Eigentümers und denjenigen des Rechtsverkehrs am nächsten zu kommen. Obschon bereits in Art. 191 des Stadtrechts von München aus dem Jahre 1347 enthalten,[174] hat der Gesetzgeber des BGB sich gegen seine Berücksichtigung ausgesprochen, jedoch die Möglichkeit des gutgläubigen Versteigerungser-

---

[173] Sollten zu niedrig erscheinende Preise erzielt werden, so soll dies nicht an der Unzulänglichkeit des Instituts, sondern an den Umständen der Ausführung liegen, *Chemnitius*, Der geringe Erlös beim Pfandverkauf, seine Ursache und die Mittel zur Abhilfe, S. 26 ff.

[174] Vgl. *Dünkel*, Öffentliche Versteigerung und gutgläubiger Erwerb, S. 9.

werbs abhanden gekommener Sachen in § 935 Abs. 2 BGB zugelassen. Auch im Rahmen dieser Vorschrift, die immerhin bereits dem preußischen Allgemeinen Landrecht von 1792 bekannt war,[175] spiegeln sich die entgegengesetzten Interessen des Eigentümers und des Erwerbers wider.

Es ist jedoch zu unterscheiden: Werden vertretbare Massengüter versteigert, so ist das Erhaltungsinteresse des Eigentümers von sekundärem Belang, da er eine Sache gleicher Art und Güte jederzeit erneut erwerben kann. Im Vordergrund der rechtlichen Wertung steht dann die Frage, wem das Risiko zuzuordnen ist, auf den schuldrechtlichen Ersatzanspruch gegen den Einlieferer verwiesen zu werden. Dem Eigentümer steht ein solcher aus § 816 Abs. 1 S. 1 BGB gegen den Einlieferer zu, wenn der Erwerber die Sache behalten darf, während der Erwerber, muß er die Sache herausgeben, von dem Einlieferer Schadensersatz gemäß §§ 434, 440 BGB verlangen kann. Die Interessenlage ist jedoch eine andere, wenn die Herausgabe eines Unikats begehrt wird. Hier kann ein schuldrechtlicher Ersatzanspruch nur bedingt Kompensation für den Rechtsverlust bieten. Es stehen sich daher, wenn die Versteigerung einen nicht vertretbaren, einmaligen Gegenstand betrifft, in erster Linie das Erhaltungsinteresse des Eigentümers und das Erwerbsinteresse des Ersteigerers gegenüber.

Das BGB räumt dem Rechtserwerb durch öffentliche Versteigerung in mehreren Vorschriften eine Sonderstellung ein. Zu nennen sind die Pfand-[176] und Fundversteigerung[177], Veräußerungen, für die auf die Vorschriften des Pfandverkaufs verwiesen wird,[178] sowie Veräußerungen durch bürgerlichrechtlichen oder handelsrechtlichen Selbsthilfeverkauf.[179] Zwar ist allein für die Pfandversteigerung in § 1243 Abs. 1 iVm. § 1235 Abs. 1 BGB die Öffentlichkeit der Versteigerung als gesetzliche Voraussetzung normiert, jedoch ist der Grundsatz der Öffentlichkeit als Rechtmäßigkeitsvoraussetzung auch für die übrigen genannten Fälle einzuhalten.[180] Dies ergibt sich bereits aus der in § 383 Abs. 3 BGB festgeschriebenen Begriffsbestimmung, die auf alle genannten Versteigerungsarten anzuwenden ist.[181] Der Versteigerungsort muß einem unbeschränkten Personenkreis zugänglich sein und jeder Besucher muß sich am Steigern beteiligen und damit rechnen können, den Zuschlag tatsächlich zu erhalten. Ebenso wird vorausgesetzt, daß die Versteigerung öffentlich bekannt gemacht wurde.

---

[175] Vgl. § 42 Abs. 1 S. 15 ALR; hierzu *Dünkel,* Öffentliche Versteigerung und gutgläubiger Erwerb, S. 25.

[176] §§ 1228 ff. BGB sowie §§ 368, 397 f., 410, 421, 440, 623 HGB.

[177] §§ 966, 979 BGB.

[178] Vgl. §§ 751, 753, 1003, 2022, 2042 BGB sowie § 371 HGB.

[179] Siehe § 383 BGB sowie §§ 373, 376, 379, 388, 391, 407, 417, 437, 440 HGB.

[180] Vgl. *Dünkel,* Öffentliche Versteigerung und gutgläubiger Erwerb, S. 48.

[181] Vgl. statt vieler *Palandt-Heinrichs,* § 383 Rn. 4.

Die frühere Rechtsauffassung sah die sog. Verschweigung als Grund der Privilegierung des Versteigerungserwerbs an.[182] Die öffentliche Versteigerung sollte dem Eigentümer einer abhanden gekommenen Sache die Möglichkeit eröffnen, von der wirtschaftlichen Verwertung seiner Sache Kenntnis zu erlangen, um sie für sich reklamieren zu können. Meldet er sich trotz öffentlicher Bekanntmachung nicht, verschweigt er also sein Eigentum, trägt er die Folgen. Dieser traditionsreiche Rechtsgedanke trägt jedoch angesichts der überregionalen Wirtschaftsbeziehungen der heutigen Zeit nicht mehr, auch wenn er in einer Entscheidung des BGH über den gutgläubigen Versteigerungserwerb eines Hamburger Siegeltypars aus dem Jahr 1989 noch anklingt.[183] Nach heutigem Verständnis soll das Erfordernis der Öffentlichkeit in erster Linie das wirtschaftliche Ziel erreichen, die Nachfrage auf einem verhältnismäßig kleinen Markt möglichst groß zu gestalten, um den bestmöglichen Preis für ein knappes Gut zu erzielen.[184]

Die gesetzliche Ausgestaltung des Versteigerungserwerbs stellt heute das Vertrauen auf die unter öffentlicher Autorität vorgenommene Veräußerung in den Mittelpunkt der Betrachtung.[185] Hierzu bedarf es einer unabhängigen Versteigerungsperson, die die Einhaltung der Verfahrensbestimmungen unparteiisch garantiert. Die Versteigerung muß daher nach § 383 Abs. 3 BGB von einem für den Versteigerungsort bestellten Gerichtsvollzieher, einem zu Versteigerungen befugten anderen Beamten oder von einem öffentlich angestellten Versteigerer im Sinne des § 34 b Abs. 5 GewO durchgeführt werden. Die bloße gewerberechtliche Erlaubnis zur Versteigerung im Rahmen des regulären Gewerbebetriebes gemäß § 34 b Abs. 1 bis 4 GewO reicht infolgedessen nicht aus, da diese nicht den Rechtsschein der öffentlichen Anstellung zu erzeugen vermag.[186]

In diesen Zusammenhang ist die Vorschrift des § 935 Abs. 2 BGB zu stellen, der die in Abs. 1 für abhanden gekommene Sachen errichtete Sperre wieder aufhebt.[187] Diese Privilegierung tritt nur ein, wenn die Versteigerung öffent-

---

[182] Für einen Überblick vgl. die Darstellung bei *Dünkel*, Öffentliche Versteigerung und gutgläubiger Erwerb, S. 58 ff.

[183] BGH 5.10.1989, NJW 1990, S. 899 ff., 900. Vgl. ebenso BGH 11.3.1991, BGHR § 932 Abs. 2 Nr. 1.

[184] Vgl. *Dünkel*, Öffentliche Versteigerung und gutgläubiger Erwerb, S. 65.

[185] Vgl. BGH 5.10.1989, NJW 1990, S. 899 ff., 900, mit Hinweis auf die Motive zum BGB III, 349; *Schwadorf-Ruckdeschel*, Rechtsfragen des grenzüberschreitenden rechtsgeschäftlichen Erwerbs von Kulturgütern, S. 65 f.; *Franz*, Zivilrechtliche Probleme des Kulturgüteraustausches, S. 102 ff.

[186] *Staudinger-Olzen*, § 383 Rn. 11; *Palandt-Heinrichs*, § 383 Rn. 4.

[187] § 935 Abs. 2 BGB ist nicht auf Zwangsversteigerungen zu erstrecken, da hier der Eigentumswechsel nicht nach den Vorschriften des Bürgerlichen Gesetzbuches, sondern durch staatlichen Hoheitsakt bewirkt wird, allg. Ansicht, *Palandt-Bassenge*, § 935 Rn. 5. § 935

lich erfolgt und eine der in § 383 Abs. 3 BGB genannten Personen mit der Durchführung betraut wurde. Der öffentlich bestellte Versteigerer im Sinne des § 34 b Abs. 5 GewO muß über ein höheres Maß an Sachkunde, Berufserfahrung und Vertrauenswürdigkeit verfügen, als der durchschnittliche Versteigerer.[188] Er soll kraft seines Amtes eine besondere Glaubwürdigkeit ausstrahlen und vermöge der öffentlichen Anstellung eine besondere Gewähr für die Zuverlässigkeit seiner beruflichen Tätigkeit vermitteln.[189] Sind demnach die Erfordernisse des § 383 Abs. 3 BGB iVm. § 34 b Abs. 5 GewO erfüllt, ist auch eine freiwillige Versteigerung vom Regelungsbereich des § 935 Abs. 2 BGB erfaßt.[190]

2. Die Gutgläubigkeit im Rahmen des § 935 Abs. 2 BGB

§ 935 Abs. 2 BGB hebt lediglich die Sperre, die einen gutgläubigen Eigentumserwerb gestohlener oder abhanden gekommener Sachen ausschließt, wieder auf, so daß für die Frage des Rechtserwerbs auf die §§ 932 ff. BGB zurückzugreifen ist. Auch bei öffentlicher Versteigerung muß dem Erwerber daher mindestens infolge grober Fahrlässigkeit unbekannt sein, daß die Sache nicht dem Veräußerer gehört.[191] Kunstauktionen werden regelmäßig von Auktionshäusern durchgeführt, die auf diesen Betrieb ausgerichtet sind, und selten vom Eigentümer selbst. Vom Erwerber ist dann zu verlangen, daß er an die Eigentümerstellung des die Versteigerung Durchführenden glaubt. Weiß er oder ist ihm infolge grober Fahrlässigkeit unbekannt, daß die Sache dem Versteigerer lediglich eingeliefert wurde, hilft ihm der gute Glaube an dessen Veräußerungsbefugnis nur dann, wenn der Versteigerer als Kaufmann tätig wird, § 366 HGB.

Die Frage, wann die Unkenntnis der Eigentümerstellung oder der Veräußerungsbefugnis als grob fahrlässig anzusehen ist, bedarf besonderer Betrachtung. Zu bedenken ist nämlich, daß die Öffentlichkeit des Verfahrens sowie die Tatsache, daß die Auktion von einer besonders sachkundigen, öffentlich bestellten und vereidigten Versteigerungsperson durchgeführt wird, den Er-

---

Abs. 2 BGB gilt jedoch für den gesamten Privatrechtsverkehr, unrichtig daher *Behrens/de Lazzer*, Kunstmarkt, S. 156, die den Anwendungsbereich dieser Vorschrift auf öffentliche Versteigerungen hinterlegter Sachen und Pfandstücke reduzieren.

188 BVerwG 29.5.1957, BVerwGE 5, 95 [96]; BGH 5.10.1989, NJW 1990, S. 899 ff., 900. So auch die Motive zum BGB, nach denen in § 935 Abs. 2 BGB das Vertrauen der Allgemeinheit auf die Wirksamkeit der unter öffentlicher Autorität vorgenommenen Veräußerungen geschützt werden soll, Motive zum BGB III, S. 349. Vgl. ferner *Fackler/Konermann*, Praxis des Versteigerungsrechts, S. 13 f.

189 Vgl. § 34 b Abs. 1, 4 GewO.

190 BGH 5.10.1989, NJW 1990, S. 899 ff., 900; *Palandt-Bassenge*, § 985 Rn. 5.

191 Heute nicht mehr bestrittene allg. Ansicht, vgl. nur BGH 5.10.1989, NJW 1990, S. 899 ff., 900.

werb in hohem Maße unverdächtig erscheinen lassen. Die Mehrzahl derjenigen Anhaltspunkte, die regelmäßig zu einer Nachforschungsobliegenheit führen, wie besondere Verkaufsumstände, ein besonders niedriger Preis, ungewöhnliche Eile oder die schlechte wirtschaftliche Lage des Veräußerers, werden durch die Öffentlichkeit und die staatliche Autorität der mit der Versteigerung betrauten Person kompensiert.[192] Der Erwerber darf darauf vertrauen, daß Anhaltspunkte, die in seinen Augen gegen die Eigentümerstellung des Einlieferers sprechen, auch dem Versteigerungsbeamten aufgefallen sind und dieser die Veräußerung dennoch als rechtmäßig erachtet.[193] Hinzu kommt, daß Kunstauktionen häufig von renommierten Unternehmen durchgeführt werden, auf deren guten Ruf und sorgfältige Bearbeitung der Erwerber ebenfalls vertrauen darf. Die Möglichkeit, daß grob fahrlässige Unkenntnis einen Rechtserwerb auf öffentlicher Versteigerung verhindert, erscheint daher äußerst gering. Dies gilt auch für Erwerber, die selbst Angehörige der zum Kunsthandel zu zählenden Berufsgruppe sind, selbst wenn man von ihnen besondere Sorgfalt erwarten kann, da auch sie sich insbesondere auf die staatliche Autorität der Versteigerungsperson verlassen dürfen. Die Gutgläubigkeit wird infolge dessen regelmäßig nur dann zu verneinen sein, wenn konkrete Verdachtsmomente vorlagen oder dem Erwerber positive Kenntnis der fehlenden Eigentümerstellung oder Veräußerungsbefugnis nachzuweisen ist.

3. Beurteilung von Kunstauktionen und die Versteigerung der „Sumpflegende" im Lichte des § 935 Abs. 2 BGB

Bereits weiter oben konnte festgehalten werden, daß aus der Tatsache, daß das zu erwerbende Werk von den Nationalsozialisten als „entartet" eingestuft worden war, per se keine Verdachtsmomente in bezug auf die Eigentümerstellung des Veräußerers abzuleiten sind. Die lediglich konkludente Aufhebung des Einziehungsgesetzes, die ablehnende Haltung der Gerichte sowie die Rückkaufaktionen der Museen selbst wiesen insgesamt eher in die Richtung, daß an den geschaffenen Fakten nicht zu rütteln sein könne. Auch sei noch einmal auf den Zeitablauf hingewiesen: Je länger die Betroffenen selbst von den rechtsstaatlichen Möglichkeiten zur Überprüfung der Einziehungen keinen Gebrauch machten und die bestehende Situation unangetastet blieb, desto weniger bestand ein Bedürfnis nach Aufklärung. Findet die Versteigerung in Deutschland statt, so darf der Erwerber wohl zusätzlich davon ausgehen, daß die Museen informiert wurden und von der bevorstehenden Veräußerung Kenntnis erlangt haben. Schon die Tatsache, daß sie die Versteigerung des

---

[192] So auch *Dünkel*, Öffentliche Versteigerung und gutgläubiger Erwerb, S. 50; *Franz*, Zivilrechtliche Probleme des Kulturgüteraustausches, S. 107.

[193] Vgl. hierzu BGH 13.2.1980, NJW 1980, s. 1619 ff. — Bodensee-Kunstauktion, auf die bereits oben, S. 177 f., eingegangen wurde.

Werkes offensichtlich stillschweigend akzeptieren, ist geeignet, eventuell aufkommende Zweifel zu zerstreuen.

Diese Erwägungen werden bestätigt, wenn man die Versteigerung der „Sumpflegende“ im Jahr 1962 durch das Kunsthaus Lempertz in Köln näher betrachtet. Einem Brief des für die Baseler Galerie Beyerle steigernden Wilhelm F. Arntz an Dr. Armin Zweite im Münchner Lenbachhaus vom April 1982 sind die näheren Umstände zu entnehmen.[194] Die Niedersächsische Landesgalerie in Hannover hatte zunächst Interesse an einem Ankauf gezeigt, so daß zahlreiche andere deutsche Museen einer internen Absprache gemäß keine Gegengebote abgeben wollten. In einem Gespräch mit Harald Seiler, der im Auftrag des Kultusministeriums für das Hannoversche Museum auftrat, erfuhr Arntz, daß das Ministerium aus „rechtlichen Erwägungen“ Bedenken gegen einen Ankauf habe und nicht für das Werk bieten werde. Als Erwägungen führte Seiler an, die „Sumpflegende“ hätte als private Leihgabe einer russischen Staatsbürgerin nicht eingezogen werden dürfen. Arntz hielt dem entgegen, daß auch private Leihgaben vom Regelungsbereich des Einziehungsgesetzes erfaßt waren, und für die „Sumpflegende“ kein Gebrauch von der Härtefallregelung gemäß § 2 Abs. 2 Einziehungsgesetz gemacht worden sei. Ihm waren offensichtlich auch die Hinweise in der Literatur bekannt, in denen erwähnt wurde, daß das Gemälde von Paul Klee nicht an Frau Küppers-Lissitzky zurückgegeben worden war. An einer früheren Stelle des Briefes erwähnt Arntz, daß ihm sehr wohl bewußt war, daß das Deutsche Reich entgegen einer wohl verbreiteten Auffassung die Werke nicht nur beschlagnahmt, sondern enteignet hatte. Wie Arntz zeigte sich auch Seiler „nicht beglückt“ über die Entscheidung seines Ministeriums.

Der Brief zeigt sehr klar die Motivation und den Kenntnisstand der Fachkreise, die an dem Ankauf eines Werkes „entarteter Kunst“ Interesse zeigten. Es wird deutlich, daß offensichtlich keine grundsätzlichen Bedenken gegen die Maßnahmen der Nationalsozialisten aufkamen, denn Zweifel an der Rechtmäßigkeit der Einziehung der „Sumpflegende“ bestanden allein wegen der Besonderheit, daß sie zur Zeit der Einziehung Eigentum einer ausländischen, privaten Leihgeberin war. Ebenso wird deutlich, daß Arntz dennoch von der Gesetzmäßigkeit der Einziehung ausging und die rechtlichen Bedenken des Ministeriums — wie offenbar auch Seiler — nicht teilte. Diese Annahme beruhte auf seiner Kenntnis vom tatsächlichen Umgang mit dem Gesetz zur Zeit der nationalsozialistischen Herrschaft und der Kenntnis davon, daß die „Sumpflegende“ nicht an Frau Küppers-Lissitzky zurückgegeben worden war. Die deutsche Rechtsprechung hat wiederholt festgestellt, daß die

---

[194] Für die Überlassung des Schriftstückes bin ich Herrn Stefan Frey von der Paul-Klee-Stiftung in Bern zu Dank verpflichtet. Arntz wurde offensichtlich zur Vorbereitung des Ankaufs durch das Lenbachhaus im Frühjahr 1982 konsultiert.

Kenntnis der Umstände, aus denen sich das fehlende Eigentum oder die fehlende Verfügungsbefugnis ergeben, für sich nicht ausreicht, um die Bösgläubigkeit zu begründen, wenn der Erwerber ohne Sorgfaltsverstoß dennoch an die Eigentümerstellung bzw. die Verfügungsbefugnis glaubt.[195] Daß Arntz davon ausging, bei der Auktion wirksam Eigentum erwerben zu können, kann im Ergebnis nicht als vorwerfbar unsorgfältiges Urteil angesehen werden, das schon bei geringer Aufmerksamkeit und ohne jede Schwierigkeit zu vermeiden gewesen wäre. Ihm war bekannt, daß das Einziehungsgesetz über seinen Wortlaut hinaus auch als Rechtsgrundlage für Einziehungen privater Leihgaben diente und auch diese Akte praktisch nicht beanstandet oder gar rückgängig gemacht worden waren. Daß Frau Küppers-Lissitzky darüber hinaus russische Staatsbürgerin war, mußte auch Arntz als professioneller Kunsthändler nicht als deutlichen und unmißverständlichen Hinweis auf die unzulängliche Rechtsinhaberschaft des Einlieferers werten, da für ein solches Urteil die tatsächlichen Umstände insgesamt zu deutlich auf eine Rechtmäßigkeit auch dieser Einziehung hinwies. Selbst wenn man also aus der Kenntnis um die besonderen Eigentumsverhältnisse an der „Sumpflegende“ zur Zeit der Einziehung eine Nachforschungsobliegenheit ableiten würde, ist Arntz dieser Obliegenheit nachgekommen, da er umfassend über die Rechtslage — d.h. über die fehlenden Maßnahmen der Gesetzgebung, die Zurückhaltung der Rechtsprechung und der Museen — informiert war.

Damit muß als Ergebnis festgehalten werden, daß der Erwerb eines Werkes „entarteter Kunst“ auf einer öffentlichen Versteigerung regelmäßig in gutem Glauben erfolgte, sofern selbstverständlich nicht aus anderen Gründen auf die fehlende Eigentümerstellung oder Verfügungsbefugnis zu schließen war. Die Begründung neuen Eigentums ist als Regelfall anzunehmen, denn die Gutgläubigkeit wird nicht bereits dadurch ausgeschlossen, daß das Werk von den Nationalsozialisten verfolgt und eingezogen wurde.

Diesem Resultat widerspricht auch nicht die Heranziehung der Radbruchschen Grundsätze im zweiten Kapitel dieser Arbeit. Radbruch behandelte die Frage, welcher rechtliche Gehalt in einem Rechtsstaat einem Gesetz beizumessen ist, das unerträglich ungerecht ist. Seine Erwägungen zu dessen Nichtigkeit lassen sich erweitern auf diejenigen Rechtsakte, die aus einem solchen Gesetz erwachsen, also auf die unmittelbaren Rechtswirkungen eines solchen Gesetzes. Sie sind jedoch nicht auszudehnen auf den Rechtsschein, den das Gesetz hervorruft. Insoweit ist dem Schutz des Rechtsverkehrs sowie den berechtigten Interessen unbeteiligter Dritter Vorrang zu gewähren. Diese Interessen sind unter anderem in den Vorschriften zum gutgläubigen Eigentumserwerb festgeschrieben, auf die sich die von Radbruch entwickelte Formel nicht erstreckt. Die Radbruchsche Formel läßt daher die Wertungen des deutschen

[195] Vgl. hierzu bereits oben, S. 169.

wie jedes anderen Zivilrechts unangetastet, die den Erwerber schützen, der auf den Rechtsschein auch unerträglich ungerechter Maßnahmen vertraut.

4. Die Versteigerung in Luzern 1939 und § 935 Abs. 2 BGB

Die Auktion in Luzern am 30. Juni 1939 umfaßte 125 ausgesuchte Werke. Anwesend war ein internationales Publikum aus den Fachkreisen, also vorwiegend Museumsvertreter und Galeristen.[196] Wendet man auf diese Versteigerung mit der vom Verfasser vertretenen Auffassung deutsches Recht an, so konnten die Ersteigerer nur dann wirksam Eigentum an den abhanden gekommenen Werken „entarteter Kunst" erwerben, wenn es sich um eine öffentliche Versteigerung im Sinne des § 935 Abs. 2 BGB handelte und die übrigen Erfordernisse der §§ 932-934 BGB erfüllt wurden.

Es konnte bereits festgehalten werden, daß eine Versteigerung nur dann durch § 935 Abs. 2 BGB privilegiert ist, wenn der Versteigerer im Sinne des § 34 b Abs. 5 GewO öffentlich bestellt ist. Die sachenrechtliche Erwerbsvorschrift verweist damit auf eine dem öffentlichen Recht zuzuordnende Norm, deren territoriale Wirkung auf Deutschland beschränkt ist. Es wird deutlich, daß § 935 Abs. 2 BGB Versteigerungen privilegiert, auf die ein bestimmtes von der deutschen Gewerbeordnung vorgeschriebenes Verfahren anzuwenden ist. § 935 Abs. 2 BGB bezieht sich damit auf eine Versteigerung, die in Deutschland durchgeführt wird. Es stellt sich das Rechtsproblem der Substitution: Ein Tatbestandsmerkmal der zur Entscheidung berufenen Sachnorm ist im Ausland verwirklicht, hier die Versteigerung im Rahmen des § 935 Abs. 2 BGB. Es ist also zu fragen, ob die Versteigerung in der Schweiz an die Stelle der eigentlich gemeinten Versteigerung nach §§ 935 Abs. 2, 383 Abs. 3 BGB iVm. § 34 b Abs. 5 GewO treten kann.

Die Beantwortung dieser Frage ist in zwei Schritten vorzunehmen. Zum einen ist zu fragen, ob die deutsche Vorschrift eine Substitution nach ihrem Sinn und Zweck überhaupt zuläßt. Nach der herrschenden Auffassung ist die Möglichkeit zur Substitution nur in Ausnahmefällen und bei Vorliegen besonderer Gründe zu verneinen.[197] Solche sollen beispielsweise gegeben sein, wenn die Befugnis zur Entgegennahme der Auflassung im Sinne des § 925 Abs. 1 S. 2 BGB aus historischen und sachlichen Gründen nur einem deutschen Notar zugesprochen wird.[198] Sachliche Erwägungen, die im Rahmen des § 935 Abs. 2 BGB eine ausschließlich nach deutschem Recht befähigte Amtsperson erfordern würden, sind jedoch ebensowenig, wie historische Überlegungen ersichtlich. Das Vertrauen in die Autorität der öffentlich bestellten Amtsper-

---

[196] Vgl. die Dokumentation von *Kreis*, „Entartete" Kunst für Basel, S. 22 ff.

[197] *Kropholler*, IPR, § 33 II 1 m. w. Nachw.

[198] KG 27.5.1986, IPRspr. 1986 Nr. 26; *Weber*, NJW 1955, S. 1784 ff.

son, das für die Privilegierung des Versteigerungserwerbs letztlich die Begründung liefert, ist kein Vertrauen in eine speziell nach deutschem Recht verliehene Autorität, sondern ein Vertrauen in die Autorität desjenigen Staates, in dem die Versteigerung stattfindet. Eine Substitution ist daher grundsätzlich möglich.

In einem zweiten Schritt ist zu klären, ob die ausländische Versteigerung der deutschen äquivalent ist, da eine Substitution nur bei Gleichwertigkeit erfolgen kann.[199] Da die deutsche Regelung den Grund der Privilegierung überwiegend in der öffentlichen Bestellung der mit der Durchführung betrauten Amtsperson sieht, kommt es entscheidend darauf an, ob die Luzerner Versteigerung von einer Amtsperson durchgeführt wurde, die eine dem deutschen Recht entsprechende Stellung und Funktion ausübte und ob die Erwerber aufgrund ihrer Autorität auf die Rechtmäßigkeit der Veräußerung vertrauen durften.

Betrachtet man hierzu die Privilegierung des Versteigerungserwerbs im Rahmen des Art. 934 Abs. 2 ZGB, so fällt auf, daß der Versteigerer gleichgestellt ist dem Kaufmann, der mit Waren gleicher Art handelt, sowie einem Verkäufer, der seine Waren auf einem (öffentlichen) Markt anbietet.[200] Grund der Privilegierung ist in allen genannten Fällen eine allgemeine Abwägung zugunsten der Leichtigkeit des Warenverkehrs, zugunsten des Vertrauens in die Verkehrsfähigkeit von Waren, wenn diese öffentlich oder von einem Fachmann angeboten werden.[201] Keine Rolle spielt hingegen ein besonderes Vertrauen in die staatliche Autorität des Veräußerers, welche den Mittelpunkt der deutschen Norm bildet. Daher werden von der Vorschrift des Zivilgesetzbuchs auch freiwillige private Versteigerungen erfaßt, sofern sie nur öffentlich angekündigt wurden und gewährleistet ist, daß jedermann an ihnen teilnehmen kann.[202] Selbst wenn zur Bejahung der Gleichwertigkeit eine völlige Entsprechung der Rechtsinstitute nicht vorausgesetzt wird, ist jedoch zumindest eine Übereinstimmung der wesentlichen Merkmale zwingend erforderlich.[203] Daß

---

[199] BGH 16.2.1981, IPRspr. 1981 Nr. 10b; *Kropholler,* IPR, § 33 II 2 mit Hinweis auf § 47 Abs. 3 FGG („Ähnlichkeit") und § 34 Abs. 1 SGB I („Entsprechung").

[200] Der Erwerb von einem Kaufmann im Sinne dieser Vorschrift erfordert, daß dieser eine unbestimmte Zahl von Handelsgeschäften mit Waren der gleichen Art vorweisen kann, *Stark,* Berner Kommentar Bd. IV, Art. 934 Rn. 39. Als Markt wird angesehen das zeitliche und örtliche Zusammentreffen einer unbeschränkten Anzahl von Kauf- und Verkaufsangeboten in der Öffentlichkeit, a.a.O., Rn 38 m.w.Nachw.

[201] Vgl. BG 24.9.1987, BGE 113 II 397 [398]. In dieser Entscheidung hob das schweizerische Bundesgericht hervor, daß Art. 934 ZGB den Handels- und Marktverkehr begünstigen soll, da hier regelmäßig eine eingehende Prüfung der Berechtigung des Verkäufers unmöglich oder untunlich ist.

[202] *Stark,* Berner Kommentar Bd. IV, Art. 934 Rn. 36 m.w.Nachw.

[203] *Kropholler,* IPR, § 33 II 2.

die Versteigerung von einer öffentlich bestellten Amtsperson durchgeführt wird, ist als wesentliches Merkmal der deutschen Regelung anzusehen, die keine Entsprechung in den schweizerischen Vorschriften findet.

Ein formalisiertes Verfahren zur Versteigerung beweglicher Sachen sehen die schweizerischen Regelungen nur in bestimmten Fällen vor, so bei der Verwertung eines Fahrnispfands. Hier verweist Art. 898 Abs. 1 ZGB auf die allgemeinen Bestimmungen der Art. 122-143 b des Bundesgesetzes über Schuldbeitreibung und Konkurs (SchKG). Gemäß Art. 125 Abs. 2 SchKG hat der Beitreibungsbeamte die Art der Bekanntmachung, den Ort und den Tag der Versteigerung sowie deren Art und Weise so zu bestimmen, daß die Interessen der Beteiligten bestmögliche Berücksichtigung finden können. Auch dieses förmliche Verwertungsverfahren stellt also die Öffentlichkeit der Versteigerung sowie die Möglichkeit zur Teilnahme an ihr in den Mittelpunkt der Betrachtung. Eine besonders qualifizierte Amtsperson, die das Vertrauen der Erwerber in die Rechtmäßigkeit des Erwerbs rechtfertigen könnte, ist in diesen Verfahren nicht vorgesehen. Ebenso erfordert die Fundversteigerung nach Art. 721 Abs. 2 ZGB zwar neben der Öffentlichkeit und der Ankündigung der Auktion die Genehmigung der zuständigen Behörde, nicht jedoch, daß sie von einer mit staatlicher Autorität versehenen Amtsperson durchgeführt wird.

Damit kann im Ergebnis die Gleichwertigkeit einer Versteigerung in der Schweiz mit den Erfordernissen der §§ 935 Abs. 2, 383 Abs. 3 BGB iVm. § 34 b Abs. 5 GewO nicht angenommen werden, eine Äquivalenz ist nicht gegeben. Zu stark legt die deutsche Vorschrift ihr Augenmerk auf die staatliche Autorität, während die schweizerische Vorschrift den Versteigerungserwerb bereits deshalb privilegiert, weil er in besonderem Maße der Öffentlichkeit zugänglich ist. Der Unterschied zum Grund der Privilegierung im deutschen Recht läßt sich nicht überbrücken. So wurde auch die Luzerner Versteigerung im Sommer 1939, die ohne Zweifel der Öffentlichkeit frei zugänglich war, nicht von einem öffentlich bestellten Versteigerer, sondern von dem Galeristen Fischer selbst durchgeführt, der hierzu weder eine öffentliche Bestellung noch eine gewerberechtliche Erlaubnis benötigte. Weder in dem hier relevanten Einzelfall noch im allgemeinen kann also eine Äquivalenz der Luzerner Versteigerung im Rahmen des § 935 Abs. 2 BGB festgestellt werden. Da bei fehlender Substituierbarkeit die Rechtsfolge der Sachnorm, die es auszulegen gilt, nicht eintritt,[204] kann hier nur als Ergebnis festgehalten werden, daß die Teilnehmer der Luzerner Auktion im Sommer 1939 nicht wirksam Eigentum an den ersteigerten Werken gemäß § 935 Abs. 2 BGB erlangen konnten, da eine öffentliche Versteigerung im Sinne dieser Norm nicht vorlag. An den Eigentumsverhältnissen hat sich folglich auch durch diese spektakuläre Auktion nichts geändert.

---

[204] *Kropholler*, IPR, § 33 IV.

II. Die Versteigerung in Luzern 1939 im Lichte des schweizerischen Rechts

1. Der Versteigerungserwerb gemäß Art. 934 Abs. 2 ZGB

Betrachtet man die Luzerner Versteigerung dagegen mit der herrschenden Auffassung im Lichte des schweizerischen Rechts, so ist zunächst auf die Vorschriften der Artt. 714 Abs. 2, 934 Abs. 2 ZGB zu sehen, die den gutgläubigen Erwerb abhanden gekommener Sachen im Wege der öffentlichen Versteigerung ermöglichen. Daß der Eigentümer die Sache während der ersten fünf Jahre nach dem Abhandenkommen gegen Zahlung des Kaufpreises herausverlangen kann, darf hierbei allein angesichts der bereits verstrichenen Zeit vernachlässigt werden. Nach Ablauf der fünfjährigen Frist ist der Eigentumserwerb unanfechtbar.[205] Nach wohl allgemeiner Ansicht in der Schweiz sind auch freiwillige private Versteigerungen unter die Bestimmung des Art. 934 Abs. 2 ZGB zu subsumieren, sofern sie öffentlich angekündigt wurden und jedermann die Teilnahme an ihnen möglich ist.[206]

Nach allem, was uns der Schweizer Historiker Georg Kreis über die Luzerner Versteigerung mitteilt, ist die Luzerner Auktion im Jahr 1939 als Versteigerung im Sinne des Art. 934 Abs. 2 ZGB anzusehen.[207]

2. Die Gutgläubigkeit der Erwerber im Rahmen des Art. 934 Abs. 2 ZGB

Entscheidende Bedeutung kommt daher auch im Rahmen dieser Vorschrift die Frage der Gutgläubigkeit der Erwerber im Sinne des Art. 3 Abs. 2 ZGB zu, die diese schweizerische Regelung ähnlich bewertet wie die deutsche.[208] Die zentrale Frage ist, ob die Ersteigerer davon ausgehen durften, daß die Galerie Fischer wirksam zur Veräußerung der Werke ermächtigt worden war. Dies konnte nur dann der Fall sein, wenn das Deutsche Reich als rechtlich befugt angesehen wurde, die Galerie Fischer mit der Veräußerung zu ermächtigen, das Deutsche Reich folglich als Eigentümer oder zumindest als Verfügungsberechtigter erschien.

Die Umstände und Gegebenheiten waren dem fachkundigen Publikum bekannt. Versteigert wurden ausschließlich Werke, die das Deutsche Reich im Rahmen der Ausstellung „Entartete Kunst" in München und anderen Städten

---

[205] Vgl. Artt. 714 Abs. 2, 933, 934 ZGB; *Rey*, Grundlagen des Sachenrechts, Rn. 2014.

[206] *Stark*, Berner Kommentar Bd. IV, Art. 934 Rn. 36 m.w.Nachw.

[207] Vgl. *Kreis*, „Entartete" Kunst für Basel, S. 22 ff.

[208] Zu den Anforderungen siehe oben, S. 197 ff.

seit 1937 präsentiert hatte und die anschließend im Rahmen des Einziehungsgesetzes zugunsten des Reichs entschädigungslos eingezogen worden waren. Oben mußte bereits festgestellt werden, daß aus der Sicht des Jahres 1939 keinem Erwerber Kenntnis unterstellt werden kann, daß das Deutsche Reich nicht Eigentümer der eingezogenen Werke geworden war. Dieser Annahme stand das mit der staatsrechtlichen Wirklichkeit konforme Einziehungsgesetz sowie die völkerrechtliche Anerkennung der nationalsozialistischen Regierung auch von seiten der Schweiz entgegen.

Möglicherweise jedoch beruhte die Annahme, das Deutsche Reich sei zur Erteilung der Veräußerungsbefugnis befugt gewesen, auf grober Fahrlässigkeit. Manche Interessenten nahmen bereits von der Teilnahme an der Auktion Abstand oder zogen einen Boykott zumindest in Erwägung. Einem Protokoll der Kommission, die für das Baseler Kunstmuseum Erwerbungen auf der Auktion tätigen sollte, ist aus den Tagen kurz vor Beginn der Veranstaltung folgende Gesprächsnotiz zu entnehmen:

„Ganter: Am richtigsten wäre es, ganz zu verzichten, wie es Oskar Reinhart tut, da das Ganze sehr unerfreulich ist. Aber als Museum dürfen wir doch nicht so denken.“[209]

Unerfreulich war die allgemeine Gewißheit, daß die Erlöse vom Deutschen Reich nicht — wie behauptet — für Neuerwerbungen, sondern allein zur Finanzierung der Aufrüstung benutzt würden. Unerfreulich auch die Möglichkeit, die Ankäufe könnten als Einverständnis mit der allgemein verurteilten Aktion „Entartete Kunst“ interpretiert werden. Bereits im Vorfeld der Auktion sahen sich die Bieter einiger Kritik ausgesetzt. Der Kunstkritiker Paul Westheim ließ aus dem französischen Exil verlauten, daß die Erlöse schließlich nur der deutschen Rüstungsindustrie zugute kämen und der Ausverkauf gegen den Willen des deutschen Volkes als eigentlichem Besitzer dem „fair play“ widerspreche.[210] Schließlich mag sich bei den meisten Beteiligten der Wille, zur Rettung der modernen deutschen Kunst beizutragen, mit dem wirtschaftlichen Gesichtspunkt vermischt haben, so schnell nicht wieder so günstig die Bestände oder die eigene Sammlung aufbessern zu können. Im Rahmen der Artt. 3 Abs. 2, 714 Abs. 2 ZGB können diese Gesichtspunkte jedoch nur dann bedeutsam sein, wenn ein Erwerber dennoch auf die Verfügungsbefugnis der Galerie Fischer schloß und dieser Schluß als vorwerfbar unsorgfältiges Urteil angesehen werden muß. Hierbei ist zunächst zu bemerken, daß die Galerie Fischer ein bekanntes Unternehmen des schweizerischen Kunsthan-

---

[209] Zitiert nach *Kreis,* „Entartete“ Kunst für Basel, S. 30, Fn. 55. Der erwähnte Oskar Reinhart war ein renommierter Privatsammler.

[210] Der Beitrag unter dem Titel „Auktion in Luzern“ wurde veröffentlicht in der Zeitschrift *Die neue Weltbühne,* 1939, Nr. 24; hier zitiert nach *Kreis,* „Entartete“ Kunst für Basel, S. 29.

dels darstellte, das aus sich heraus keinen Anlaß zu Mißtrauen bot. Das Deutsche Reich bediente sich eines renommierten Auktionshauses, das die Versteigerung wie gewohnt der breiten Öffentlichkeit gegenüber ankündigte und den Gepflogenheiten gemäß durchführte.[211] Die Möglichkeit, daß das Deutsche Reich die Erlöse anschließend der Rüstungsindustrie zukommen ließe, konnte keinen Zweifel über die Rechtmäßigkeit der Einziehungen sowie an der gesetzlich begründeten Eigentümerstellung des Deutschen Reichs bewirken. Auch bestand kein völkerrechtlich verbindlicher Grundsatz des „fair play“, anhand dessen etwa als ungerecht empfundene Enteignungen eines Unrechtsregimes rechtlich unwirksam gewesen wären.[212] Auch den wirtschaftlichen Gesichtspunkt eines günstigen Ankaufs mag man unter ethisch-moralischen, nicht jedoch unter juristischen Gesichtspunkten mit Kritik bedenken.[213]

Im Ergebnis mußte daher die Annahme, das Deutsche Reich und die Galerie Fischer hätten gar keine Befugnis zur Veräußerung, als reine Spekulation erscheinen und nicht als ein Ergebnis, das bei Wahrung der Aufmerksamkeit, die nach den Umständen verlangt werden durfte, auf der Hand lag. Bösgläubigkeit wird man daher den Erwerbern auf der Luzerner Auktion 1939 nicht unterstellen können.

Es bleibt damit festzuhalten, daß die Veräußerungen auf der Luzerner Auktion wirksam neues Eigentum für den Erwerber begründen konnten, wenn man sie anhand der Bestimmungen des schweizerischen ZGB beurteilt. Betroffen sind hiervon nicht alle 125 zur Versteigerung eingelieferten Werke, da nicht jedes einen Käufer fand.[214] Für diejenigen Werke, die der ausführende Galerist Fischer infolgedessen selbst ankaufte, verbleibt es jedoch bei derjenigen Wertung die oben zum Direktankauf vom Deutschen Reich festgehalten wurde, da diese Erwerbungen außerhalb der Auktion erfolgten. Nur wenn man also mit der herrschenden Ansicht auf das Recht am Belegenheitsort abstellt, ist ein Rechtsverlust zu bejahen, während im Rahmen der hier vorgeschlage-

---

211 Vgl. *Kreis*, „Entartete“ Kunst für Basel, S. 50 ff.

212 Vgl. hierzu oben, S. 93 ff.

213 Es erscheint auch eine Kritik unter moralisch-ethischen Gesichtspunkten nicht gerechtfertigt: Überwiegend sahen die Zeitzeugen in einer Teilnahme an der Ausstellung die Möglichkeit, einen Gegenpol zu der nationalsozialistischen Feme zu setzen. Die Basler Nachrichten bemerkten, daß die erfreulich starke Kauflust der schweizerischen, französischen, belgischen, englischen und amerikanischen Kreise wohl so zu deuten seien, „daß es immer noch Köpfe und Industrienationen gibt, die an einer 'demokratisch freien' Kunstauffassung festzuhalten vermögen“, Basler Nachrichten vom 1./2.7.1939.

214 Für eine Liste der Ankäufe des Baseler Kunstmuseums vgl. *Kreis*, „Entartete“ Kunst für Basel, S. 46. Der verantwortliche Delegationsleiter erklärte anschließend, man habe mehr und billiger eingekauft, als erwartet; insgesamt sollen die Versteigerungspreise jedoch „über Erwarten hoch“ gewesen sein.

nen Anknüpfung an den Ort des Abhandenkommens gemäß § 935 Abs. 1 BGB ein gutgläubiger Erwerb ausgeschlossen wäre.

III. Zwischenergebnis

Es zeigt sich, daß öffentliche Veräußerungen in zahlreichen Rechtsordnungen eine privilegierte Behandlung erfahren und daß die etwas überraschende Vorschrift des § 935 Abs. 2 BGB Entsprechungen kennt. Der Grund der Privilegierung ist in der Anwesenheit des öffentlich bestellten Auktionators zu sehen, dessen staatlich verliehene Autorität den Rechtsverkehr in besonderer Weise schützen soll. Daher sind auch freiwillige öffentliche Versteigerungen vom Regelungsbereich des § 935 Abs. 2 BGB erfaßt. Eine öffentliche Versteigerung, noch dazu von einem renommierten Unternehmen durchgeführt, kann daher für sich in Anspruch nehmen, die hier erworbenen Kunstwerke in besonderem Maße unverdächtig erscheinen zu lassen. Im Ergebnis wird man daher auch dem Erwerber der „Sumpflegende" auf der Versteigerung bei Lempertz in Köln keine Bösgläubigkeit unterstellen können.

Wendet man mit der hier vertretenen Auffassung auf die Luzerner Versteigerung des Jahres 1939 deutsches Recht an, so können die Erwerber den Schutz des § 935 Abs. 2 BGB nicht für sich in Anspruch nehmen, da die Versteigerung in der Schweiz nicht mit der vom deutschen Recht vorausgesetzten äquivalent ist. Daher verbleibt es aus dieser Perspektive bei dem in § 935 Abs. 1 BGB normierten Ausschluß des gutgläubigen Eigentumserwerbs vom Nichtberechtigten. Wie bei den Direktankäufen erhält man auch hier ein anderes Ergebnis, folgt man der herrschenden Auffassung und unterstellt diese Erwerbsvorgänge dem schweizerischen Recht. Dieses läßt einen gutgläubigen Erwerb gemäß Artt. 714 Abs. 2, 934 Abs. 2 ZGB zu. Nach Auswertung der Unterlagen, die über die Versteigerung in Luzern verfügbar sind, sind die Erwerber regelmäßig als gutgläubig anzusehen und Zweifel darüber, ob auf eine Teilnahme an der Versteigerung nicht besser verzichtet werden sollte, zwar moralischer, nicht jedoch juristischer Natur.

E. Weiterveräußerungen an Dritte

Bereits das Beispiel der „Sumpflegende" zeigt, daß Kunstwerke häufig den Besitzer wechseln und oft nur wenige Jahre bei ihrem Erwerber verweilen. Die nun zu untersuchenden Erwerbungen sind diejenigen, die der Verwertung des Deutschen Reiches nachfolgten, also die Weiterveräußerungen der Erwerber. Diese gruppieren sich wie folgt:

1. Weiterveräußerungen der Werke, welche die Kunsthändler im Rahmen der Verwertung durch Tausch oder Ankauf direkt vom Deutschen Reich erworben hatten;
2. Weiterveräußerungen der Werke, die über einen der Kunsthändler als Kommissionär des Deutschen Reiches erworben wurden;
3. Weiterveräußerung der auf der Luzerner Auktion erworbenen Werke;
4. Jede andere Weiterveräußerung.

I. Weiterveräußerung der von den Kunsthändlern selbst erworbenen Werke

Betrachtet man die erstgenannte Gruppe, so zeigt das von Eberhard Roters dokumentierte Beispiel des Galeristen und Förderers Ferdinand Möller, daß die Händler zahlreiche Werke, die sie nur zum Zwecke der Weiterveräußerung in das Ausland erwerben durften, über die sich unmittelbar an die Zeit der Verwertung anschließenden Kriegsjahre retten konnten. Für Ferdinand Möller bedeuteten sie neben der persönlichen Beziehung, die er zu Werken dieser Epoche entwickelt hatte, auch das Kapital für die vor ihm liegenden Jahre des Wiederaufbaus.[215]

An diesen Werken konnten die mit der Verwertung beauftragten Kunsthändler — sei es durch Kauf oder Tausch — kein Eigentum vom Deutschen Reich erwerben, wie bereits als Ergebnis festgehalten wurde. Für jede Weiterveräußerung sind sie daher als Nichtberechtigte anzusehen. Das deutsche Recht läßt auch für diese Weiterveräußerungen die Sperre des § 935 Abs. 1 BGB wirken, da die Beurteilung der Werke als abhanden gekommen unabhängig von zwischenzeitlich getätigten Verfügungen Nichtberechtigter fortbesteht. Auch für sie ist nach der hier vertretenen Auffassung jeweils und allein das deutsche Recht als das Recht am Ort des Abhandenkommens maßgeblich, so daß ein Eigentumsverlust bzw. ein wirksamer Eigentumserwerb nur gemäß § 935 Abs. 2 BGB oder im Wege der Ersitzung nach § 937 BGB möglich war.

Die „Sumpflegende", deren Verbleib nach dem direkten Erwerb des Kunsthändlers Gurlitt bis in das Jahr 1962 dunkel bleibt, zeigt anschaulich, daß die Anknüpfung an den Ort des Abhandenkommens auch Rechtssicherheit schaffen kann, da sich selbst in den Zeiten, in denen Besitzwechsel unbekannt bleiben, die Anforderungen an einen wirksamen Eigentumswechsel nach deutschem Recht bemessen. Das Interesse der ehemaligen Eigentümerin Frau Küppers-Lissitzky daran, das Bild als Dauerleihgabe (auch) dem Schutz der ihr vertrauten deutschen Rechtsordnung zu überlassen, ist aus den Umständen

---

[215] Vgl. hierzu *Roters*, Galerie Ferdinand Möller, S. 177 ff.

erkennbar. Ebenso ist den Museen ein schützenswertes Interesse zuzubilligen, die in ihrem Eigentum oder Besitz befindlichen Werke dem Schutz der deutschen Rechtsordnung anzuvertrauen, ein Interesse, hinter dem die Belange eines möglichst freien Warenverkehrs zurücktreten sollten. Nach dieser Anknüpfung ist ein Eigentumswechsel folglich erst dann zu bejahen, wenn die Voraussetzungen der deutschen Rechtsordnung erfüllt sind, unabhängig davon, wo die Veräußerung stattgefunden hat.

Bemißt man dagegen die Weiterveräußerungen anhand der Rechtsordnung des jeweiligen Belegenheitsortes, zeigen sich die Möglichkeiten, allein durch Veränderung des Aufenthaltsortes auf die rechtlichen Verhältnisse an der Sache Einfluß zu nehmen. Gerade in Anbetracht der zunehmenden Mobilität erhöht sich die Gefahr, daß durch einen bewußt vorgenommenen Belegenheitswechsel unwiderruflich in die Rechtsposition des Eigentümers eingegriffen wird. Zwar obliegt es auch nach dieser Anknüpfung regelmäßig dem Erwerber, den Vorgang eines Eigentumserwerbs zu behaupten und gegebenenfalls unter Beweis zu stellen, so daß Zeiten, für die der Verbleib nicht nachgewiesen werden kann, regelmäßig dem Erwerber nicht zugute kommen.[216] Fälle, wie derjenige des englischen Sammlers Winkworth, der die Versteigerung japanischer Pretiosen, die ihm kurz zuvor gestohlen worden waren, in dem renommierten Londoner Kunsthaus Christie's machtlos mit ansehen mußte,[217] machen jedoch deutlich, daß bei Unikaten dem Schutz des Eigentümers Vorrang einzuräumen ist. Ist das schweizerische Recht als Belegenheitsstatut berufen, so steht dem Erwerber immerhin ein Lösungsrecht zu, das auch bei Verbringung der Sache in eine andere Rechtsordnung nicht erlischt.

In jedem Fall nimmt jedoch ein wirksamer Eigentumswechsel der Sache den Makel des Abhandenkommens, so daß weitere Veräußerungen als Veräußerungen eines Berechtigten anzusehen sind und gemäß der *lex rei sitae* dem Recht am Belegenheitsort unterstehen.

II. Weiterveräußerung der kommissionsweise erworbenen Werke sowie jede folgende Weiterveräußerung

Diese Feststellungen gelten gleichermaßen für die der zweiten und der letzten Gruppe zuzuordnenden Weiterveräußerungen. Wurden Werke über die Kunsthändler als Kommissionäre angekauft, so sind sie wie jede andere Weiterveräußerung entsprechend anzuknüpfen und zu bewerten. Dieser wird für die der dritten Gruppe zuzuordnenden Weiterveräußerungen anzunehmen

---

[216] Siehe zu den Fragen der Beweislast oben, S. 167 ff.

[217] Hierzu oben, S. 123.

sein, wenn man — wiederum nur mit der herrschenden Auffassung — auf die Luzerner Versteigerung schweizerisches Sachenrecht anwendet. In diesem Fall ist mit der Versteigerung bereits ein wirksamer Wechsel vollzogen worden, der jede weitere Veräußerung zur Veräußerung eines Berechtigten werden läßt. Nach der hier vertretenen Auffassung dagegen verbleibt es auch für diese Gruppe bei den bisherigen Ausführungen.

§ 10 Erwerb durch Ersitzung

A. Bisherige Erkenntnisse

Auf die Fragwürdigkeit dieses Rechtsinstituts, auf dessen Nähe zur Verjährung sowie auf die Tatsache, daß die Ersitzung von einigen Autoren als Relikt aus der Zeit vor Anerkennung des gutgläubigen Erwerbs durch Rechtsgeschäft angesehen wird, wurde bereits hingewiesen. Auch konnte an einigen Stellen bereits zu rechtlichen Fragen in Zusammenhang mit dem Eigentumserwerb durch Ersitzung Stellung bezogen werden.[1] Insbesondere bei grenzüberschreitenden Sachverhalten sind einige Probleme des Kollisionsrechts bisher nur wenig vom Schrifttum angesprochen worden, gesetzliche Regelungen oder Rechtsprechung fehlen oft ganz. Dabei kann gerade die Bemessung der Ersitzungsfrist bei einem Wechsel des Belegenheitsortes vor deren Vollendung für den Erwerb von Kunstwerken entscheidende Bedeutung erlangen. Nach der vom Verfasser vertretenen Auffassung ist daher auch für die Frage, ob ein Werk „entarteter Kunst" ersessen worden ist, deutsches Recht als das Recht am Ort des Abhandenkommens maßgeblich und nicht die von der herrschenden Ansicht bevorzugte *lex rei sitae*.

Gibt man dem Belegenheitsstatut den Vorzug, so wird der vor dem Statutenwechsel vollendete Ersitzungserwerb von dem neuen Statut auch dann anerkannt, wenn dieses eine längere Besitzzeit als erforderlich erachtet. Ereignet sich ein Belegenheitswechsel vor Vollendung der Ersitzungsfrist, so entscheidet das neue Belegenheitsstatut über den Rechtserwerb, also insbesondere über die Dauer der Ersitzungsfrist und darüber, ob Besitzzeiten von Rechtsvorgängern angerechnet werden können. Ausländische Besitzzeiten werden nur dann angerechnet, wenn das vorherige Statut die Ersitzung ebenfalls zuläßt und den Lauf der Ersitzungsfrist nicht als gehemmt oder unterbrochen einstuft. Kommt es zu einem doppelten Statutenwechsel und kennt das Durchgangsstatut keine Ersitzung, so können lediglich die Zeiten desjenigen Statuts Anrechnung finden, unter dem die Ersitzung begonnen wurde, während die Besitzzeiten des Durchgangsstatuts unberücksichtigt bleiben müssen.

1 Vgl. hierzu oben, S. 102 und S. 143 ff.

B. Ersitzung „entarteter Kunst" nach deutschem Recht

I. Die Regelung der §§ 937 ff. BGB

Der originäre Eigentumserwerb der Ersitzung soll nach wohl allgemeiner Ansicht der Befriedung und damit der Sicherheit des Rechtsverkehrs dienen, indem ein dauerndes Auseinanderfallen von Besitz und Eigentum verhindert wird.[2] Voraussetzung ist allein der zehnjährige mittelbare[3] oder unmittelbare Eigenbesitz. Wie auch beim rechtsgeschäftlich gutgläubigen Erwerb ist die Gutgläubigkeit keine Voraussetzung des Erwerbs, Bösgläubigkeit schließt eine Ersitzung jedoch aus, wie bereits der Wortlaut des § 937 Abs. 2 BGB — im Gegensatz zu § 932 Abs. 1 BGB — deutlich macht.[4]

Der Inhalt des guten Glaubens bestimmt sich nach § 937 Abs. 2 iVm. § 932 Abs. 2 BGB, so daß bei dem Erwerb Kenntnis und grob fahrlässige Unkenntnis des fehlenden Eigentums schaden, während im Verlauf der Ersitzungszeit nur noch positive Kenntnis eine Ersitzung ausschließen kann. Auch im Falle der Ersitzung reicht bei dem Erwerb von einem Kaufmann der gute Glaube an die Veräußerungsbefugnis gemäß § 366 HGB aus. Hinsichtlich des Vorwurfs der Fahrlässigkeit kann auf das bereits oben Gesagte verwiesen werden;[5] die Kenntnis allein, daß es sich bei dem Werk um „entartete Kunst" handelt, kann nicht genügen, um die Bösgläubigkeit des Erwerbers zu bejahen.[6] Wird der Eigentumsanspruch während des Verlaufs der Ersitzungsfrist außergerichtlich geltend gemacht, kann dies den Besitzer bösgläubig werden lassen, wenn er nicht geeignete Nachforschungen unternimmt, die seinen guten Glauben in das Eigentum des Veräußerers rechtfertigen.[7]

---

2 Vgl. *MünchKomm-Quack*, § 937 Rn. 1; *Soergel-Mühl*, § 937 Rn. 1.

3 Siehe hierzu den Wortlaut von § 941 BGB, der die Möglichkeit der Ersitzung auch bei mittelbarem Eigenbesitz voraussetzt.

4 Dennoch erheben *Staudinger-Wiegand*, § 937 Rn. 1 und *Soergel-Mühl*, § 937 Rn. 5 die Gutgläubigkeit zur Erwerbsvoraussetzung.

5 Siehe oben, S. 170 ff.

6 So auch *MünchKomm-Quack*, § 937 Rn. 15; a.A. *Reich/Fischer*, NJW 1993, S. 1417 ff., 1420. Anders wohl auch *Soergel-Mühl*, § 937 Rn. 6, der ohne Begründung von dem Bestehen einer Nachforschungspflicht ausgeht; dies ist jedoch aus den oben (S. 170 ff.) genannten Gründen nicht haltbar.

7 Vgl. BG 13.12.1968, BGE 94 II 297 [312]; hierzu bereits oben, S. 173. Siehe ferner *Palandt-Bassenge*, § 941 Rn. 1.

II. Die Beweislast bei Ersitzung

Für die Frage der Beweislast ist wie folgt zu unterscheiden: Da dem Erwerber für die hier behandelten Fälle „entarteter Kunst" regelmäßig die Eigentumsvermutung des § 1006 Abs. 1 BGB aufgrund des Ausschlußtatbestandes in § 1006 Abs. 1 S. 2 BGB nicht zusteht,[8] ist es seine Aufgabe zu beweisen, daß er Eigenbesitzer und die Ersitzungsfrist tatsächlich abgelaufen ist.[9] Zugunsten des Erwerbers streitet jedoch die Vorschrift des § 938 BGB, die die Vermutung aufstellt, daß der Eigenbesitz während der gesamten Zeit des Besitzes bestanden hat. Wie sich bereits aus § 937 Abs. 2 BGB ergibt, muß der Herausgabebegehrende seinerseits — wie im Rahmen des § 932 BGB — die Bösgläubigkeit unter Beweis stellen.

Daraus ergibt sich, daß der Herausgabebegehrende seine Klage aus § 985 BGB nur dann erfolgreich führen kann, wenn er dem Besitzer nachweist, daß dieser entweder im Zeitpunkt des Besitzerwerbs nicht als Eigenbesitzer, sondern für einen anderen besitzen wollte oder zumindest grob fahrlässig an das Eigentum des Veräußernden geglaubt, bzw. Kenntnis von der fehlenden Eigentümerstellung des Veräußerers während der Besitzzeit erlangt hat.[10] All dies sind äußerst subjektive Momente, für die der Kläger, da er regelmäßig nicht bei der Besitzerlangung anwesend war, nur schwerlich überzeugende Tatsachen oder Argumente wird vorbringen können. Auch dem (ehemaligen) Eigentümer „entarteter Kunst" wird es daher im Regelfall Schwierigkeiten bereiten, einen Eigentumserwerb durch Ersitzung zu entkräften.

III. Anrechnung der Besitzzeit des Rechtsvorgängers

Es kommt hinzu, daß der Rechtsnachfolger gemäß § 943 BGB die Besitzzeiten des Vorgängers auf seine Ersitzungsfrist anrechnen kann, wenn beide die Voraussetzungen der Ersitzung erfüllen und nicht bösgläubig sind.[11] Dabei ist die Frage, ob der Nachfolger seinen Besitz auf Einzel- oder Gesamtrechts-

---

8 Die Einziehungen der Nationalsozialisten begründen ein Abhandenkommen, hierzu bereits oben, S. 167 und S. 185.

9 RG 14.3.1903, RGZ 54, 133 [135]; *Soergel-Mühl,* § 937 Rn. 8; *MünchKomm-Quack,* § 937 Rn. 26; *Staudinger-Wiegand,* § 937 Rn. 2.

10 Die Ansicht von *Staudinger-Wiegand,* § 937 Rn. 2, daß der Besitzer den erforderlichen Eigenbesitzerwillen zu beweisen habe, erscheint angesichts der klaren Aussage des BGH (13.7.1970, WM 1970, S. 1272) sowie der Struktur des Gesetzes nicht haltbar. Der Verweis auf *Planck,* § 937 Anm. 2 aa, sowie andere Literatur aus der ersten Hälfte dieses Jahrhunderts ist überholt; *MünchKomm-Quack,* Rn. 26, bezieht insoweit nicht ausdrücklich Stellung.

11 Vgl. *Staudinger-Wiegand,* § 943 Rn. 4; *Soergel-Mühl,* § 943 Rn. 3.

nachfolge stützt, nur für die Gutgläubigkeit von Bedeutung. Da sich die Einzelrechtsnachfolge regelmäßig nach § 854 BGB bemißt, erwarten den Nachfolger hier keine Besonderheiten. Für die Gesamtrechtsnachfolge dagegen ist streitig, ob der Erbe im Zeitpunkt des Erbfalls (§ 857 BGB) oder erst im Zeitpunkt der Erlangung der tatsächlichen Sachherrschaft (§ 854 Abs. 1 BGB) gutgläubig im Sinne der §§ 937 Abs. 2, 932 Abs. 2 BGB sein muß. Dabei ist der letztgenannten Auffassung zuzustimmen, da in der Tat die Besitzerlangungsfiktion des § 857 BGB nicht beinhalten kann, daß der Erbe bezüglich jedes einzelnen Nachlaßgegenstandes einen Eigenbesitzerwillen ausbildet, der für § 937 BGB unerläßlich ist.[12]

Doch wie ist zu verfahren, wenn — wie im Beispiel der „Sumpflegende" — Besitzzeiten und Vorbesitzer (teilweise) im Dunkeln liegen? Gemäß der oben aufgezeigten Beweislastverteilung wird davon auszugehen sein, daß der Besitzer diese Zeiten nicht für sich in Anspruch nehmen kann, weil die ihm zur Seite stehende Vermutung des § 938 BGB nur greift, wenn er zumindest eine Besitzerlangung und damit eben auch einen Besitzer benennen kann. Ebenso ist es ihm verwehrt, auf diejenigen Besitzzeiten zurückzugreifen, die vor einer Periode unbekannter Besitzer lagen und für die der Besitz wieder dokumentiert ist. Denn die verstrichene Ersitzungszeit ist zwar nicht als Anwartschaft,[13] aber als Rechtsposition anzusehen, die zusammen mit dem Besitz übertragen wird,[14] so daß der Besitzer die ihm vorangegangenen Besitzzeiten nur dann für sich in Anspruch nehmen kann, wenn er sie positiv von dem Rechtsvorgänger ableiten kann, wofür ihn die Darlegungs- und Beweislast trifft.

IV. Hemmung der Ersitzungsfrist gemäß § 939 BGB

Wie bereits erwähnt, war Frau Küppers-Lissitzky ihrem Mann zunächst aus freiem Entschluß nach Rußland gefolgt. Nach dessen Tod im Jahr 1941 wurde

---

[12] So vor allem *MünchKomm-Quack*, § 943 Rn. 9; zustimmend *Soergel-Mühl*, § 943 Rn. 5; *Baur/Stürner*, SachenR, § 53 h II. A.A. mit Hinweis auf den Regelungszweck der §§ 943, 857 BGB *Staudinger-Wiegand*, § 943 Rn. 5; *Erman-Hefermehl*, § 943 Rn. 2.

Nach anderer Auffassung übernimmt der Erbe als „Repräsentant" des Erblassers auch dessen Bösgläubigkeit, vgl. *Krämer*, NJW 1997, S. 2580 f. Diese Ansicht, die sich auf § 858 Abs. 2 BGB stützen möchte, übersieht jedoch, daß diese Norm die Fehlerhaftigkeit des Besitzes des Rechtsvorgängers aus objektiven Tatsachen — nämlich der verbotenen Eigenmacht — und nicht aus dessen Bösgläubigkeit ableitet. Die Bösgläubigkeit geht daher nicht auf den Erben über, sondern ist für diesen neu zu bestimmen.

[13] So zu recht *MünchKomm-Quack*, § 943 Rn. 10.

[14] Vgl. *Soergel-Mühl*, § 943 Rn. 1 mit Hinweis auf die Motive des Gesetzgebers; *Staudinger-Wiegand*, § 943 Rn. 6.

sie jedoch zusammen mit ihrem Sohn Jen Lissitzky und den Kindern aus erster Ehe nach Nowosibirsk verbannt, wo sie zu Beginn der achtziger Jahre verstarb. Eine auch nur kurzzeitige Ausreise war unmöglich. So mag es auch zahlreichen anderen privaten Leihgebern bei entsprechender politischer Konstellation praktisch unmöglich gewesen sein, zunächst herauszufinden, wo sich die zurückgelassenen Bilder mittlerweile befanden, und darüber hinaus den Eigentumsanspruch geltend zu machen. Solange der Eigentümer sein Recht, die Herausgabe des Werkes zu verlangen, aus tatsächlichen oder rechtlichen Gründen nicht durchsetzen kann, entspricht es der Billigkeit, ihm daraus keine Rechtsnachteile erwachsen zu lassen. Diesen Gesichtspunkt berücksichtigt § 939 BGB, der den Ablauf der Ersitzungsfrist an den Lauf der Verjährung des Herausgabeanspruches gemäß § 985 BGB koppelt. Die sich hieraus ergebenden Möglichkeiten sind jedoch geringer, als dies zunächst den Anschein haben mag.

Während und nach Beendigung des zweiten Weltkriegs ergingen zahlreiche Regelungen, um kriegsbedingte Verhinderungen bei der Geltendmachung von Ansprüchen aufzufangen.[15] Von Bedeutung ist in unserem Zusammenhang die zweite Kriegsmaßnahmeverordnung,[16] deren § 32 eine generelle Hemmung der Verjährungsfristen ab dem 15.10.1944 bis zum Ende des Jahres 1945 anordnete. Nach dem Zusammenbruch der nationalsozialistischen Gewaltherrschaft verlängerten zahlreiche (spätere Bundes-) Länder diese Regelung, teilweise bis zum Ende des Jahres 1948.[17] Zumindest während dieser Zeit — zusammen mindestens 14 1/2 Monate, längstens 4 Jahre und 2 1/2 Monate — war die Ersitzungsfrist gehemmt, so daß sie sich gemäß § 205 BGB um diese Zeitspanne verlängert, wenn ein Besitzer sich auf Ersitzung während dieser Zeit beruft. In diesem Rahmen ist ebenfalls auf das sog. Kriegsverjährungs-

---

[15] Diese sind Art. 8 der Verordnung vom 1.9.1939 (RGBl. I, S. 1565), dessen Anordnung einer allgemeinen Hemmung sämtlicher Verjährungsfristen jedoch bald aufgehoben wurde; §§ 30 bis 32 der sog. Vertragshilfeverordnung vom 30.11.1939 (RGBl. I, S. 2329), geändert durch Verordnung vom 3.11.1941 (RGBl. I, S. 684) mit nur eingeschränktem persönlichen Anwendungsbereich; die zweite Kriegsmaßnahmeverordnung vom 27.9.1944 (RGBl. I, S. 229), die erneut eine Hemmung sämtlicher Verjährungsfristen anordnete und deren Geltungsdauer nach der Kapitulation in fast allen Ländern des besetzten Deutschlands verlängert wurde; das sog Kriegsverjährungsschlußgesetz vom 28.12.1950 (BGBl. I, S. 821), ergänzt durch Gesetz vom 30.3.1951 (BGBl. I, S. 213), wiederum mit beschränktem persönlichen Anwendungsbereich, sowie das Gesetz Nr. 67 der Alliierten Hohen Kommission „Fristen, die Ausländer betreffen" vom 23.11.1951 (AHKABl. S. 1310). Die Gesetze und Verordnungen sind teilweise wiedergegeben und kommentiert in *Palandt-Danckelmann*, 16. Aufl., Anhang zu § 202.

[16] Verordnung über außerordentliche Maßnahmen auf dem Gebiete des bürgerlichen Rechts, der bürgerlichen Rechtspflege und des Kostenrechts aus Anlaß des totalen Krieges vom 27.9.1944, siehe vorige Note.

[17] Vgl. die Nachweise bei *Palandt-Danckelmann*, 16. Aufl., Anhang zu § 202, Vorb. 1a-d.

schlußgesetz[18] hinzuweisen, dessen § 2 die Verjährung von bürgerlich-rechtlichen Ansprüchen, deren Berechtigte oder Verpflichtete sich kriegsbedingt unfreiwillig außerhalb des Gebietes der deutschen Gerichtsbarkeit aufhielten, bis zu deren Rückkehr oder Rückkehrmöglichkeit hemmte. Nach § 4 war diese Vorschrift auch auf die Ersitzungsfrist entsprechend anzuwenden. Angesichts der Tatsache, daß ein Großteil der von den Einziehungen Betroffenen juristische Personen waren, erlangt diese Vorschrift allein für private Leihgeber Bedeutung, und auch hier nur für diejenigen, die sich nach dem Krieg noch in Gefangenschaft befanden, da auch Evakuierte und Heimatvertriebene vom Anwendungsbereich nicht mehr erfaßt wurden.[19] Eine Hemmung nach dieser Vorschrift tritt folglich ebensowenig für Frau Küppers-Lissitzky ein, die Deutschland bereits in den zwanziger Jahren verließ, wie für jüdische Leihgeber, die der Verfolgung der Nationalsozialisten ausgesetzt waren. Eine Vorschrift, die sich ihrer diesbezüglichen Belange annehmen würde, wurde offenbar im Hinblick auf die Wiedergutmachungsgesetze nicht für erforderlich erachtet.

Verbleibt noch, eine Hemmung gemäß § 939 iVm. § 203 BGB zu erörtern; nach diesen Vorschriften hemmen der Stillstand der Rechtspflege oder höhere Gewalt die Verjährung; eine Ersitzung kann während dieser Zeit nicht eintreten. Dabei erfordert der Wortlaut des § 939 BGB, daß der Berechtigte während der letzten sechs Monate *der Verjährungsfrist des Herausgabeanspruchs* an der Rechtsverfolgung verhindert war. Gemeint ist mit dieser Verweisung also nicht, daß der Berechtigte während der letzten sechs Monate der *Ersitzungsfrist* an der Geltendmachung seines Anspruches gehindert war.[20] Die Verjährung des Anspruchs aus § 985 BGB beträgt 30 Jahre, § 195 BGB.[21] Regelmäßig werden der Beginn der zehnjährigen Ersitzungsfrist und der Beginn der dreißigjährigen Verjährungsfrist zusammenfallen, da in beiden Fällen die Besitzerlangung das maßgebliche Moment darstellt.[22] Wenn also gemäß § 939 iVm. § 203 BGB nach 29 1/2 Jahren eine Hemmung der Verjährung eintreten könnte, wird die nur zehnjährige Ersitzungsfrist in aller Regel längst

---

[18] Zweites Gesetz über den Ablauf der durch Kriegs- oder Nachkriegsvorschriften gehemmten Fristen vom 28.12.1950, siehe Fn. 15. Vgl. hierzu auch *MünchKomm-von Feldmann*, § 202 Rn. 12.

[19] Vgl. *Palandt-Danckelmann*, 16. Aufl., Anhang II zu § 202, Anm. 1, mit dem Argument, daß diese „irgendwo seßhaft geworden sind, [...] also ohne Schwierigkeit verklagt werden können und selbst auch wieder in der Lage sind, ihre Rechte zu verfolgen."

[20] Unbestrittene Ansicht, vgl. *Palandt-Bassenge*, § 939 Rn. 1; *MünchKomm-Quack*, § 939 Rn. 3.

[21] So zumindest die herrschende Ansicht, vgl. nur *MünchKomm-Medicus*, § 985 Rn. 24; *Palandt-Heinrichs*, § 195 Rn. 6.

[22] Für den Beginn der Ersitzungsfrist ist Eigenbesitz erforderlich, die Verjährung des Anspruchs aus § 985 BGB beginnt mit dem Entstehen der Vindikationslage, die ebenfalls Besitz des Anspruchsgegners voraussetzt.

abgelaufen sein, so daß diese Möglichkeit als Einwendung gegen eine Ersitzung wohl praktisch keine Rolle spielen wird.[23] Erschwerend kommt hinzu, daß die Verjährungs- und damit die Ersitzungsfrist nur so lange gehemmt sind, wie die Verhinderung innerhalb der letzten sechs Monate andauerte. Nur der Zeitraum, für den die Hinderungsgründe innerhalb jener sechs Monate vorgelegen haben, wird nicht in die Frist eingerechnet.[24]

All diese Gesichtspunkte sind von dem schweizerischen Bundesgericht in der Entscheidung in Sachen *Koerfer gegen Goldschmidt* nicht ausreichend berücksichtigt worden, wenn das Gericht feststellt, daß ein Besitz ohne Möglichkeit der Anfechtung durch den Berechtigten nicht zur Ersitzung tauge und dadurch, daß dem Juden Goldschmidt aufgrund seiner Verfolgung während der Zeit der nationalsozialistischen Zwangsherrschaft diese Möglichkeit nicht offenstand, auch eine Ersitzung nach deutschem Recht nicht habe stattfinden können.[25] Selbst wenn man in der Verhinderung einen Fall höherer Gewalt sähe, bietet das deutsche Recht keine Möglichkeit, diese dem Ablauf der Ersitzungsfrist erfolgreich entgegenzusetzen, von der kaum beachtlichen Verweisung des § 939 BGB auf § 203 Abs. 2 BGB einmal abgesehen.

Damit muß festgehalten werden, daß allein aufgrund § 32 Kriegsmaßnahmeverordnung eine generelle Hemmung der Ersitzungsfrist in der Zeit zwischen dem 15.10.1944 bis längstens 31.12.1948 eingetreten sein kann. Die Hemmungsmöglichkeit des § 4 iVm. § 2 Kriegsverjährungsschlußgesetz wird nur in außergewöhnlichen Fällen, nämlich dann, wenn ein privater Leihgeber infolge Verschleppung oder Kriegsgefangenschaft an der Geltendmachung seines Herausgabeanspruchs gehindert war, Wirkung entfalten können. Dem Erben von Frau Küppers-Lissitzky wird dies freilich heute keine Erleichterung bringen, da seine Eltern bereits vor dem Krieg nach Rußland auswanderten und die Verbannung nicht durch den Krieg bedingt war. Andere Hemmungsmöglichkeiten gewährt das deutsche Recht nicht.

---

[23] Anders die Verweisung des § 1594 Abs. 3 BGB, der eine entsprechende Anwendung des § 203 BGB auf die Frist zur Ehelichkeitsanfechtung vorsieht.

[24] BGH 16.6.1982, FamRZ 1982, S. 917 f., 918.

[25] BG 13.12.1968, BGE 94 II 297 [308]. Vgl. hierzu bereits oben, S. 173.

C. Ersitzung „entarteter Kunst" nach schweizerischem Recht

I. Die Voraussetzungen des Art. 728 ZGB

Auch das schweizerische Sachenrecht räumt der Aussicht, das Eigentum an einer Sache durch Ersitzung zu erlangen, angesichts der Möglichkeit des rechtsgeschäftlichen gutgläubigen Erwerbs nur untergeordnete Bedeutung ein.[26] Art. 728 ZGB läßt seine Rechtsfolge jedoch bereits nach fünf Jahren eintreten, sofern der Eigenbesitz während der gesamten Dauer ununterbrochen und unangefochten bestand und der Eigenbesitzer gutgläubig war. Die Unangefochtenheit des Besitzes wird allein durch Klagerhebung beseitigt, wobei eine außergerichtliche Geltendmachung geeignet ist, den guten Glauben zu zerstören.[27] Korrespondierend zur deutschen Lösung ist während der Ersitzungsfrist der Nachweis positiver Kenntnis zur Beseitigung der Gutglaubensvermutung des Art. 3 Abs. 2 ZGB erforderlich, während bei Besitzerlangung bereits grob fahrlässige Unkenntnis ausreicht.[28] Besitzzeiten der Vorbesitzer können gemäß Art. 941 ZGB angerechnet werden, soweit sie ebenfalls gutgläubig waren und der Besitz derivativ erworben wurde, also nicht ohne oder gegen den Willen des vorherigen Besitzers.[29]

Es zeigt sich also, daß die Voraussetzungen der Ersitzung nach dem schweizerischen Recht mit Ausnahme der kürzeren Ersitzungsfrist der deutschen Regelung weitgehend entsprechen, so daß auf die diesbezüglichen Ausführungen verwiesen werden kann.[30]

II. Hemmung der Ersitzung

Die Ersitzung ist in Bezug auf den Lauf ihrer Fristen in der Schweiz ähnlich wie im deutschen Recht an die Regelung über die Verjährung von Forderungen gekoppelt.[31] Für unseren Fall bedeutsam ist die Möglichkeit der Hem-

---

[26] Vgl. *Rey*, Grundlagen des Sachenrechts, Rn. 1984.

[27] Vgl. BG 13.12.1968, BGE 94 II 297 [310]; *Rey*, Grundlagen des Sachenrechts, Rn. 2002.

[28] Vgl. *Rey*, Grundlagen des Sachenrechts, Rn. 2005 m.w.Nachw.

[29] *Rey*, Grundlagen des Sachenrechts, Rn. 2007. Parallel zur deutschen Lösung verweist Art. 728 Abs. III ZGB bezüglich der Fristberechnung auf die Vorschriften über die Verjährung von Forderungen, Art. 127 ff. Obligationenrecht (OR).

[30] Vgl. insoweit oben, S. 225 ff.

[31] Art. 728 Abs. III ZGB iVm. Art. 127 ff. OR.

mung der Ersitzungsfrist, solange der Anspruch vor einem schweizerischen Gericht nicht geltend gemacht werden kann, Art 134 Abs. I Ziff. 6 OR.[32]

Die Auslegung des auf den ersten Blick seinem Wortlaut nach recht weit gefaßten Hemmungsgrundes ist in der schweizerischen Literatur und Rechtsprechung umstritten. Die wohl herrschende Ansicht tendiert dahin, nur objektive, von den persönlichen Verhältnissen des Gläubigers unabhängige Hinderungsgründe anzuerkennen, insbesondere den Fall, daß ein Gerichtsstand in der Schweiz fehlt.[33] Subjektive Hinderungsgründe, die in der Person oder den persönlichen Verhältnissen des Eigentümers begründet sind, sollen dagegen unberücksichtigt bleiben.[34] Für diese muß er selbst einstehen, gewährt ihm die Rechtsordnung keinen Aufschub. Der Grund für diese enge Auslegung liegt zum einen im Wortlaut und in der Stellung der Bestimmung innerhalb des Art. 134 OR, die nicht auf einen allgemeinen Auffangtatbestand schließen lassen, sowie darin, daß auch die übrigen in Art. 134 OR genannten Hemmungsgründe für den Schuldner leicht erkennbar sind und er ihnen daher gebührend Rechnung tragen kann. Folglich könnten subjektive Hinderungsgründe auch in Form von höherer Gewalt keine Hemmung der Verjährung bewirken.[35]

Ein Gerichtsstand in der Schweiz war jedoch zu jeder Zeit gegeben, so daß die persönliche Verhinderung eines einzelnen ohne Berücksichtigung bleiben muß. Eine Hemmung der Ersitzungsfrist kann daher nach schweizerischem Recht nicht angenommen werden.

---

32 Außerhalb der Betrachtung kann Art. 4 Abs. 2 des Bundesbeschlusses vom 20.12.1962 (AS 1963, S. 427) über die in der Schweiz befindlichen Vermögen rassisch, religiös oder politisch verfolgter Ausländer oder Staatenloser bleiben. Zwar bestimmt diese Norm einen Stillstand der Verjährung auch aus Gründen höherer Gewalt, jedoch ist der persönliche Anwendungsbereich gemäß Art. 1 beschränkt auf ausländische Staatsangehörige oder Staatenlose, von denen seit dem 9. Mai 1945 zuverlässige Nachrichten fehlen und von denen man weiß oder vermutet, daß sie Opfer rassischer, religiöser oder politischer Verfolgung wurden. Daß die schweizerischen Gerichte diesen Begriff anders auslegen würden als die deutschen, die Ansprüche auf Herausgabe „entarteter Kunst" nicht dem Wiedergutmachungsrecht unterstellten, darf bezweifelt werden. Vgl. hierzu BG 13.10.1964, BGE 90 II 428 [441].

33 Vgl. BG 9.10.1962, BGE 88 II 283 und BG 13.10.1964, BGE 90 II 428; *Gauch/Aepli/Casanova*, Obligationenrecht AT, Art 134 Abs. 1 Ziff. 6; *Bucher*, Schweizerisches Obligationenrecht AT, S. 461 f.

34 Diese subjektiven Gesichtspunkte, insb. höhere Gewalt, möchte jedoch die Gegenansicht berücksichtigt wissen, vgl. *Guhl*, Das schweizerische Obligationenrecht, S. 298; *Fick*, SJZ 1914/15, S. 181 f., 182, mit Vergleich zur deutschen Lösung.

35 Insb. BG 13.10.1964, BGE 90 II 428 [438 f.].

D. Zwischenergebnis

Die Möglichkeit des deutschen Rechts, nach zehnjährigem gutgläubigen Eigenbesitz das Eigentum auch an abhanden gekommenen Sachen zu erwerben, bietet dem Erwerber eines Werks „entarteter Kunst" mehr als sechzig Jahre nach den Einziehungen wohl eine sichere Grundlage für einen Eigentumserwerb. Er kann dabei auf die Vermutung des fortgesetzten Eigenbesitzes zurückgreifen sowie darauf, daß seine Bösgläubigkeit erneut vom Herausgabebegehrenden nachzuweisen ist und ihm während der Ersitzungsfrist lediglich positive Kenntnis schadet. Die Zeiten der Vorbesitzer kann er sich anrechnen lassen, sofern diese ebenfalls die Voraussetzungen erfüllen und nicht (erwiesenermaßen) bösgläubig waren. Eine Anrechnung nicht nachweisbarer Besitzzeiten wird dagegen nicht möglich sein. Hemmungsgründe bestanden allein in der Zeit bis 1948 aufgrund der zweiten Kriegsmaßnahmeverordnung, während dem Verjährungsschlußgesetz sowie § 939 BGB kaum eine praktische Bedeutung zuzumessen ist.

In der Schweiz tritt eine Ersitzung bereits nach fünf Jahren unter ähnlichen Voraussetzungen ein, was nur relevant ist, wenn man mit der herrschenden Auffassung auf das Recht am Belegenheitsort zurückgreift. Eine Hemmung der Ersitzungsfrist ist hier gar nicht anzunehmen. Abschließend soll noch darauf hingewiesen werden, daß manche Länder noch kürzere Ersitzungsfristen vorsehen, z.B. Österreich und Frankreich, die einen Ersitzungserwerb bereits nach drei Jahren festschreiben.[36] Angesichts der Länge der vergangenen Zeit wird daher bei heutiger Betrachtung wohl regelmäßig von einem Erwerb durch Ersitzung ausgegangen werden müssen.

[36] Vgl. §§ 1461, 1466 ABGB bzw. Art. 2279 C.C.fr.

§ 11 Verjährung des Herausgabeanspruchs

Sachenrechtliche Rechtspositionen unterliegen nicht der Verjährung. Dies ergibt sich bereits aus § 194 BGB, nach dem lediglich das Recht, von einem anderen ein Tun oder ein Unterlassen zu verlangen, der Verjährung unterworfen ist. Verjähren können folglich nur Ansprüche, nicht jedoch dingliche Rechte. Das gilt in gleicher Weise für das Eigentum an einer Sache wie für daran begründete dingliche Sicherungs- oder Nutzungsrechte.[1] Das Eigentum unterliegt auch dann nicht der Verjährung, wenn Besitz und Eigentum über eine längere Zeit auseinanderfallen.

Der Herausgabeanspruch des § 985 BGB leitet sich unmittelbar aus dem Eigentum ab, steht somit allein dem Eigentümer zu und ist als Rechtsposition nicht ohne das Eigentum übertragbar.[2] Sein Wesen als Recht, von einem anderen die Herausgabe einer Sache verlangen zu können, soll ihn der Vorschrift der §§ 195 ff. BGB zugänglich sein lassen. Die in Deutschland wenig bestrittene Ansicht geht daher davon aus, daß der Herausgabeanspruch des § 985 BGB der dreißigjährigen Verjährungsfrist unterliegt, schon deshalb, um eine dauerhafte Diskrepanz zwischen der rechtlichen und der tatsächlichen Zuordnung einer Sache zu einer Person zu vermeiden.[3]

Im kollisionsrechtlichen Teil dieser Arbeit wurde vorgeschlagen, auf die Verjährung des Herausgabeanspruchs auch dann deutsches Recht anzuwenden, wenn der Anspruch selbst nicht deutschem Recht untersteht. Doch selbst dann, wenn man die Verjährung des Herausgabeanspruchs nicht selbständig anknüpft, kann eine vergleichende Betrachtung der schweizerischen Rechtsordnung unterbleiben, da diese sich dafür ausgesprochen hat, den Herausgabeanspruch nicht der Verjährung zu unterwerfen.

---

1 Einzige Ausnahme ist das Erlöschen nichteingetragener Rechte infolge der Verjährung gemäß § 901 BGB.

2 Vgl. nur *Palandt-Bassenge*, § 985 Rn. 2.

3 *Palandt-Heinrichs*, § 194, Rn. 2, 11; *Baur/Stürner*, SachenR, § 11 C I 3 c; *Staudinger-Gursky*, § 985 Rn. 52; *Soergel-Mühl*, § 985 BGB Rn. 26; *Erman-Hefermehl*, § 937 Rn. 7. A.A. *Müller*, SachenR, Rn. 455; auch *Henckel*, AcP 174 (1974), S. 97 ff., 130, der jedoch darauf hinweist, daß selbst bei Annahme einer Verjährbarkeit dem Eigentümer der unverjährbare Untersagungsanspruch aus § 1004 BGB zustünde, mit der der Eigentümer dem Besitzer „alle Handlungen verbieten könne, die ihm den Besitz interessant machen."

A. Zur Kritik an der Verjährbarkeit des Herausgabeanspruches

Diese Lösung des deutschen Rechts ist auch vom schweizerischen Bundesgericht als sonderbar und künstlich verworfen worden.[4] Im Bereich der deutschen Rechtsordnung bleiben die Stimmen, die sich gegen eine Verjährbarkeit des Herausgabeanspruchs aussprechen, in der Minderheit. Nicht ohne Berechtigung weisen sie jedoch darauf hin, daß die Verjährbarkeit ausschließlich dem bösgläubigen Besitzer zugute kommt, dem die Möglichkeit zur Ersitzung der Sache nach 10 Jahren gerade infolge seiner Bösgläubigkeit verschlossen bleibt. Daß hierdurch sogar der Dieb selbst berechtigt ist, die Herausgabe einer Sache zu verweigern, ist in der Tat eine wenig verständliche Ungerechtigkeit. Die Vertreter dieser Auffassung geben darüber hinaus zu bedenken, daß diese Lösung den Eigentümer geradezu ermuntert, dem Besitzer die Sache noch vor Ablauf der Verjährungsfrist — wenn nötig auch gewaltsam — wegzunehmen. Zwar wäre er dann gemäß § 861 BGB zur Herausgabe verpflichtet; der Anspruch aus § 985 BGB entstünde sodann jedoch von neuem mit der Folge, daß auch die Verjährungsfrist neu begänne und die Verjährung des „alten" Anspruchs aus § 985 BGB dem „neuen" nun nicht mehr entgegenzusetzen wäre.[5]

Es sprechen daher durchaus gewichtige Argumente dafür, die Verjährbarkeit des Herausgabeanspruchs aus § 985 BGB abzulehnen.

B. Anrechnung der Besitzzeiten des Vorbesitzers

Nimmt man jedoch mit der herrschenden Auffassung die Anwendbarkeit der §§ 195 ff. BGB auf den Herausgabeanspruch des § 985 BGB an, so stellt sich wie im Rahmen der Ersitzung die Frage, in welchem Umfang die Besitzzeiten der Vorbesitzer auf die zugunsten des aktuellen Besitzers laufende Verjährungsfrist angerechnet werden können.

---

4 BG 15.2.1922, BGE 48 II 38 [45]; 8.12.1959, BGE 85 II, 373 [375] mit dem Argument, die Regelung des Art. 127 OR beziehe sich schon nach ihrer Einbindung in das Obligationenrecht wie auch nach ihrem Wortlaut allein auf schuldrechtliche Forderungen. Zustimmend *Rey*, Grundlagen des Sachenrechts, Rn. 2031, 2035, 2113.

5 So insbesondere *Henckel*, AcP 174 (1974), S. 97 ff., 130; siehe ferner *K. Müller*, SachenR, Rn. 455; *Heck*, Grundriss des SachenR (1930), S. 126, der den verjährten Herausgabeanspruch einen „Rechtskrüppel" nennt.

Im Gegensatz zu schuldrechtlichen Ansprüchen, auf die eine Einzel- oder Gesamtrechtsnachfolge grundsätzlich keinen Einfluß hat,[6] beginnt die Verjährung eines dinglichen Anspruchs, der sich gegen den jeweiligen Besitzer einer Sache richtet, mit jedem Besitzwechsel von neuem. § 221 BGB erlaubt es daher, die Besitzzeiten des Rechtsvorgängers auf die eigene Besitzzeit anzurechnen, vorausgesetzt, der Besitz ist durch Rechtsnachfolge erlangt. Daher scheidet eine Anrechnung aus, wenn sich der Besitzer die Sache durch verbotene Eigenmacht verschafft hat.[7] Auch Besitzzeiten mehrerer Vorbesitzer kann sich der aktuelle Besitzer zurechnen lassen.

Weitere Voraussetzungen bestehen nicht. So sind die Schwierigkeiten bei der Anrechnung der Besitzzeiten eines Rechtsvorgängers vorwiegend kollisionsrechtlicher Natur und treten dann in Erscheinung, wenn sich während des Laufs der Verjährung ein Statutenwechsel ereignet. Hierzu wurde bereits oben ausführlich Stellung bezogen.[8]

C. Hemmung der Verjährung

Auf die Frage, inwieweit Verjährungsfristen infolge des zweiten Weltkrieges gehemmt waren, ist ebenso bereits oben eingegangen worden.[9] Es konnte festgehalten werden, daß insbesondere § 32 der Zweiten Kriegsmaßnahmeverordnung eine generelle Hemmung der Verjährungsfristen ab dem 15.10.1944 bis zum Ende des Jahres 1945 anordnete, die von manchen deutschen Ländern bis zum Ende des Jahres 1948 verlängert wurde. Daher verlängert sich die 30jährige Verjährungsfrist des § 195 BGB auch für den Herausgabeanspruch um mindestens 14 1/2 Monate, längstens jedoch 4 Jahre und 2 1/2 Monate.

Auch wurde zur Hemmung gemäß § 203 BGB bereits berichtet, daß der Stillstand der Rechtspflege oder eine durch höhere Gewalt herbeigeführte Verhinderung der Geltendmachung des Anspruchs nur während der letzten sechs Monate der Verjährungsfrist beachtlich sind.[10] Eine Verhinderung während der 29 1/2 Jahre vor diesem Zeitpunkt bleibt unbeachtlich. Eine Hemmung tritt ebenso nur für denjenigen Zeitraum ein, für den die Hinderungsgründe innerhalb jener sechs Monate vorgelegen haben. Entfällt der Hemmungs-

---

6 Allg. Ansicht, vgl. nur *Staudinger-Dilcher*, § 221 Rn. 1.

7 Ebenso allg. Ansicht, *Palandt-Heinrichs*, § 221 Rn. 1; *Erman-Hefermehl*, § 221 Rn. 4; *Staudinger-Peters*, § 221 Rn. 6.

8 Siehe oben, S. 149 ff.

9 Siehe oben, S. 228.

10 Siehe oben, S. 229.

grund, beginnt die noch verbleibende Zeit abzulaufen, so daß der durch die Hemmung zunächst Begünstigte sich nun beeilen muß, seinen Anspruch innerhalb dieses maximal halben Jahres verjährungsunterbrechend geltend zu machen. Der weitere Ablauf der Verjährungsfrist ist auch nicht davon abhängig, daß der Berechtigte Kenntnis von dem Wegfall des Hemmungsgrundes erlangt hat oder hätte erlangen können; allein der tatsächliche Wegfall ist maßgeblich.

So wird deutlich, daß eine Hemmung gemäß § 203 BGB nur in seltenen Ausnahmefällen geltend gemacht werden kann. Auch Jen Lissitzky hätte sich in seinem Bemühen, die Herausgabe der „Sumpflegende“ vor dem LG München II zu erreichen, nur dann auf eine Hemmung der Verjährung gemäß dieser Vorschrift stützen können, wenn er innerhalb von sechs Monaten nach Beendigung des Zustands, der seine Freizügigkeit innerhalb und außerhalb Rußlands verhinderte, Klage erhoben oder auf anderem Wege eine Unterbrechung der Verjährung herbeigeführt hätte. Die tatsächlich eingetretene Hemmung der Verjährung gemäß der Zweiten Kriegsmaßnahmeverordnung half ihm jedenfalls nicht, da sie einen maximalen Aufschub des Verjährungsendes bis zum Ende des Jahres 1971 brachte.[11]

[11] Die Verjährungsfrist begann mit der Beschlagnahme im Juli/August 1937, lief sodann wenig mehr als sieben Jahre, bis sie gemäß der Zweiten Kriegsmaßnahmeverordnung gehemmt wurde vom 15.10.1944 bis längstens Ende des Jahres 1948, um schließlich 23 Jahre später abzulaufen, mithin Ende 1971.

Weitere Anspruchsgrundlagen

§ 12 Kondiktionsansprüche

Das Bereicherungsrecht übt die Funktion aus, Gegenstände, die zu Unrecht in das Vermögen einer Person gelangt sind, abzuschöpfen und demjenigen, dem diese Gegenstände nach dem Gesamturteil der Rechtsordnung zustehen, zurückzuerstatten oder einen Wertersatzanspruch zu geben.[1] Voraussetzung für einen Anspruch aus § 812 Abs. 1 S. 1 BGB ist jedoch, daß diese Gegenstände ohne wirksames schuldrechtliches Grundgeschäft den Besitzer gewechselt haben. Insoweit ist zwischen Ansprüchen aus Leistungs- und solchen aus Eingriffskondiktion zu unterscheiden. Kann ein Anspruch bejaht werden, so läßt dieser nicht nur die Rückübertragung des Besitzes, sondern auch des Eigentums zu.[2] Es ist jedoch zu beachten, daß Rechtsprechung und Literatur die §§ 987 ff. BGB als grundsätzliche Sonderregelungen betrachten, die bei gleichzeitigem Vorliegen Kondiktionsansprüche aus § 812 Abs. 1 BGB ausschließen.[3]

A. Leistungskondiktion

Ansprüche gegen das Deutsche Reich bzw. die Bundesrepublik als dessen Nachfolger aus der sog. Leistungskondiktion gem. § 812 Abs. 1 S. 1 1. Alt. BGB sind schon begrifflich auszuschließen, da die Beschlagnahmen auf einer staatlichen Anordnung basierten und die Werke nicht aufgrund einer irgendwie gearteten Leistungsbeziehung in die Hände des Deutschen Reichs gelangten. Spätere „Leistungen" des Deutschen Reichs oder von Dritten, zur Erfüllung abgeschlossener Kaufverträge etwa, haben ebenso außer Betracht zu bleiben, da allein eine Leistung des ehemaligen Eigentümers diesem die Leistungskondiktion eröffnen könnte.

Denkbar wäre immerhin, daß der Herausgabebegehrende sich Leistungskondiktionsansprüche des Veräußernden abtreten läßt, sofern diese bestehen; das wiederum würde die Unwirksamkeit des schuldrechtlichen Kaufvertrags vor-

---

1 Vgl. statt vieler *MünchKomm-Lieb,* § 812 Rn. 1.

2 Zu den diesbezüglichen dogmatischen Problemen vgl. *Staudinger-Wiegand,* § 937 Rn. 23.

3 Vgl. nur *Palandt-Bassenge,* Vorbem. vor § 987 Rn. 19 ff. m.w.Nachw.

aussetzen.[4] Wie bereits festgestellt, behielten allerdings die Verpflichtungsgeschäfte des Deutschen Reichs im Rahmen der direkten Verwertung ihre Wirksamkeit.[5] Auch den auf nachfolgenden Stationen jeweils abgeschlossenen Kaufverträgen kann nicht schon deshalb die Gültigkeit abgesprochen werden, weil ihr Gegenstand ein Werk „entarteter Kunst" ist.

B. Eingriffskondiktion

Unter den Tatbestand des „Erlangens in sonstiger Weise ohne rechtlichen Grund" im Sinne von § 812 Abs. 1 S. 1 2. Alt. BGB, als deren Unterfall die Eingriffskondiktion behandelt wird, fallen insbesondere rechtsgrundlose Besitzentziehungen,[6] als welche die Beschlagnahmen „entarteter Kunst" anzusehen sind. Zunächst kommt hier ein Kondiktionsanspruch gegen den unmittelbar Eingreifenden, hier also gegen das Deutsche Reich in Betracht. Da sich das Deutsche Reich im Ergebnis aller Werke entledigte, sei es durch Verkaufs- und Tauschgeschäfte oder Vernichtung, wäre ein solcher Anspruch nur noch auf Ersatz des Wertes gemäß § 818 Abs. 2 BGB gerichtet und gegen die Bundesrepublik Deutschland geltend zu machen. Er unterliegt jedoch der regelmäßigen Verjährung gemäß § 195 BGB und ist unter Berücksichtigung der kriegsbedingten Hemmung spätestens seit Beginn der siebziger Jahre verjährt.

I. Das Subsidiaritätsdogma

Über diese Zweipersonenverhältnisse hinaus sind jedoch sowohl die Fälle der wirksamen Verfügung eines Nichtberechtigten als auch die Ersitzung als Eingriff in das Vermögen des Berechtigten anzusehen.[7] Es ist daher zu fragen, ob der (ehemalige) Eigentümer einen Bereicherungsanspruch gegen den jeweiligen Erwerber geltend machen kann. Dem stellt der BGH in ständiger Rechtsprechung zunächst den Grundsatz der Subsidiarität der Eingriffs- gegenüber der Leistungskondiktion entgegen. Nach seiner Auffassung kann sich

---

[4] Vgl. *Wolff/Raiser,* SachenR, § 71 IV, Fn. 21; *Larenz/Canaris,* Schuldrecht II/2, § 70 III 1. Teilweise wird auch angenommen, daß dem Eigentümer analog § 816 Abs. 1 S. 2 BGB infolge der rechtsgrundlosen Verfügung ein Anspruch direkt gegen den Erwerber zustünde, BGH 12.7.1962, BGHZ 37, 363 [383]; Grunsky, JZ 1962, S. 207 ff.

[5] Siehe oben, S. 190 ff..

[6] Vgl. *Palandt-Thomas,* § 812 Rn. 11.

[7] Siehe hierzu *MünchKomm-Lieb,* § 816 Rn. 2; im Fall der Ersitzung erwirbt der gutgläubige Besitzer das Eigentum direkt aus dem Vermögen des bisherigen Eigentümers, *Larenz/Canaris,* Schuldrecht II/2, § 67 III 2 b.

der (ehemalige) Eigentümer nämlich nur dann auf einen Anspruch aus Eingriffskondiktion berufen, wenn dem Empfänger der Gegenstand überhaupt nicht, also von niemandem geleistet worden ist.[8] Legt man diesen Grundsatz den hier zu behandelnden Fällen zugrunde, so wären Ansprüche aus Eingriffskondiktion zu verneinen, denn die Erwerber haben den Besitz an den Bildern regelmäßig aufgrund einer Leistung erhalten, sei es von seiten des Deutschen Reiches, von einem Kunsthändler oder zur Erfüllung eines nachfolgenden Kaufvertrages. Der BGH nimmt hiervon jedoch Fälle aus, in denen ein Eigentumserwerb an dem Gegenstand wegen § 935 Abs. 1 BGB ausgeschlossen ist.[9] Die als Leistung erbrachten Besitzübertragungen schließen daher in den hier behandelten Fällen eine Eingriffskondiktion nicht aus.

II. Eingriffskondiktion und gutgläubiger Erwerb

Ein Eingriff wird nach dem bisher erzielten Ergebnis nur dann zu bejahen sein, wenn ein wirksamer Eigentumserwerb stattgefunden hat. Beschränkt man den Blickwinkel auf das deutsche Recht, so konnte dies lediglich bei gutgläubigem Versteigerungserwerb oder bei Ersitzung festgestellt werden.

1. Eingriffskondiktion und Versteigerungserwerb gem. § 935 Abs. 2 BGB

In den Fällen, in denen sich der gutgläubige Ersteigerer auf ein wirksames Grundgeschäft für die Besitz- und Eigentumsübertragung stützen kann, besteht die Eingriffskondiktion nicht. Insoweit gibt die abschließende Vorschrift des § 816 Abs. 1 S. 1 BGB dem (ehemaligen) Eigentümer einen Erlösanspruch gegen den Veräußerer, wohingegen der Erwerber selbst gemäß § 816 Abs. 1 S. 2 BGB nur bei unentgeltlichem Erwerb in Anspruch genommen werden kann.[10] Insbesondere also in den hier relevanten Fällen des Versteigerungserwerbs gemäß § 935 Abs. 2 BGB, muß die schuldrechtlich wirksame Steigerung als causa angesehen werden, die in Verbindung mit der sachen-

---

[8] St. Rspr. des BGH seit dem Urteil vom 31.10.1963, BGHZ 40, 272 [278]; entwickelt in Fällen, in denen ein Lieferant seine Rechtsposition dadurch verliert, daß ein Werkunternehmer den Gegenstand in ein Gebäude einbaut (§ 950 BGB); verallgemeinert mit Urteil vom 20.6.1977, BGHZ 69, 186 [189].

[9] BGH 11.1.1971, BGHZ 55, 176 [177 f.], mit dem Hinweis auf die in § 935 Abs. 1 BGB getroffene überragende Wertung zugunsten des Eigentümers; zustimmend *Palandt-Bassenge,* § 951 Rn. 5; im Ergebnis auch *Larenz/Canaris,* Schuldrecht II/2, § 70 III 2 d m.w.Nachw.

[10] Allg. Ansicht, siehe BGH 30.10.1961, BGHZ 36, 56 [60]; *Larenz/Canaris,* Schuldrecht II/2, § 67 III 2 a m.w.Nachw.

rechtlichen Wertung den Eigentumsverlust endgültig werden läßt und auf diese Weise eine Eingriffskondiktion der von den Einziehungen betroffenen Museen und Sammler ausschließt. Zwar ist die Versteigerung einer Sache, die im Eigentum eines Dritten steht, als Eingriff in dessen Vermögen zu werten, jedoch geht insoweit der von der Rechtsordnung gewährte Gutglaubensschutz vor.

2. Eingriffskondiktion und Ersitzung gem. § 937 BGB

Bis heute umstritten ist jedoch die Frage, ob auch ein Eigentumserwerb durch Ersitzung Bereicherungsansprüche ausschließt oder nicht. Das Reichsgericht behandelte diese Thematik im sog. *Menzel-Fall*, dem folgender Sachverhalt zugrunde lag:[11]

Eine wegen Geistesschwäche entmündigte Münchnerin hatte der Pinakothek 66 Werke Adolf v. Menzels geschenkt. Ihr Vormund berief sich auf ihre Geschäftsunfähigkeit und verlangte die Bilder mehr als zehn Jahre später zurück.

Ausgangspunkt der Überlegungen ist die Frage, ob die Ersitzung eine *endgültige* Zuordnungsregel ist, die schuldrechtliche Rückgabeansprüche definitiv ausschließt,[12] oder lediglich eine *temporäre* Zuordnungsregel, die insbesondere bereicherungsrechtlich begründete Rückforderungen unangetastet läßt.[13] Dabei hält die überwiegende Ansicht der erstgenannten, restriktiven Auffassung richtigerweise entgegen, daß die Bestimmungen des Sachenrechts grundsätzlich nicht darüber entscheiden, ob die von ihnen getroffenen Zuordnungen zu recht erfolgt sind und Bestand haben werden.[14] Sie läßt daher auch nach erfolgter Ersitzung sowohl vertragliche Rückabwicklungsansprüche als auch die Kondizierung erbrachter Leistungen nach den Regeln über die ungerechtfertigte Bereicherung zu.

---

[11] RG 6.10.1930, RGZ 130, 69 [72]; vgl. hierzu *Jayme*, ZVglRWiss 95 (1996), S. 158 ff., 159, Fn. 8.

[12] So die Mindermeinung, vgl. *Erman-Hefermehl*, § 937 Rn. 6; *Palandt-Bassenge*, Vor § 937 Rn. 2; *Planck-Brodmann*, § 937 Anm. 3, die sich darauf stützt, daß zur Ersitzung nicht wie zu anderen Erwerbstatbeständen Ausgleichsvorschriften verfaßt worden sind. Außerdem soll der schon nach zehn Jahren gutgläubig Ersitzende nicht schuldrechtlichen Herausgabeansprüchen ausgesetzt sein, die erst nach dreißig Jahren verjähren.

[13] So die wohl h.M., basierend auf der „Menzel-Entscheidung" des Reichsgerichts (oben Fn. 11); *Staudinger-Wiegand*, § 937 Rn. 22; *MünchKomm-Quack*, § 937 Rn. 24 ff.; *Baur/Stürner*, SachenR, § 53 h III 2 (2) b.

[14] So vor allem *Staudinger-Wiegand*, § 937 Rn. 22. Das gilt auch für den wirksamen Erwerb vom Nichtberechtigten, bei dem der Erwerber sich auf ein gültiges entgeltliches Grundgeschäft zwischen ihm und dem Nichtberechtigten berufen kann. Daß der Eigentümer in diesen Fällen keine Ansprüche gegen den Erwerber haben soll, ergibt schon der Umkehrschluß aus § 816 Abs. 1 S. 1 BGB, bzw. die Regelung des § 816 Abs. 1 S. 2 BGB.

Zahlreiche Autoren möchten nun in Fällen, in denen der Erwerb des Besitzes, der später zur Ersitzung führt, auf einem wirksamen Rechtsgeschäft beruht, von dem eben genannten Ergebnis abweichen und die Ersitzung als endgültigen Erwerbsgrund gelten lassen, der eine Rückforderung ausschließt.[15] Das ist inkonsequent. Denn es läßt sich nicht gut bei ungültigem Austauschverhältnis ein Bereicherungsanspruch mit dem Hinweis auf die lediglich sachenrechtliche Bedeutung des § 937 BGB bejahen, um dann derselben Vorschrift bei gültigem Austauschverhältnis doch die Wirkung einer schuldrechtlichen causa zuzusprechen.[16] Manche sehen die „Stabilisierungsfunktion" des § 937 BGB gefährdet — die jedoch ohnehin Bedenken begegnet —,[17] ohne diesem Aspekt bei unwirksamem Austauschverhältnis ähnliches Gewicht beizumessen. Selbst Canaris argumentiert keineswegs zwingend, wenn er meint, die Begrenzung der sachenrechtlichen Normen auf eine Zuordnungsfunktion sei im Rahmen der Eingriffskondiktion „geradezu falsch, weil ein schuldrechtlicher Rückgewähranspruch im praktischen Ergebnis den Zweck einer sachenrechtlichen Norm konterkarieren kann und dann folgerichtig durch eben diese ausgeschlossen sein muß."[18] Denn daß diese „Konterkarierung" bei ungültigem Austauschverhältnis gerade statt- und Beifall findet, zeigt, daß sie nicht zwangsläufig zum Ausschluß des schuldrechtlichen Rückgewähranspruchs führen muß.

Zwei weitere Argumente sprechen gegen diese Rechtsauffassung. Der von dieser Ansicht beabsichtigte Vorzug des § 937 BGB im Rahmen der Eingriffskondiktion hätte nämlich zur Folge, daß die auf einem Eingriff beruhende Bereicherung besser geschützt wäre, als diejenige, die auf einer Leistung beruht.[19] Dies ist eine Konsequenz, die nicht haltbar erscheint. Gänzlich

---

15 So vor allem *Larenz/Canaris,* Schuldrecht II/2, § 67 III 2 b und § 67 IV 2 b. Jeweils ohne Begründung *Staudinger-Wiegand,* § 937 Rn. 22; *MünchKomm-Quack,* § 937 Rn. 24 ff.; *Wolff/Raiser,* SachenR, § 71 IV, Fn. 21; *Baur/Stürner,* § 53 h III 2 (2) b; *Franz,* Zivilrechtliche Probleme des Kulturgüteraustausches, S. 125.

16 So aber *Wolff/Raiser,* SachenR, § 71 IV, Fn. 21: „Die Kondiktion steht dem Veräußerer zu, nicht dem Bestohlenen, demgegenüber die Ersitzung einen gültigen Rechtsgrund abgibt ..." Ähnlich *Staudinger-Wiegand,* § 937 Rn. 22: „... so stellt allerdings die Ersitzung einen endgültigen Erwerbsgrund dar ..."

17 Gegen einen hohen Stellenwert eben jener Stabilisierungs- oder Beruhigungsfunktion hatte sich bereits das Reichsgericht in der genannten „Menzel-Entscheidung" ausgesprochen, RGZ 130, 69 [72].

18 *Larenz/Canaris,* Schuldrecht II/2, § 67 III 2 b.

19 Hierzu ein Beispiel: A holt bei B mehrere Bücher ab, die er diesem geliehen hatte, nimmt aber aus Versehen ein Buch des B mit, das er für sein eigenes hält. Hier soll A gemäß der h.M. nach zehn Jahren gutgläubig ersitzen und B auch keinen Anspruch aus Eingriffskondiktion mehr haben, der erst nach dreißig Jahren verjähren würde. Anders jedoch, falls B ein Buch aufgrund eines nichtigen Kaufvertrages an A veräußert und dieses nach fünfzehn Jahren zurückfordert. Seinem Verlangen soll A nach h.M. die Ersitzung nicht entgegenhalten können. Offensichtlich ist A in der zweiten Variante schutzwürdiger, die h.M. gewährt

ungerecht ist das Ergebnis der überwiegend vertretenen Auffassung jedoch in Mehrpersonenverhältnissen: Hier hat der (vorherige) Eigentümer überhaupt keinen Einfluß darauf, ob das Austauschverhältnis zwischen dem Veräußerer und dem Erwerber wirksam oder unwirksam ist. Dennoch hat er die Konsequenzen dieser Unterscheidung zu tragen.

Daher sollte auch die Kondiktion einer Sache, die in sonstiger Weise ohne rechtlichen Grund das Vermögen eines anderen mehrt, gegenüber der Ersitzung durchgreifen.

III. Anwendung der Ergebnisse

Kann sich demzufolge ein Erwerber auf gutgläubigen Eigentumserwerb bei einer Versteigerung gem. § 935 Abs. 2 BGB berufen, so ist dieser Rechtserwerb nicht über § 812 Abs. 1 S. 1 2. Alt. BGB kondizierbar. Den Museen und privaten Leihgebern kann der Eigentumserwerb dann endgültig entgegengehalten werden, weil die Wertungen des Gesetzes dem Gutglaubensschutz eindeutigen Vorrang eingeräumt haben.

Im Gegensatz hierzu schließt der Erwerb im Wege der Ersitzung Ansprüche wegen Eingriffskondiktion nicht aus. Sie sind gegenüber derjenigen Person geltend zu machen, für die der Ersitzungserwerb zu bejahen ist. Auch der Bereicherungsanspruch geht auf Rückübertragung des Eigentums. Befindet der Erwerber sich nicht mehr im Besitz der Sache, so muß er gemäß § 818 Abs. 2 BGB Wertersatz leisten, sofern er sich nicht auf Entreicherung gem. § 818 Abs. 3 BGB berufen kann. Das Eigentum geht mit Vollendung der Ersitzung auf den Besitzer über, so daß erst zu diesem Zeitpunkt ein Eingriff in das Vermögen des früheren Eigentümers anzunehmen ist. Daher beginnt auch die dreißigjährige Verjährungsfrist des § 195 BGB erst mit vollendeter Ersitzung zu laufen. Ob diese Ansprüche heute noch durchsetzbar sind, hängt folglich von einer Überprüfung des Einzelfalls ab.

Es sei noch erwähnt, daß es den Museen und Leihgebern frei steht, die Verfügung des Nichtberechtigten gem. § 185 Abs. 2 BGB zu genehmigen, um sodann gem. § 816 Abs. 1 von dem Veräußernden den Erlös zu fordern. [20]

---

ihm jedoch dann einen besseren Schutz, wenn er selbst und ohne Zutun des B in dessen Vermögenssphäre eingreift.

20 Der Nichtberechtigte wird jedoch hierdurch nicht zum Berechtigten, was einen Anspruch aus § 816 Abs. 1 S. 1 BGB im Wege des Zirkelschlusses ausschließen würde, vgl. *Palandt-Thomas,* § 816 Rn. 9. Dem genannten Autor ist jedoch darin zu widersprechen, daß auch in einer Ersitzung gemäß § 937 BGB ein nachträgliches Wirksamwerden im Sinne des § 816 Abs. 1 S. 1 BGB zu sehen sei. Denn die Ersitzung ist ein selbständiger Erwerbsgrund, der nicht eine fehlerbehaftete Verfügung wirksam werden läßt.

§ 13 Ansprüche aus dem Wiedergutmachungsrecht

A. Das Wiedergutmachungsrecht der Nachkriegszeit

Die im Jahr 1947 einsetzende Wiedergutmachung nationalsozialistischen Unrechts kannte keine Vorbilder und beschritt auch in völkerrechtlicher Hinsicht Neuland. Ihr Gegenstand ist das spezifische Staatsunrecht, das innerhalb oder außerhalb der Reichsgrenzen unter der Herrschaft Hitlers in deutschem Namen verübt wurde. Als Ziel bestimmte das Bundesverfassungsgericht, die „verwerflichen Maßnahmen eines totalitären Systems im Geiste menschlicher Verbundenheit und im Interesse einer freiheitlichen demokratischen Neuordnung 'wiedergutzumachen'".[1] Die vormals herrschende Auffassung, daß die Souveränität eines Staates es diesem auch erlaube, seine eigenen Bürger zu verfolgen, änderte sich erst mit den Nürnberger Prozessen, die auch insoweit neues Völkerrecht schufen. Angesichts des tatsächlichen Ausmaßes erstreckten die Siegermächte ihren Entschluß, daß das von den Nationalsozialisten in den besetzten Gebieten verübte Unrecht wiedergutzumachen sei, über ihre Besatzungszonen hinaus auf das eigentliche Staatsgebiet des Dritten Reiches.[2]

I. Überblick

Die wissenschaftliche Auseinandersetzung mit dem Wiedergutmachungsrecht war stets Sache eines nur kleinen Kreises von Experten; sie ist noch weniger ein Diskussionsthema der heutigen Zeit. Die der Entschädigung dienenden Rentenzahlungen werden zwar das Jahr 2000 überdauern. Doch erscheint gegenwärtig in der Öffentlichkeit das Thema als abgeschlossen und die Leistungen als erbracht. Das endgültige finanzielle Volumen wird auf 90 bis 100 Milliarden DM geschätzt.[3]

---

1 BVerfG 27.6.1961, BVerfGE 13, 39 [42]; 27.6.1961, BVerfGE 13, 46 [49].

2 Sog. *innere* und *äußere Restitution*, vgl. hierzu *Schwarz*, Rückerstattung, S. 26; *ders.*, JuS 1986, S. 433 ff., 434; *Küster*, Erfahrungen in der deutschen Wiedergutmachung, S. 3.

3 *Schwarz*, JuS 1986, S. 433. Noch zwanzig Jahre zuvor ging *Otto Küster* von einem Volumen von insgesamt nur 40 Milliarden DM aus, vgl. Erfahrungen in der deutschen Wiedergutmachung, S. 11 und 24.

Zum Vergleich: Das Ausgabevolumen des Bundeshaushalts betrug bereits 1965 139 Mrd. DM und lag 1996 bei 1.105 Mrd. DM, vgl. Jahresgutachten 1996/96 des Sachverständi-

Wiedergutmachung bedeutet zum einen Rückerstattung derjenigen Mobilien und Immobilien, die unter dem Druck der Verfolgung den Besitzer gewechselt hatten. Aus den zahlreichen gesetzlichen Grundlagen ragen das Rückerstattungsgesetz der amerikanischen Militärregierung (USREG),[4] das darauf aufbauende Rückerstattungsgesetz der britischen Militärregierung (BrREG),[5] die Verordnung Nr. 120 der französischen Militärregierung[6] sowie das Bundesrückerstattungsgesetz (BRüG)[7] heraus. Sie gelten noch heute fort.[8] Das in Abstimmung mit den zuständigen deutschen Stellen geschaffene[9] USREG wird allgemein als das Gelungenste dieser Gesetze angesehen, weshalb sich die folgende Untersuchung vorwiegend diesen Regeln widmet. Sein Art. 1 Abs. 1 S. 1 gibt die Zielrichtung aller genannten Gesetze programmatisch und in konzentrierter Form wieder:

> „Zweck des Gesetzes ist es, die Rückerstattung feststellbarer[10] Vermögensgegenstände (Sachen, Rechte, Inbegriffe von Sachen und Rechten) an Personen, denen sie in der Zeit vom 30. Januar 1933 bis 8. Mai 1945 aus Gründen der Rasse, Religion, Nationalität, Weltanschauung oder politischen Gegnerschaft gegen den Nationalsozialismus entzogen worden sind, im größtmöglichen Umfange beschleunigt zu bewirken."

---

genrates zur Begutachtung der gesamtwirtschaftlichen Entwicklung, BT-Drucksache 13/6200 vom 18.11.1996, S. 127, 382.

4 Gesetz No. 59 der US-Militärregierung über die Rückerstattung feststellbarer Vermögensgegenstände in der amerikanischen Besatzungszone, in Kraft getreten am 10.11.1947, Amtsblatt der Militärregierung Deutschland — Amerikanisches Kontrollgebiet — Ausgabe G 10.11.1947, S. 1. Vgl. den Kommentar von *v. Godin*, Rückerstattung, S. 1 ff.; zur Entstehung vgl. die ausführliche Dokumentation von *Schwarz*, Rückerstattung, S. 23 ff.; vgl. ferner *Arndt*, NJW 1947/48, S. 161 ff. und *Pawlita*, Kritische Justiz 1991, S. 42 ff., 47 ff.

5 Gesetz No. 59 der Britischen Militärregierung über die Rückerstattung feststellbarer Vermögensgegenstände an Opfer der nationalsozialistischen Unterdrückungsmaßnahmen, in Kraft getreten am 12.5.1949, Amtsblatt der Militärregierung Deutschland — Britisches Kontrollgebiet — Nr. 28, S. 1169. Vgl. auch hierzu den Kommentar von *v. Godin*, Rückerstattung, S. 261 ff., sowie zur Entstehung die ausführliche Dokumentation von *Schwarz*, Rückerstattung, S. 59 ff.

6 Verordnung über Rückerstattung geraubter Vermögensobjekte, in Kraft getreten am 10.11.1947, Amtsblatt des französischen Oberkommandos in Deutschland 1947, S. 1219, 1269; 1948, S. 1567, 1771. Vgl. hierzu *Pawlita*, Kritische Justiz 1991, S. 42 ff., 51; *Hachenburg*, NJW 1947/48, S. 321 ff.

7 Gesetz zur Regelung der rückerstattungsrechtlichen Geldverbindlichkeiten des Deutschen Reichs und gleichgestellter Rechtsträger vom 19.7.1957, BGBl. I, S. 734

8 Die Gesetze der westlichen Besatzungsmächte jedoch nur in den sog. alten Bundesländern, vgl. Art. 8 Einigungsvertrag sowie den Vertrag über die Beziehungen zwischen den Drei Mächten und der Bundesrepublik Deutschland vom 27./28.9.1990 (BGBl. II, S. 1386).

9 Vgl. hierzu ausführlich *Schwarz*, S. 23 ff.; *Pawlita*, Kritische Justiz 1991, S. 42 ff., 47 ff.

10 Im Gegensatz zur offiziellen deutschen Übersetzung spricht der englische Originaltext hier von „identifiable", also identifizierbaren Vermögensgegenständen. Vgl. hierzu *von Godin*, Rückerstattung, Art 1 USREG Anm. 4.

Während die Gesetze der Militärregierungen insbesondere die Rückerstattungsansprüche von Privatleuten regeln, befaßt sich das BRüG des Jahres 1957 mit Schadensersatzansprüchen gegen das Deutsche Reich und andere hoheitliche Rechtsträger, die bei Unmöglichkeit der Rückerstattung zur Entstehung kommen. Im Einflußgebiet des sowjetrussischen Besetzungsgebietes verkündete allein das Land Thüringen ein Wiedergutmachungsgesetz,[11] welches jedoch mit zunehmendem Einfluß sozialistischen Gedankengutes an Bedeutung verlor und schließlich als ein „zu tilgendes Relikt des Kapitalismus" wieder abgeschafft wurde.[12] Um so bemerkenswerter ist daher die Ermächtigung der sowjetischen Militäradministration vom 8. Oktober 1946, die die Beschlagnahme des in der russischen Besatzungszone enteigneten Kunstgutes — insbesondere „entarteter Kunst" — anordnete, um dieses den Eigentümern zurückzugeben.[13] Dieser Erlaß führte tatsächlich zur Rückkehr noch erreichbarer Werke an ihre alte Wirkungsstätte.[14]

Wiedergutmachung bedeutete zum anderen Entschädigung für verfolgungsbedingte Vermögensschäden, die nicht durch Entziehung konkreter Objekte entstanden waren.[15] Als Tatbestände erfaßte das Bundesentschädigungsgesetz (BEG)[16] hauptsächlich Gesundheits- und Freiheitsschäden, die Zerstörung der wirtschaftlichen Existenz sowie die Tötung eines Ernährers. Es ist wegen seiner strukturellen Mängel auch in jüngerer Zeit Gegenstand kritischer Betrachtungen geworden.[17] Dieser Teil der Wiedergutmachung umfaßt über 80 % des

---

[11] Gesetz vom 14.9.1945, Reg.Bl. I, S. 24, mit Durchführungsverordnungen vom 24.9.1945, Reg.Bl. I, S. 30, vom 30.6.1946, Reg.Bl. I, S. 102, und vom 13.10.1947, Reg.Bl. I, S. 89; vgl. hierzu *Schwarz*, Rückerstattung, S. 325 ff.; *Säcker-Busche*, § 1 VermG, Rn. 129 m.w.Nachw.

[12] *Schwarz*, JuS 1986, S. 433 ff., 434.

[13] Vgl. Dokument Nr. 3 im Anhang. Die Ermächtigung ist auch wiedergegeben bei *Janda/Grabowski*, Kunst in Deutschland 1905-1937, S. 68. Vgl. auch *Rave*, Kunstdiktatur im Dritten Reich, S. 65.

[14] Vgl. hierzu *Rave*, Kunstdiktatur im Dritten Reich, S. 65.

[15] Vgl. den lehrreichen und sehr lesenswerten Beitrag des sich eingehend mit dem Wiedergutmachungsrecht befassenden Rechtsanwalts *Otto Küster*, Erfahrungen in der deutschen Wiedergutmachung, S. 12; ferner *Schwarz*, JuS 1986, S. 433 ff., 436.

[16] Vom 29.6.1956, BGBl. I, S. 562. Ihm folgte das Bundesentschädigungs-Schlußgesetz vom 14.9.1965, BGBl. I, S. 1315, welches das BEG weitgehend novellierte.

[17] *Pawlita*, Kritische Justiz 1991, S. 42 ff., 43; *Erb* in *Bergmann/Erb* (Hrsg.), Antisemitismus in der politischen Kultur nach 1945, S. 238 ff.; *Küster*, Erfahrungen in der deutschen Wiedergutmachung, S. 12 ff.; verteidigend jedoch *Schwarz*, JuS 1986, S. 433 ff., 434: „Die legislativen Mängel sind durch Novellierungen großen Ausmaßes, die richterlichen Irrungen durch weitgehende Korrekturoperationen unter Durchbrechung der Rechtskraft behoben worden. Dies war der Preis für das Experiment Wiedergutmachung. Niemand darf deshalb auf ihre Urheber einen Stein werfen, und am wenigsten die Nachgeborenen." (!)

gesamten Volumens, ist jedoch in dem hier interessierenden Zusammenhang nicht von Bedeutung.[18]

Hervorzuheben ist, daß das Wiedergutmachungsrecht die Ansprüche den Betroffenen selbst zuerkannte und nicht — wie im Völkerrecht üblich — dem Staat, dem der Betroffene angehört. Aus dem bisher Gesagten ergibt sich allerdings, daß die Bestimmungen des Wiedergutmachungsrechts rein kriegsbedingte Körper- und Vermögensschäden nicht erfaßten. Der zweite Weltkrieg galt nicht als Unrecht im Sinne dieser Gesetze, so daß Vermögensverschiebungen und Einbußen an Körper und Leben in den kriegsbesetzten Ländern nur dann wiedergutzumachen waren, wenn sie mit Krieg und Eroberung nicht in Verbindung standen. Die gesamte Wiedergutmachung, Rückerstattung wie Entschädigung, beschränkte sich folglich auf verfolgungsbedingtes Unrecht.[19] Angesichts der verbrecherischen Motivation und Ausführung des von den Nationalsozialisten entfachten Angriffs- und Vernichtungskrieges sowie der eindeutigen historischen Tatsachen kann diese Eingrenzung nur damit erklärt werden, daß die Memoiren der Kriegsgeneräle, die bis in die heutige Zeit hinein die Ehrenhaftigkeit des deutschen Soldaten verteidigen, das Geschichtsbild zunächst prägend vermittelten.[20] Hinzu kamen die Lehren, die man aus dem Versailler Vertrag gezogen hatte, sowie die Befürchtung, daß der Ersatz für die weltweiten kriegsbedingten Schäden eine weitgehend zerstörte Nation möglicherweise überfordert hätte.[21]

II. Der Anspruch auf Rückerstattung

Wesentliches Merkmal für die Entstehung des Rückerstattungsanspruchs war die Entziehung eines Vermögensgegenstandes wegen Verfolgung aus Gründen der Rasse, Religion, Nationalität, Weltanschauung oder der politischen

---

[18] Zur heutigen Bedeutung des BEG siehe *Kisker/Bischof* (Hrsg.), Koblenzer Handbuch des Entschädigungsrechts, Baden-Baden (1996).

[19] Vgl. *Küster*, Erfahrungen in der deutschen Wiedergutmachung, S. 4.

[20] Vgl. das Interview mit dem Militärhistoriker *Messerschmidt*, wiedergegeben in ZEIT-Punkte Nr. 3/1995, S. 49 ff. Man denke ferner nur an das Aufsehen und die Proteste, welche die Ausstellung „Verbrechen der Wehrmacht" im Jahr 1997 hervorbrachte.

[21] Vgl. BGH 16.1.1963, RzW 1963, S. 268: „Das BEG beruht auf dem Grundsatz daß die Bundesrepublik aus finanziellen, insbesondere aber aus politischen Gründen sich außerstande gesehen hat, für jedes NS-Unrecht des ns.-Deutschland einzustehen." Dieses — fragliche — Motiv klingt ebenso in einer Entscheidung des BGH vom 18.12.1964, RzW 1965, S. 176 f., an, wenn es dort heißt, daß es angesichts „der Größe und Vielzahl der Schäden unmöglich ist, einen auch nur annähernden Schadensausgleich zu gewähren". Darauf, daß die Bundesrepublik Deutschland zur gleichen Zeit Nigeria aufrüstete, weist *Küster*, Erfahrungen in der deutschen Wiedergutmachung, S. 23, hin.

Gegnerschaft gegen den Nationalsozialismus. Als entzogen galt ein Gegenstand, wenn der Inhaber diesen infolge eines sittenwidrigen Rechtsgeschäfts, einer Drohung, einer unerlaubten Handlung oder einer sonstigen widerrechtlichen Wegnahme eines Privaten oder durch Staatsakt eingebüßt hatte, vgl. Art. 2 Abs. 1 USREG. Zugunsten jüdischer Personen bestand die Vermutung der Kollektivverfolgung, während andere Personen die Vermutung, daß eine Entziehung im Sinne des Gesetzes vorlag, nur dann in Anspruch nehmen konnten, wenn sie Verfolgungsmaßnahmen unmittelbar ausgesetzt waren.

Die Erwerbungen verfolgungsbedingter Gegenstände konnten angefochten werden, wobei Art. 4 Abs. 5 USREG bereits die Anmeldung des Rückerstattungsanspruchs als Ausübung des Anfechtungsrechts wertete. Das Gesetz der britischen Besatzungszone sah jedoch vor, daß der Rückerstattungsberechtigte dem Pflichtigen den Kaufpreis zu erstatten habe. Beruhte der Erwerb auf einer Schenkung, galt die gesetzliche Vermutung, daß ein Treuhandverhältnis vereinbart worden war, Art. 5 USREG. Bewegliche Sachen konnten gutgläubig erworben werden. Diese Regelung galt jedoch zum einen nicht für Kultgegenstände und wertvollen Kunstbesitz. Zum anderen gelang es kaum, sich angesichts der allgemein bekannten Verfolgungen auf Gutgläubigkeit zu berufen. Die Erwerber verlegten sich daher auf die Behauptung, sie hätten dem Verfolgten einen angemessenen Preis bezahlt und seien diesem sogar entgegengekommen, denn eigentlich hätte man lieber in andere Sachwerte investiert.[22] Ein Nachweis dieser Behauptungen gelang jedoch glücklicherweise selten. Im Grundsatz beruhte der Rückerstattungsanspruch darauf, daß nicht das Verhalten des Erwerbers geminderten Schutz, sondern daß der freie Wille des Veräußerers unbedingten Schutz verdiente.[23]

Zur Anmeldung der Rückerstattungsansprüche setzten die genannten Gesetze Ausschlußfristen fest. Im Falle des USREG und des BrREG waren Ansprüche bis 31.12.1948 anzumelden.[24] Wurde die Anmeldefrist versäumt, konnte eine Wiedereinsetzung nicht gewährt werden.[25] Darüber hinaus waren die Regelungen abschließend.[26] Das BRüG eröffnete dann diese Fristen erneut und gab

---

[22] Vgl. Art. 3 Abs. 2 USREG; Art. 3 Abs. 2 BrREG; *Küster*, Erfahrungen in der deutschen Wiedergutmachung, S. 6 f.

[23] Vgl. *Küster*, Erfahrungen in der deutschen Wiedergutmachung, S. 7.

[24] Vgl. Art. 56 Abs. 1 USREG bzw. Art. 48 Abs. 1 BrREG iVm. Art. 3 der Allgemeinen Verfügung Nr. 10 der Britischen Militärregierung (wiedergegeben bei *v. Godin*, Rückerstattung, S. 545 f.); vgl. ferner *v. Godin*, a.a.O., Art. 56 USREG Anm. 3 und Art. 48 BrREG Anm. 3.

[25] Vgl. *v. Godin*, Rückerstattung, Art. 56 USREG Anm. 3. Das USREG gewährte jedoch bei Fristversäumung der Staatsanwaltschaft ein Antragsrecht zugunsten einer von der Militärregierung zu bestimmenden Nachfolgeorganisation (Art. 10 USREG) bis 30.6.1949.

[26] Soergel-Hefermehl, § 138, Rn. 69; BGH 8.10.1953, BGHZ 10, 340 [344]. Wenig sprachliches Geschick zeigt das oberste deutsche Zivilgericht in dieser Entscheidung, wenn es

jedem Berechtigten, dessen Anspruch zurückgewiesen worden war, der seinen Antrag zurückgenommen bzw. auf den Anspruch verzichtet hatte oder der die Frist zur Anmeldung schlicht versäumt hatte, die Möglichkeit, bis 1.4.1959 einen neuen Antrag zu stellen, bzw. Klage zu erheben.[27] Daraus folgt, daß heute nicht rechtzeitig geltend gemachte Ansprüche aus diesen Gesetzen nicht mehr erhoben werden können.

III. Die Wiedergutmachungsrechtsprechung zur „entarteten Kunst"

Die Rechtsprechung zum Wiedergutmachungsrecht vertrat einmütig die Auffassung, Ansprüche auf Rückerstattung „entarteter Kunst" fielen nicht in den Regelungsbereich der Rückerstattungsgesetze.[28] Das OLG Karlsruhe stellte fest:[29]

„Die Beschlagnahme und Einziehung der Kunstwerke war keine diskriminatorische Wegnahme, wie Art. 1 und 2 Abs. 1b [Br]REG voraussetzt. Sie war weder durch Verfolgungsmaßnahmen aus Gründen des Art. 1 verursacht, noch stellte sie eine solche Verfolgungsmaßnahme dar. Wesentliche Voraussetzung für einen RE-Anspruch ist die Diskriminierung des ASt. oder seines Rechtsvorgängers im Dritten Reich."

Die hier klagende Stadt Mannheim sei jedoch keiner Diskriminierung ausgesetzt gewesen, auch sei die Verfolgung einer Stadt aus Gründen des Art. 1 BrREG begrifflich ausgeschlossen. Die Gleichschaltung der Gebietskörperschaften sei ebenfalls nicht als Verfolgungsmaßnahme im Sinne der genannten Vorschrift anzusehen. Andererseits könne die Städtische Kunsthalle man-

---

die Verfolgung und Vertreibung einer jüdischen Firma und ihrer Inhaber schon im Leitsatz zum „gewöhnlichen Entziehungsfall" degradiert. Die insoweit auftretenden sprachlichen Versäumnisse des BGH moniert *Küster*, Erfahrungen in der deutschen Wiedergutmachung, S. 27 und 31.

27 Die zunächst auf 1.4.1958 festgesetzte Frist (§ 27 Abs. 2 S. 1 iVm. § 28 Abs. 2 S. 1 BRüG) wurde mit Art. 1 Nr. 1 und 3 Zweites Gesetz zur Änderung des BRüG vom 13.1.1959 (BGBl. I, S. 21) bis 1.4.1959 verlängert. Bei Versäumung auch dieser Fristen sahen §§ 27 Abs. 2, 28 Abs. 2 BRüG zwar zunächst eine Wiedereinsetzung vor, die jedoch die genannten Vorschriften des Änderungsgesetzes nicht mehr gewährte.

28 OLG Celle 8.5.1951, RzW 1951, S. 201; OLG Düsseldorf 26.7.1952, RzW 1952, S. 266; OLG Karlsruhe 20.5.1954, RzW 1954, S. 225 f.; KG 8.1.1965, RzW 1965, S. 161 f.; ORG 11.1.1967, RzW 1967, S. 299 f.; OLG München, 30.10.1967, RzW 1968, S. 58. Mit dieser Rechtsprechung setzt sich *Jayme*, „Entartete Kunst" und Internationales Privatrecht, S. 18 ff., intensiv auseinander.

29 OLG Karlsruhe 20.5.1954, RzW 1954, S. 225 f., 226.

gels eigener Rechtspersönlichkeit nicht als Verfolgte gelten. Das gleiche Ergebnis müsse für staatliche Museen gelten:[30]

> „Reich und Länder waren also von der fraglichen Aktion gleichfalls betroffen, würden aber gewiß nicht mit Erfolg als RE-Berechtigte auftreten können."

Mit anderen Worten: Der Staat konnte sich nicht selbst verfolgen. Doch auch dann, wenn Privatpersonen Rückgabeansprüche geltend machten, blieben die Klagen ohne Erfolg. Denn schließlich hätten sich die Verfolgungsmaßnahmen der nationalsozialistischen Machthaber regelmäßig nicht gegen die Besitzer oder die Eigentümer gewandt, vielmehr seien die Kunstwerke selbst das Ziel der Nachstellungen gewesen. So konnte noch nicht einmal die Witwe des Bildhauers Wilhelm Lehmbruck, dessen Skulpturen von Beginn an aus den Museen entfernt worden waren, als Verfolgte gelten, da man ihr noch zur Zeit des „Dritten Reiches" achtzehn Plastiken und acht Bilder ihres Mannes zurückgegeben hatte.[31] Auch die Eigentümerin eines Bildes von Lovis Corinth galt schon deshalb nicht als Verfolgte, weil man ihr ja Bilder nicht verfolgter Künstler auch nicht weggenommen hatte.[32]

Die Gerichte widersprachen dem maßgeblichen Kommentar zu den Rückerstattungsgesetzen, der die Rückgabe „entarteter Kunst" auf ihrer Grundlage bejaht hatte. Auch v. Godin verlangte jedoch, daß „gegen den Eigentümer oder Besitzer eine Verfolgungsmaßnahme verübt wurde, um das Kunstwerk fortzunehmen oder zu beseitigen."[33] Das OLG Celle vermerkt insoweit:[34]

> „Das REG will also nur dem zu seinen alten Rechten verhelfen, der persönlichen Verfolgungsmaßnahmen ausgesetzt war, und nicht etwa schon jedem ehemaligen Besitzer von Kunstwerken oder Literatur, die der Nationalsozialismus abgelehnt und auszumerzen versucht hat."

Deutlich wird aus diesen Entscheidungen eine Diskrepanz, die schon Otto Küster als allgemeines Problem der Wiedergutmachung angesehen hatte: Die

---

30 OLG Karlsruhe, a.a.O., S. 226.

31 OLG München, 30.10.1967, RzW 1968, S. 58. Vgl. hierzu *Jayme,* „Entartete Kunst" und Internationales Privatrecht, S. 19; *Rave,* Kunstdiktatur im Dritten Reich, S. 69.

32 KG 8.1.1965, RzW 1965, S. 161 f.; hierzu bemerkt *Jayme,* „Entartete Kunst" und Internationales Privatrecht, S. 19, zu recht: „Mit anderen Worten: Wer ein Bild von Feuerbach besitzen darf, ist nicht verfolgt, wenn man ihm andere Bilder seiner Sammlung wegnimmt."

33 *V. Godin,* Rückerstattung, Art. 1 BrREG, Anm. 7. Seine Ansicht diskutierend OLG Celle 8.5.1951, RzW 1951, S. 201, sowie OLG Karlsruhe 20.5.1954, RzW 1954, S. 225 f., 226.

34 OLG Celle 8.5.1951, RzW 1951, S. 201. Als „das Absurde streifend" bezeichnet *Jayme,* „Entartete Kunst" und Internationales Privatrecht, S. 20, die sodann folgende Überlegung des Gerichts: „Andernfalls würde auch ein eifriger Förderer des NatSoz., dem ein Werk der sog. entarteten Kunst oder Werke jüdischer Verfasser entzogen worden sind, RE verlangen können. Das aber kann unmöglich im Sinne des Gesetzes sein." Zu sog. Ausschlußklauseln vgl. *Hellmann,* ZIV 1995; S. 201 ff.

Rechtsprechung reflektiere zu wenig den Geist, dem die Gesetze und Verordnungen entstammten. Mehr als andere Gebiete sei die Wiedergutmachung dem Grundsatz *iustitae opus pax*, das Werk der Gerechtigkeit sei Friede, verpflichtet. Es war daher falsch, daß die Rechtsprechung auf einem Gebiet, dessen Regelungen zuvorderst den Gesetzen der Pragmatik und nicht der Systematik folgten,[35] sich in scholastischen Übungen zur Auslegung der gewählten Begriffe verlor.[36] Man hätte erkennen müssen, daß die Rückkehr der Werke an ihre alte Wirkungsstätte, an der sie nicht nur eingesammelt, sondern auch in „Schreckenskabinetten" der Lächerlichkeit preisgegeben und ihre Urheber als „geisteskranke Kunststotterer" abgekanzelt worden waren, gerade und im eigentlichen Sinne eine Frage der Wiedergutmachung war. Daher konnte nicht entscheidend sein, daß die Museen oder die privaten Leihgeber möglicherweise keiner unmittelbaren Verfolgung ausgesetzt waren, denn dies war nicht die Verfolgungswirkung, welche die Einziehungen erzielen sollten. Zu recht bemerkt Jayme daher:[37]

> „Daß hier das Innerste der Person getroffen, zwar nicht die physische, aber doch die seelische Vernichtung zum Programm erhoben wurde, drang kaum ins Bewußtsein der Rechtsanwender der Nachkriegszeit."

Diese „mittelbare" Verfolgungswirkung der Einziehungen, die eben nicht den Besitzer, sondern allein den Urheber, den Schöpfer eines Werkes treffen sollte, brachte man aber nicht unter die Buchstaben der Gesetze, weshalb die Einziehungen „entarteter Kunst" aus dem Komplex der Wiedergutmachung insgesamt ausgeklammert blieben. Eine falsche Entscheidung.

B. Der Rückgabeanspruch aus § 1 Abs. 6 Vermögensgesetz

Die Wiedervereinigung Deutschlands im Herbst 1990 erforderte eine Angleichung der Rechtssysteme. Den natürlichen und juristischen Personen des „Beitrittsgebietes" waren die gleichen Rechte und Pflichten einzuräumen, die den natürlichen und juristischen Personen der „alten Bundesländer" seit Beginn der Bonner Republik zustanden. Das galt in Grenzen auch für der Vergangenheit zuzuordnende Sachverhalte, das gilt insbesondere für die Wiedergutmachung nationalsozialistischen Unrechts.

---

[35] So auch *Schwarz*, JuS 1986, S. 433 ff., 434: „Darum ist sie im Rückblick ein rechtspolitischer Wildwuchs."

[36] So auch *Küster*, Erfahrungen in der deutschen Wiedergutmachung, S. 31 f.

[37] *Jayme*, „Entartete Kunst" und Internationales Privatrecht, S. 20.

Es wurde bereits erwähnt daß allein das Land Thüringen im Gebiet der damaligen sowjetischen Besatzungszone ein Wiedergutmachungsgesetz einführte, das auch natürliche Personen begünstigte.[38] Art. 8 des Einigungsvertrages bestimmt daher die Erstreckung des BRüG und des BEG auf das gesamte Gebiet der neuen Bundesländer. Weil jedoch die Ausschlußfristen bereits verstrichen waren, entschied sich der Gesetzgeber, das Gesetz zur Regelung offener Vermögensfragen (VermG)[39] auf die vermögensrechtlichen Ansprüche der wiedergutmachungsberechtigten Personen anzuwenden.[40] Daher reduziert sich nunmehr de facto das gesamte Wiedergutmachungsrecht für die Bürger und Vereinigungen, die am 29.9.1990 ihren Wohnsitz im Beitrittsgebiet hatten — denn nur sie sind Berechtigte im Sinne des Gesetzes — auf die Vorschrift des § 1 Abs. 6 VermG.

I. Verhältnis von § 1 Abs. 6 VermG zu den Rückerstattungsgesetzen

Mit der Einbeziehung der verfolgungsbedingten Vermögenseinbußen während der Zeit des Nationalsozialismus in das Vermögensgesetz erfüllt die Bundesrepublik Deutschland ihre völkerrechtliche Pflicht zur Erstreckung der rückerstattungsrechtlichen Bestimmungen auf das Beitrittsgebiet.[41] § 1 Abs. 6 VermG gibt dem Berechtigten ein weitgehendes Recht auf Rückerstattung bzw. Zahlung des Erlöses, ohne an die Grenzen der Wiedergutmachungsgesetze gebunden zu sein. Diese finden keine ergänzende Anwendung;[42] allerdings zeigt schon die Verweisung auf die im Gesetzestext genannte Anord-

---

38 Siehe oben, S. 247. Außer Betracht bleiben daher der SMAD-Befehl Nr. 82 vom 29.4.1948 sowie die Gesetze der Länder Sachsen-Anhalt vom 30.5.1947 (GBl. I, S. 97) und Mecklenburg vom 29.4.1948, die lediglich die Rückgabe enteigneter Vermögenswerte an die in der Sowjetischen Besatzungszone zugelassenen Parteien, Gewerkschaften und genossenschaftliche Vereinigungen vorsahen.

39 Sog. Vermögensgesetz vom 2.12.1994 (BGBl. I, S. 3610).

40 Zum Stand der Erörterungen zu dieser Anspruchsgrundlage vgl. folgende Beiträge: *Hintz*, VIZ 1992; S. 18 ff.; *Rübsam*, VIZ 1992, S. 69 ff.; *Wasmuth*, VIZ 1992, S. 276. ff.; *Härting*, Neue Justiz 1994, S. 450 ff.; *ders.*, VIZ 1995, 410 ff. (Anm. zu BVerwG 6.4.1995, ebenda, S. 407 ff.); *Groeger*, VIZ 1995, 142 ff.; *Lotz-Schimmelpfennig*, NVwZ 1995, S. 335 ff.; *Gräf*, Behandlung der vermögensrechtlichen Ansprüche der NS-Verfolgten, 1994.

41 Siehe Ziff. 4 lit. c Abs. 1 der Vereinbarung über die Beziehungen zwischen den Drei Mächten und der Bundesrepublik Deutschland vom 27./28.9.1990 (BGBl. II, S. 1386). Ferner *Clemm-Wasmuth*, RVI, B 100 VermG, § 1 Rn. 141 ff.

42 So auch *Säcker-Busche*, § 1 VermG Rn. 134; *Clemm-Wasmuth*, RVI, B 100 VermG, § 1 Rn. 149.

nung BK/0 (49) 180, daß der Gesetzgeber eine möglichst enge Anlehnung an das alliierte Rückerstattungsrecht beabsichtigte.[43]

Vergleicht man den Wortlaut der Bestimmung mit Art. 1 des US/BrREG, so meint man eine gewisse Konkretisierung ausmachen zu können. War noch Zweck der alliierten Gesetzgebung, „die Rückerstattung feststellbarer Vermögensgegenstände [...] an Personen, denen sie in der Zeit vom 30. Januar 1933 bis 8. Mai 1945 aus Gründen der Rasse" usw. entzogen worden waren, sind nunmehr Gegenstand die Ansprüche von Personen, „die in der Zeit vom 30. Januar 1933 bis 8. Mai 1945 aus rassischen [...] Gründen verfolgt wurden". Die Fassung des § 1 Abs. 6 VermG scheint insoweit den Berechtigten deutlicher als das Ziel der Verfolgung zu benennen. Hieraus jedoch Einschränkungen abzuleiten, widerspräche zum einen Art. 2 des Dritten Teils des Überleitungsvertrages, in dem sich die Bundesrepublik Deutschland verpflichtete, die alliierten Rückerstattungsgesetze „und die dafür vorgesehenen Programme für die Rückerstattung und Übertragung in vollem Umfange und mit allen Mitteln beschleunigt durchzuführen."[44] Zum anderen erklärte die Bundesregierung in ihren Anmerkungen zum Vermögensgesetz die Restitution zum allgemeinen Grundsatz, „soweit Vermögenswerte ihren Eigentümern in rechtsstaatswidriger Weise entzogen worden sind."[45]

Für die inhaltliche Ausgestaltung des Begriffs der Verfolgung ist folglich auf die Erkenntnisse zum Rückerstattungsrecht zurückzugreifen, ohne dem Wortlaut eine neue, einschränkende Interpretation zu verleihen.[46] Die Einziehungen von Werken „entarteter Kunst" sind somit als Vermögensverluste im Sinne von § 1 Abs. 6 VermG anzusehen.[47]

---

43 Vgl. hierzu *Säcker-Busche,* § 1 VermG Rn. 155 f. m.w.Nachw.; *Hintz,* VIZ 1992, S. 18 f., 19.

44 Vertrag zur Regelung aus Krieg und Besatzung entstandener Fragen vom 23.10.1954 (BGBl. 1955 II, S. 405), dessen Fortgeltung in Ziff. 4 lit. c Abs. 1 der Vereinbarung vom 27./28.9.1990 (siehe Fn. 41) zugesichert wurde. Wie hier argumentiert auch *Hintz,* VIZ 1992, S. 18 f., 19, daß „die erwähnten, ursprünglich alliierten Rückerstattungsvorschriften von dem Sinn und Zweck getragen waren, eine möglichst umfangreiche und weitgehende Beseitigung des NS-Unrechts herbeizuführen. Dies ist auch bei der Anwendung und Auslegung des Vermögensgesetzes in den Fällen der Anspruchsberechtigung nach § 1 VI VermG zu beachten."

45 BT-Drucksache 11/7831.

46 So auch *Säcker-Busche,* § 1 VermG Rn. 136; *Hintz,* VIZ 1992, S. 18 f., spricht davon, „eine möglichst umfangreiche und weitgehende Beseitigung des NS-Unrechts herbeizuführen."

47 Diese Auffassung findet auch in der Literatur Zuspruch: Vgl. *Säcker-Busche,* § 1 VermG Rn. 171 und Fn. 366. Derselbe nennt auch in Rn. 153 das Einziehungsgesetz als Rechtsgrundlage, die zu einem Vermögensverlust im Sinne des Vermögensgesetzes führte.

II. Voraussetzungen und Inhalt des Anspruchs aus § 1 Abs. 6 VermG

Der Anspruch auf Rückgabe der entzogenen Kunstwerke steht nur denjenigen Bürgern und Vereinigungen zu, die am Tag des Inkrafttretens des Vermögensgesetzes, also am 29.9.1990, ihren Wohnsitz oder Sitz im Beitrittsgebiet hatten.[48] Dabei erweitert die Verwendung des Begriffspaars „Bürger und Vereinigungen“, welches man der Rechtssprache der ehemaligen DDR entnahm, den Kreis der in § 2 Abs. 1 genannten Anspruchsberechtigten auch auf nicht rechtsfähige Stiftungen, Gesamthandsgemeinschaften, Wirtschaftsvereine, Anstalten und Religionsgemeinschaften.[49] Aufgrund des weiten Anwendungsbereiches dieser Vorschrift ist nicht auszuschließen, daß auch die Museen selbst zur Geltendmachung von Restitutionsansprüchen bezüglich eines eingezogenen Werkes „entarteter Kunst“ berechtigt sind.[50]

Nach § 3 S. 2 iVm. § 1 Abs. 2 lit. a der Anmeldeverordnung[51] waren Ansprüche bis spätestens 31. März 1991 anzumelden. Im Gegensatz zu den Wiedergutmachungsgesetzen ist dies jedoch keine Ausschlußfrist, wie schon § 3 Abs. 4 S. 2 VermG zu erkennen gibt. Auch nach Ablauf der Frist können Restitutionsansprüche angemeldet werden. Soweit der Verfügungsberechtigte jedoch nach Fristablauf über die Sache verfügt hat, entfällt der Rückübertragungsanspruch, und dem Berechtigten steht nur noch ein Erlösanspruch gegen den Entschädigungsfonds zu.[52] Vor Fristablauf hat sich der Verfügungsberechtigte jeder Verfügung ohne Vergewisserung, ob ein Anspruch auf Restitution erhoben wurde, zu enthalten, § 3 Abs. 5 VermG, sonst steht dem Berechtigten ein Anspruch auf Schadensersatz aus positiver Vertragsverletzung und § 823 Abs. 2 BGB iVm. § 3 Abs. 5 VermG zu. Bei verspäteter Anmeldung und Verfügung des Berechtigten, der nicht gegen seine Vergewisserungspflicht verstoßen hat, verbleibt dem Berechtigten immer noch ein Anspruch in Höhe des erzielten Erlöses gegen den Entschädigungsfonds, § 10 Abs. 1 VermG.

---

48 Das genannte Datum ist der Tag des Inkrafttretens des Gesetzes; zu dessen Maßgeblichkeit vgl. *Säcker-Busche,* § 1 VermG Rn. 135.

49 Erfaßt sind auch alle anderen Vereinigungen im Sinne des § 1 Abs. 1 des Gesetzes über Vereinigungen vom 21.2.1990 (GBl. I Nr. 10, S. 75), folglich „sich selbst verwaltende Zusammenschlüsse von Bürgerinnen und Bürgern zur Wahrnehmung gemeinsamer Interessen und Erreichung gemeinsamer Ziele.“

50 Rechtsprechung zu dieser Frage fehlt. In diesem Sinne aber auch *Säcker-Busche,* § 1 VermG Rn. 135; *Clemm-Wasmuth,* RVI, B 100 VermG, § 1 Rn. 165.

51 Verordnung über die Anmeldung vermögensrechtlicher Ansprüche in der Fassung der Bekanntmachung vom 3.8.1992 (BGBl. I, S. 1481).

52 § 3 Abs. 4 iVm. § 10 Abs. 1 VermG. Vgl. *Säcker-Busche,* § 3 VermG Rn. 200 m.w. Nachw.

III. Der Ausschlußtatbestand des § 1 Abs. 8 VermG

Das Vermögensgesetz ist gemäß § 1 Abs. 8 lit. a VermG für Enteignungen auf besatzungsrechtlicher oder besatzungshoheitlicher Grundlage nicht anwendbar. Bis zum Erlaß des zweiten Vermögensrechtsänderungsgesetzes hatte der Gesetzgeber nicht festgeschrieben, ob dieser Ausschlußtatbestand auch dann greifen sollte, wenn eine Sache zunächst von den Nationalsozialisten und sodann ein zweites Mal von der sowjetischen Besatzungsmacht eingezogen worden war. Die zweite Enteignung hätte dann zur Folge gehabt, daß Ansprüche in Zusammenhang mit der vorherigen Enteignung der Nationalsozialisten nicht mehr geltend gemacht werden könnten. Einige Stimmen der Literatur folgten einer Entscheidung des Kammergerichts, die den historischen Grundlagen zu § 1 Abs. 8 lit. a VermG entsprechenden Vorrang einräumte.[53] Diese Vorschrift sei Konsequenz der im Zuge der deutschen Einigung von der Sowjetunion erklärten Bedingung, daß die Legitimität vermögensentziehender Maßnahmen der Vier Alliierten Mächte nicht in Frage gestellt werden sollte.[54] Diese Ansicht sowie verfassungsrechtliche Bedenken werden auch nach der nunmehrigen ausdrücklichen Herausnahme des § 1 Abs. 6 VermG aus dem Anwendungsbereich des § 1 Abs. 8 lit. a VermG aufrechterhalten.[55]

In diesem Zusammenhang ist das Augenmerk auf die bereits erwähnte Ermächtigung der Sowjetischen Militäradministration Deutschland vom 8. Oktober 1946 zu lenken, in der die Deutsche Verwaltung für Volksbildung ermächtigt wurde, „alle notwendigen Maßnahmen zur Ermittlung und Rückführung von Kunstbesitz vorzunehmen, der aus ehemals öffentlicher Hand oder aus Privatbesitz durch die Faschisten vom 1. Januar 1938 bis zur Kapitulation entfernt worden ist.“[56] Vor allem „Kunstgut aus der sogenannten Aktion 'Entartete Kunst'“ sollte beschlagnahmt und an die ehemaligen Besitzer zurückgegeben werden, was auch in einzelnen Fällen erreicht werden

[53] KG 18.10.1991, VIZ 1992, S. 65 ff., 67; zustimmend *Wasmuth,* VIZ 1992, S. 81 ff. Ablehnend *Rübsam,* VIZ 1992, S. 69 f.; *Säcker-Busche,* § 1 VermG Rn. 185 ff.; einschränkend jedoch *Säcker-Hummert,* § 1 VermG Rn. 300 ff.; *Fieberg/Reichenbach,* NJW 1991, S. 321 ff. Vgl. hierzu auch die Folgeentscheidung des BVerfG 25.3.1992, VIZ 1992, S. 275 ff.

[54] Hierzu insb. *Clemm-Wasmuth,* RVI, B 100 VermG, § 1 Rn. 303 m.w.Nachw.

[55] *Wesel,* VIZ 1992, S. 337 ff.; *Wasmuth,* VIZ 1992, S. 276 f.; *ders.,* VIZ 1992, S. 81 ff., hatte die bedenkliche Behauptung aufstellt: „Zunächst begründet [die Herausnahme des § 1 Abs. 6 VermG aus dem Anwendungsbereich des § 1 Abs. 8 lit. a VermG] eine Ungleichbehandlung von Geschädigten, die bereits als NS-Verfolgte Vermögensverluste haben hinnehmen müssen, und anderen, bei denen dies nicht der Fall war. Ein sachlicher Grund für eine derart unterschiedliche Behandlung ist nicht erkennbar.“

[56] Die Ermächtigung ist wiedergegeben bei *Janda/Grabowski,* Kunst in Deutschland 1905-1937, S. 68. Das Datum 1. Januar 1938 ist jedoch falsch gewählt, da zu diesem Zeitpunkt die meisten Werke bereits aus den Sammlungen entfernt worden waren.

konnte. Da die Ermächtigung selbst jedoch keine Beschlagnahme anordnete, sind nur diejenigen Werke als erneut entzogen im Sinne des § 1 Abs. 8 lit. a VermG anzusehen, die ausdrücklich vom zuständigen Amt für Volksbildung konfisziert und zurückgegeben worden sind und daher ohnehin nicht mehr zu restituieren wären. Für die vom Amt für Volksbildung nicht erfaßten Werke bleibt der Restitutionsanspruch aus § 1 Abs. 6 VermG eröffnet.

§ 14 Schadensersatzansprüche

Das bisher ermittelte Ergebnis, daß in sehr vielen Fällen Herausgabeansprüche heute nicht mehr durchzusetzen sein werden, läßt die Frage nach Schadensersatzansprüchen insbesondere gegen den unmittelbar handelnden Staat aufkommen. Ihr kann im Rahmen dieser Arbeit nur in beschränktem Umfang nachgegangen werden. Dabei soll zumindest auf einige Problembereiche hingewiesen werden.

A. Ansprüche aus §§ 989, 990 BGB

Ein Besitzer, der dem Eigentümer gegenüber zur Herausgabe aus § 985 BGB verpflichtet ist, haftet nur dann auf Schadensersatz gemäß §§ 989, 990 BGB, wenn die Sache nach Rechtshängigkeit oder nach Eintritt der Bösgläubigkeit untergeht oder er sie aus einem anderen Grund nicht herausgeben kann. Die Erörterungen in dieser Arbeit müssen sich auf die Frage beschränken, ob für diejenigen Werke, die vom Deutschen Reich nicht weiterveräußert wurden und der Vernichtung anheim fielen bzw. nicht mehr auffindbar sind, Schadensersatz von der Bundesrepublik Deutschland als Nachfolgerin des Deutschen Reiches gefordert werden kann. Ob zu einem späteren Zeitpunkt bezüglich eines weiterveräußerten Werkes Schadensersatzansprüche nach Klageerhebung bzw. nach Eintritt der Bösgläubigkeit entstanden sind, sind Fragen, die nicht in unmittelbarem Zusammenhang mit diesem Thema stehen.

Dabei ist zunächst mit der herrschenden Auffassung zu bejahen, daß auch Rechtsverhältnisse, die auf einer nichtigen Beschlagnahme beruhen, nach den §§ 987 ff. BGB abzuwickeln sind.[1]

In Ermangelung einer rechtshängigen Klage ist im Rahmen dieser Anspruchsgrundlage dem in § 990 BGB geforderten Merkmal der Bösgläubigkeit entscheidende Bedeutung beizumessen. Dieses erfordert, daß die mit den Beschlagnahmen betrauten Personen im Zeitpunkt der Besitzerlangung wußten oder infolge grober Fahrlässigkeit nicht wußten, daß das Deutsche Reich zum Besitz der Werke nicht berechtigt war. Die mit den Beschlagnahmen beauftragten Kommissionen stützten sich auf einen „Führerbefehl“, dessen Rechtmäßigkeit während der Zeit des Nationalsozialismus kaum angezweifelt werden konnte. Später durften sich die mit der Registrierung und Verwaltung des Berliner Depots betrauten Staatsdiener zusätzlich auf das Einziehungsgesetz stützen, dessen Unvereinbarkeit mit den Grundprinzipien der Gerechtigkeit

---

1 BGH 8.10.1953, BGHZ 10, 350 [357]; *Soergel-Mühl*, § 987 Rn. 21 m.w.Nachw.

für diese Personen wohl nicht denkbar erschien. Die Bösgläubigkeit zu bejahen, ist daher praktisch unmöglich.

B. Haftung des Staates

Daß der Staat bei der Wahrnehmung seiner legislativen Funktion Unrecht tun kann, ist ein zentrales Verständnis des heutigen Rechtsstaats. Das Unrecht wird darin gesehen, daß der Gesetzgebungsakt höherrangige positive oder übergesetzliche Normen verletzt.[2] In Ermangelung einer spezialgesetzlichen Regelung ist dabei auf die in Art. 34 GG iVm. § 839 BGB geregelte Amtshaftung zurückzugreifen.[3] Auch eine Bundes- oder Landesregierung kommt als Amtsträger im Sinne dieser Vorschriften in Frage.

Wenn man sodann von einer Haftung der Bundesrepublik Deutschland als Rechtsnachfolgerin des Deutschen Reichs für das von der nationalsozialistischen Führung begangene Unrecht ausgeht, begegnet man der in Rechtsprechung und Literatur überwiegend vertretenen Ansicht, die eine Haftung des Staates für legislatives Unrecht in aller Regel ablehnt, weil es an der notwendigen Drittbezogenheit fehlt, d.h. an der Voraussetzung, daß sich die gemäß § 839 BGB einem Dritten gegenüber obliegende Amtspflicht hinreichend individualisiert hat.[4] Diese hinreichende Individualisierung wird man jedoch im Einziehungsgesetz erkennen können, das die Einziehung ganz bestimmter, bereits beschlagnahmter und damit individualisierter Kunstwerke zugunsten des Staates anordnete.

Fraglich erscheint jedoch das Erfordernis der schuldhaften Verletzung einer Amtspflicht. Selbst wenn die einschlägigen Grundrechte der Weimarer Reichsverfassung bereits außer Kraft gesetzt waren, ergibt sich doch zumindest aus dem Radbruchschen Unerträglichkeitsgedanken die Verpflichtung auch der nationalsozialistischen Führung, keine mit den elementaren Prinzipien der Gerechtigkeit unvereinbaren Gesetze zu erlassen. Indes wird man einen schuldhaften Verstoß gegen dieses als Amtspflicht zu verstehende Prinzip schwerlich bejahen können, da die Verfassungswirklichkeit des nationalsozialistischen Staates seit dem sog. Ermächtigungsgesetz Gesetze wie das Einziehungsgesetz und die Art ihres Zustandekommens ausdrücklich zuließ.

---

2 Vgl. hierzu grundlegend *Fetzer,* Die Haftung des Staates für legislatives Unrecht, Berlin 1994, S. 31 ff.; *Dagtoglou,* Ersatzpflicht des Staates bei legislativem Unrecht?, S. 7.

3 Das 1981 verkündete Staatshaftungsgesetz (BGBl. I, S. 553) trifft keine Regelung für legislatives Unrecht, sondern überläßt diese Materie dem Bundes- oder Landesgesetzgeber, der hiervon bislang keinen Gebrauch gemacht hat; vgl. *Fetzer,* Die Haftung des Staates für legislatives Unrecht, Berlin 1994, S. 38.

4 Vgl. zum Meinungsstand *Ossenbühl,* Staatshaftungsrecht, § 7 5 aa.

Hält man es zur Bejahung der Enteignungen für notwendig, daß dem Einziehungsgesetz weitere Vollzugsakte folgten, kann eine Staatshaftung nur dann bejaht werden, wenn den ausführenden Organen ein Vorwurf in der Anwendung des Gesetzes gemacht werden kann.[5] Ein solcher Vorwurf würde schon voraussetzen, daß Exekutivorgane überhaupt befugt waren, einem für verfassungswidrig angesehenen Gesetz die Anwendung zu verweigern. Auch dies kann nicht bejaht werden.

Es kommt hinzu, daß Amtshaftungsansprüche gemäß § 852 Abs. 1 BGB bereits in drei Jahren verjähren, gerechnet von dem Zeitpunkt der Kenntniserlangung; ohne Rücksicht auf diese Kenntnis jedenfalls in 30 Jahren von der Begehung der Handlung an.[6]

Insgesamt werden Amtshaftungsansprüche daher nicht gegeben, zumindest aber nicht durchzusetzen sein.

---

5 Vgl. hierzu *Bonner Kommentar-Dagtoglou,* Art. 34 Rn. 438; *Ossenbühl,* Staatshaftungsrecht, § 7 5 aa.

6 Vgl. *Bonner Kommentar-Dagtoglou,* Art. 34 Rn. 379.

Fazit

Die vorliegende Arbeit hat gezeigt, daß heute nur noch in Ausnahmefällen Ansprüche auf Restitution der als „entartet" eingezogenen Kunstwerke erhoben werden können. Regelmäßig wird der derzeitige Besitzer dem sachenrechtlichen Herausgabeanspruch einen wirksamen Eigentumserwerb — sei es durch Ersitzung oder auf öffentlichen Versteigerungen — entgegenhalten können. Allerdings bietet § 1 Abs. 6 VermG denjenigen Personen, die am 29.9.1990 ihren Wohnsitz in den neuen Bundesländern hatten, einen Restitutionsanspruch, dem zwischenzeitliche Eigentumswechsel nicht entgegengesetzt werden können. Im einzelnen wurden folgende Ergebnisse erzielt:

I. Das Einziehungsgesetz

In dem historischen Teil der Arbeit konnte aufgezeigt werden, daß die nationalsozialistischen Führungspersönlichkeiten ihren ideologisch geprägten Kampf gegen die Avantgarde und die moderne Kunst des beginnenden zwanzigsten Jahrhunderts bereits einige Zeit vor dem 30. Januar 1933 aufgenommen hatten. Nach der sog. Machtergreifung organisierte sich der Feldzug gegen die Avantgarde sehr schnell auf höchster staatlicher Ebene und mit der Reichskulturkammer und diversen Sonderabteilungen im Propagandaministerium schuf man einen Behördenapparat, der imstande war, die insbesondere nach Erlaß des Gesetzes zur Wiederherstellung des Berufsbeamtentums ausgesprochenen Kündigungen und Berufsverbote mit aller Konsequenz durchzusetzen. Es zeigt sich, daß die Beschlagnahmen der Jahre 1937 und 1938 sowie die Münchner Ausstellung „Entartete Kunst" einen Höhepunkt bildeten und nur vordergründig der „Säuberung" der staatlichen Museen und Sammlungen dienen sollten. Eigentliches Ziel war es, alle „Dilettanten und Kunstbetrüger" zu beseitigen und die Künstler der Avantgarde des beginnenden zwanzigsten Jahrhunderts aus dem Kulturleben des neuen deutschen Volkes zu entfernen.

Die Untersuchung ergab, daß die Reichsregierung die Gesetzgebungskompetenz zum Erlaß des Einziehungsgesetzes besaß. Insbesondere ist die verfassungsrechtliche Bedeutung und Wirkung des Ermächtigungsgesetzes nicht in Abrede zu stellen. Das Einziehungsgesetz griff direkt in die Eigentumssphäre der Länder, Städte und Kommunen ein, die infolge der Gleichschaltungsgesetzgebung zwar ihre politischen Rechte eingebüßt hatten, jedoch als Rechtspersönlichkeiten mit eigenem Vermögen fortbestanden. Das Gesetz wurde nie aufgehoben, ist jedoch infolge der Nichtaufnahme in die Sammlung des Bundesgesetzblatts Teil III am 31.12.1968 formell außer Kraft getreten.

Seine Geltung als materielles Recht ist dagegen mit der von Gustav Radbruch entwickelten und von der höchsten deutschen Rechtsprechung bestätigten Unerträglichkeitsthese von Anfang an zu verneinen. Dem Gesetz sind zwei Stoßrichtungen immanent, denn wie schon im Rahmen der Beschlagnahmen sollten nicht die jeweiligen Eigentümer, sondern in erster Linie die diffamierten Künstler selbst in ihrer ganzen Persönlichkeit getroffen werden. Diese wurden als „jüdisch-bolschewistisch" betitelt und mit Geisteskranken auf eine Stufe gestellt. Das Gesetz sollte eine politisch-weltanschauliche Diffamierungskampagne gesetzlich festschreiben, indem es die seelische Vernichtung der Künstler zum Programm erhob.[1] Auch mit den Maßstäben der Weimarer Reichsverfassung und des Grundgesetzes ist das Einziehungsgesetz nicht vereinbar, da die Enteignungen entschädigungslos erfolgten und das Gesetz gegen die Grundrechte der Kunstfreiheit und der freien Entfaltung der Persönlichkeit verstieß. Die Folge dieser Unvereinbarkeit mit wesentlichen Prinzipien der Gerechtigkeit ist, daß das Gesetz niemals Recht geworden ist und von Anfang an nichtig war. In der Konsequenz sind auch die einzelnen Enteignungen nichtig und konnten keine Eigentumsposition zugunsten des Reiches begründen.

Das Gesetz sah Enteignungen von Ausländern nicht vor. Dennoch nahm man hierauf — wie im Falle der Sumpflegende — keine Rücksicht und ordnete sie dem Vermögen des Staates zu. Solche Enteignungen waren zusätzlich rechtswidrig. Auch das Völkergewohnheitsrecht verbietet Enteignungen von Ausländern, die staatsvertraglichen Verpflichtungen widersprechen, willkürlich, diskriminierend oder entschädigungslos erfolgen. Im Ergebnis ist daher für diese Einziehungen auch ein Verstoß gegen das Völkergewohnheitsrecht zu bejahen, der — entgegen der herrschenden Auffassung — die Nichtigkeit der Enteignung begründen sollte.

II. Internationales Privatrecht

Im internationalprivatrechtlichen Teil der Arbeit wurde aufgezeigt, daß das nach der jeweiligen *lex fori* heranzuziehende internationale Privatrecht den Herausgabeanspruch regelmäßig als Anspruch des Sachenrechts qualifiziert. Verweist das Kollisionsrecht in der Folge auf eine Rechtsordnung, die — wie die amerikanische — die Klage auf Herausgabe als deliktsrechtlichen Besitzanspruch ansieht, so ist mit der funktionellen Qualifikation einer möglichen

---

[1] *Jayme,* „Entartete Kunst" und IPR, S. 20.

Weiterverweisung anhand der deliktsrechtlichen Kollisionsnorm dieser Rechtsordnung zu folgen.

Die im internationalen Sachenrecht herrschende und nunmehr in Art. 43 Abs. 1 EGBGB festgeschriebene Anknüpfung gemäß der *lex rei sitae* läßt das Recht am Ort der Belegenheit über alle sachenrechtlichen Fragen, insbesondere über die Begründung, den Fortbestand und den Untergang von Rechten an Sachen entscheiden. Folgt man dieser Anknüpfungsregel, sollte man jedoch die Frage, ob eine Sache als gestohlen oder abhanden gekommen anzusehen ist, als selbständige Vorfrage an den Ort des Diebstahls bzw. des Abhandenkommens anknüpfen. Gerade für Werke „entarteter Kunst" ließen sich so eine international unterschiedliche Beurteilung der Einziehungen im Rahmen des Sachenrechts und Zufallsergebnisse im Falle einer Verbringung unter ein anderes Sachstatut vermeiden. Möglich erscheint es auch, die Beurteilung des Abhandenkommens als *local data* im Rahmen der jeweils berufenen Sachnorm zu berücksichtigen.

Die Situs-Regel wird jedoch in zahlreichen Detailfragen nicht als sachgerechte Lösung empfunden. Für Grundstücksimmissionen und Transportmittel existieren in Artt. 44 und 45 EGBGB bereits besondere Anknüpfungsregeln. Darüber hinaus soll insbesondere bei Verfügungen über Mobilien, die sich auf dem Transportwege oder auf staatsfreiem Gebiet befinden, soll nicht das Belegenheitsstatut, sondern das Recht des Bestimmungsortes oder des Erwerbers maßgebend sein. Auf dem Gebiet des internationalen Kulturgüterschutzes erfährt der Vorschlag, gemäß der *lex originis* an den Herkunftsort des Kulturguts anzuknüpfen, starken Zuspruch. Diskutiert wird auch, der Nationalität des Künstlers Vorrang einzuräumen. Diese Lösungsansätze sind nunmehr im Rahmen der wesentlich engeren Verbindung gemäß Art. 46 EGBGB anzusiedeln. Sie lassen sich jedoch nicht ohne weiteres auf Kunstwerke im allgemeinen übertragen, da letzteren gerade die Zuordnung zu einer bestimmten Nation fehlt.

Richtiger erscheint es, den gutgläubigen Erwerb gestohlener oder abhanden gekommener Kunstwerke im Rahmen des Art. 46 EGBGB dem Ort des Diebstahls bzw. des Abhandenkommens zu unterstellen. Für diesen Lösungsansatz spricht, daß der Eigentümer, dem die Sache abhanden kommt, bis zu jenem Zeitpunkt in schutzwürdiger Weise auf die Anwendung eben jenes Rechts am Belegenheitsort vertrauen durfte. Die Interessen des Rechtsverkehrs an der Sicherheit von Transaktionen sollten demgegenüber zurücktreten. Da die zunehmende Internationalisierung es dem Kunstdiebstahl ermöglicht, den sachenrechtlichen Status willkürlich zu verändern, kann dies zu Beeinträchtigungen der Sphäre des Eigentümers führen, die für ihn unvorhersehbar sind. Eine Anknüpfung an den Ort des Abhandenkommens wirkt solchen unerwarteten Beeinträchtigungen entgegen. Sie sollte ebenso für die Ersitzung sowie für die Beurteilung der Verjährung des Herausgabeanspruchs herangezogen werden. Auch auf die der direkten Verwertung des deutschen Reichs nachfolgenden Veräußerungen ist nach der vom Verfasser vertretenen Auffassung deutsches Recht anzuwenden, bis ein wirksamer Eigentumserwerb festgestellt werden kann. Dieser nimmt der Sache dann den „Makel des Abhandenkommens", so daß nachfolgende Veräußerungen anhand der *lex rei sitae* zu bemessen sind.

Läßt man jedoch mit der herrschenden Auffassung in all diesen Fällen das Recht am jeweiligen Belegenheitsort zur Anwendung kommen, so ist auf die Problematik des Statutenwechsels bei nicht abgeschlossenen Tatbeständen, insbesondere bei Ersitzung und Verjährung einzugehen. Dabei ist mit der in diesem Problemkreis überwiegend vertretenen Ansicht diejenige Rechtsordnung zur Entscheidung berufen, unter der sich die Ersitzung oder Verjährung vollendet. Besitzzeiten des Statuts, unter dem die Ersitzung oder Verjährung begonnen hat, können nur dann angerechnet werden, wenn dieses Statut ebenfalls eine Ersitzung oder Verjährung zuläßt. Bei unterschiedlicher Dauer der Frist ist gleichfalls allein dasjenige Recht maßgeblich, unter dem die Frist abläuft. Bei einem doppelten Statutenwechsel, wenn eine Sache also aus einem Land, das die Ersitzung oder Verjährung zuläßt, zunächst in ein Land verbracht wird, dem diese Rechtsinstitute unbekannt sind, sodann wieder in das Ausgangsland zurückkehrt, können frühere Besitzzeiten des Ausgangslandes auf die jeweiligen Fristen angerechnet werden. Der gegenteiligen Auffassung, die hier aus der Nichtzulassung des Durchgangsstatuts auf ein Erlöschen der früheren Besitzzeiten schließen möchte, ist nicht zu folgen.

III. Die Veräußerungen

Den Einziehungen folgte die Verwertung der Werke nach, nur wenige wurden vernichtet. Es empfiehlt sich, die Möglichkeiten, die zu einem Eigentumsverlust der Museen und Leihgeber führen konnten und können, in folgende vier Kategorien einzuteilen: Die unmittelbare Verwertung, Versteigerungen, der Verwertung nachfolgende Veräußerungen und Ersitzung.

Das Deutsche Reich entledigte sich der weit überwiegenden Zahl der Werke durch Verkauf und Tausch. Die Untersuchung dieser „Verwertungen" des Deutschen Reichs ergab, daß die beauftragten Kunsthändler als Nichtberechtigte verfügten, weil das Einziehungsgesetz keinen Eigentumsverlust zugunsten des Deutschen Reichs herbeiführen konnte. Die Beschlagnahmen bewirkten, daß die Kunstwerke als abhanden gekommen anzusehen waren. Veräußerten die Kunsthändler ein Werk innerhalb der Grenzen des Deutschen

Reichs, so scheiterte ein gutgläubiger Eigentumserwerb regelmäßig an § 935 Abs. 1 BGB.

Doch selbst dann, wenn die Kunsthändler einzelne Werke im Rahmen der direkten Verwertung zur Erfüllung der Kaufverträge in das Ausland versendeten, ändert sich an diesem Ergebnis nach der vom Verfasser im internationalprivatrechtlichen Teil vertretenen Auffassung nichts, da auch in diesen Fällen allein das deutsche Sachenrecht als dasjenige am Ort des Abhandenkommens zur Beurteilung des Eigentumsübergangs maßgeblich bleibt und einen auch gutgläubigen Erwerb abhanden gekommener Sachen ausschließt.

Die herrschende Ansicht hingegen überläßt das Ergebnis der Rechtsordnung, in die das Kunstwerk versandt wurde. Folglich ist, wenn ein Werk in die Schweiz versandt wurde, das schweizerische Sachenrecht zur Beurteilung des Eigentumserwerbs heranzuziehen. Dieses erlaubt den gutgläubigen Erwerb auch abhanden gekommener Sachen nach fünf Jahren, wenn der Erwerber die Sache von einem Kaufmann, auf einer öffentlichen Versteigerung oder auf einem Markt erworben hat. Während dieser fünf Jahre steht dem Eigentümer jedoch ein Rückforderungsrecht zu, dem der Erwerber ein Lösungsrecht entgegenhalten kann.

Das deutsche Recht läßt jedoch einen Eigentumserwerb auch abhanden gekommener Sachen dann zu, wenn der Gegenstand auf einer öffentlichen Versteigerung erworben wurde, § 935 Abs. 2 BGB. Diese Privilegierung, die auch anderen Rechtsordnungen bekannt ist, findet ihre maßgebliche Begründung darin, daß der Rechtsverkehr der öffentlich bestellten Versteigerungsperson ein besonderes Maß an Glaubwürdigkeit und Zuverlässigkeit entgegenbringt. Wendet man auf die Luzerner Auktion des Jahres 1939 deutsches Sachenrecht an, so kann diese Versteigerung jedoch schon wegen fehlender Äquivalenz zu der von § 935 Abs. 2 BGB geforderten keinen Eigentumswechsel bewirken. Andere Versteigerungen hingegen, welche die Anforderungen dieser Bestimmung erfüllen, können auch für Werke „entarteter Kunst" einen Verlust des Eigentums herbeiführen, wenn der Erwerber nicht bösgläubig war.

Weiterveräußerungen der Erwerber, die im Rahmen der direkten Verwertung Besitz an den Werken erhielten, scheitern ebenfalls regelmäßig an § 935 Abs. 1 BGB, sofern man nicht das Recht am jeweiligen Belegenheitsort als maßgeblich betrachtet. Tut man dies jedoch, kann ein Eigentumsverlust eingetreten sein, wenn ein Werk in eine „freizügigere" Rechtsordnung verbracht und dort veräußert wird. Auch die vielen Rechtsordnungen vertraute Ersitzung kann zu einem Verlust des Eigentums geführt haben. Die deutsche Rechtsordnung läßt den Gutgläubigen gemäß § 937 BGB nach zehnjährigem Eigenbesitz das Eigentum erwerben, während die schweizerische hierfür fünf Jahre genügen läßt.

Entscheidende Bedeutung kommt jedoch der Frage zu, ob dem Erwerber der gute Glaube fehlte. Das BGB versteht die Bösgläubigkeit als eine den Rechtserwerb hindernde Tatsache, die dem Erwerber nachgewiesen werden muß. Es schaden Kenntnis und grob fahrlässige Unkenntnis der fehlenden Eigentümerposition, im Falle der Anwendbarkeit des § 366 HGB auch der fehlenden Verfügungsbefugnis. Allgemein wird eine Nachforschungsobliegenheit des Käufers verneint, solange keine konkreten Verdachtsmomente vorliegen. Solche Verdachtsmomente können sich beim Kunstkauf aus den objektiven und subjektiven Veräußerungsumständen ergeben, insbesondere jedoch aus der Nichtvorlage von Expertisen und sonstigen Urkunden über die Echtheit und Provenienz eines Werkes. Von professionellen Kunsthändlern darf regelmäßig eine erhöhte Sorgfalt beim Erwerb von Kunstwerken erwartet werden. Jedoch ergeben sich aus der Tatsache allein, daß der zu erwerbende Gegenstand ein Werk „entarteter Kunst" ist, keine besonderen Nachforschungsobliegenheiten. Denn wenn schon in der Zeit der nationalsozialistischen Zwangsherrschaft nicht an der Rechtswirksamkeit der Einziehungen zu zweifeln war, so durften Erwerber unter demokratischen Verhältnissen weiterhin von einer Wirksamkeit ausgehen, weil nun weder der Gesetzgeber noch die Rechtsprechung das Gesetz und die Einziehungen jemals in Frage stellten, und auch die Museen ihren früheren Besitz zurückkauften und schon den Versuch scheuten, eine Rückgabe auf gerichtlichem Wege durchzusetzen. Eine Untersuchung des schweizerischen Rechts ergab, daß auch diese Rechtsordnung keine abweichende Beurteilung der Bösgläubigkeit zuläßt.

Für den Lauf der Ersitzungsfrist konnte als Ergebnis festgestellt werden, daß sich der Besitzer die Besitzzeiten seines Vorgängers im Besitz gemäß § 943 BGB anrechnen lassen kann, wenn beide die Voraussetzungen der Ersitzung erfüllen. Erhält der Besitzer den Besitz im Wege der Gesamtrechtsnachfolge, ist für die Frage der Bösgläubigkeit bei Besitzerlangung auf den Zeitpunkt der Erlangung der tatsächlichen Sachherrschaft gemäß § 854 Abs. 1 BGB abzustellen. Eine Hemmung der Ersitzungsfrist kann allenfalls gemäß der zweiten Kriegsmaßnahmeverordnung für mindestens vierzehn 1/2 Monate, längstens vier Jahre und zwei 1/2 Monate angenommen werden, während die Möglichkeit der Hemmung infolge höherer Gewalt oder Stillstand der Rechtspflege gemäß § 939 iVm. § 203 BGB keine praktische Bedeutung erlangt. Auch das schweizerische Recht steht einer Hemmung der Ersitzungsfrist infolge höherer Gewalt ablehnend gegenüber. Es zeigt sich also, daß das Rechtsinstitut der Ersitzung sehr häufig zu einem wirksamen Eigentumsverlust an den eingezogenen Werken geführt haben wird.

Daß der sachenrechtliche Herausgabeanspruch nach dreißig Jahren verjähren soll, wird von einem Teil der deutschen Literatur zu recht in Frage gestellt. Folgt man jedoch der überwiegenden Ansicht, so steht einer Anrechnung der Besitzzeiten der Vorbesitzer — sieht man einmal von den Fragen des Kollisionsrechts ab — nichts entgegen. Eine Hemmung kann auch hier in aller Regel nur auf die zweite Kriegsmaßnahmeverordnung gestützt werden. Dies führt im Ergebnis dazu, daß den Herausgabeansprüchen nach nunmehr vergangenen sechzig Jahren seit den Beschlagnahmen — zumindest unter Berufung auf die diesbezüglich herrschende Ansicht — regelmäßig der Einwand der Verjährung entgegengesetzt werden kann.

IV. Weitere Anspruchsgrundlagen

Die Arbeit zeigte auch auf, daß Leistungskondiktionsansprüche der (früheren) Eigentümer nicht bestehen, da es schon an einer Leistungsbeziehung zwischen ihnen und dem Deutschen Reich fehlt. Denkbar ist hingegen, daß der (ehemalige) Eigentümer sein Herausgabebegehren auf einen Anspruch aus Eingriffskondiktion stützen kann, da die Beschlagnahmen einen Eingriff in sein Vermögen bedeuteten. Diese Ansprüche gegen das Deutsche Reich sind jedoch zum einen subsidiär zu den Ersatzansprüchen nach §§ 989 ff. BGB, zum anderen verjährt.

Im Falle einer festgestellten Ersitzung schließt diese als Eingriff in die Rechtsposition des Eigentümers schuldrechtliche Rückgabeansprüche aus Vertrag und Kondiktion nicht aus. Die gegenteilige Auffassung, die gegenüber einer Ersitzung nur Leistungskondiktionsansprüche durchgreifen läßt, offenbart Inkonsequenzen. Der Kondiktionsanspruch geht auf Rückgabe der Sache selbst, gibt dem ehemaligen Eigentümer jedoch zumindest einen Wertersatzanspruch, wenn der Ersitzende das Werk nicht mehr herausgeben kann. Die Verjährung dieses Anspruchs beginnt erst mit vollendeter Ersitzung.

Die Rechtsprechung der Nachkriegszeit faßte Rückgabeansprüche an Werken „entarteter Kunst" zu Unrecht nicht unter die Wiedergutmachungsgesetze. Die Gerichte verkannten insbesondere, daß die Restitution der verfolgten Werke an ihre alte Wirkungsstätte gerade eine Frage der Wiedergutmachung, im besonderen an den verfolgten Künstlern gewesen wäre. Als Anspruchsgrundlage stehen die Rückerstattungsgesetze heute jedoch nicht mehr zur Verfügung, da die Anmeldefristen abgelaufen sind. Ehemalige Eigentümer in den neuen Bundesländern können Rückerstattungsansprüche jedoch infolge der Wiedervereinigung Deutschlands auf § 1 Abs. 6 Vermögensgesetz stützen. Diese Norm eröffnet ihnen auch nach Ablauf der diesbezüglichen Anmeldefrist am 31.3.1991 einen Restitutionsanspruch. Hat der Verfügungsberechtigte mittlerweile über den Gegenstand verfügt, bleibt zumindest ein Ersatzanspruch in Höhe des erzielten Erlöses gegen den Entschädigungsfonds. Ansprüche auf Schadensersatz aus §§ 989, 990 BGB bzw. Art. 34 GG iVm. § 839 BGB sind nicht gegeben.

Dokumente

Dokument Nr. 1

Gesetz über Einziehung von Erzeugnissen entarteter Kunst*

(RGBl. 1938 I, S. 612)

*Betrifft nicht das Land Österreich

Die Reichsregierung hat das folgende Gesetz beschlossen, das hiermit verkündet wird:

§ 1. Die Erzeugnisse entarteter Kunst, die vor dem Inkrafttreten dieses Gesetzes in Museen oder der Öffentlichkeit zugänglichen Sammlungen sichergestellt und von einer vom Führer und Reichskanzler bestimmten Stelle als Erzeugnisse entarteter Kunst festgestellt sind, können ohne Entschädigung zugunsten des Reiches eingezogen werden, soweit sie bei der Sicherstellung im Eigentum von Reichsangehörigen oder inländischen juristischen Personen standen.

§ 2. (1) Die Einziehung ordnet der Führer und Reichskanzler an. Er trifft die Verfügung über die in das Eigentum des Reichs übergehenden Gegenstände. Er kann die im Satz 1 und 2 bestimmten Befugnisse auf andere Stellen übertragen.

(2) In besonderen Fällen können Maßnahmen zum Ausgleich von Härten getroffen werden.

§ 3. Der Reichsminister für Volksaufklärung und Propaganda erläßt im Einvernehmen mit den beteiligten Reichsministern die zur Durchführung dieses Gesetzes erforderlichen Rechts- und Verwaltungsvorschriften.

Berlin, den 31. Mai 1938

Dokument Nr. 2

Erlaß

Nachdem der Führer und Reichskanzler am Tage der Deutschen Kunst in München in klarster Weise die Richtlinien für die Kunstauffassung des Nationalsozialismus festgelegt hat, beauftrage ich den Reichs- und Preußischen Minister für Wissenschaft, Erziehung und Volksbildung, die Bestände aller im Lande Preußen vorhandenen öffentlichen Kunstsammlungen ohne Rücksicht auf Rechtsform und Eigentumsverhältnisse im Sinne der Richtlinien des Führers und Reichskanzlers zu überprüfen und die erforderlichen Anordnungen zu treffen. Über die Verwendung aller ausgemerzten Gegenstände, soweit sie dem Staate gehören, werde ich besonders entscheiden. Ich beauftrage ferner den Reichs- und Preußischen Minister für Wissenschaft, Erziehung und Volksbildung, die Richtlinien des Führers und Reichskanzlers mit unnachsichtiger Strenge allen staatlichen Beamten, Angestellten und Beauftragten gegenüber, soweit sie sich auf dem Gebiet der Kunst betätigen, schnellstens durchzuführen. Soweit Kunstinstitute meiner unmittelbaren Leitung unterstehen, werde ich die Richtlinien selbst zur Anwendung bringen.

Berlin, den 28. Juli 1937

Der Preußische Ministerpräsident

gez. Göring

Dokument Nr. 3

Ermächtigung der Sowjetischen Militäradministration

vom 08.10.1946

Die Deutsche Verwaltung für Volksbildung in der Sowjetischen Besatzungszone, Berlin W 8, Wilhelmstr. 88, wird ermächtigt, alle notwendigen Maßnahmen zur Ermittlung und Rückführung von Kunstbesitz vorzunehmen, der aus ehemals öffentlicher Hand oder aus Privatbesitz durch die Faschisten vom 1. Januar 1938 bis zur Kapitulation entfernt worden ist.

Die Deutsche Verwaltung für Volksbildung ist befugt, ermitteltes Kunstgut dieser Art, vor allem solches aus der sogenannten Aktion "Entartete Kunst" zu beschlagnahmen und alle Verfügungen zu treffen, die für die Rückgabe des Kunstgutes an seine ehemaligen Besitzer wichtig sind.

Die örtlichen Dienststellen der Sowjetischen Militäradministrationen und aller deutschen Verwaltungen werden angewiesen, die Deutsche Verwaltung für Volksbildung in jeder Weise zu unterstützen.

Mitteilung der Sowj. Besatzungszone in Deutschland 8.10.1946

(gez.) Major Poltawtzeff

Dokument Nr. 4

Beschluß des Denkmals- und Museumsrates Nordwestdeutschland

vom September 1948

Der Denkmal- und Museumsrat Nordwestdeutschland vertritt einstimmig die Auffassung, daß der als "entartet" beschlagnahmte Museumsbesitz zwar in bezug auf die öffentliche Repräsentation jener Künstler sinnvoll ersetzt, nicht aber die damals veräußerten Werke durch gesetzliche Zwangsmaßnahmen zurückgefordert werden sollten, auch nicht bei entsprechender geldlicher Entschädigung.

Er geht dabei von folgenden Überlegungen aus:

1. Ein nicht unerheblicher Teil dieser Werke ist ins Ausland verkauft worden und keinesfalls wiederzugewinnen. Schon aus diesem Grunde wäre es unrecht, lediglich die deutschen Besitzer haftbar zu machen.
2. Die deutschen Sammler, die damals "entartete" Kunstwerke erworben haben, sind durchweg leidenschaftliche Liebhaber moderner Kunst, die durch ihre Ankäufe entscheidend mitgewirkt haben, die Zerstörung und Abwanderung solcher werke ins Ausland zu verhindern. Es sind überdies genau diejenigen Kreise, auf die unsere Museen für ihre Weiterarbeit (Ankäufe, Leihgaben für Ausstellungen) angewiesen sind; gerade sie dürfen unter keinen Umständen verärgert werden.
3. Zweifellos würde es die Folge jeder Zwangsmaßnahmen sein, das die vielen, bisher noch nicht wieder aufgetauchten beschlagnahmten Kunstwerke nur noch mehr als bisher allen Nachforschungen entzogen und praktisch aus dem lebendigen Kulturbesitz ausscheiden würden.
4. Zur Belebung privater Sammlerinitiative ist es unbedingt erwünscht, daß der Kunstbesitz nicht erneut einer Unsicherheit ausgesetzt wird. Ein geschehenes Unrecht sollte nicht durch ein neues Unrecht "wieder gut gemacht" werden.

Dokument Nr. 5

Reichskulturkammergesetz

(RGBl. 1933 Teil I, 659)
(Auszug)

§ 1. Der Reichsminister für Volksaufklärung und Propaganda wird beauftragt und ermächtigt, die Angehörigen der Tätigkeitszweige, die seinen Aufgabenkreis betreffen in Körperschaften des öffentlichen Rechts zusammenzufassen.

§ 2. Gemäß § 1 werden errichtet:

1. eine Reichsschriftumskammer
2. eine Reichspressekammer
3. eine Reichsrundfunkkammer
4. eine Reichstheaterkammer
5. eine Reichsmusikkammer
6. eine Reichskammer der bildenden Künste. [...]

§ 4. Die Errichtung der Kammern hat sich innerhalb der Richtlinien zu halten, die für den berufsständischen Aufbau von der Reichsregierung beschlossen werden.

§ 5. Die im § 2 bezeichneten Körperschaften werden gemeinsam mit der vorläufigen Filmkammer zu einer Reichskulturkammer vereinigt.

§ 6. Der Reichsminister für Volksaufklärung und Propaganda und der Reichswirtschaftsminister werden ermächtigt, durch gemeinsame Verordnung die Bestimmungen der Gewerbeordnung in Einklang mit den Bestimmungen dieses Gesetzes zu bringen.

§ 7. Der Reichsminister für Volksaufklärung und Propaganda wird ermächtigt, zur Durchführung dieses Gesetzes Rechtsverordnungen und allgemeine Verwaltungsvorschriften, auch ergänzender Art, zu erlassen.

Dokument Nr. 6

Gesetz zur Wiederherstellung des Berufsbeamtentums

(RGBl. 1933 I, S. 141)
(Auszug)

§ 1. (1) Zur Wiederherstellung eines nationalen Berufsbeamtentums und zur Vereinfachung der Verwaltung können Beamte nach Maßgabe der folgenden Bestimmungen aus dem Amt entlassen werden, auch wenn die nach dem geltenden Recht hierfür erforderlichen Voraussetzungen nicht vorliegen. [...]

§ 2. (1) Beamte, die seit dem 9. November 1918 in das Beamtenverhältnis eingetreten sind, ohne die für ihre Laufbahn vorgeschriebene oder übliche Vorbildung oder sonstige Eignung zu besitzen, sind aus dem Dienst zu entlassen. Auf die Dauer von drei Monaten nach der Entlassung werden ihnen ihre bisherigen Bezüge belassen. [...]

§ 3. (1) Beamte, die nichtarischer Abstammung sind, sind in den Ruhestand (§§ 8 ff.) zu versetzen. Soweit es sich um Ehrenbeamte handelt, sind sie aus dem Amtsverhältnis zu entlassen.

(2) Absatz 1 gilt nicht für Beamte, die bereits seit dem 1. August 1914 Beamte gewesen sind oder die im Weltkrieg an der Front für das Deutsche Reich oder für seine Verbündeten gekämpft haben oder deren Väter oder Söhne im Weltkrieg gefallen sind. weitere Ausnahmen können der Reichsminister des Innern im Einvernehmen mit dem zuständigen Reichsminister oder die obersten Landesbehörden für Beamte im Ausland zulassen.

§ 4. Beamte, die nach ihrer bisherigen politischen Betätigung nicht die Gewähr dafür bieten, daß sie jederzeit rückhaltlos für den nationalen Staat eintreten, können aus dem Dienst entlassen werden. [...]

§ 14. Gegen die aufgrund dieses Gesetzes in den Ruhestand versetzten oder entlassenen Beamten ist auch nach ihrer Versetzung in den Ruhestand oder ihrer Entlassung die Einleitung eines Dienststrafverfahrens wegen der während des Dienstverhältnisses begangenen Verfehlungen mit dem Ziele der Aberkennung des Ruhegeldes, der Hinterbliebenenversorgung, der Amtsbezeichnung, des Titels, der Dienstkleidung und der Dienstabzeichen zulässig. [...]

§ 15. Auf Angestellte und Arbeiter finden die Vorschriften über Beamten sinngemäße Anwendung. Das Nähere regeln die Ausführungsbestimmungen.

Literaturverzeichnis

Ahlfeld/Heymann, Marianne Und trotzdem überlebt. Ein jüdisches Schicksal aus Köln durch Frankreich nach Israel 1905-1955 mit Erinnerungen an Paul Klee, Konstanz 1994

Alexy, Robert Zur Kritik des Rechtspositivismus, in: Dreier (Hrsg.), Rechtspositivismus und Wertebezug des Rechts, Stuttgart 1990, S. 9 ff.

Alibrandi, Thomaso/Ferri, Pier Giorgio I Beni Culturali e Ambientali, Mailand 1985

Amelung, Knut Strafbarkeit von „Mauerschützen", JuS 1993, S. 637 ff.

Anschütz, Gerhard Die Verfassung des Deutschen Reichs vom 11. August 1919, Neudruck der 14. Aufl. Berlin 1933, Aalen 1987

Arndt, Adolf Das Rückerstattungsgesetz der Amerikanischen Zone, NJW 1947/48, S. 161 ff.

– Nochmals: Welche Folgen hat die Verfassungswidrigkeit eines Gesetzes für einen darauf gestützten Verwaltungsakt? — Angebliche Rückwirkung verfassungsgerichtlicher Entscheidungen, NJW 1959, S. 2145 ff. (Anschluß an NJW 1959, S. 863 ff.)

Arnold, Jörg/Kühl, Martin Forum: Probleme der Strafbarkeit von Mauerschützen, JuS 1992, S. 991 ff.

Backes, Klaus Adolf Hitlers Einfluß auf die Kulturpolitik des Dritten Reiches. Dargestellt am Beispiel der Bildenden Künste, Heidelberg 1984

– Hitler und die bildenden Künste. Kulturverständnis und Kunstpolitik im Dritten Reich, Köln 1988

Bar, Carl Ludwig von Theorie und Praxis des Internationalen Privatrechts, Band 1 und 2 (Neudruck 1966), Aalen 1889, zitiert: C.L. v. Bar, IPR I bzw. II

Bar, Christian von Internationales Privatrecht, Erster Band, Allgemeine Lehren, München 1987, zitiert: IPR Bd. 1

Barron, Stephanie „Entartete Kunst" — Das Schicksal der Avantgarde im Nazi-Deutschland, München 1992

Baum, Walter Die „Reichsreform" im dritten Reich, Vierteljahrshefte für Zeitgeschichte 1955, S. 36 ff.

Baumbach, Adolf/Hopt, Klaus Handelsgesetzbuch, 29. Auflage, München 1995

Baur, Jürgen F./Stürner, Rolf Lehrbuch des Sachenrechts, 16. Auflage, München 1992, zitiert: Sachenrecht

Becker, Erich Die Rechtsstellung der deutschen Länder in der Gegenwart, ZgesStaatsW 97 (1937), S. 462 ff.

Behrens, Klaus/de Lazzer, Dieter (Hrsg.) Recht, Steuern, Versicherungen für den Kunstmarkt, Neuwied u.a. 1993

Beitzke, Günther Probleme der Enteignung im Internationalen Privatrecht, in: Ipsen (Hrsg.), Festschrift für Leo Raape, Hamburg 1948, S. 93 ff.

Berka, Walter u.a. Kunst und Recht im In- und Ausland, Heidelberg 1994

Berlinische Galerie (Hrsg.) Aus Berlin emigriert. Werke Berliner Künstler, die nach 1933 Deutschland verlassen mußten, Berlin 1983

Berner Kommentar Kommentar zum schweizerischen Privatrecht, Band IV, 1. Teilband, Bern 1976

Bernhard, Peter Cassis de Dijon und Kollisionsrecht — am Beispiel des unlauteren Wettbewerbs, EuZW 1992, S. 437 ff.

Biesemann, Jörg Das Ermächtigungsgesetz als Grundlage der Gesetzgebung im nationalsozialistischen Staat, 2. Auflage, Münster 1987, zitiert: Ermächtigungsgesetz
Bischoff, Friedrich Kunsthandel und Binnenschutz, Weltkunst 1993, S. 961
Black, Henry Campbell Law Dictionary, 5. Auflage, Minnesota 1979
Blair Sale of Goods Act 1979, London 1980
Bonner Kommentar Kommentar zum Bonner Grundgesetz, Heidelberg (Stand: März 1998)
Boochs, Wolfgang/Ganteführer Kunstbesitz, Kunsthandel, Kunstförderung im Zivil- und Steuerrecht, Neuwied u.a. 1992, zitiert: Kunstbesitz
Boyer, Ralph E. Survey of the Law of Property, 3. Auflage, Minnesota 1981
Bracher, Karl Dietrich Die Deutsche Diktatur. Entstehung, Struktur, Folgen des Nationalsozialismus, Köln, Berlin 1969
Brenner, Hildegard Die Kunstpolitik des Nationalsozialismus, Hamburg 1963, zitiert: Kunstpolitik
Brown, Ray Andrews The Law of Personal Property, 3. Auflage, Illinois1975
Brünneck, Alexander von Die Eigentumsordnung im Nationalsozialismus, Kritische Justiz 1979, S. 151 ff.
Bucher, Eugen Schweizerisches Obligationenrecht, Allgemeiner Teil ohne Deliktsrecht, Zürich 1988
Bundesministerium der Justiz (Hrsg.) Deutsches Vermögen im Ausland, Band I-III, Köln 1951
Burks, Sylvia K. Kunstsammlungen zu Weimar v. Elicofon — Theft of priceless art treasures gives rise to protracted international legal battle, Texas Int. Legal Journal 19 (1984), 189
BZ für politische Bildung Informationen zur politischen Bildung, Heft Nr. 251, 2. Quartal 1996
Caemmerer, Ernst von Zum internationalen Sachenrecht — Eine Miszelle, in: Caemmerer u.a. (Hrsg.), FS Pan J. Zepos, Band 2, Athen 1973, S. 25 ff.
Cahn, Herbert A. Zum „Kulturgüterverkehr“ zwischen den Staaten, Weltkunst 1994, S. 122
Canaris, Claus-Wilhelm Die Vertrauenshaftung im deutschen Privatrecht, München 1971
Clemm u.a. (Hrsg.) Rechtshandbuch Vermögen und Investitionen in der ehemaligen DDR, München 1997, zitiert: Clemm-Bearb., RVI
Coester-Waltjen, Dagmar Internationales Beweisrecht, Ebelsbach 1983
Czapski, Georg Zur Rechtswirksamkeit der in den Niederlanden während der Besetzung durch deutsche Staatsangehörige geschlossenen Verträge, MDR 1954, S. 462 ff.
Dagtoglou, Prodromos Ersatzpflicht des Staates bei legislativem Unrecht?, Tübingen 1963
Dahm, Georg Zum Problem der Anerkennung im Inland durchgeführter völkerrechtswidriger Enteignungen im Ausland, in: Göttinger Arbeitskreis (Hrsg.), FS Kraus, Würzburg 1964, S. 67 ff.
Dahm, Georg u.a. (Hrsg.) Grundfragen der neuen Rechtswissenschaft, Berlin 1933
Dam, Hendrik George van Rückwirkende Kraft von Strafgesetzen, JW 1934, S. 206 f.
Deutsche Richterakademie (Hrsg.) Kunst und Recht, Heidelberg 1985
Deutscher Künstlerbund (Hrsg.) 1936 — Verbotene Bilder, Hannover 1986

Dittrich, Robert/Tades, Helmuth Das Allgemeine bürgerliche Gesetzbuch, 33. Auflage, Wien 1989
Dobbs, Dan B. Handbook on the Law of Remedies, Minnesota 1973, zitiert: Remedies
Dolzer, Rudolf/Jayme, Erik/Mußgnug, Reinhard (Hrsg.) Rechtsfragen des internationalen Kulturgüterschutzes, Heidelberg 1994
Drasch, Wolfgang Das Herkunftslandprinzip im internationalen Privatrecht, Baden-Baden 1997, zitiert: Herkunftslandprinzip
Dreyer, Ernst Adolf (Hrsg.) Deutsche Kultur im Neuen Reich, Berlin 1934
Drobnig, Ulrich Amerikanische Gerichte zum Internationalen Sachenrecht auf dem Hintergrund der Teilung Deutschlands, IPRax 1984, S. 61 ff.
Drum, Sidney M. Making New York a Haven for Stolen Art, 64 N.Y.U.L.R. (1989), 909.
Dünkel, Hans Peter Öffentliche Versteigerung und gutgläubiger Erwerb, Karlsruhe 1970
Dürig, Günter/Rudolf, Walter Texte zur deutschen Verfassungsgeschichte, 3. Auflage, München 1996
Dürr Nach dem Tode des Künstlers vermehrt sich das Werk, Art 1982, S. 69 ff.
Ehrenzweig, Albert A. A Treatise on the Conflict of Laws, Minnesota 1962, zitiert: Conflict of Laws
Engstler, Ludwig Die territoriale Bindung von Kulturgütern im Rahmen des Völkerrechts, Köln 1964
Enneccerus, Ludwig/Nipperdey, Hans Carl Allgemeiner Teil des Bürgerlichen Rechts, I. Band, 2. Halbband, 15. Auflage, Tübingen 1960
Erb, Rainer Die Rückerstattung: ein Kristallisationspunkt für Antisemitismus, in: Bergmann/Erb (Hrsg.), Antisemitismus in der politischen Kultur nach 1945, Opladen 1990, S. 238 ff.
Erman, Walter BGB Handkommentar, 9. Auflage, Münster 1993, zitiert: Erman-Bearb.
Ernst, Wolfgang Ist der gutgläubige Mobiliarerwerb eine Rechtsscheinwirkung?, in: Lange u.a. (Hrsg.), FS Gernhuber, Tübingen 1993, S. 95 ff.
Fackler, Hartmut/Konermann, Peter Praxis des Versteigerungsrechts, München 1991
Fechner, Frank Der Hamburger Stadtsiegelfall, JuS 1993, S. 704
– Sammlertum, Mäzenatentum und staatliche Kunstförderung, in: Mai/Paret (Hrsg.): Sammler, Stifter und Museen, Köln u.a. 1993, S. 12 ff.
Feliciano, Hector Das verlorene Museum, Berlin 1998
Ferid, Murad Internationales Privatrecht, Juristische Arbeitsblätter, 3. Auflage, Frankfurt 1986
Fetzer, Rhona Die Haftung des Staates für legislatives Unrecht, Berlin 1994
Fick, F. Hinderung und Stillstand der Verjährung wegen höherer Gewalt, SJZ 1914/15, S. 181 ff.
Fieberg, Gerhard/Reichenbach, Harald Zum Problem der offenen Vermögensfragen, NJW 1991, S. 321 ff.
Fiedler, Wilfried Kulturgüter als Kriegsbeute? Rechtliche Probleme der Rückführung deutscher Kulturgüter aus Rußland, Reihe Heidelberger Forum Nr. 95, Heidelberg 1995
– Zur Entwicklung des Völkergewohnheitsrechts im Bereich des internationalen Kulturgüterschutzes, in: Hailbronner u.a. (Hrsg.), FS Karl Doehring, Berlin 1989, S. 199 ff.

Fikentscher, Wolfgang/Koch, Rainer Strafrechtliche Wiedergutmachung nationalsozialistischen Unrechts, NJW 1983, S. 12 ff.

Firsching, Karl/Hoffmann, Bernd von Internationales Privatrecht, 5. Auflage, München 1997, zitiert: IPR

Fleiner, Fritz Institutionen des Deutschen Verwaltungsrechts, 8. Aufl. 1928 (Nachdruck 1963), Aalen 1928

Frank, Michael Ist Liechtenstein deutsch?, Süddt. Zeitung vom 12.07.1995, S. 3

Frankenberg, Günter Die NS-Justiz ... — Eine Große Anfrage im Bundestag, Kritische Justiz 1987, S. 88 ff.

Frankenstein, Ernst Internationales Privatrecht, Band 2, Berlin-Grunewald 1929, zitiert: IPR II

Franz, Michael Markus Zivilrechtliche Probleme des Kulturgüteraustausches, Frankfurt 1996

Friedel, Helmut (Hrsg.) Süddeutsche Freiheit — Kunst der Revolution in München 1919, München 1993

Friedrich, Jörg Die kalte Amnestie, München 1994

Furtak, Oliver Abschluß im New Yorker Verfahren De Weerth v. Baldinger um den gutgläubigen Erwerb eines Monet, IPRax 1995, S. 128 f.

Füßer, Klaus Geheime Führerbefehle als Rechtsquelle ? — Minima Juris -, ZRP 1993, S. 180 ff.

Gattini, Andrea Restitution by Russia of Works of Art Removed from German Territory at the End of the Scond World War, 7 EJIL (1996), S. 67 ff.

Gauch, Peter/Aepli, Viktor/Casanova Schweizerisches Obligationenrecht, Allgemeiner Teil, Rechtsprechung des Bundesgerichts, 2. Auflage, Zürich 1989

Geimer, Reinhold Internationales Zivilprozeßrecht, 2. Auflage, Köln 1993

Geyrhalter, Volker Das Lösungsrecht des gutgläubigen Erwerbers, Frankfurt 1996, zitiert: Lösungsrecht

Giese, Friedrich/Heydte, Friedrich August von (Hrsg.) Der Konkordatsprozeß. Band I-IV, München 1956

Godin, Hans von Rückerstattung feststellbarer Vermögensgegenstände in der amerikanischen und britischen Besatzungszone und in Berlin, 2. Auflage, Berlin 1950, zitiert: Rückerstattung

Gosewinkel, Dieter Adolf Arndt, Bonn 1991

Gottheiner, Hans Georg Zum Eigentumsübergang beim Kauf beweglicher Sachen, RabelsZ 18 (1953), S. 356 ff.

Gritschneder, Otto Rechtsbeugung. Die späte Beichte des Bundesgerichtshofs, NJW 1996, S. 1239 ff.

Gschnitzer, Franz Österreichisches Sachenrecht, 2. Auflage, Wien 1985

Guhl, Theo Das schweizerische Obligationenrecht, 8. Auflage, Zürich 1991

Haase, Armine Entartete Kunst, Kunstforum Bd. 118 (1992), S. 331 ff.

Hachenburg, Max Das amerikanische und das französische Rückerstattungsgesetz im Widerstreit, NJW 1947/48, S. 321 ff.

Hager, Johannes Verkehrsschutz durch redlichen Erwerb, München 1990

Hanisch, Hans Der Fall des Liotard und die nationale Zuordnung eines Kunstwerkes, in: Frank (Hrsg.), Recht und Kunst, Heidelberg 1996, S. 19 ff.

– Internationalprivatrechtliche Fragen im Kunsthandel, in: Dieckmann u.a. (Hrsg.), FS Müller-Freienfels, Baden-Baden 1986, S. 193 ff.

Hecker, Hans-Joachim Mißbrauchtes Mäzenatentum. Die Gründung der Anstalt des öffentlichen Rechts „Haus der Deutschen Kunst (Neuer Glaspalast)“ im Jahre

1933, in: Schuster (Hrsg.), Die „Kunststadt München“, München 1987, S. 56 ff.

Heiden, Konrad Geschichte des Nationalsozialismus. Die Karriere einer Idee, Berlin 1932

Heinbuch, Holger Kunsthandel und Kundenschutz, NJW 1984, S. 15 ff.

Heldrich, Andreas Persönlichkeitsverletzungen im Internationalen Privatrecht, in: v. Caemmerer (Hrsg.), Vorschläge und Gutachten zur Reform des deutschen internationalen Privatrechts der außervertraglichen Schuldverhältnisse

Hellmann, Mathias Die Auslegung von Ausschlußklauseln in Wiedergutmachungsgesetzen, ZIV 1995, S. 201 ff.

Henckel, Wolfram Vorbeugender Rechtsschutz im Zivilrecht, AcP 174 (1974), S. 97 ff.

Herrmann, Joachim Menschenrechtsfeindliche und menschenrechtsfreundliche Auslegung von § 27 des Grenzgesetzes der DDR, NStZ 1993, S. 118 ff.

Herzog, Felix Zur strafrechtlichen Verantwortlichkeit von Todesschützen an der innerdeutschen Grenze, NJ 1993, S. 1 ff.

Heydenreuter, Reinhard Kunstraub — Die Geschichte des Quedlinburger Domschatzes, Esslingen, München 1993

Hintz, Karl-Heinz Zur Frage der Anwendung des Vermögensgesetzes auf die Ansprüche der in § 1 Abs. VI genannten NS-Verfolgten, VIZ 1992, S. 18 f.

Hitler, Adolf Die Reden Hitlers als Kanzler, München 1934

– Reden des Führers am Parteitag der Arbeit 1937, München 1938

Hoberg, Annegret Paul Klee. Sumpflegende, in: Zweite (Hrsg.), Der Blaue Reiter im Lenbachhaus München, München 1991, Nr. 110

Hoerster, Norbert Zur Verteidigung der rechtspositivistischen Trennungsthese, in: Dreier (Hrsg.), Rechtspositivismus und Wertebezug des Rechts, Stuttgart 1990, S. 24 ff.

Hoffmann, Heinrich Hitler wie ich ihn sah, München, Berlin 1974

– Hitlers Tischgespräche im Bild, München, Berlin 1980

Hönes, Ernst-Rainer Das Gesetz zum Schutz deutschen Kulturgutes gegen Abwanderung vom 6. August 1955, BayVBl 1989, S. 38 ff.

Huber, Ernst Rudolf Bau und Gefüge des Reiches, in: Huber (Hrsg.), Idee und Ordnung des Reiches Band 1, Hamburg 1941, S. 5 ff.

Huber, Ernst Rudolf (Hrsg.) Idee und Ordnung des Reiches. Gemeinschaftsarbeit deutscher Staatsrechtslehrer, Band 1 u. 2, Hamburg 1941, zitiert: Idee I bzw. II

Hübner, Heinz Der Rechtsverlust im Mobiliarsachenrecht, Erlangen 1955

Hüneke, Andreas Der Angriff der Nationalsozialisten auf die Kunst als Mittel ihrer Propaganda, in: Angriff auf die Kunst. Der faschistische Bildersturm vor 50 Jahren, Weimar 1988, S. 9 ff.

– Die faschistische Aktion „Entartete Kunst“ 1937 in Halle, Halle 1987

– Dokumente faschistischer Attacken gegen die moderne Kunst, in: Kunstsammlungen zu Weimar (Hrsg.), Angriff auf die Kunst. Der faschistische Bildersturm vor 50 Jahren, Weimar 1988, S. 28 ff.

Ipsen, Knut Völkerrecht, 3. Auflage, München 1990

Janda, Annegret (Hrsg.) Das Schicksal einer Sammlung. Aufbau und Zerstörung der neuen Abteilung der Nationalgalerie im ehemaligen Kronprinzenpalais Unter den Linden 1918-1945, Berlin 1988

Janda, Annegret/Grabowski, Jörn Kunst in Deutschland 1905 - 1937. Die verlorene Sammlung der Nationalgalerie im ehemaligen Kronprinzen-Palais, Berlin 1992

Jauernig, Othmar Zivilprozeßrecht, 24. Auflage, München 1993
Jayme, Erik Zur Qualifikationsverweisung im internationalen Privatrecht, ZfRV 17 (1976), S. 93 ff.
– „Entartete Kunst" — Rechtsfragen heute, Akademie-Journal 2/94, S. 12 ff.
– „Entartete Kunst" und Internationales Privatrecht — Kunstrechtsseminar in Budapest, IPRax 1994, S. 66 f.
– „Entartete Kunst" und Internationales Privatrecht, in: Sitzungsberichte der Heidelberger Akademie der Wissenschaften, Bericht 1, Heidelberg 1994, zitiert: „Entartete Kunst" und IPR
– Anmerkung zu Urteil vom 8.12.1993, LG München I, Az.: 9 O 15935/93 — „Sumpflegende", IPRax 1995, S. 43
– Kulturgüterschutz in ausgewählten europäischen Ländern, ZVglRWiss 95 (1996), S. 158 ff.
– Kunstwerk und Nation: Zuordnungsprobleme im internationalen Kulturgüterschutz, Heidelberg 1991
– Kunstwerke als Kriegsbeute: Restitution und Internationales Privatrecht im deutsch-französischen Rechtsverkehr, IPRax 1995, S. 260 f.
– Transposition und Parteiwille bei grenzüberschreitenden Mobiliarsicherheiten, in: Huber/Jayme (Hrsg.), FS Serick, Heidelberg 1992, S. 241 ff.
Jayme, Erik/Kohler, Christian Das Internationale Privat- und Verfahrensrecht der EG 1993 — Spannungen zwischen Staatsverträgen und Richtlinien, IPRax 1993, S. 357 ff.
Jefferson, M. An Attempt to evade the Lex Situs Rule for Stolen Goods, 96 L.Q.R. 508 (1980)
Jellinek, Walter Verwaltungsrecht, Berlin 1928
Junker, Abbo Hans und Felicitas Tucher in New York — Deutsches Sachenrecht vor amerikanischen Gerichten, Jura 1985, S. 415 ff.
Karrer, Pierre Der Fahrniserwerb kraft Guten Glaubens im Internationalen Privatrecht, Zürich 1968, zitiert: Fahrniserwerb
Kassaye, Alem-B. Neuere Entwicklungen im internationalen Mobiliarsachenrecht, Hamburg 1983
Kaufmann, Arthur Die Radbruchsche Formel vom gesetzlichen Unrecht und vom übergesetzlichen Recht in der Diskussion um das im Namen der DDR begangene Unrecht, NJW 1995, S. 81 ff.
Kegel, Gerhard Internationales Privatrecht, 7. Auflage, München 1995
Kimminich, Otto Deutsche Verfassungsgeschichte, 2. Auflage , Baden-Baden 1987
Kipphoff, Petra Die lustlosen Erben, Die Zeit vom 10.12.1993, S. 69
– Die Phantasie an die Front, Die Zeit vom 02.12.1994, S. 66
– Drei Grazien, eine Frage, Die Zeit vom 16.09.1994, S. 61
– Zwei Herren aus Moskau, verrückt, Die Zeit vom 25.06.1993, S. 41
Kisch, Wilhelm Der deutsche Richter, ZAkDR 1934, S. 9 ff
Klein, Ulrike Der Kunstmarkt, Frankfurt 1993
Knott, Hermann J. Der Anspruch auf Herausgabe gestohlenen und illegal exportierten Kulturguts, Baden-Baden 1990, zitiert: Herausgabe
– Neue Tendenzen im Recht des internationalen Kunsthandels in den USA, RIW 1991, S. 553 ff.
– Wem gehört Paul Klees Sumpflegende?, Handelsblatt vom 10.08.1992/Nr. 153
Koellreutter, Otto Deutsches Verwaltungsrecht — Ein Grundriss, Berlin 1936
Kohl, Wolfgang/Stolleis, Michael Im Bauch des Leviatan, NJW 1988, S. 2849 ff.

Köhler, Ludwig von Grundlehren des deutschen Verwaltungsrechts, Stuttgart 1935
Krämer, Gerd Bernsteinzimmer-Mosaik: Ersitzung durch den gutgläubigen Erben des bösgläubigen Besitzers?, NJW 1997, S. 2580 f.
Kramper, Gernot Ideale nicht nur haben, sondern auch einhämmern. — Der „Reichskunstwart" der Weimarer Rpublik, FAZ vom 05.04.1995, S. N 5
Kreis, Georg Entartete Kunst für Basel, Basel 1990
Kropholler, Jan Internationales Privatrecht, 2. Auflage, Tübingen 1994
Kugler, Anita Vom Raubgut zur Stiftung, die tageszeitung vom 24.08.93
Kulturstiftung der Länder u.a. (Hrsg.) Staatliche Galerie Moritzburg Halle — Ernst Ludwig Kirchner — Akte im Strandwald, Halle 1996
Kunstsammlungen zu Weimar (Hrsg.) Angriff auf die Kunst. Der faschistische Bildersturm vor 50 Jahren, Weimar 1988
Kunstverein Hannover (Hrsg.) Beschlagnahme-Aktion im Landesmuseum Hannover 1937, Hannover 1983
Kurz, Jakob Kunstraub in Europa 1938 - 45, Hamburg 1989
Küster, Otto Erfahrungen in der deutschen Wiedergutmachung, Reihe Recht und Staat in Geschichte u. Gegenwart, Heft 346/347, Tübingen 1967
Laage, Clea Die Auseinandersetzung um den Begriff des gesetzlichen Unrechts nach 1945, Kritische Justiz 1989, S. 409 ff.
Larenz, Karl Rechts- und Staatsphilosophie der Gegenwart, Berlin 1935
– Rechtsperson und subjektives Recht — Zur Wandlung der Rechtsgrungbegriffe, in: Dahm u.a. (Hrsg.), Grundfragen der neuen Rechtswissenschaft, Berlin 1933, S. 225 ff.
Larenz, Karl/Canaris, Claus-Wilhelm Lehrbuch des Schuldrechts, Band II, Teilband 2, 13. Auflage, München 1994, zitiert: Schuldrecht II/2
Leavell, Stuart u.a. Equitable Remedies and Restitution — Cases and Materials, Minnesota 1980
Lechner, Hans/Zuck, Rüdiger Bundesverfassungsgerichtsgesetz, 4. Auflage, München 1996
Lehmbruck Museum (Hrsg.) Verboten Verfolgt — Kunstdiktatur im 3. Reich, Duisburg 1983
Lewald, Hans Das deutsche internationale Privatrecht auf Grundlage der Rechtsprechung, 1931, zitiert: IPR
Locher, Horst Das Recht der bildenden Kunst, München 1970
– Die Haftung für Expertisen, NJW 1969, S. 1567 f.
Löffler, Sigrid Neuer Wind um Mauerbach, SZ vom 14.07.1995, S. 13
Löhr, Marlies Haftung in der Kunstauktion, GRUR 1976, S. 411 ff.
Lüderitz, Alexander Internationales Privatrecht, 2. Auflage, Neuwied, Berlin 1992
Mann, Frederick A. Nochmals zu völkerrechtswidrigen Enteignungen vor deutschen Gerichten, in: Pawlowski u.a. (Hrsg.), FS Duden, München 1977, S. 287 ff.
– Völkerrechtswidrige Enteignungen vor nationalen Gerichten, NJW 1961, S. 705 ff.
Mansel, Heinz-Peter DeWeerth v. Baldinger — Kollisionsrechtliches zum Erwerb gestohlener Kunstwerke, IPRax 1988, S. 268 ff.
Maunz, Theodor/Dürig, Günter Grundgesetz Kommentar, 7. Auflage, München 1994
Maunz, Theodor/Zippelius, Reinhold Deutsches Staatsrecht, 29. Auflage, München1994
Maurer, Hartmut Allgemeines Verwaltungsrecht, 9. Aufl. 1994, München 1994

Mayer, Otto Deutsches Verwaltungsrecht, 1. Band, 3. Auflage Berlin 1923 (Nachdruck 1969)
Meinck, Jürgen Weimarer Staatslehre und Nationalsozialismus, Frankfurt 1978
Merker, Reinhard Die bildenden Künste im Nationalsozialismus: Kulturideologie — Kulturpolitik — Kulturproduktion, Köln 1983, zitiert: Die bildenden Künste im Nationalsozialismus
Merryman, John Henry The Public Interest in Cultural Property, 77 Cal.L.Rev., 399 (1989)
– Thinking about the Elgin Marbles, 83 M.L.R. 1881
Morsey, Rudolf (Hrsg.) Das „Ermächtigungsgesetz" vom 24. März 1933, Düsseldorf 1992
Müller, Horst Gedanken zum Schutz des Guten Glaubens in rechtsvergleichender Sicht, ZfRVgl 4 (1963), S. 2 ff.
Müller, Klaus Kollisionsrechtliche Behandlung von Reisegepäck und individuellem Verkehrsmittel auf der Auslandsreise, RIW 1982, S. 461 ff.
– Sachenrecht, 3. Auflage, Köln u.a. 1993
Müller-Katzenburg, Astrid Internationale Standards im Kulturgüterverkehr und ihre Bedeutung für das Sach- und Kollisionsrecht, Berlin 1995
Münch, Ingo von Staatsrecht, Band 1, 5. Auflage, Stuttgart, Berlin 1993
Münch, Ingo von (Hrsg.) Dokumente des geteilten Deutschland, Stuttgart 1968
Münchener Kommentar Bürgerliches Gesetzbuch, 3. Auflage , München 1993 ff., zitiert: MünchKomm-Bearb.
Musielak, Hans-Joachim/Stadler, Max Grundfragen des Beweisrechts, München 1984
Mußgnug, Reinhard Museums- und Archivgut als res extra commercium?, in: Reichelt (Hrsg.), Internationaler Kuturgüterschutz, Wien 1992, S. 141 ff.
– Überlegungen zur Umsetzung der neuen EG-Vorschriften über den Verkehr mit Kulturgütern, in: Beyerlin u.a. (Hrsg.), FS Bernhardt, Heidelberg 1995, S. 1225 ff.
Nagy, Katja von „Mona Lisa" auf einer Krankentrage gerettet, Süddt. Zeitung vom 04.06.1995
Neuhaus, Paul Heinrich Die Grundbegriffe des internationalen Privatrechts, 2. Auflage, Tübingen 1976, zitiert: Grundbegriffe
Niederländer, Hubert Materielles Recht und Verfahrensrecht im Internationalen Privatrecht, RabelsZ 20 (1955), S. 1 ff.
Ossenbühl, Fritz Staatshaftungsrecht, 4. Auflage, München 1991
Ostendorf, Heribert Roland Freisler — Mörder im Dienste Hitlers, ZRP 1994 (Nr. 5), S. 169 f.
Ott, Walter Die Radbruch'sche Formel. Pro und Contra, ZSR 107 I (1988), S. 335 ff.
Palandt, Otto Bürgerliches Gesetzbuch, 57. Auflage, München 1998, zitiert: Palandt-Bearb.
Papier, Constantin Der Einfluß der Rechtswahl auf die rechtsgeschäftliche Mobiliarübereignung im internationalen Privatrecht, Bonn 1964, zitiert: Rechtswahl
Pawlita, Cornelius Wiedergutmachung durch Zivilrecht?, Kritische Justiz 1991, S. 42 ff.
Pecoraro, Thomas W. Choice of Law in Litigation to Recover National Cultural Property: Efforts at Harmonization in Private International Law, Virginia Journal of International Law 31 (1990), 1

Perels, Joachim Die schrittweise Rechtfertigung der NS-Justiz. Der Huppenkothen-Prozeß, in: Nahamowitz u.a. (Hrsg.), FS Massing, Baden-Baden 1995, S. 51 ff.
– Späte Entlegitimierung der NS-Justiz, Kritische Justiz 1996, S. 504 ff.
Pestalozza, Christian Verfassungsprozeßrecht, 4. Auflage, München 1991
Peters, Frank Der Entzug des Eigentums an beweglichen Sachen durch gutgläubigen Erwerb, Tübingen 1991
Petropoulos, Jonathan Art as Politics in the Third Reich, North Carolina 1996
Pfeifer, Helfried Rechtsvereinheitlichung und Verwaltungsvereinfachung im Großdeutschen Reich, Wandsbek 1942
Pfeiffer-Belli, Erich Wiedersehen mit den Entarteten, Süddt. Zeitung vom 25.10.1962
Pfundtner/Neubert Das neue Deutsche Reichsrecht, Loseblattsammlung ohne Orts- und Jahresangabe
Picker, Eduard Mittelbarer Besitz, Nebenbesitz und Eigentumsvermutung in ihrer Bedeutung für den Gutglaubenserwerb, AcP 188 (1988), S. 511 ff.
Picker, Günther Die Sumpflegende — Ein Bild macht Rechtsgeschichte, Artis, Sept. 1992, S. 58 f.
– Praxis des Kunstrechts, Münnchen 1990
Picker, Henry Hitlers Tischgespräche im Führerhauptquartier, Stuttgart 1976
Prott, Lyndel V. Problems of Private International Law for the Protection of the Cultural Heritage, Acadèmie De Droit International, Recueil des Cours, Band V (1989), S. 215 ff.
Raape, Leo Internationales Privatrecht, 5. Auflage, Frankfurt 1961, zitiert: IPR
Rabel, Ernst Das Problem der Qualifikation, RabelsZ 5 (1931), S. 241 ff.
– The Conflict of Laws: A Comparative Study, Band IV, Ann Arbor 1958
Rabel, Ernst/Raiser, Ludwig Eine Entscheidung des Deutsch-Englischen Gemischten Schiedsgerichts über den Versendungskauf, RabelsZ 3 (1929), S. 62 ff.
Radbruch, Gustav Gesetzliches Unrecht und übergesetzliches Recht, SJZ 1946, S. 105 ff.
– Gesetz und Recht, Stuttgarter Rundschau H 1/1947, S. 5.
– Rechtsphilosophie, 4. Aufl., hrsgg. von E. Wolf, Stuttgart 1950
– Die Erneuerung des Rechts, in: Maihofer (Hrsg.), Naturrecht oder Rechtspositivismus?, S. 1 ff.
Rathkolb, Oliver 29 Transporte, 137 Waggons — Die Sammelleidenschaft von Adolf Hitler und Hermann Göring, in: Tabor (Hrsg.), Kunst und Diktatur Bd. 1, Baden 1994, S. 506 ff.
– Die Wiener Note in der deutschen Kunst — Nationalsozialistische Kulturpolitik in Wien 1938-1945, in: Tabor (Hrsg.), Kunst und Diktatur Bd. 1, Baden 1994, S. 332 ff.
Raue, Peter Die Sumpflegende — oder Recht gegen Eigentum, Die Zeit vom 01.05.1992
Rauschnigg, Hermann Gespräche mit Hitler, Wien 1973
Rave, Paul Ortwin Kunstdiktatur im Dritten Reich, Hamburg 1949, hier zitiert nach dem Nachdruck, Berlin 1987
Redaktion Kritische Justiz (Hrsg.) Der Unrechts-Staat, Hamburg 1979
Rehberger, Horst Die Gleichschaltung des Landes Baden 1932/33, Heidelberg 1966
Reich, Steven A./Fischer, Hermann J. Wem gehören die als „entartete Kunst" verfemten, von den Nationalsozialisten beschlagnahmten Werke?, NJW 1993, S. 1417 ff.

Reichelt, Gerte Internationaler Kulturgüterschutz — rechtliche und kulturpolitische Aspekte, Vorträge, Reden und Berichte aus dem Europa-Institut, Nr. 143
– Kulturgüterschutz in Österreich, ZfRV 1990, S. 61 ff.
– Kulturgüterschutz und Internationales Privatrecht, IPRax 1986, S. 73 ff.
Reichelt, Gerte (Hrsg.) Internationaler Kulturgüterschutz, Wien 1992
Reichsmusikkammer, Presseamt (Hrsg.) Kultur, Wirtschaft, Recht und die Zukunft des deutschen Musiklebens, Berlin 1934
Reimer, Dietrich Urteilsanmerkung zu BGHZ 63, 369 — Jawlensky, GRUR 1975, S. 614 ff.
Reutter, Mark A. Problematische Aspekte der Unidroit-Konvention, NZZ vom 05./06.04.1997
Rey, Heinz Die Grundlagen des Sachenrechts und das Eigentum, Bern 1991, zitiert: Grundlagen des Sachenrechts
RGRK Das Bürgerliche Gesetzbuch mit besonderer Berücksichtigung der Rechtsprechung des Reichsgerichts und des Bundegerichtshofs, 12. Auflage, Berlin 1979, zitiert: RGRK-Bearb.
Riedl, Karl Die neue Stellung der Länder im Reich, DVerwBl. 1935, S. 449 ff.
Rigaux, Francois Bericht über die 65. Session des Institut de Droit International in Basel, 1991, RabelsZ 56 (1992), S. 547 ff.
Roh, Franz „Entartete" Kunst — Kunstbarbarei im Dritten Reich, Hannover 1962
Rosen Druckgraphik — Kunst, die jeder haben kann, Art 11/1980, S. 81
Rößling, Wilfried (Hrsg.) Stilstreit und Führerprinzip. Künstler und Werk in Baden 1930-1945, Karlsruhe 1987
Roters, Eberhard Galerie Ferdinand Möller 1917 - 1956, Berlin 1984
Rübsam, Andreas Urteilsanmerkung zu KG 18.10.1991, VIZ 1992, S. 65 ff., VIZ 1992, S. 68 ff.
Rüdiger, H. Entartete Kunst — Ursprung und Degeneration eines Begriffes, Arcadia 1981 (Bd. 16), S. 284 ff.
Rüthers, Bernd Die unbegrenzte Auslegung, 4. Auflage, Heidelberg 1991
– Entartetes Recht — Rechtslehren und Kronjuristen im Dritten Reich, München 1988
– Recht als Waffe des Unrechts — Juristische Instrumente im Dienst des NS-Rassenwahns, NJW 1988, S. 2825 ff.
Säcker, Hans Vermögensrecht — Kommentar zu §§ 1 bis 21 Vermögensgesetz, München 1995, zitiert: Säcker-Bearb.
Sauerländer, Willibald Die Repatriierung der deportierten Kunst, Südd. Zeitung vom 18.05.1995, S. 13
Sauveplanne, J. G. The Protection of the Bona Fide Purchaser of Corporeal Movables in Comparative Law, RabelsZ 29 (1965), S. 651 ff.
Schack, Heimo Internationales Zivilverfahrensrecht, München 1991
Schantz, Arno Mißtrauensschutz? Zur Rechtsprechung des Reichsgerichts über Eigentumsvorbehalt und gutgläubigen Dritterwerb, AcP 142 (1936), S. 67 ff.
Schlegelberger, Franz Handelsgesetzbuch, 5. Auflage, München 1977, zitiert: Schlegelberger-Bearb.
Schmid, Karlheinz Kunstraub in den Museen: „Null Problemo"?, Kunstforum Band 104 (1989), S. 414 ff.
Schmidt, Norman Ein Fall bewußter Irreführung der Rückerstattungsjustiz, RzW 1978, S. 81 ff.
Schmitt, Carl Nationalsozialismus und Recht, JW 1934, S. 713 ff.
– Staat, Bewegung, Volk fi Die Dreigliederung der politischen Einheit, 1933

Schneider, Ernst Rechtliche Risiken beim Erwerb von Antiquitäten und Kunstgegenständen, DB 1981, S. 199 ff.
Schneider, Hans Der Gegenstand der Normenkontrolle, in: Carstens u.a. (Hrsg.), Festschrift für Hermann Jahrreiss, Köln u.a. 1964, S. 385 ff.
Schröer, Carl-Friedrich Bild weg? Ich treibe es für sie auf, Art Nr. 1 1994, S. 38 ff.
– Das sind Blutblider, droht der Rechtsanwalt, Art Nr. 5 1992, S. 17
Schubert, Dietrich „Um die Knieende muß man sich bemühen Ö". Zur Rückkehr von Wilhelm Lehmbrucks Figur nach Dresden, FAZ vom 6.12.1993
Schultze, Alfred Publizität und Gewährschaft im deutschen Fahrnisrecht, in: Ihering (Hrsg.), Jahrbücher für die Dogmatik des heutigen römischen und deutschen Privatrechts Bd. 49, Jena 1910, S. 159 ff., zitiert: DogmI
Schuster, Peter-Klaus (Hrsg.) Die „Kunststadt" München. Nationalsozialismus und „Entartete Kunst", München 1987
– Dokumentation zum natsozialistischen Bildersturm am Bestand der Staatsgalerie moderner Kunst in München, München 1987
– Nationalsozialismus und Entartete Kunst — Die Kunststadt München 1937, München 1988
Schütte, Rainer Kulturgutschutz nach europäischem Gemeinschaftsrecht, Weltkunst 1994, Heft 21, S. 2918
Schwadorf-Ruckdeschel, Brigitte Rechtsfragen des grenzüberschreitenden rechtsgeschäftlichen Erwerbs von Kulturgütern, Frankfurt 1995
Schwarz, Walter Zur Einführung — Das Recht der Wiedergutmachung und seine Geschichte, JuS 1986, S. 433 ff.
Schwarz, Walter (Hrsg.) Das Bundesrückerstattungsgesetz, München 1981
– Rückerstattung nach den Gesetzen der Alliierten Mächte, München 1974, zitiert: Rückerstattung
Seidl-Hohenveldern, Ignaz Völkerrecht, 8. Auflage, Köln u.a. 1994
Sello, Gottfried Die lex rei sitae im Fahrnisrecht, besonders bei Ersitzung, Fund, Aneignung, Berlin 1936, zitiert: Die lex rei sitae im Fahrnisrecht
Siegl, Elfie Von den Vätern erben die Töchter, FAZ vom 8.5.1993, S. 30
Siehr, Kurt Wechselwirkungen zwischen Kollisionsrecht und Sachrecht, RabelsZ 37 (1973), S. 466 ff.
– Das Lösungsrecht des gutgläubigen Käufers im Internationalen Privatrecht, ZVglRWiss 83 (1984), S. 100 ff.
– Der gutgläubige Erwerb beweglicher Sachen, ZVglRWiss 80 (1981), S. 273 ff.
– Gutgläubiger Erwerb von Kunstwerken in New York — De Weerth v. Baldinger erneut vor Gericht, IPRax 1993, S. 339 f.
– Handel mit Kulturgütern in der EWG, NJW 1993, S. 2206 ff.
– International Art Trade and the Law, Recueil des Cours, Vol. 243 (1993-IV), S. 13 ff.
– Kulturgüter als res extra commercium im internationalen Rechtsverkehr, in: v. Westphalen (Hrsg.), FS Trinkner, Heidelberg 1995, S. 703 ff.
– Kulturgüterschutz innerhalb der Europäischen Union, ZVglRWiss 95 (1996), S. 170 ff.
– Kunstraub und das internationale Recht, SJZ 77 (1981), S. 189 ff. u. 207 ff.
– Völkerrecht und Internationaler Kulturgüterschutz vor Gericht, in: Frank (Hrsg.), Recht und Kunst, Heidelberg 1996, S. 57 ff.
Soergel, Hans Th. Bürgerliches Gesetzbuch mit Einführungsgesetz und Nebengesetzen, 12. Auflage, Stuttgart u.a. 1987 ff., zitiert: Soergel-Bearb.

Sotriffer, Kristian Deutsche Gottsucher — Die Gründe für die Verfolgung der Moderne in der NS-Zeit, in: Tabor (Hrsg.), Kunst und Diktatur Bd. 2, Baden 1994, S. 534 ff.

Spickhoff, Andreas Die Restkodifikation des Internationalen Privatrechts: Außervertragliches Schuld- und Sachenrecht, NJW 1999, S. 2209 ff.

Städtische Kunsthalle Mannheim (Hrsg.) Entartete Kunst — Beschlagnahmeaktionen in der Städtischen Kunsthalle Mannheim 1937, Mannheim 1987, zitiert: Entartete Kunst

Stark, Emil W. Das Sachenrecht — Berner Kommentar zum schweizerischen Sachenrecht, Band IV.3.1, Bern 1976, zitiert: Stark, Art.

Staudinger, Ansgar Das Gesetz zum Internationalen Privatrecht für außervertragliche Schuldverhältnisse und für Sachen vom 21.5.1999, DB 1999, S. 1589 ff.

Staudinger, Julius von Kommentar zum Bürgerlichen Gesetzbuch mit Einführungsgesetz und Nebengesetzen, 13. Bearbeitung, Berlin 1995 ff., zitiert: Staudinger-Bearb.

Stoll, Hans Rechtskollisionen beim Gebietswechsel beweglicher Sachen, RabelsZ 38 (1974), S. 450 ff.

Stoll, Heinrich Die nationale Revolution und das bürgerliche Recht, in: DJZ 1933, 1229 ff.

Stolleis, Michael Recht im Unrecht, Suhrkamp 1994

Strauß, Gerhard Dokumente zur „Entarteten Kunst“ — Festgabe für Carl Hofer, in: Strauß (Hrsg.), Festgabe für Carl Hofer, Potsdam 1948

Strohal, Emil Streifzüge im Entwurfe eines bürgerlichen Gesetzbuchs für das Deutsche Reich, in: Ihering (Hrsg.), Jahrbücher für die Dogmatik des heutigen römischen und deutschen Privatrechts Bd. 30, Jena 1891, S. 144 ff., zitiert: DogmI 30, S. 144 ff.

Strunz, Johann (Hrsg.) Kultur und Politik, Schriftenreihe zur politischen Propädeutik, Band 4, Leipzig, Berlin 1932

Tabor, Jan (Hrsg.) Kunst und Diktatur, 2 Bände, Baden 1994

Thomae, Otto Die Propaganda-Maschinerie — Bildende Kunst und Öffentlichkeitsarbeit im Dritten Reich, Berlin 1978

Thomsen, Birgit Käuferschutz bei Kunstauktionen, Bielefeld 1989

Thorn, Karsten Der Mobiliarerwerb vom Nichtberechtigten, Baden-Baden 1996, zitiert: Mobiliarerwerb

Tiedtke, Klaus Gutgläubiger Erwerb im bürgerlichen Recht, im Handels- und Wertpapierrecht sowie in der Zwangsvollstreckung, Jura-Studienbuch, Berlin 1985, zitiert: Gutgläubiger Erwerb

Tuor, Peter/Schnyder, Bernhard/Schmid, Jörg Das Schweizerische Zivilgesetzbuch, 11. Auflage, Zürich 1995, zitiert: ZGB

Vitt, Walter Rückgabe oder Entschädigung?, FAZ vom 27.02.1992

Wagner, Rolf Regierungsentwurf eines Gesetzes zum Internationalen Privatrecht, IPRax 1998, S. 429 ff.

– Zum Inkrafttreten des Gesetzes zum Internationalen Privatrecht für außervertragliche Schuldverhältnisse und für Sachen, IPRax 1999, S. 210 ff.

Walder, Hans Ulrich Einführung in das Internationale Zivilprozeßrecht der Schweiz, Schulthess 1989, zitiert: IZPR der Schweiz

Walther, Manfred Hat der juristische Positivismus die deutschen Juristen wehrlos gemacht?, Kritische Justiz 1988, S. 263 ff.

Wasmuth, Johannes Urteilsanmerkung zu BVerfG 25.03.1992, VIZ 1992, S. 275 f., VIZ 1992, S. 276 ff.

– Wiedergutmachung für entzogene Vermögenswerte von NS-Verfolgten im Beitrittsgebiet, VIZ 1992, S. 81 ff.

Wassermann, Rudolf Kommentar zum Bürgerlichen Gesetzbuch (Reihe Alternativkommentare), Neuwied 1983, zitiert: AK-BGB-Bearb.

Wehmann, Jörg Gutgläubiger Fahrniserwerb bei alternativ zum fehlenden Eigentum des Veräußerers wirkenden Übertragungshindernissen, Göttingen 1988, zitiert: Fahrniserwerb

Weinberg, Harold R. Sales Law, Economics and the Negotiability of Goods, The Journal of Legal Studies 9 (1980) 569

Weiß, Gottfried Beutegüter aus besetzten Ländern ñ Die privatrechtliche Stellung des schweizerischen Erwerbers, SJZ 42 (1946), S. 265 ff.

Wellershoff, Dieter (Hrsg.) Gottfried Benn. Essays, Reden, Vorträge. Gesammelte Werke in vier Bänden, Wiesbaden 1958 ff. (Bd. 1: 1959, Bd. 2: 1958, Bd. 3: 1960, Bd. 4: 1961)

Werle, Gerhard „Das Gesetz ist Plan und Wille des Führers" — Reichsgericht und Blutschutzgesetz, NJW 1995, S. 1267 ff.

– Der Holocaust als Gegenstand der bundesdeutschen Strafjustiz, NJW 1992, S. 2529 ff.

Westermann, Harry Die Grundlagen des Gutglaubensschutzes, JuS 1963, S. 1 ff.

– Sachenrecht, Band I, 6. Auflage, Heidelberg 1990, zitiert: SachenR I

Westphalen, Friedrich Graf von/Sandrock, Otto (Hrsg.) Lebendiges Recht — Von den Sumerern bis zur Gegenwart. Festschrift für Reinhold Trinkner zum 65. Geburtstag, Heidelberg 1995, zitiert: FS Trinkner

Wiegand, Wolfgang Der gutgläubige Erwerb beweglicher Sachen nach §§ 932 ff. BGB, JuS 1974, S. 2001 ff.

Wieling, Hans Voraussetzungen, Übertragung und Schutz des mittelbaren Besitzes, AcP 184 (1984), S. 439 ff.

– Sachenrecht, Band 1, Berlin, New York 1990, zitiert: SachenR I

Wilms, Heiner/Ziemske, Burkhardt Gesetzliches Unrecht und übergesetzliches Recht?, ZRP 1994 (Nr. 5), S. 170 ff.

Wolff, Martin Das Internationale Privatrecht Deutschlands, 3. Auflage, Berlin, 1954, zitiert: IPR

Wolff, Martin/Raiser, Ludwig Sachenrecht, Tübingen 1957, zitiert: SachenR

Wulf, Joseph Die bildenden Künste im Dritten Reich, Frankfurt u.a. 1983

Zippelius, Reinhold Allgemeine Staatslehre, 12. Auflage, München 1994

Zitelmann, Ernst Internationales Privatrecht, Band 2, München, Leipzig 1912, zitiert: IPR II

Zöller, Richard Zivilprozeßordnung, 20. Auflage, Köln 1997, zitiert: Zöller-Bearb.

Zuschlag, Christoph „Entartete Kunst". Ausstellungsstrategien im Nazi-Deutschland, Worms 1995

– Die irrwitzigen Reisen des „Rabbiners", Mannheimer Morgen vom 12.03.94, S. 17

Zweigert, Konrad Rechtsvergleichend-kritisches zum gutgläubigen Mobiliarerwerb, RabelsZ 23 (1958), S. 1 ff.

Zweite, Armin (Hrsg.) Der Blaue Reiter im Lenbachhaus München, München 1991

Personen- und Sachverzeichnis

Bei Fragen zur Produktsicherheit wenden Sie sich bitte an:
If you have any questions regarding product safety,
please contact:

Walter de Gruyter GmbH
Genthiner Straße 13
10785 Berlin
productsafety@degruyterbrill.com